权威·前沿·原创

皮书系列为
“十二五”“十三五”国家重点图书出版规划项目

中国社会科学院创新工程学术出版项目
本书获河南省社会科学院哲学社会科学创新工程试点经费资助

2019年河南社会形势分析与预测

SOCIETY OF HENAN ANALYSIS AND FORECAST (2019)

全面推进社会高质量发展

主　编／王承哲　牛苏林
副主编／张　侃

社会科学文献出版社
SOCIAL SCIENCES ACADEMIC PRESS (CHINA)

图书在版编目(CIP)数据

2019年河南社会形势分析与预测：全面推进社会高质量发展／王承哲，牛苏林主编. --北京：社会科学文献出版社，2019.4
（河南蓝皮书）
ISBN 978-7-5201-4511-4

Ⅰ.①2… Ⅱ.①王… ②牛… Ⅲ.①社会分析-河南-2019 ②社会预测-河南-2020 Ⅳ.①D668

中国版本图书馆CIP数据核字（2019）第049175号

河南蓝皮书
2019年河南社会形势分析与预测
——全面推进社会高质量发展

主　　编／王承哲　牛苏林
副 主 编／张　侃

出 版 人／谢寿光
责任编辑／王玉霞　李　淼

出　　版／社会科学文献出版社·城市和绿色发展分社（010）59367143
　　　　　地址：北京市北三环中路甲29号院华龙大厦　邮编：100029
　　　　　网址：www.ssap.com.cn
发　　行／市场营销中心（010）59367081　59367083
印　　装／三河市东方印刷有限公司

规　　格／开　本：787mm×1092mm　1/16
　　　　　印　张：24.25　字　数：403千字
版　　次／2019年4月第1版　2019年4月第1次印刷
书　　号／ISBN 978-7-5201-4511-4
定　　价／98.00元

本书如有印装质量问题，请与读者服务中心（010-59367028）联系

河南蓝皮书编委会

主要编撰者简介

王承哲 男，1965年12月生，现任河南省社会科学院副院长，研究员。河南财经政法大学兼职教授、河南大学客座教授、郑州工程技术学院客座教授。长期从事科技哲学、政治学、意识形态理论与实践研究。作为首席专家主持马克思主义理论与建设工程重大项目、国家社科基金重大项目、中国特色社会主义理论研究中心重大项目“网络意识形态工作研究”，主持国家社科基金特别委托项目“进一步加强党的思想理论建设实施办法可行性研究和草案初拟”，主持国家社科基金重大项目“河南省坚持新发展理念推进产业转型升级实践经验研究”子课题研究。主持省社科规划重大项目两项、省社科规划委托项目两项。获得省政府发展研究奖一等奖、河南省社科优秀成果奖二等奖。长期主持、参与省委省政府重大决策文件的制定。

牛苏林 男，1958年12月生，福建德化人。现任河南省社会科学院社会发展研究所所长，研究员。河南省管专家，兼任河南省社会学学会副会长、秘书长，河南省统一战线理论研究会副会长，民盟中央兼职研究员。长期从事哲学、宗教学、社会学研究，独立承担国家社会科学规划课题两项、省部级课题多项，出版《马克思恩格斯的宗教理解》《河南：走向现代化》《构建和谐中原》《河南社会发展与变迁》等多部著作，发表学术论文数十篇。

摘　要

本书由河南省社会科学院主持编撰，系统概括了近年来尤其是2018年河南社会建设所取得的主要成绩，全面梳理了当前河南社会形势发展的特点，剖析了河南面临的热点、难点及焦点问题，并对河南2019年社会发展提出了对策建议。

2019年河南蓝皮书依据党的十九大会议精神和省委十届六次全会精神，以深入践行新发展理念、全面推进社会高质量发展为主线，对河南全省的民生建设、共享发展、脱贫攻坚、社会保障、社会治理、公共安全等重大问题进行了全面、深入、系统的解读。

全书由总报告、评价报告、改善民生与共享发展、脱贫攻坚与社会保障、社会治理与公共安全五大部分组成。总报告由河南省社会科学院“河南社会形势分析与预测课题组”撰写，代表本书对河南社会形势分析与预测的基本观点。总报告认为，2018年是党的十九大召开后的开局之年，也是决胜全面建成小康社会进入最后攻坚期、开启全面建设社会主义现代化国家新征程的关键之年。

一年来，河南经济社会保持了持续稳定向好的发展态势，经济社会结构性改革取得新进展，社会事业、公共服务全面发展，扫黑除恶战果丰硕，社会保障力度不断加大，民生建设高质量推进，精准扶贫成效显著，人民群众生活水平不断提升，在深入践行新发展理念，推动社会高质量发展进程中迈出了坚实的一步。但同时，河南社会发展也面临着一系列不能忽视的挑战与难题：全面脱贫任务繁重紧迫，城镇化率过半带来的发展机遇和社会风险并存，就业形势更加严峻，环境污染防治任务繁重，社会养老负担日益加重，乡村振兴面临诸多障碍等。2019年，是新中国成立70周年，也是决胜全面建成小康社会第一个百年奋斗目标的关键之年，河南的社会发展面临更高质量的要求。补齐高质量发展的突出短板，切实保障改善民生，大力提升公共服务水平，不断强化城乡融合发展，深化创新人才发展机制改革，将是河南推动社会高质量发展、让中原更出彩的进程中面临的主要任务。

评价报告、改善民生与共享发展、脱贫攻坚与社会保障、社会治理与公共安全等几大板块，邀请省内外专家学者分别从不同视角对河南社会的重大事项进行深入剖析，客观反映了2018年河南社会发展的基本状况、挑战和难题，提出了全面推进社会高质量发展、让中原更加出彩的对策建议，展望了2019年河南社会形势的发展趋向。

关键词：河南　社会形势　高质量发展

目　录

Ⅰ　总报告

Ⅱ　评价报告

Ⅲ　改善民生与共享发展

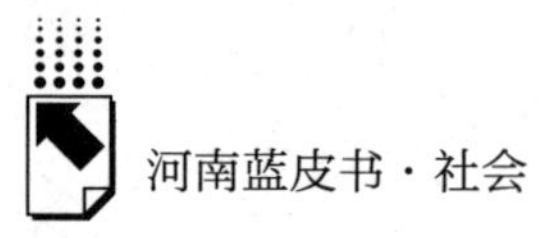

Ⅳ　脱贫攻坚与社会保障

Ⅴ　社会治理与公共安全

皮书数据库阅读使用指南

总 报 告

General Report

B.1
深入践行新发展理念 推动社会发展高质量
——2018～2019年河南社会发展形势分析与预测

河南社会形势分析与预测课题组*

摘　要： 2018年是党的十九大召开后的开局之年，是改革开放40周年，是决胜全面建成小康社会进入最后攻坚期、开启全面建设社会主义现代化国家新征程的关键之年。一年来，河南经济社会保持了持续稳定向好的发展态势，经济社会结构性改革取得新进展，社会事业、公共服务全面发展，扫黑除恶战果丰硕，社会保障力度不断加大，民生建设高质量推进，精准扶贫成效显著，人民群众生活水平不断提升，在深入践行

* 课题组负责人：牛苏林，河南省社会科学院社会发展研究所所长，研究员；执笔：牛苏林、张侃、潘艳艳、李三辉。

新发展理念，推动社会高质量发展进程中迈出了坚实的一步。但同时，河南社会发展也面临着一系列不能忽视的挑战与难题：全面脱贫任务繁重紧迫，城镇化率过半带来的发展机遇和社会风险并存，就业形势更加严峻，环境污染防治任务繁重，社会养老负担日益加重，乡村振兴面临诸多障碍等。2019 年，是新中国成立 70 周年，也是决胜全面建成小康社会第一个百年奋斗目标的关键之年，河南的社会发展面临更高质量的要求。补齐高质量发展的突出短板，切实保障改善民生，大力提升公共服务水平，不断强化城乡融合发展，深化创新人才发展机制改革，将是河南推动社会高质量发展、让中原更出彩的进程中面临的主要任务。

关键词： 新发展理念　高质量　社会建设　改善民生

一　2018年河南社会发展形势及特点分析

2018 年是党的十九大召开后的开局之年，是决胜全面建成小康社会进入最后攻坚期，开启全面建设社会主义现代化国家新征程的关键之年；2018 年是实施改革开放 40 年的纪念之年，40 年来河南经济社会持续快速发展，民生水平不断提升，人民幸福感越来越强，河南实现了从消减贫困、解决温饱、告别短缺到基本实现小康，再到向全面脱贫、全面建成小康社会逐步迈进；2018 年还是河南省委十届六次全会召开，河南深入践行新发展理念，把握新时代特征，积极探索，努力走出一条高质量发展道路的实干之年。

一年来，河南经济社会保持了持续稳定向好的发展态势，经济社会结构性改革取得新进展，社会事业、公共服务全面发展，民生建设高质量推进，人民群众生活水平不断提升，在深入践行新发展理念，推动社会高质量发展进程中迈出了坚实的一步。实现了城乡居民收入与地区生产总值同步增长、生态环境质量与经济质量效益同步改善、社会事业进步与经济发展水平同步提高，生产总值、财政收入、居民收入增速均高于全国平均水平的“三个同步”“三个高于”目标要求。①

（一）四十年改革开放风雨历程，河南社会发展成绩卓著

改革开放四十年，河南坚持不懈努力，经济社会持续快速发展，全省面貌发生了翻天覆地的变化，人民生活水平得到了飞跃式提升，社会建设各个领域取得了巨大的成就。

第一，经济发展成效显著，实现了从经济弱省向经济大省的跨越。从1978年到2017年，河南全省生产总值从162.92亿元增加到44988.16亿元，增长达275倍，经济增速总体快于全国平均水平②（见图1）。2005年，河南GDP首超万亿，成为全国第五个GDP超万亿的省，此后，河南的国民生产总值一直稳居全国第五，成为名副其实的经济大省。

第二，民生建设成果丰硕，实现了从尚未温饱到步入小康的历史性跨越。改革开放之前，河南还处于温饱尚未解决的阶段。1978年，河南除棉花外，主要农产品人均占有量均低于全国平均水平，处于严重短缺状况，很多地方都还处在绝对贫困状态。改革开放之后，河南的经济社会发展进入了快速发展阶段，民生建设也随之开始跨越式发展。到1983年，河南主要农产品人均占有量已经接近全国平均水平，基本解决了温饱问题。城乡居民的可支配收入得到持续性大幅度提高，生活水平不断提升。1978年河南城镇居民家庭人均可支配收入仅为315元，到2017年提高到29558元，增长了92.8倍；同期农村居民家庭人均纯收入从104.71元增加到12719元，增长了120.5倍（见图2）。伴随着收入的逐步提升，城乡居民的消费水平也稳步提高，2017年城镇居民家庭人均消费支出19422元，是1978年274元的70.9倍；农村生活消费支出达到9212元，是1978年81.7元的112.8倍（见图3）。2003年末，河南人均国内生产总值达到7570.2元，按2003年汇率计算约合923美元，标志着河南迈进了小康社会的门槛。③

---

① 陈润儿：《2019年新年贺词》，https://www.henan.gov.cn/zt/2018/540132/index.html。

② 王勇、张占仓：《中国改革开放全景录·河南卷》，河南人民出版社，2018，第81~82页。

③ 王勇、张占仓：《中国改革开放全景录·河南卷》，河南人民出版社，2018，第20页。

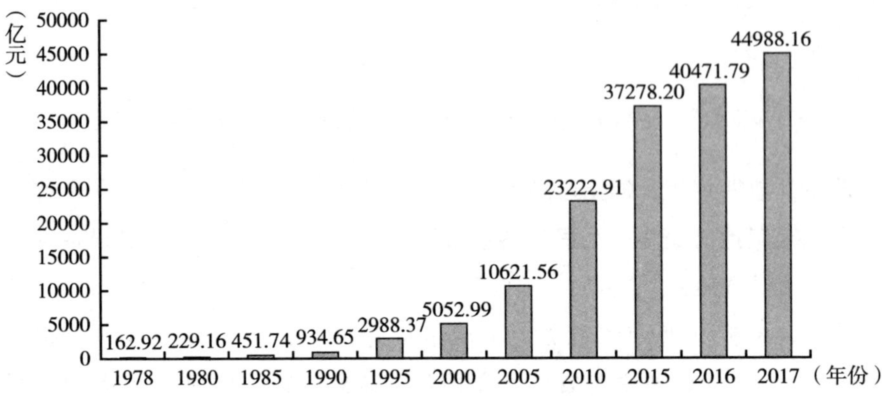

图1　改革开放以来河南生产总值变化趋势

资料来源：根据历年河南统计年鉴数据整理。

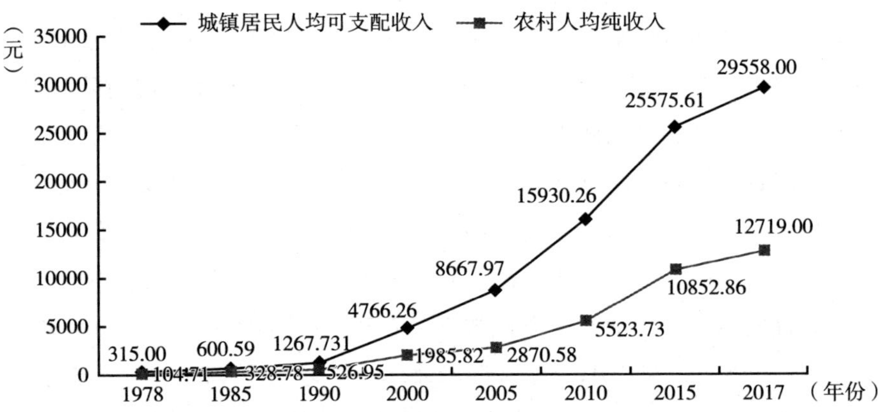

图2　改革开放以来河南城乡居民收入变化趋势

资料来源：根据历年河南统计年鉴数据整理。

第三，扶贫攻坚力度不断加大，实现了从贫困人口大省到全面脱贫指日可待的跨越。作为农业大省和人口大省的河南，在改革开放之前，也是贫困人口大省，1978 年时贫困人口有 3687.3 万人，贫困发生率高达 52%。改革开放之后，河南大力推进扶贫攻坚工作，不断调整和完善扶贫开发政策措施，贫困人口大幅度下降，从 1978 年到 2017 年，全省贫困人口从 3687.3 万人下降到 221 万人，平均每年减少贫困人口约 89 万人，贫困发生率下降到 2.57%，人口大

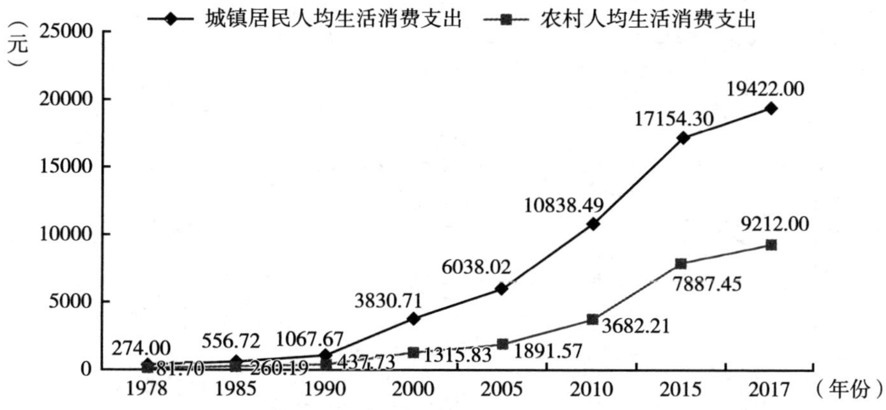

图3　改革开放以来河南城乡居民消费支出变化趋势

资料来源：根据历年河南统计年鉴数据整理。

省的贫困治理取得了奇迹般的巨大成就。按照2018年河南省政府颁布的《河南省打赢脱贫攻坚战三年行动计划》的目标要求，2020年河南将实现全面脱贫。从贫困人口占据总人口的一半到指日可待的全面脱贫，河南的贫困治理走出了一条不可思议的跨越式发展之路。

第四，教育事业发展迅速，实现了从人口素质普遍较低到人民受教育程度得到大幅提升的跨越。河南是人口大省，可是在改革开放之前河南的整体教育水平落后，人口素质普遍较低。1964年，河南12周岁以上的文盲、半文盲率达到42.66%。改革开放以来，河南始终坚持实施"科教兴豫"和"人才强省"战略，大力推进教育的优先发展，努力办好人民满意的教育，河南的教育事业发展取得了历史性成就。2017年河南学前三年毛入园率达到86.45%，九年义务教育巩固率94.26%，高中阶段毛入学率90.61%，高等教育毛入学率41.78%。教育的大发展，带来了人口素质的大提升，2010年第六次人口普查数据显示，河南的文盲半文盲率已经降至4.25%，全省居民的受教育水平都得到了显著提升（见图4）。

（二）经济发展稳中向好，发展质量较快提升

2018年河南的经济发展整体平稳，稳中向好。前三个季度河南生产总值35537.4亿元，同比增长7.4%，高于全国平均水平0.7个百分点，预计全年

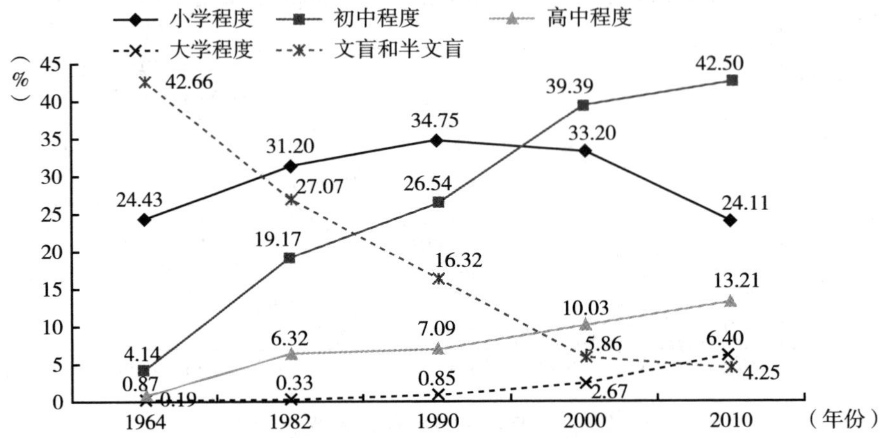

图4 改革开放以来河南不同受教育程度人口占总人口比例

资料来源：根据历年河南统计年鉴数据整理。

生产总值突破4.8万亿元，同比增长能达到7.5%。[①] 粮食生产基本正常，畜牧业生产稳中有升。夏粮产量722.74亿斤，秋粮生产形势良好，有望再获丰收；前三季度猪牛羊禽肉产量同比增长2%，其中猪肉产量同比增长2.9%。工业生产整体平稳。前三季度，河南省规模以上工业增加值增长7.3%，比上半年回落0.4个百分点，高于全国平均水平0.9个百分点。预计全年全省规模以上工业企业能够实现利润同比增长16%。

新动能持续增长，经济发展质量较快提升。新动能的持续增长是2018年河南经济发展质量较快提升的重要条件。前三季度，服务业快速发展，服务业增加值同比增长8.9%，高于全国1.2个百分点。[②] 其中新兴服务业发展势头强劲，机场旅客、货邮吞吐量分别增长15.9%、6.8%；邮政业务总量增长28.8%；电信业务总量增长178.8%；前8个月的互联网和相关服务业、软件和信息技术服务业营收分别增长了31.4%、21.4%，分别高于规模以上服务业21.8、11.8个百分点。产业结构得到了不断优化。前三季度，服务业占GDP的比重已经达到44%，同比提高了1.4个百分点，对

① 陈润儿：《2019年河南省政府工作报告》。

② 《河南晒出前三季度经济运行“成绩单”》，《河南日报》2018年10月24日。

GDP 增长的贡献率达到了 50%。新产业得到了较快成长。规模以上工业中的高新技术产业、战略性新兴产业增加值分别增长 11.9%、12.8%，分别高于河南省规模以上工业增速 4.6、5.5 个百分点。高新科技产品快速增长。锂离子电池产量增长 164.1%，新能源汽车增长 139%，服务机器人增长 136.3%。①

（三）就业形势整体平稳，高新产业对人才需求不断增大

就业是民生之基。2018 年，河南继续深入推进积极的就业创业政策，推动以“双创”带动就业，经济的逐步复苏和新兴产业的快速发展为河南的就业形势整体平稳奠定了坚实基础。

第一，年度就业目标超额完成。2018 年，全省实现城镇新增就业 139.24 万人，完成全年任务的 139.24%；其中，失业人员再就业 33.86 万人，完成全年任务的 135.43%；就业困难人员实现就业 12.01 万人，完成全年任务的 150.18%。各省辖市、省直管县（市）均全面完成各项目标任务。②

第二，创业带动就业措施得力、成效显著。全年累计有 32.7 万人接受过创业培训。截至 2018 年 12 月底，新增发放创业担保贷款 107.76 亿元，扶持 9.6 万人自主创业，带动就业 31.7 万人，累计发放创业担保贷款 1081.8 亿元，是全国首个发放总量突破千亿的省份；在全省建成各类孵化基地 312 家，在孵企业 2 万家以上，特别是中国中原大学生创业孵化园区运营 1 年来，“双创”示范作用明显、高端集成孵化效果突出。③

第三，重点群体就业平稳有序。在抓好高校毕业生就业工作方面，组织“名校英才入豫计划”专场招聘、就业服务进校园等系列服务活动，全省 2018 届高校毕业生累计实现就业 52.41 万人，高于 2017 年同期水平。在抓好就业困难群体就业工作方面，帮助约 12 万名就业困难人员实现就业，保持了零就

---

① 郭兵：《前三季度河南经济成绩单出炉》，大河客户端，2018 年 10 月 23 日，https://baijiahao.baidu.com/s?id=1615116566513658329&wfr=spider&for=pc。

② 《2018 年河南实现城镇新增就业 139.24 万人》，https://baijiahao.baidu.com/s?id=1621972965103515042&wfr=spider&for=pc。

③ 《实现城镇新增就业 139.24 万人——2018 年河南省十二件重点民生实事落实情况之二》，https://baijiahao.baidu.com/s?id=1622002458371702197&wfr=spider&for=pc。

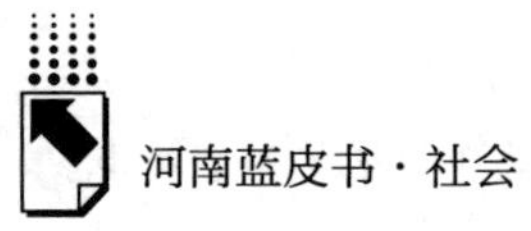

业家庭动态清零，完成去产能企业职工分流安置任务1.78万人。①

第四，就业结构得到了持续优化，高新产业对人才的需求不断扩大。随着河南产业的不断升级与经济结构的持续优化，河南以新一代信息技术、新材料、新能源为代表的高新技术产业对人才需求增速远高于其他行业。信息技术、新材料制造、生物工程等高新技术产业及现代服务业人才需求量约占岗位总需求量的57.81%；信息传输、计算机服务、软件业等人才需求总量也较2017年同期上升了17%，尤其是有工作经验的高、精、尖人才，求人倍率超过4，可谓“一将难求”。②

（四）城乡居民收入增速超过经济增长速度，人民生活质量持续提升

2018年前三季度，河南居民人均可支配收入为15651.34元，同比增长8.9%，高于全国0.1个百分点。其中，农村居民人均可支配收入增长8.5%，城镇居民人均可支配收入增长7.9%。2018年全年居民人均可支配收入增长8.5%左右。③ 城乡居民人均可支配收入的增长速度已经超过同期7.5%的经济增速，实现了城乡居民收入增速高于经济增速。

城乡居民收入的平稳增长，带动着城乡居民消费能力的不断提升。2018年前三季度，河南省社会消费品零售总额达到14869.91亿元，同比增长10.6%，增速高于全国平均水平1.3个百分点；其中，城镇消费品零售额11873.51亿元，同比增长10.3%；乡村消费品零售额2996.40亿元，同比增长11.8%。社会消费品零售总额增速高于城乡居民可支配收入的增速，说明了居民消费信心的增强和消费意愿的提升。④

伴随着河南城乡居民收入水平的提升和消费能力的增强，居民的消费结构也得到了持续优化。消费升级类商品的销售额增长较快，前三季度增长最快的

① 《总体稳定2018年河南新增城镇就业139.24万人》，http://henan.youth.cn/hnyc/201901/t20190107_11836725.htm。

② 《新媒体行业发展迅猛，带动就业新标向！河南省2018年第三季度人才市场分析报告出炉》，https://baijiahao.baidu.com/s?id=1614197218142629427&wfr=spider&for=pc。

③ 陈润儿：《2019年河南省政府工作报告》。

④ 肖萌：《河南晒前三季度经济成绩单 人均可支配收入15651元》，http://henan.sina.com.cn/news/2018-10-24/detail-ifxeuwws7488723.shtml。

消费品类是化妆品、家具、建筑及装潢材料、体育娱乐用品、通信器材、计算机及其配套产品等，销售额增长率分别达到了22.3%、13.6%、13.6%、13.2%、12.4%、11.7%，可见城乡居民的消费需求已经越来越多元化，越来越转向提高生活的品质和质量。

（五）教育领域改革持续深入，提升“质量”和“公平”成为重点

2018年，河南继续深化教育领域综合改革，坚持教育优先的发展战略，推动了各级各类教育的协调高质量发展。2018年河南教育事业发展的基本取向就是推进教育公平，根本要求就是实现高质量发展，努力让每个孩子都能享有公平而有质量的教育。为此，河南采取多项措施推进教育公平发展。

第一，大力推进学前教育建设，扩充普惠性教育资源总量，支持民办幼儿园提供普惠性服务。近年来，河南的学前教育发展取得了很大的成绩，截至2017年年底，河南省独立设置幼儿园达到2.06万所，居全国第一位。在园幼儿425万人，幼儿园教职工33.23万人，其中专任教师19.78万人，均居全国第二位。① 但从总体上看，学前教育仍是河南省教育体系的短板，入园难虽初步缓解，但资源不足和普惠不够的双重压力依然不减。2018年，河南以实施第三期学前教育行动计划为抓手，集中力量解决长期制约学前教育发展的老大难问题，全省以扩充学前教育普惠资源总量为目标，大力建设公办园，要求各地确保县（市、区）城区至少办好3所公办幼儿园，3万人口以上乡镇至少办好2所，3万人口以下乡镇至少办好1所标准化公办中心幼儿园。同时，支持鼓励民办园提供普惠性服务，着力解决“入园贵”问题；对城镇小区配套幼儿园建设管理开展专项整治，不建、少建、挪作他用、不能提供普惠服务的，进行全面整改，并在2018年底前全面整改到位。到2018年底，河南的学前三年毛入园率达到88%，普惠性幼儿园覆盖率达到80%。

第二，大力实施“改薄工程”，推进义务教育高位均衡发展，全面消除超大班额问题。河南是教育人口大省，到2017年底，河南义务教育学校数和在校生数分别占全国的11.37%、9.71%，均位居全国第一位，这也为河南的义

① 新华社：《河南省独立设置幼儿园2.06万所全国第一》，http://henan.qq.com/a/20180525/010677.htm。

务教育均衡发展带来了巨大的负担。一方面，城镇义务教育资源短缺，大班额等问题始终困扰着河南；另一方面，农村学校办学条件差，空心校问题也日益凸显。2014 年以来，河南省政府已连续三年将“全面改薄”列入河南省十件重点民生实事。2014～2018 年，河南共投资 268.1 亿元，其中，校舍建设类资金 213.7 亿元，设施设备类资金 54.4 亿元。截至 2018 年 4 月底，河南省已累计投入资金 294.4 亿元，为 1.69 万所中小学校建设校舍、室外运动场地；为 1.85 万所学校配备价值 51.4 亿元的设施设备，惠及 562.1 万名中小学生。[①] 2018 年 5 月，河南省政府颁布了《统筹推进县域内城乡义务教育一体化改革发展实施意见》，着力解决“乡村弱”和“城镇挤”问题。2018 年全省新建、改扩建城镇中小学 450 所，加上 2017 年开始持续到 2018 年完成的新建改扩建项目计 746 个，确保在 2018 年底前所有学校都达到“20 条底线”要求，基本消除 66 人以上超大班额。此外，还持续加强农村寄宿制学校建设，推动标准化学校建设，推动辍学高发县（市、区）“一县一策”地制定控辍保学工作方案，以提高巩固率、减少辍学率。

第三，推进中招考试制度改革，力求考试选拔制度的进一步公平。2018 年河南大力推进中招改革，在许昌、濮阳两市积极开展招录模式综合改革试验，逐步扩大优质普通高中招生计划均衡分配到各初中学校（含民办初中学校）的比例，各地分配生的比例必须在 50% 以上，并逐步加大分配指标向薄弱初中和农村初中学校倾斜的力度。同时要求各地积极探索辖区内普通高中开展联合招生试点工作，按生源成绩平行分配到各校，逐步形成普通高中的公平竞争机制。

在推进教育高质量发展方面，河南省采取了以下措施。

第一，开展高中多样化发展示范校创建，提升高中阶段教育质量。2018 年河南以实施高中阶段教育普及攻坚计划为抓手，开展普通高中多样化发展示范校创建活动，办好综合高中班，推进普职融通。从 2018 年秋季高一年级起全面实施新课程方案，推行选课走班，丰富课程体系，充分满足了学生的个性化发展需求，提升了高中教育教学的整体质量。

---

① 王娇：《河南将改扩建新建 900 所寄宿制学校年底消除超大班额》，http://henan.qq.com/a/20180927/001454.htm。

第二，以“双一流”建设为抓手，大力推动河南高等教育的高质量发展。2018 年河南积极推进郑州大学和河南大学的“双一流建设”，推进“中西部高等教育振兴计划”升级版的实施；统筹做好了省优势特色学科和重点学科建设工作；贯彻实施了“六卓越一拔尖”人才培养计划 2.0 版，加大了专业结构调整力度，提升了服务经济发展能力，加快了基层教学组织标准化建设，遴选建设了一批优秀基层教学组织。继续推进教学质量提升工程的实施，立项了一批精品在线开放课程项目；通过开展本科高校教学工作审核评估、新建本科高校合格评估和高等职业院校内部质量保证体系诊断与改进工作，进一步完善了高等教育质量保障体系。

第三，大力推进教育现代化工程，智慧教育迈出实质性步伐。2018 年河南启动实施了基础教育信息化“十百千万工程”，遴选了 10 个示范区、100 所示范校、1000 个标准化中小学数字校园进行重点建设，提升了 10000 所学校的信息化环境，中小学互联网接入率达到 100%，多媒体教室占比 80% 以上。同时继续实施好“一师一优课，一课一名师”，推动利用信息技术手段将优质教学资源引入乡村学校课堂，用信息技术改造传统教学。高等教育方面，2018 年河南获得了第一批中央投资计划支持的教育现代化推进工程项目，共涉及 12 个项目 4.6 亿元，涵盖了 10 个职业教育产教融合工程项目和 2 个中西部高校基础能力建设工程项目，通过这些项目的实施，河南中高等职业学校、应用型本科高校、普通本科高校的办学条件得到了改善，信息化水平和办学质量都得到稳步提升。①

（六）精准扶贫成效显著，贫困人口持续减少

2018 年是河南精准扶贫的攻坚之年，也是河南脱贫攻坚硕果累累的一年。2018 年内，舞阳县、新蔡县、沈丘县、新县先后成功摘掉了贫困县的帽子，计划退出的 33 个贫困县也都有望如期摘帽。前三季度全省贫困地区农村居民人均可支配收入达到 8081 元，同比增长 10.3%；全年有 121.7 万农村贫困人

① 栾姗：《河南 12 个教育现代化推进工程获中央 4.6 亿支持》，http://henan.qq.com/a/20180403/002552.htm。

口脱贫、2502 个贫困村退出，超额完成了年度任务。[①] 河南脱贫攻坚工作的成绩也得到了国家的认可，兰考县、上蔡县两个县和三名个人获得了 2018 年全国脱贫攻坚奖。一年来，河南省狠抓责任落实，大力推进脱贫攻坚工作，2018 年 7 月《河南省打赢脱贫攻坚战三年行动计划》的颁布实施更是成为指导河南今后三年脱贫攻坚工作的纲领性文件，吹响了全省打赢脱贫攻坚战的集中总攻号角。科学合理的顶层设计加上踏实细致的基层帮扶，让 2018 年河南的精准扶贫成效显著。

第一，政府对脱贫攻坚高度重视，投入力度不断加大。2018 年中央、省、市、县四级共投入财政专项扶贫资金 178.5 亿元，全省的贫困县统筹整合财政涉农资金 256.5 亿元；金融扶贫方面，全省精准扶贫贷款余额 1367 亿元，同比增长 47.2%；土地政策支持上，河南省创新宅基地复垦券“河南模式”，累计交易宅基地复垦券 9.35 万亩，收益 192.92 亿元，交易量和收益均排在全国前列。

第二，帮扶力度持续加大，各级各类帮扶实现省内贫困地区全覆盖。中央定点帮扶力度加大，24 家中央单位定点帮扶 31 个国家级贫困县，直接投入帮扶资金 1.66 亿元；省级帮扶精准覆盖，省里选派驻村工作队 1.72 万个、队员 5.02 万人，对 4723 个软弱涣散和后进村实现全覆盖；市级对口帮扶高效实施，4 个省辖市帮扶 4 个深度贫困县、15 个市县结对帮扶 15 个脱贫任务较重的贫困县，落实项目资金超 20 亿元；企业帮扶持续深化，“千企帮千村”精准扶贫行动继续实施，6342 家民营企业累计帮扶贫困人口 73.12 万人。[②]

第三，扶贫攻坚各项举措齐发力，贫困地区收入水平、保障水平双提高，生活水平得到持续改善。2018 年实施产业扶贫项目 1.73 万个，惠及贫困人口 315 万人次，其中农业产业覆盖带动贫困群众超过 130 万人；累计培训贫困劳动力 144.18 万人，培育创业致富带头人 3.6 万人；扶贫的“卢氏模式”在全省推广，全省扶贫小额信贷累计投放 469.6 亿元，惠及贫困户 99.2 万户；全省贫困人口医疗费用实际报销比例达到 90%，因病返贫人口比 2016 年减少 50 多万人；有 156 万人次建档立卡贫困生获得资助，新建、改扩建贫困地区中小

---

① 陈润儿：《2019 年河南省政府工作报告》。

② 张崇：《2018 年全省脱贫攻坚工作综述》，《河南日报》2019 年 1 月 4 日。

学、幼儿园 5900 余所；全省有 41.7 万名贫困残疾人实现脱贫，达到贫困残疾人总数的 63.6%；异地搬迁扶贫显成效，规划建设的 293 个安置点住房建设任务基本完成，危房改造提前“清零”。①

（七）扫黑除恶战果丰硕，“平安河南”建设水平不断提升

2018 年 1 月 23 日，中央政法委召开了全国扫黑除恶专项斗争电视电话会议，以此为标志，为期三年的全国扫黑除恶专项斗争拉开了序幕。河南高度重视打黑除恶工作，把开展全省范围内的专项斗争作为首要的政治任务来抓，全方位推进扫黑除恶专项斗争深入开展，依法严惩各类黑恶势力及其“保护伞”。

第一，加强领导，完善组织，各部门齐抓共管合力推动扫黑除恶深入开展。省委、省政府高度重视，第一时间成立了由 35 个成员单位组成的扫黑除恶专项斗争领导小组，印发了工作方案，明确了全省专项斗争的时间表、路线图。全省上下形成了党委统一领导、政法委组织协调、政法机关密切协作、各成员单位齐抓共管的良好工作格局。

第二，重拳出击，依法严厉打击黑恶势力犯罪。一年来，全省政法机关聚焦涉黑恶问题突出的重点地区、重点行业、重点领域，坚持依法严惩、打早打小，向黑恶势力犯罪发起强大攻势，侦办了一批群众关注度高、社会影响恶劣的黑恶势力犯罪案件。省公安厅先后组织开展集中收网、“雷霆 1 号”、“雷霆 7 号”等专项打击行动，对黑恶势力犯罪实施精准打击；同时向社会发布《群众举报黑恶势力违法犯罪线索奖励办法》，充分调动广大人民群众提供相关线索信息，根据举报线索，警方打掉了一批涉黑恶团伙，抓获了一批黑恶势力犯罪嫌疑人。

第三，深挖彻查，大力查处黑恶势力的“保护伞”。一手抓大力扫黑，一手抓强势反腐，将扫黑与反腐深入结合。成立专家组对 2018 年办理的涉黑案件逐起研究，指导侦查取证，重点关注公职人员涉嫌犯罪线索，深挖细查；对已查处有公职人员参与的涉黑案件，逐一澄清底数，彻查“保护伞”问题；

① 张崇：《2018 年河南脱贫攻坚工作：一鼓作气决战决胜》，http://hn.ifeng.com/a/20190104/7141152_0.shtml。

对群众举报线索特别是其他单位移交线索涉及公职人员的，尽快组织核查，并及时移交纪委监察委协同处理。先后查处了郑州市公安局洁云路分局原局长成健、开封市杞县公安局原副政委王华等一批充当“保护伞”的典型问题，全省已有178名公职人员被查处，其中党政干部109人，为扫黑除恶走向深入扫清了道路。

一年来河南的扫黑除恶专项斗争取得了优异的阶段性成效，得到全国扫黑办的充分肯定，“平安河南”建设水平得到持续提升。2018年上半年，全省公众安全感和执法满意度调查结果显示，89%的群众认为扫黑除恶成效好，群众对政法机关执法满意率达90%以上，同比、环比分别提升0.59个百分点和0.1个百分点。[①] 2018年前三个季度，河南共侦办黑恶犯罪团伙506个，其中黑社会性质组织75个、恶势力犯罪集团和恶势力团伙431个，抓获黑恶犯罪嫌疑人21333人，破案18484起，查封、扣押、冻结涉案资产31.1亿元；全省社会治安形势持续向好，全省刑事案件立案数同比下降10.1%，其中8类严重暴力犯罪案件数同比下降16.6%。[②]

（八）社会保障力度不断加大，城乡养老金水平持续提升

2018年河南省持续加大社会保障投入力度，城乡居民的生活保障水平得到不断提升。河南城市低保对象月人均财政补助由不低于250元提高到262元，增幅达4.8%；农村低保对象月人均财政补助由不低于142元提高到154元，增幅达8.5%；特困人员年供养标准不低于低保标准的1.3倍；全省发放困难群众救助补助资金95.3亿元，下发残疾人两项补贴资金15.3亿元。[③] 郑州市、洛阳市、安阳市、鹤壁市、新乡市等8个市、县城乡低保补差水平高于省定标准；济源市在全省率先实现了低保城乡统筹。截至2018年12月底，全省城乡低保金和残疾人两项补贴已全部发放到位，全年共发放困难群众补助资

---

① 李凤虎：《扫黑除恶，河南“战果”有这些》，https://baijiahao.baidu.com/s?id=1610050919781644212&wfr=spider&for=pc。

② 《河南：再鼓干劲　推动扫黑除恶专项斗争向纵深发展》，https://baijiahao.baidu.com/s?id=1614631071344548520&wfr=spider&for=pc。

③ 卢松：《城乡居民生活保障水平“步步高”——2018年河南省十二件重点民生实事落实情况之一》，https://baijiahao.baidu.com/s?id=1621989746481523928&wfr=spider&for=pc。

金110亿元，惠及321万城乡低保对象、50万特困人员和174万残疾人。

城乡养老金水平得到持续提高。一是继续调整企业和机关事业单位退休人员基本养老金。河南从2018年1月1日起，为2017年12月31日前已按照规定办理退休手续并按月领取基本养老金的退休人员提高基本养老金水平，调整增加的养老金已全部发放到退休人员手中。这是河南自2005年起连续第十四次调整企业退休人员基本养老金水平，也是自2016年起第三次同步调整企业和机关事业单位退休人员基本养老金水平。此次养老金水平调整办法采取定额调整、挂钩调整与适当倾斜相结合，重点体现了社会公平，企业和机关事业单位实行统一标准；体现了多缴多得、长缴长得的基本原则。二是提高了全省城乡居民基础养老金最低标准。河南省自2018年1月1日起，提高全省城乡居民基础养老金最低标准，每人每月增加18元，达到每人每月98元，此次提高的养老金已于2018年8月足额发放到位。① 这是自2009年新农保实施以来，国家和河南省第四次提高城乡居民基础养老金最低标准。在国家和省提高养老金的基础上，全省还有97个县（市、区）另行提高了当地基础养老金标准。2018年，全省共为1502万名符合领取养老保险待遇的城乡居民发放养老金175.1亿元。②

二　2018年河南社会发展面临的挑战和难题

（一）全面脱贫任务繁重紧迫，深度贫困地区成为攻坚难点

近年来，河南省脱贫攻坚工作取得了显著成效，农村贫困人口不断减少，贫困发生率持续下降，但是在全面脱贫进入“倒计时”的决战阶段，河南省脱贫工作面临的形势依旧严峻，全面脱贫任务繁重而艰巨。

第一，脱贫攻坚年度任务未如期达成。《2018年河南省政府工作报告》提出脱贫目标为：“实现110万农村贫困人口脱贫、2365个贫困村脱贫、19个国

① 《河南连续14次调整企业退休人员基本养老金水平》，https://baijiahao.baidu.com/s?id=1622063193733061497&wfr=spider&for=pc。

② 耿倩：《2018年河南成绩单：城乡居民生活保障水平再提高》，https://henan.china.com/news/yw/2019/0108/25306938.html。

定贫困县和 14 个省定贫困县摘帽，完成 6. 29 万农村贫困人口易地扶贫搬迁集中安置点建设任务。”然而截至 12 月 31 日，仅有舞阳县一个省定贫困县，新县、沈丘县、新蔡县三个国定贫困县成功完成脱贫摘帽，原定的 33 个贫困县脱贫任务尚未实现。目前，在国家现行扶贫标准下，全省还剩余农村贫困人口 44. 7 万户、104. 3 万人，贫困村 1221 个，要按时完成全面脱贫任务，时间非常紧迫，脱贫压力较大。

第二，脱贫攻坚难点较多。河南省目前拥有卢氏县、淅川县、台前县、嵩县四个深度贫困县及贫困率在 20% 以上的 1235 个深度贫困村，均面临地理位置相对偏僻、基础设施建设滞后、自然条件不利、农业生产结构单一、农民文化素质较低、自身致富能力不足等发展障碍，致使这些地区贫困程度深、扶贫成本高、脱贫难度大。此外，据省扶贫办通过大数据平台的分析，贫困人口中病、残、缺劳动力等仍是致贫主因。按户占比排列依次为，因病致贫 53. 7 万人，占比 51. 51%；因残致贫 28. 6 万人，占比 27. 42%；缺劳动力致贫 9. 3 万人，占比 8. 90%。2018 年，因病因残致贫人口占比由 2017 年的 72. 4% 上升到 78. 93%，非贫困村中贫困人口占比由 2017 年的 65. 6% 上升到 73%，这些群体也已成为今后两年脱贫攻坚的重点和难点。①

第三，脱贫工作质量和实效性有待提高。在目前河南省的脱贫工作中，还存在少数领导干部思想认识有偏差、扶贫政策落实不到位、工作作风不扎实的问题，个别地方虚假脱贫、数字脱贫、贪污腐败的现象仍然存在，脱贫后返贫率高，脱贫工作长效性和可持续性不足。这些问题若不能彻底解决，将严重影响全省脱贫攻坚进程。

（二）城镇化率过半带来的发展机遇和社会风险并存

2017 年，河南省城镇化发展取得了重大突破，城镇常住人口为 4794. 86 万人，城镇化率达到 50. 16%，城镇化率首次过半标志着河南省完成了从乡村型社会向城市型社会转型的历史性变革，也为未来一段时间河南省社会经济的持续发展释放了更多潜能。但是，城镇化的快速发展也是一把“双刃剑”，在

① 《去年河南脱贫攻坚“成绩单”出炉，贫困人口降至 44. 7 万户，贫困发生率降至 1. 21%》，大河网，https：//news. dahe. cn/2019/01 -15/436367. html。

给河南省带来重要发展机遇的同时，也使许多根源性、现实性的社会问题日益暴露出来，成为影响城镇化继续推进的巨大障碍。

第一，城镇化总体发展水平落后。河南省是传统农业大省，城镇化发展基础较薄弱，尽管河南省近年来不断加快城镇化进程，城镇化率不断提高，但与全国平均水平相比一直存在差距（见图5）。2017年河南省的城镇化率达到历史新高，但仍然低于全国城镇化率大约8个百分点，在全国31个省（自治区、直辖市）中位居第25位，在中部六省中也多年位居末位（见表1）。另一方面，河南省不同地区城镇化发展水平差异较大。18个省辖市中有11个城镇化率超过50%，并高于全省平均水平。其中郑州市城镇化率最高，为72.23%；低于全省平均水平的省辖市有7个。省辖市城镇化率最高和最低相差31.01个百分点，比2016年缩小0.49个百分点。①

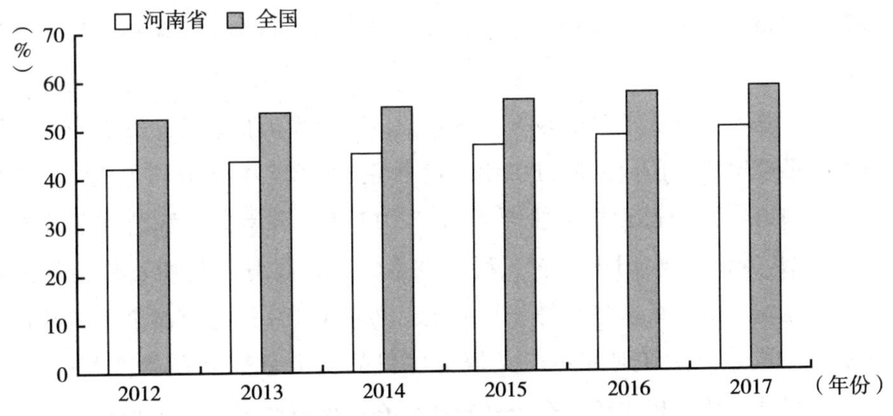

图5　河南省城镇化率变化趋势

数据来源：根据历年《中国统计年鉴》数据整理。

第二，城市管理水平有待加强。城市管理水平是衡量城镇化质量的重要标准，但是河南省大部分城市普遍存在重建设轻管理问题：有的地方城市空间规划不科学不合理，导致交通拥堵问题严重，“马路拉链”现象随处可见，土地利用率较低；城市人口的迅速增长对供水、供电等基础设施造成较大压力，城

① 《2017年河南人口发展报告》，http：//www.hebi.gov.cn/stjj/1112923/1112888/2226999/index.html。

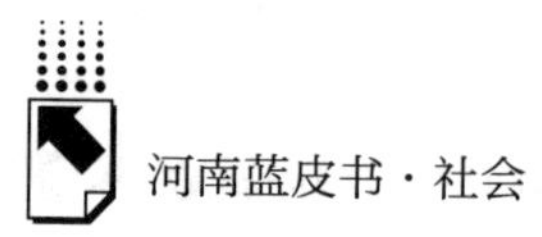

表1　河南和中部六省城镇化率情况

单位：%

	2013 年	2014 年	2015 年	2016 年	2017 年	2017 年同比增长
湖北省	54.51	55.67	56.85	58.10	59.30	1.20
山西省	52.56	53.79	55.03	56.21	57.34	1.13
湖南省	47.96	49.28	50.89	52.75	54.62	1.87
江西省	48.87	50.22	51.62	53.10	54.60	1.50
安徽省	47.86	49.15	50.50	51.99	53.49	1.50
河南省	43.80	45.20	46.85	48.50	50.16	1.66

资料来源：根据历年《中国统计年鉴》数据整理。

市污水及生活垃圾处理能力不足，环境污染问题日益突出；城郊接合部、回迁安置区人口密集、治安不良，人居环境亟待改善。这些“城市病”是城市管理滞后于城市发展的突出表现，不仅加大了城市运行负担，也阻碍了城市的可持续发展。

第三，基本公共服务欠账较多。城镇化的快速发展推动了全社会对公共服务需求的迅速增长。但公共服务供给总量不足、城乡公共服务均等化水平不高成为当前城镇化发展过程中的主要矛盾。2017 年，河南省一般公共预算支出为 8215.52 亿元，其中用于教育、科学技术、文化体育与传媒、社会保障就业、医疗卫生、城乡社区建设等项目的支出共 4848.13 亿元，占全年财政预算总支出的 59%。虽然在对基本公共服务项目的支出总量上有了较大的增长，但是与沿海发达地区相比还存在一些距离，在河南省经济发展水平不高的中小城市中，基本公共服务比重更小，不能满足社会公众对基本公共服务的需求。

第四，农村转移人口市民化进程较慢。随着河南省城镇化进程的快速推进和各地城中村拆迁改造工作的完成，大量农村转移人口进入城市，城镇人口数量不断增加。然而许多城市的基础设施建设及环境承载能力并不能满足逐年增长的城镇人口的社会需求，数量众多的农民工在进入城市后，市民身份转换困难，在教育、就业、医疗、社会保障等方面不能享受与城镇居民相同的待遇；还有大量农转非人员尽管获得了城镇居民的合法身份，但综合素质较低，劳动就业能力不足，市民化程度滞后，对城市的归属感和认同感较低。

（三）就业供需矛盾尚未缓解，就业形势更加严峻

2018 年，河南省在促进就业工作方面多措并举，成绩斐然，全省就业形势总体平稳，但是与全面着力保障和改善民生的要求、与群众实现更高质量就业的期盼还有一定差距。截止到 12 月底，全年各项就业目标任务均超额完成，但与 2017 年同期相比，多项就业指标有不同程度的下降：城镇新增就业 139.24 万人，同比减少 4.97 万人。其中，失业人员再就业 33.86 万人，同比减少 10.12 万人；就业困难人员实现就业 12.01 万人，同比减少 4.99 万人。前三季度，全省各人才市场提供岗位、求职人数持续下降，第四季度有小幅回升（见表2），说明在经济下行和就业总量压力下，企业吸纳就业的能力逐渐减弱，全省整体就业压力较 2017 年有所降低，但就业市场供需失衡问题在短期内难以解决，未来就业形势依旧严峻。

表 2　河南省 2018 年人才市场供求情况

	需求岗位（个）	求职者（人次）	求人倍率	环比（%）	同比（%）
第一季度	406285	419144	1.03	-18.9	+13.18
第二季度	266219	221164	1.20	+16.50	+14.29
第三季度	205076	148416	1.38	+15	+7.81
第四季度	253560	155684	1.63	+18.12	+28.35

资料来源：根据 2018 年四季度《河南省人才市场分析报告》数据整理。

第一，就业市场结构性矛盾问题依旧突出。河南省是劳动力大省，2017 年年末，15～64 岁劳动年龄人口达到 6538.44 万人，劳动力供给总量一直处于高位。但从人才市场行业需求情况来看，2018 年，第三产业的用人需求占主导地位，其中制造业连续领跑四个季度，分别占岗位总需求的 23.58%、18.83%、21.49%、21.37%，但多数企业面临“招聘难”的困境，一方面，受企业薪资待遇、求职者的就业观念因素影响，“普工”岗位招聘困难。另一方面，随着制造业的转型升级以及高新技术产业、互联网行业的迅速发展，对具备专业知识、专业技能的人才需求旺盛，但专业技术人才岗位缺口较大，目前远不能满足就业市场需求。

第二，重点群体就业任务较重。首先，高校毕业生就业压力较大。河南省

2018 届高校毕业生达 57.3 万人，同比增加 5.6 万人，总量和增量均创历年新高。截止到 2018 年年底，共有 52.41 万人实现就业，高于 2017 年同期水平。2019 年，河南省高校毕业生就业人数预计突破 61 万人，加上往年累积未就业人数，未来高校毕业生的就业竞争会更加激烈。同时，高校毕业生总量大，但高层次优质人才短缺也成为影响就业高质量发展的短板。其次，困难群体再就业难度大。随着供给侧改革的深入，钢铁、煤炭、低端制造业等传统产业纷纷面临关闭、职工下岗的情况。这些传统产业职工普遍学历较低、技术单一，不能适应新兴行业的技术需求，对这类群体分流安置的任务较重。2018 年，全省共完成去产能企业职工分流安置任务 1.78 万人，与 2017 年相比，减少了约 1.45 万人。此外，全面脱贫进入冲刺阶段，帮扶城乡贫困劳动力实现就业、稳定就业的难度也逐渐加大。

第三，公共就业服务体系有待完善。首先，城乡公共就业服务发展不均衡。城市地区在资金投入、硬件设施、机制建设方面都较为完善，而农村地区的就业服务机构大多经费不足、人员编制缺乏、服务方式落后，不能满足农村群众对公共就业服务的需求。其次，公共就业服务信息化建设滞后。目前，全省“互联网+就业创业”信息系统平台已经上线，但运行的时日尚短，信息系统功能还不够成熟。其他地区推进公共就业信息平台建设的力度不一，对就业数据信息的收集、分析、应用、共享不足，导致全省范围内对人才市场岗位信息、供求情况、培训信息等还无法实现互联互通，影响了全省公共就业服务信息化水平的提高。

（四）环境污染防治任务繁重，生态环境形势不容乐观

2018 年，河南省以习近平生态文明思想为指引，认真贯彻落实全国、全省生态环境保护大会精神，深入推进大气、水、土壤污染防治攻坚战，环境治理取得显著成效，全省生态环境质量持续改善。同时我们也看到，当前河南省正处于工业化、城镇化快速发展时期，社会经济综合实力大大提升，但由于长期以来发展方式落后、资源利用不合理、治理能力不足，生态资源趋于紧张，某些地区环境污染问题依然严重，生态文明建设面临诸多困境。

第一，环境污染防治任务繁重。2017 年，河南省废水、废气排放量均位居全国前列。其中，废水排放总量为 419107 万吨，在全国位居第五。废气主

要污染物排放量中，二氧化硫 28.63 亿吨，氮氧化物 66.29 亿吨，均高于全国平均水平。全省城市地下水质级别为较好，但与 2016 年相比，水质污染有所加重。环境空气质量级别由中污染变为轻污染，首要污染物是 PM2.5，其次为 PM10。2018 年，河南省大气污染治理攻坚战初见成效，大气主要污染物浓度均呈现持续下降特征，但受不良气象条件影响，全年先后经历 6 次污染过程，平均每次污染过程长达 7 天，累积优良天数比例持续减少。① 全省优良天数比例为 56.6%，比 2017 年下降了 3.4 个百分点，与《河南省污染防治攻坚战三年行动计划（2018～2020）》制定的年度目标任务“全年优良天数比例达到 57.5%以上”也存在一定距离。此外，在1～12 月全国 169 个城市空气质量后 20 名城市排名上，有安阳、焦作、新乡、郑州四个城市赫然在列，这说明河南省城市空气质量总体水平不高。

第二，资源供给能力逐年减弱。河南省许多资源总量丰富，但由于人口众多，各类资源人均占有量严重不足。如 2017 年河南省人均水资源为 443.2m^3，只相当于全国平均水平（2074.5m^3）的五分之一，属于严重缺水的省份。随着近年来全省水资源总量的持续下降和用水总量的逐年增加，再加上水污染和水资源时空分布不均等不利因素，水资源供需矛盾更加尖锐。在能源供给上，煤炭、石油、天然气等不可再生能源呈枯竭之势，能源生产总量也逐年递减，但河南省经济发展对能源依赖性较高，能源结构不合理，高消耗、高污染的发展模式并没有扭转，经济发展与资源环境的矛盾将越发凸显。

第三，生态系统破坏问题突出。工农业发展进程中对资源的过度开采导致部分山体、河流、森林等生态系统遭到破坏，尽管近年来河南省加强了环境治理和生态系统的修复保护，但资金投入总量仍然有限，部分地区生态破坏问题严重，治理工作力度不强，生态修护进展缓慢，湿地面积减少、森林覆盖率低、河流污染问题没有得到根本解决。2017 年，河南省森林覆盖率为 21.5%，在全国排名第十九位。湿地面积 627.9 千公顷，在全国排名第二十位，均处于较低水平，生态环境治理修复保护工作任重而道远。

---

① 谷长乐：《2018 年我省优良天数比例达到 56.6% 主要污染物浓度均持续下降》，《郑州晚报》2019 年 1 月 9 日。

（五）人口老龄化步伐加快，社会养老负担日益严重

作为全国排名第三的人口大省，近年来河南省人口总量一直保持平稳增长，但人口总量增速放缓已是必然趋势（见图6）。随着社会经济的发展，河南省长期享受的人口红利逐渐减弱，人口结构、人口质量的问题日益突出。

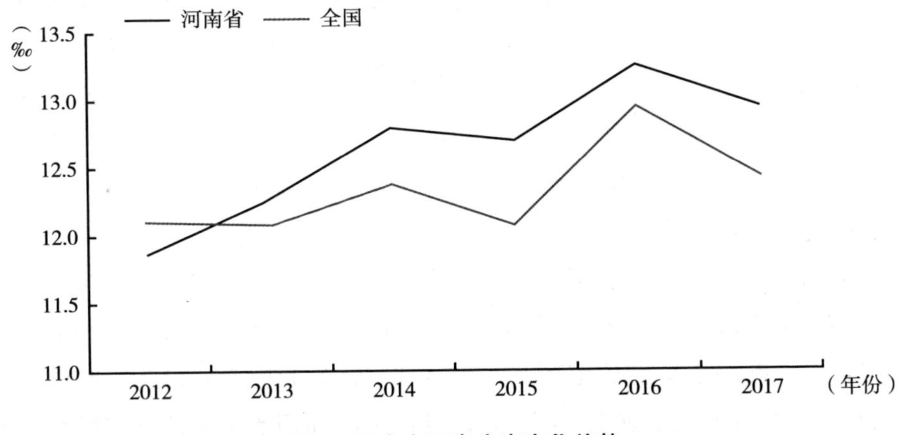

图6　河南人口出生率变化趋势

资料来源：历年《中国统计年鉴》和《河南统计年鉴》。

第一，老龄化明显加速，社会养老负担进一步加重。2017年河南省常住人口中，14岁以下人口2046.61万人，15～64岁人口6538.44万人，65岁以上人口974.08万人，老龄化比例为10.19%。与2016年相比，少儿人口比重提高0.09个百分点，增加15万人；65岁及以上老年人口比重上升0.31个百分点，增加32万人；劳动年龄人口比重下降0.40个百分点，减少20万人。人口总抚养比为46.21%，比2016年上升0.86个百分点。[①] 同时随着本省劳动力大量输出，劳动年龄人口比重将进一步下降，人口抚养比上升，这意味着人口老龄化程度加深，社会养老负担持续加重。

第二，人口出生率走低，给经济社会发展带来较大压力。2017年，河南省人口出生率为12.95‰，在全国排第16位，略高于国家12.43‰的平均值，

---

① 《2017年河南人口发展报告》，http：//tjj.hebi.gov.cn/stjj/1112923/1112888/2226999/index.html。

但仍处于较低水平。2016 年实施全面二孩政策后，新生人口数量有所增加，但并未改变出生率下降的趋势（见图 2）。2017 年出生人口 140.13 万人，二孩出生人数首次超过一孩。一孩占出生人数的 41.4%，比 2016 年下降 9.9 个百分点；二孩占出生人数的 49.7%，比 2016 年提高 7.8 个百分点。[①] 随着“二胎效应”的减弱，人口出生数量将继续走低，不仅会进一步加剧老龄化，还会导致未来劳动力供给不足、社会劳动生产率下降、经济发展水平受限等影响社会可持续发展的重大隐患。

第三，性别比失衡带来诸多社会问题。2018 年河南省男女性别比为 104.49，在全国居第十三位，略低于全国性别比的 104.81。尽管与 2010 年全国第六次人口普查数据相比，河南省的男女比例有所下降，但性别失衡问题仍然存在。畸高的性别比如果得不到有效调整，将会带来婚姻性别挤压、婚姻犯罪率提高、男性劳动力过剩、人口再生产能力降低等一系列社会问题。

第四，人口受教育程度偏低影响人口高质量发展。受教育程度是人口素质的重要组成部分。河南省人口总量大，但人口受教育程度却长期处于较低水平。2017 年，河南省受过专科以上教育的人口数占比为 8.6%，比全国低了 5.2 个百分点。文盲人口占 15 岁及以上人口比重为 5%，高于全国 0.15 个百分点，说明未受过教育或受教育程度较低的人口仍大量存在。近年来，以互联网行业为代表的新经济、新业态不断涌现，对高素质、高技能的智力劳动者的需求越来越大。加快解决教育投入不足、教育资源分配不公、教育结构不合理等民生问题，实现人口素质与人口数量同步增长，以人力资源的高质量推动经济发展高质量是未来河南省人口事业发展的重要任务。

（六）新农村建设基础薄弱，乡村振兴面临诸多障碍

党的十九大提出全面实施乡村振兴战略，给广大农村带来了重要的发展机遇。2018 年是乡村振兴战略实施的开局之年，作为农业大省和粮食生产大省，河南省把落实乡村振兴战略作为开展“三农”工作的重要抓手，扎实推进农业现代化改革和新农村建设，不断完善政策体系和工作机制，有序开展试点工

---

① 《2017 年河南人口发展报告》，http://tjj.hebi.gov.cn/stjj/1112923/1112888/2226999/index.html。

作，农村发展呈现崭新面貌。然而河南省农村数量众多且差异较大、经济发展缓慢、发展基础较差，这些因素仍是影响农村发展的突出短板，未来一个时期深化乡村振兴战略还面临着许多现实问题。

第一，村集体经济基础薄弱，乡村振兴资金不足。农村集体经济强弱是衡量农村发展速度和质量的重要标准。但是目前河南省大多数村级集体经济都比较薄弱，发展活力不强。据河南省第三次全国农业普查结果显示，全省有集体经营性收入的村只占15%；没有集体经济或集体经济收入在5万元以下的村占到57.8%。村级集体经济薄弱导致农村没有足够的资金开展新农村建设，成为制约农村社会经济发展的瓶颈。

第二，产业结构不合理，农民增收困难。一方面，目前河南省农业生产经营主体仍以农民个体为主，规模经营较少，且农业经营人员生产结构以种植业为主，林牧渔比重较小。第三次农业普查数据也显示，2016年，全省共有1844.68万农业经营户，其中，规模农业经营户仅为27.09万；农民个体及规模经营户的生产结构中，种植业占比分别为97.1%和53.4%。另一方面，农民文化水平普遍偏低，对农产品市场供求信息把握不够准确，在农作物种植类型方面存在盲目跟风现象，在农作物生产过程中管理较为粗放，科技投入不足，导致农业产生抵御自然灾害的能力较弱，农业生产效益偏低。再加上大量中壮年劳动力的对外输出，大多数农民收入来源以种植业和打工收入为主，增收渠道单一。2017年，河南省农村居民人均可支配收入为12719元，农村居民人均消费支出9212元，均低于全国平均水平。

第三，基础设施建设滞后，公共服务供给水平低。整治农村人居环境和完善基本公共服务供给是实现乡村振兴的重要内容。但与城市相比，河南省对农村基础设施建设总体投入不高，农村在住房、交通、教育、医疗等公共产品供给方面还存在明显不足。截至2016年末，全省仅有10.2%的村通天然气，20.9%的村有电子商务配送站点，54.7%的村生活垃圾集中处理或部分集中处理，10.7%的村生活污水集中处理或部分集中处理，① 使用无害化厕所的村还不及一半，部分贫困地区行政村道路硬化至今仍未实现。出行难、如厕难、环

① 《河南省第三次全国农业普查主要数据公报》，河南日报网，2018年5月12日，https://www.henandaily.cn/content/szheng/sqfbu/2018/0512/100638.html。

境脏、村容村貌差、公共服务不足等问题比较突出，影响了农民群众的生活水平和生活质量。

第四，基层党组织建设乏力，乡村干部队伍素质需要提升。基层党组织是实施乡村振兴战略的核心力量，是农村开展一切工作的政治基础。但从目前来看，河南省部分农村地区党组织建设软弱涣散问题比较突出，乡村干部队伍整体素质还不能满足乡村振兴对人才的需求。具体表现在：一些领导干部思想落后、观念陈旧，习惯沿用传统方式开展工作，知识结构老化，工作能力提升较慢，不能适应新时期农村的发展；有的领导干部工作的积极性和主动性不强，对农村工作中存在的问题和矛盾有畏难情绪；多数地区农村党员队伍“老龄化”和“兼职化”倾向明显，文化水平普遍偏低，后备人才匮乏，导致党组织凝聚力、创造力、战斗力下降，党组织核心作用和政治功能不断弱化。

三　2019年河南社会发展基本态势与政策建议

2019 年是新中国成立 70 周年，也是决胜全面建成小康社会第一个百年奋斗目标的关键之年。站在新的历史起点上考量重要战略机遇期，推进“五位一体”“四个全面”的布局不能变，要坚持推动高质量发展，协调推进稳增长、促改革、调结构、惠民生、防风险工作，更好地满足人民在经济、政治、文化、社会、生态等方面日益增长的需要，着力提高保障和改善民生，提升社会公平公正。

（一）基本态势分析

1. 全面落实中央和省委工作精神，社会发展面临更高质量要求

中央经济工作会议指出，我国发展仍处于并将长期处于重要战略机遇期，2019 年要坚持稳中求进的工作总基调，坚持新发展理念，坚持推动高质量发展。高质量发展就是要贯彻以人民为中心的发展思想，不断满足人民日益增长美好生活需要的共享发展。对照新时代中原更加出彩的历史使命和河南实际，省委十届六次全会强调，要把坚定不移地走高质量发展之路，作为当前和今后一个时期河南各项事业发展必须牢牢把握的工作方向，这也给河南省社会建设提出了高质量发展的要求。

在民生建设提升方面，切实保障和改善民生是2019年的重点工作，要在就业、教育、医疗、养老、住房、社会保障等民生重点领域出台更多实质性政策，大力推进各项民生事业。打赢精准脱贫攻坚战是全面建设小康社会的底线标志，保障高质量脱贫的当下形势愈加紧迫，下一步要全面提高脱贫质量、组织重点攻坚、精准落实方略，防范虚假脱贫。高质量发展，民生为本，2019年要将稳就业摆在突出位置，夯实民生之基。推动房地产市场平稳健康发展，继续坚持“房住不炒”“分类指导”的方向定位。生态环境问题关乎人民认可和国家未来，坚决打好污染防治攻坚战、走生态文明发展之路，是高质量发展“成色”的直接决定因素。从社会综合治理看，要继续加强和创新社会治理，不断提高人民群众在高质量发展中的幸福指数。打好防范化解重大风险攻坚战是全面建成小康社会的基本保障，要继续突出防范区域金融风险、政府债务风险、自然灾害风险、安全生产风险。同时，要推动扫黑除恶向纵深发展，既除恶务尽又打虎拍蝇，坚决打掉保护伞、拆除黑后台，完善社会治安防控体系和社会矛盾化解机制，推进共建共治共享社会治理格局营造。从社会发展环境上看，要构建推动高质量发展的体制机制，持续推动构建高质量发展制度环境、深化“互联网+政务服务”、促进城乡区域协调发展、优化营商环境、做好乡村振兴规划等，引导各地各部门把资源要素向高质量发展领域集聚。事在人为、事靠人为，高质量发展要由人才引领，必须弘扬争做出彩河南人的主旋律，强化推动高质量发展的人才支撑，搭建人才施展才华的广阔舞台，以此汇聚奋进发展的磅礴力量。

2. 生态环境治理力度不减，污染防治仍在负重前行

生态环境是关乎民生的重大社会问题，是衡量全面建成小康社会质量的关键。习近平总书记不断强调，环境问题是关系党的使命宗旨的重大政治问题，生态文明建设是中华民族永续发展的根本大计。2018年5月，全国生态环境保护大会顺利召开，确立了新时代推进生态文明建设的重要原则和重点部署。近年来，河南始终认真贯彻习近平总书记生态文明思想和党中央、国务院决策部署，不断加强生态环境治理，坚决打好打胜污染防治攻坚战。为此，河南于2018年9月发布了《污染防治攻坚战三年行动计划（2018~2020年）》，2019年势必是推进生态环境短板补齐的关键之年。根据计划，2019年空气优良天数比例要达到65%以上，全省地表水质量达到或优于Ⅲ类水质断面比例总体

达到57.4%，省辖市城市集中式饮用水水源地取水水质达标率达到97.7%，南水北调中线工程水源地丹江口水库取水水质稳定达到Ⅱ类，全面推进全省村庄污水、垃圾的收集处理，完成20%受污染耕地安全利用面积任务，基本控制土壤环境风险。① 推进河南生态文明建设，解决突出环境问题，重点任务是打好污染防治攻坚战，关键是打赢蓝天保卫战，同时做好柴油货车治理、城市黑臭水体治理、河流污染治理、南水北调等水源地保护、农村农业污染整治。

当前，河南省污染底子厚、治理基础薄、排污总量大，一些地方大气、水、土壤等环境污染形势严峻，同人民群众日益增长的生态美好需求差距较大，因此，污染防治攻坚战时间紧、任务重、难度大，生态环境治理面临压力叠加、负重前行的境况。以大气污染防治工作为例。《2018年河南省政府工作报告》计划全年空气优良天数达到210天，但从完成情况看，郑州市城区优良天数截至2018年12月24日为162天，全省其他各地完成情况亦无法乐观。从生态环境部发布的2018年12月和1~12月全国空气质量状况看，2018年12月，169个重点城市空气质量排名后5位的，河南占了4个；1~12月169个重点城市排名后20位的，河南占了4个。② 空气质量测算新增臭氧含量标准并非优良天数达成障碍，因为每到秋冬河南各地都会持续多次经历空气重污染过程，陷入“天不帮忙，人无奈”的窘况。如2018年11月底到12月初，全省空气质量以中度至重度污染为主，各地均启动了重污染天气管控措施。更加令人遗憾的是根据持续出现的重污染天气情况，郑州市于12月20日发布了重污染天气红色预警，启动Ⅰ级应急响应。这表明，污染防治工作依然任重而道远，成效并不稳固。为此，《2019年河南省政府工作报告》确定的一项民生实事就是持续改善大气环境质量，全省空气优良天数比例达到59.5%。补齐生态环境的突出短板，是苦仗、硬仗，我们不能有丝毫懈怠，必须铢积寸累，持续推动生态环境改善。

---

① 《河南省污染防治攻坚战三年行动计划（2018~2020年）》，河南政府网，2018年9月21日，https://www.henan.gov.cn/2018/09-21/692225.html。

② 《生态环境部通报2018年12月和1~12月全国空气质量状况》，生态环境部百家号，2019年1月7日，https://baijiahao.baidu.com/s?id=1621992358071288743&wfr=spider&for=pc。

3. 社会安全形势总体向好，社会潜在风险点仍需注意

近年来，河南省不断加强和创新社会治理，落实党委领导、政府负责、社会协同、公众参与、法治保障的社会治理体制，以防控好“颜色革命”风险、暴恐袭击风险、社会稳定风险、公共安全风险、网络安全风险为着力点，深入推进平安河南建设，提升了社会治理的社会化、法治化、智能化、专业化水平，“大综治、大平安”的工作格局日渐形成，共建共治共享的社会治理良好态势不断呈现，广大人民群众的安全感、幸福感、获得感得到极大提升。

但也应当看到，一些危害公共安全、影响社会稳定的潜在风险点依然不容忽视。比如，黑恶不除，民心难安。虽然扫黑除恶行动已取得了很大成效，但成绩越巨大越反映出问题的严峻性，黑恶势力在垄断行业、城郊接合部、资源乡村等重点领域仍然盘根错节，同时其背后“关系网”“保护伞”所牵连的腐败问题比较突出，做好扫黑除恶与反腐败斗争相结合依然是今后维护社会稳定的重要着力点。一段时期以来，随着城市化建设和房地产市场环境的快速变化，房地产领域内矛盾纠纷似乎在全域范围内急速增加，业主维权潮涌，全省各地密集召开化解“问题楼盘”推进会，“问题楼盘”俨然成为群众利益受损、动摇社会稳定的最大风险点。群体性事件的规模一般较大，容易给社会稳定带来较强的负面影响，2019 年仍需密切防范民生类群体性事件的发生，如因改制问题引发的企业职工、教育领域从业者聚集诉求养老保障或福利待遇的群体性事件，退役军人等群体的安置利益诉求事件。同时，互联网时代下的网络舆情仍需继续重视并做好社会情绪的疏导工作，尤其是在短时间内引发普遍关注的热点事件，如 2018 年滴滴顺风车“空姐遇害”事件。

4. 脱贫攻坚步入“收官期”，保证脱贫“成色”是当务之急

打赢脱贫攻坚战是全面建成小康社会的底线任务和最硬性衡量指标，河南省计划到 2020 年实现农村贫困人口在现行标准下脱贫、贫困县摘帽、解决区域性整体贫困，同全国一道进入全面小康社会。时间越来越紧，目标越来越近，难度也越来越大，因为越到最后越是“硬骨头”，越到最后越要严把脱贫关，否则，搞数字脱贫、虚假脱贫终将导致前功尽弃。2018 年 6 月，中共中央、国务院出台了《关于打赢脱贫攻坚战三年行动的指导意见》，明确提出要

“坚持把提高脱贫质量放在首位，确保脱贫攻坚成果经得起历史和实践检验”①，这就为今后的脱贫工作提出了方向性要求。结合实际，河南省也随后制定了“打赢脱贫攻坚战三年行动计划”，将提高脱贫质量、巩固脱贫成果摆在原则位置，确保221.4万农村贫困人口在3年内稳定脱贫，保持政策的连续性、稳定性，加强贫困动态监测，防范化解风险，消除返贫隐患。②

脱贫攻坚形势已从全面展开转入集中攻克阶段，下一步，河南省要切实重点解决好实现“两不愁三保障”面临的突出问题，加大“三山一滩”等深度贫困地区和特殊贫困群体脱贫攻坚力度，增强贫困地区、贫困群众内生动力和自我发展能力，减少和防止贫困人口返贫。深度贫困地区普遍面临贫困发生率高、贫困程度深、脱贫基础差、经济发展滞后等现实难题，同时随着脱贫工作的推进，贫困人口中因病因残致贫、无劳动能力者、老人群体的占比也会越来越高，是贫中之贫、坚中之坚。对标2019年的脱贫任务，河南省要实现65万农村贫困人口脱贫、14个国定贫困县摘帽、20万黄河滩区居民搬迁。③ 需要警惕的是，当前扶贫工作中还存在工作不精准、措施不到位、形式主义、官僚主义、虚假脱贫等问题，这些问题和不良偏向严重威胁着脱贫攻坚“成色”，需要我们把作风建设贯穿脱贫攻坚全过程，正确处理如期脱贫与稳定脱贫的关系。2019年冲刺脱贫攻坚，既要加大深度贫困县村、特殊贫困群体、重点贫困县区脱贫攻坚力度，集中精力解决贫困人口存量难题，更要防范脱贫后又返贫现象、集中力量解决虚假脱贫，打一场高质量脱贫攻坚战。

5. 民生社会事业投入继续增加，重点民生实事持续办好

为政之道，民生为本。着力保障和改善民生一直是党中央治国理政的工作要求，新时代以人民为中心的发展思想更需要一以贯之，通过更加平衡、更为充分的发展来不断满足人民的美好生活需求。切实保障和改善民生，就是要抓住人民最关心最直接最现实的利益问题，一件事情接着一件事情办，一年接着

---

① 《中共中央国务院关于打赢脱贫攻坚战三年行动的指导意见》，中国政府网，2018年8月19日，http：//www. gov. cn/zhengce/2018 –08/19/content_ 5314959. htm。

② 《河南省打赢脱贫攻坚战三年行动计划》，人民网，2018年9月14日，http：//ha. people. com. cn/n2/2018/0914/c351638 –32054070. html。

③ 《「聚焦两会」数读政府工作报告 中原更出彩迈出新步伐》，法治中原百家号，2019年1月17日，https：//baijiahao. baidu. com/s？ id =1622902762829545240&wfr = spider&for = pc。

一年干，不断改善教育、就业、收入、基本保障、医疗卫生、文化娱乐、环境等方面的状况，提升人民群众的生活水平和幸福指数。展望2019年，《2019年河南省政府工作报告》在利民惠民方面又做了一系列重要安排，要积极优化财政支出结构，继续压减政府一般性支出，腾出更多财力用于办好民生实事，如新增城镇就业110万人；城乡居民基本医保80岁以上高龄老人的住院报销比例提高5个百分点，实施高龄（80岁以上）津贴制度；继续免费开展女性“两癌”筛查、预防出生缺陷产前筛查和新生儿疾病筛查；实施残疾儿童康复救助；实施“百县通村入组工程”，新改建农村公路5000公里以上；新建和改扩建城乡幼儿园1000所，新增学位10万个；完成300万户农村户用卫生厕所改造。① 具体到社会事业的推进思路，就是要不断完善制度、守住底线，精心做好各项民生工作。

一是把稳就业摆在突出位置，重点解决好高校毕业生、农民工、退役军人等群体就业，城镇失业率控制在5.5%以内。如开展各类职业培训300万人次，新增农村劳动力转移就业40万人，新增创业人员20万。二是坚持教育优先发展，促进学前教育普及普惠发展，实现九年义务教育巩固率达到95%，着力改善教师工作生活条件，规范校外培训机构。三是深化医疗、社会保障制度改革，不断提高城乡居民基础养老金最低标准，把更多救命救急的好药纳入医保，提高城乡低保、特困供养、孤儿养育等保障标准。四是坚持“房住不炒”定位，推动房地产市场平稳健康发展，完善住房市场体系和住房保障体系。五是持续做好生态环境整治工作，全省空气优良天数比例达到59.5%，确保PM2.5平均浓度和优良天数比例完成国家考核目标，严格落实河长制、湖长制，推进受污染耕地安全利用和治理修复。六是要大力完善养老护理体系，应对好人口老龄化加剧下的城乡居民养老问题。

6. 乡村振兴稳步推进，基层组织建设和人居环境改善不断深化

当前，全国各地都在大力推进乡村振兴战略，河南省在2018年12月也发布了《乡村振兴战略规划（2018～2022年）》，明确了今后的重点任务，而2019年将是对标规划目标稳步实施的关键一年，农村产业振兴、美丽乡村建

① 《河南将新增城镇就业110万人 全省空气优良天数比例达到59.5%》，映象网，2019年1月16日，https：//baijiahao.baidu.com/s？id＝1622789570025606954&wfr＝spider&for＝pc。

设、文明乡风塑造、基层治理创新、民生福祉提升、精准脱贫攻坚六大行动将逐步展开。[①] 未来的河南，将围绕农业强、农村美、农民富，以加快推进产业、人才、文化、生态、组织“五个振兴”为路径，深入实施乡村振兴战略。其中，提高新时代党的农村基层组织建设质量是乡村全面振兴最根本的政治和组织保障。这一点可以从中共中央新印发的《中国共产党农村基层组织工作条例》中获得印证，同时省委十届八次全会也强调，要以坚强基层组织建设为重点抓好乡村治理，实施好村党组织带头人整体优化提升行动，打造懂农业、爱农村、爱农民的“三农”工作队伍，深化拓展“四议两公开”工作法，创新乡村治理机制，建立健全党组织领导的自治、法治、德治相结合的乡村治理体系。另一个值得关注的是，2019 年《农村人居环境整治三年行动实施方案》将迎来深入实施时期，再加上中央农办、农业农村部等 18 部委又联合印发了《农村人居环境整治村庄清洁行动方案》，农村人居环境整治已从典型示范进入到全面推开阶段，为此，河南省将以改善人居环境为突破，抓好垃圾污水处理、“厕所革命”、废弃物资源化利用、村容村貌提升，建设好美丽宜居乡村。

（二）政策建议

1. 打好打赢三大攻坚战，补齐高质量发展的突出短板

放眼全国，防范并化解重大风险、精准脱贫、抓好污染防治越来越被认为是全面建成小康社会的“三大攻坚战”，它们不仅仅是经济社会发展问题，也是重大的政治问题。聚焦河南，打好打赢三大攻坚战不仅能为全面建成小康社会收官打下决定性基础，也将助推中原在更加出彩的征程中迈出更大步伐。省委十届八次全会和《2019 年河南省政府工作报告》都强调，要坚定不移推进三大攻坚，将其摆在全局更加突出的位置，夯实发展基础。一是要坚决打好防范化解重大风险攻坚战。要贯彻落实习近平总书记在省部级主要领导干部坚持底线思维着力防范化解重大风险专题研讨班上的重要讲话精神，对防范化解政治、意识形态、经济、科技、社会、外部环境、党的建设等领域重大风险保持高度关注，紧盯政治安全、经济安全、社会稳定、自然灾害、公共事件、安全

① 《河南省乡村振兴战略规划（2018～2022 年）出台》，光明网，2018 年 12 月 25 日，http：//difang. gmw. cn/ha/2018－12/25/content_ 32238612. htm。

生产等重点领域风险，着力保障经济持续健康发展和社会大局稳定。二是要坚决打好精准脱贫攻坚战。虽然河南省在脱贫攻坚方面已取得了决定性进展，但仍有 100 万以上的贫困人口，脱贫任务依然艰巨。需要坚定不移地把打好精准脱贫攻坚战作为头等大事和第一民生工程来抓，始终贯彻精准方略，把脱贫质量放在首位，聚焦深度贫困县村、重点贫困县区、特殊贫困群体，深入推进产业、教育、水利、就业、交通、健康等扶贫专项，建立脱贫正向激励和稳定脱贫长效机制，减少和防止贫困人口返贫。同时，要将脱贫攻坚融入乡村振兴战略中来，统筹贫困地区和非贫困地区发展，尤其是要重视那些略高于贫困线的群体的发展致富问题。三是要坚决打好污染防治攻坚战。紧紧扭住改善环境质量这一核心，聚焦蓝天、碧水、净土三大保卫战，深入实施经济结构提质、生态功能提升、国土绿化提速、环境治理提效“四大行动”，加快构建绿色低碳循环的发展方式，着力做好农村人居环境整治行动，走出一条生态文明发展之路。

2. 切实保障改善民生，增进人民群众福祉

不断增进民生福祉是发展的根本目的，我们必须始终坚持以人民为中心的发展思想，完善制度、精心做好各项民生工作，在发展中保障和改善民生，提高人民群众在高质量发展中的获得感和幸福指数。一是把稳就业摆在突出位置，着力扩大社会就业。面对经济下行压力加大和中美经贸摩擦影响，河南省就业形势总体平稳但就业压力持续高位运行，要密切加强就业形势监测，积极开展公共就业服务专项活动，推动农村劳动力转移就业、支持农民工返乡创业，重点抓好高校毕业生、退役军人、去产能分流职工等重点群体多渠道就业创业，以稳就业为重心，努力推进高质量的充分就业。二是大力推进民生事业发展。要积极优化财政支出，压减政府一般性支出，腾出更多财力用于民生投入，多谋民之利、多解民之忧，持续办好民生实事。关键是要抓住人民群众最关心最直接最现实的利益问题，如教育方面的幼儿入园难、入园贵，普惠性学前教育公共服务体系不健全问题；医疗资源方面的发展匹配不充分不平衡问题；生态环境方面的空气质量问题；农村人居环境改善，农村垃圾治理问题；等等。三是继续完善社会保障制度。持续推进全民参保计划，继续提高城乡居民基础养老金最低标准和城乡低保、特困供养、孤儿养育等保障标准，加快实现城乡居民养老保险基金省级管理、企业养老保险基金省级统筹，提高基本医

保、大病保险、困难群众大病补充保障水平，推进基本医疗保险支付方式改革，健全兜底线、全覆盖、多层次的社会保障体系，守好社会公平的生命线。四是不断健全住房市场体系和住房保障体系。要坚持“房子是用来住的、不是用来炒的”定位，落实城市政府房地产市场调控主体责任，推动房地产市场平稳健康发展。大力发展住房租赁市场，推进棚改安置房建设工作，全面完成农村危房改造任务，改善困难群体居住条件。五是着力打造共建共治共享社会治理格局。要加强和创新社会治理，不断提高社会治理社会化、法治化、智能化、专业化水平。切实把加强基层基础工作，不断推动社会治理重心下移，推广“枫桥经验”，健全自治、法治、德治相结合的基层社会治理体系。持续做好扫黑除恶和反腐败斗争工作，加强社会治安防控体系建设，维护社会大局稳定。

3. 积极发展社会事业，提升公共服务水平

大力发展各项社会事业，是保障人民群众充分享受改革发展成果，明显改善民生福祉条件的重要举措。一是要优先发展教育事业。教育是经济社会高质量发展的基础工程，要不断深化教育改革，继续实施学前教育三年行动计划，做好城镇小区配套幼儿园治理工作，促进学前教育普及普惠发展，推进城乡义务教育均衡发展。加强师德师风和教师队伍建设，不断改善教师工作生活条件及配套保障，倡导全社会尊师重教。加强校园安全综合治理，持续规范和整治校外培训机构。继续做好民办教育分类管理，强化职业教育，以“双一流”建设为契机推动河南省高等教育发展。二是全面加强医疗卫生健康事业。河南省要加快推动六大国家区域医疗中心建设，大力发展“互联网 + 医疗健康”，推进优质医疗资源下沉、共联共享，重点做好县域医疗中心建设、提升县级医院质量，让老百姓能便利享受医疗服务，解决好民众“看不上病”“看不起病”“看不好病”问题。完善公共医疗卫生服务体系，大力支持社会办医和中医药传承创新，推进乡村全科医生培育工程。全面倡导全民健身理念，加强公共体育设施建设力度，发展健康产业。促进医养结合，加快老龄事业和产业发展，积极应对人口老龄化问题。三是加快推动文化事业发展。持续完善公共文化服务体系，深入实施文化惠民工程，创新各级图书馆、博物馆、文化馆和农家书屋等运作方式，持续开展群众文化活动，满足人民日益增长的多元文化需求。加快公共文化设施建设标准化、公共文化服务标准化，积极构建文化志愿

服务体系，夯实公共文化服务基础。深入推进中原文明传承创新，加强文物保护利用和文化遗产保护传承，抓好新时代精神文明建设。

4. 全面实施乡村振兴战略，不断强化城乡融合发展

城乡发展不协调、城乡发展不融合，既是河南省急需补齐的高质量发展短板，也是带动河南省进一步发展的潜力所在。要按照政策规划和任务节点，大力实施乡村振兴战略，围绕农业强、农村美、农民富，稳步实施六大行动和16项重大工程，把强县和富民统一起来、改革和发展结合起来、城镇和乡村贯通起来，走具有河南特色的乡村振兴之路。一是要大力推进乡村产业振兴。以农民增收为导向拓展农业多种功能，促进农村一二三产业融合发展。深入推进农业供给侧结构性改革，在抓好稳定粮食产能的基础上推进“四优四化”，打造高质量特色化的农业发展，加快建设现代农业。二是要持续抓好乡村环境建设。城乡差距的一个突出表现就是农村环境的脏乱差。要积极吸收浙江“千村示范、万村整治”经验并加以创新，推进农村生活垃圾处理、污水治理、村容村貌提升等工作，不断改善农村人居环境。三是要实施乡村文化振兴工程。立足中原文化资源优势，在保护传承乡土文化基础上吸纳现代文化，创造性转化、创新性发展优秀传统文化。以社会主义核心价值观引领乡村思想文化建设，推进农村精神文明建设，深入挖掘农村传统道德教育资源，培育社会公德、职业道德、家庭美德、个人品德，提高农村社会文明程度。推动新时代的移风易俗活动，广泛开展“传家训、立家规、扬家风”行动，塑新风正气。四是要加强基层组织建设。组织振兴是乡村振兴的保障，要解决好基层党组织弱化、虚化、边缘化以及带头人素质不高、能力不强等问题，提高党的农村基层组织建设质量。健全党组织领导的自治、法治、德治相结合的乡村治理体系，强化基层干部队伍作风建设，完善“四议两公开”决策机制、村民自治机制、民主监督机制。

5. 强化人才引领发展地位，深化创新人才发展机制改革

当前，河南省经济社会发展正处在从高速增长向质的飞跃转型阶段，转型发展需要创新力量推动，而实践一再表明，人才是驱动创新的第一资源。高质量发展必然要以高质量人才队伍为支撑，而河南省在人才政策开放性、人才管理流畅性、人才激励保障效度、人才环境优化等方面都存在不同程度的问题，为此，要转变思维、完善创新机制，突出人才的战略资源地位，夯实创新发展

的人才基础。一是继续将创新作为高质量发展的第一动力，以创新理念引领人才队伍建设。从本质上看，创新驱动就是人才引领，尤其是要靠领军人才、高端人才来推进实践创新。要注重人才资源开发，实施更加积极、开放、有力的人才引进和培育政策，最大限度地引进培养创新型领军人才等高层次人才，尽快补齐发展所需要的急缺人才，最大程度集聚发展技能型人才，培育储备科技创新人才、专业技能人才，实施战略性创新创业人才扶持计划。二是完善人才的“选管用”体制机制，构建合理的人才服务体系。牢树人才引领发展的定位意识，围绕引才留才政策碎化、创新创业环境不优、激励保障条件不充分、人才贡献率不高等问题，有针对性地改善人才评价、人才管理、人才政策的制度环境。破除人才管理中的强行政化倾向和管制思维，礼遇人才、奖励创新，为他们创造舒畅良好的工作环境。构建多元化的人才评价机制，尊重人才发展规律、科学创新规律，杜绝单一化、片面化的评价标准，坚持以创新能力、质量、贡献为导向来评价人才。落实人才政策待遇，重视解决住房、子女教育等“后顾之忧”的现实问题，让各层次人才都能够安心在河南涌流迸发。大力营造重视科技、鼓励创新创造的社会氛围，在打造人才的政策环境、发展空间、评价体系、文化认同、人居环境等软性层面上下功夫，构建良好的人才服务体系。三是积极为青年人才施展才华搭建舞台。人才的培育和成长有其内在规律，要用发展的、全面的、辩证的眼光来识别人才，既要看到人才的当前价值，也要看到未来空间，应最大限度地吸引、留住高校毕业生这一人才创新的最强群体。一方面要实施一系列含金量较高、激励保障较强、易操作的惠才政策，另一方面要以识才的慧眼、用才的胆识，给青年人才更多干事创业的机会，放手使用青年人才，让人才用实际成效来说话。四是坚持党管人才原则，着力建设高素质人才干部队伍。推动高质量发展，提升干部本领能力至关重要，他们的能力高低很大程度上决定着人才中长期发展规划的科学性程度、人才政策体系的健全度以及人才引进、培养、使用的优惠措施落实力，为此要着力建设高素质干部队伍，尤其是要提升领导干部的能力素养。

评价报告

Evaluation Report

B.2
2018年河南省县、市级政府网上政务公开评估报告*

付光伟**

摘　要： 本文在坚持结果导向、公众视角、政策为本的原则下，构建出评估政府网上政务公开水平的指标体系。据此对河南省104个县级政府门户网站的政务公开进行量化评估，结果显示，2018年，河南省104县（市）政府门户网站政务公开平均得分为62.6分，比2017年略有下滑。其中，得分前五名的县（市）为汝州市、登封市、汤阴县、内黄县和中牟县、永城市、淮滨县（中牟、永城、淮滨并列第五），得分后五名的县（市）是温县、范县、虞城县、西华县和淮阳

* 基金项目：国家社科基金项目“基层政府推行权责清单制的限权功能生成机制研究（BSH059）”。

** 付光伟，河南大学哲学与公共管理学院公共管理系副教授，河南大学地方政府与社会治理研究所研究员。

县。与 2017 年相比，2018 年，民权、内黄和太康县的排名进步最大，范县、栾川和濮阳县的排名下滑最多。采用相同的评估指标体系，对河南省 18 个省辖市政府网上政务公开进行评估，结果显示，2018 年，河南省 18 省辖市政府门户网上政务公开平均得分为 80.8 分，略高于 2017 年。其中，得分前五名的省辖市是郑州、洛阳、驻马店、许昌和南阳，得分后五名的省辖市是周口、焦作、安阳、三门峡、新乡。2018 年，郑州市的政务公开得分继续蝉联全省第一，地位较为稳定。焦作市从 2017 年的第 7 名后退到 2018 年的第 17 名，退步最为明显。

关键词： 政务公开　指标体系　县级政府　省辖市政府

一　问题的提出

所谓政务公开，是指行政机关将不涉及国家安全或国家秘密并由法律规定不得公开的事项之外的事项，采取一定形式，按照一定程序，向社会和公民予以公开的活动（干以胜，2016）。以习近平同志为核心的党中央高度重视政务公开工作，把这项工作作为提升政府治理能力和公信力，建设法治政府、服务型政府，保障人民群众知情权、参与权、表达权、监督权的重要内容。2008 年 5 月 1 日，《中华人民共和国政府信息公开条例》正式实施，标志着我国政府的政务公开工作进入法制化、常态化的轨道。2013 年，中共十八届三中全会将推进政务公开作为国家治理体系和治理能力现代化的重要组成部分。2016 年，中共中央办公厅、国务院办公厅印发《关于全面推进政务公开工作的意见》指出，公开透明是法治政府的基本特征，全面推进政务公开，要坚持以公开为常态、不公开为例外，推进行政决策公开、执行公开、管理公开、服务公开和结果公开。在全媒体时代，政务微公开、政务微服务成为政府网上政务公开的新形式，将各级政府部门的政务公开工作推向一个新的阶段，“公开为常态，不公开为例外”。2017年底，中共中央印发《中国共产党党务公开条例（试行）》，将信息公开从政府行政部门扩展到党务部门，促进了信息公开在公共部门的全覆盖，彰显了党中央推进政务公开、强化权力监督的坚强决心和战略定力。

为贯彻落实党中央、国务院加强政务公开工作的战略方针，从2008年起，河南省政府出台了一系列规章制度，特别是在2016年，河南省政府还专门出台了《河南省政务公开工作考核办法（试行）》，有力地推动了省内各级政府的政务公开工作。从2008年算起，河南省各级政府的政务公开工作已经开展了十个年头。在十年的探索性实践中，有些地方政府部门做得较好，而有些地方政府部门则做得不够到位，但是由于缺乏独立的第三方评估，导致做得好的政府部门不知道自己做得好，做得不好的政府部门还不知道自己与先进地区的差距以及差距有多大。基于此，本报告延续2015年、2016年、2017年的评估指标体系，将评估对象从县级政府扩展到省辖市政府，以县级政府、省辖市政府门户网站的政府信息公开专栏为评估内容，对2018年全省市、县级政府的网上政务公开进行评估。依据此次评估结果，各级、各地政府部门可以看到自身政务公开工作在全省的位置，达到找差距、补短板、后进赶先进的目的。

二　指标体系的构建

课题组将评估指标体系分为主动公开、政策解读、申请公开三个一级指标，分别赋值为80分、10分和10分。一级指标下面又分出众多二级指标及其相对应的三级指标，不同指标的权重又根据其对人民群众日常生活实际意义的大小和上级政府的重视程度而赋予不同的分值（见表1）。在评分细则上，对各三级指标的具体评分要求做出了详细的规定，具有较强的可操作性，细化到每条信息上，力求精确与客观，有效地减少了评分过程中评分者主观因素对评分结果的干扰。

表 1　河南省县、市政府网上政务公开评估指标体系

一级指标	二级指标	三级指标	评分细则
主动公开（80）	领导简介（5）	简历（2）	详细生平介绍 2 分，简略得 1 分，无 0 分
		分工（1）	有职责分工 1 分，无 0 分
		照片（2）	有 2 分，无 0 分
	专栏建设（5）	目录（3）	有 3 分，无 0 分
		指南（1）	有 1 分，无 0 分
		索引号（1）	有 1 分，无 0 分
	预算决算（6）	数量（3）	1 年 1 分，2 年 2 分，超过 3 年 3 分
		及时（3）	在 4 月 1 日之前公开，每个得 1 分，最多 3 分
	三公经费（12）	数量（6）	3 条以下 1 分，每增 3 个加 1 分，最多 6 分
		详细（6）	部门公开 3 条以下 1 分，每多 3 个 1 分，最多 6 分
	行政收费（12）	全面（8）	每个条目 1 分，最多 8 分
		及时（4）	2018 年公开项目每个得 2 分，最多 4 分
	行政审批（10）	全面（6）	3 条以下 1 分，每增 3 个加 1 分，最多 6 分
		及时（4）	2018 年公开项目每个得 2 分，最多 4 分
	征地拆迁（10）	全面（4）	每条 1 分，最多 4 分
		及时（3）	2017、2018 年发布的，每条 1 分，最多 3 分
		详细（3）	有补偿标准的，每条 1 分，最多 3 分
	教育公开（10）	全面（4）	3 条以下 1 分，每增 3 个加 1 分，最多 4 分
		及时（3）	2018 年的信息，每条 1 分，最多 3 分
		详细（3）	学校列表或收费方面的信息，每条 1 分，最多 3 分
	计划规划（10）	规范（3）	背景、目的、措施每项 1 分
		全面（4）	5 个以下 1 分，每增加 3 个 1 分，最多 4 分
		详细（3）	专项规划每个 1 分，最多 3 分
政策解读（10）	政策解读（6）	全面（2）	5 条以下 1 分，每增加 5 条再得 1 分，最多 2 分
		及时（2）	2018 年的解读，每条 1 分，最多 2 分
		详细（1）	针对本县市的政策解读，1 分
		规范（1）	有政策文本的解释和说明得 1 分，否则 0 分
	政民互动（4）	渠道（2）	3 条以上得 1 分，每增加 3 条再加 1 分，最多 2 分
		回应（2）	有效回复，每个 1 分，最多 2 分
申请公开（10）	申请指南（5）	规范性（5）	咨询电话 2 分，监督电话 2 分，通信地址 1 分
	申请渠道（5）	全面性（5）	每个渠道 2 分，最多 5 分

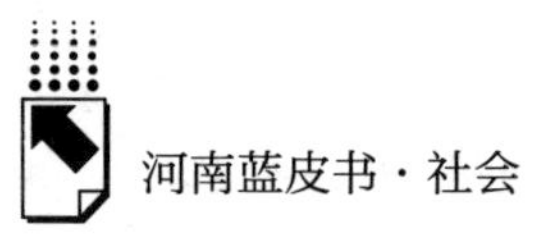

三　评估过程及结果分析

（一）调查过程

本次评估工作的时间为2018年11月1日至11月20日，课题组6名学生依据评估指标体系①，打开全省104个县政府（包含县级市）②、18个省辖市政府门户网站中的“政府信息公开”栏目进行评分。为了确保评分尺度的基本一致，本次评估采取每人负责2个二级指标的做法，而不是一个人将一个参评对象进行“全包”的做法，这样做的好处是保证同一指标评分标准的一致性和稳定性，但是也大大增加了研究人员的工作量。尽管如此，课题组成员都尽心尽力，按时完成了评分任务。

（二）县级政府网上政务公开结果分析

1. 全省104县（市）政府网站政务公开平均得分62.6分，比2017年略有下滑

调查结果显示，2018年，河南省104个县（市）政府门户网站政务公开的平均得分为62.6分，2015年、2016年和2017年的平均得分分别为51.5分、57.1分和63.3分。结果表明，2018年的县级政府网上政务公开的平均得分继续保持及格线以上水平，但是比2017年略有下降。下降的主要原因是2018年网络病毒肆虐，政府门户网站不稳定性增多，导致在评分时，出现“进不去”“该页面不存在”“维护中”“无法访问”“拦截”等问题，使得个别县在多个评分指标的得分为0。出现这种情况较多的县有镇平县、兰考县、叶县、温县、范县、项城市和汝南县，导致整体平均得分较2017年有所下滑。2018年，全省104个县（市）政府，网上政务公开得分最高的是汝州市，为92分，得分最低的是温县，只

① 负责评分任务的课题组成员是河南大学哲学与公共管理学院2016级本科生：申佳丽、陈露、付凤娇、符彩玲、冯文静、姬葱葱，在此向她们的辛勤工作表示感谢。

② 开封县、陕县、许昌县分别于2014年、2016年、2017年调整更名为祥符区、陕州区和建安区，截至2018年底，河南省县级政府（包括县级市）的实际数为105个。在评估期间，南阳市镇平县的政务公开栏一直处于“网站维护”状态，无法获得数据信息，不参与本年度排名，因此，本年度参与评估的县政府数为104个。

有 19 分。温县得分低的主要原因是其门户网站不稳定，评分员无法进入，在 20 个三级指标上的得分都为 0 分。这也说明，政府信息公开需要特别重视网络安全和网络维护。得分前五名的县（市）依次是汝州市、登封市、汤阴县、内黄县和中牟县。得分后五名的县（市）依次是温县、范县、虞城县、西华县和淮阳县（具体排名见附表 1）。从图 1 可以看出，得分在 60 分及以上的县（市）占多数（具体比例是 62.5%），不及格的占 37.5%，数据呈现整体偏右的负偏态分布。

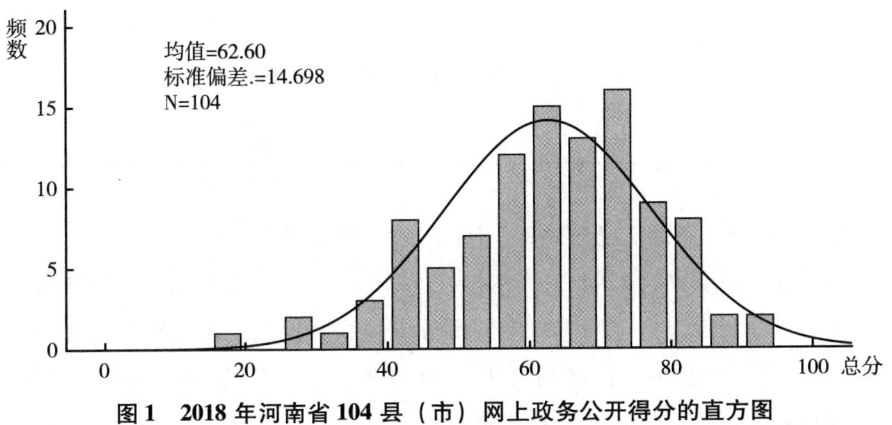

图 1　2018 年河南省 104 县（市）网上政务公开得分的直方图

2. 民权、内黄和太康县的排名进步最大，范县、栾川县和濮阳县的排名下滑最多

相同的评分员，相同的评估指标体系，但个别县（市）的政务公开年度排名却有很大变化。有的县（市）名次进步很大，而有的县（市）则退步明显。如表 2 所示，与 2017 年的政务公开排名相比，2018 年度，排名进步最大的是商丘市民权县，从 2017 年的第 101 名前进到 2018 年的 22 名，进步 79 名。安阳市内黄县从 2017 年的第 63 名前进到 2018 年的第 4 名，进步 59 名。周口市太康县从 2017 年的 96 名前进到 2018 年的第 37 名，进步 59 名。除此之外，禹州市、延津县、尉氏县、卫辉市、新郑市、睢县和西峡县的进步也很大。排名倒退最大的是范县，从 2017 年的第 25 名倒退到 2018 年的 103 名（即倒数第 2 名），倒退 78 名。栾川县从 2017 年的 15 名后退到 2018 年的 79 名，濮阳县从 2017 年的第 25 名倒退到 2018 年的 87 名，倒退幅度也很大。除此之外，嵩县、内乡县、新蔡县、兰考县、孟津县、汝南县、商城县，2018 年的政务公开排名都比 2017 年有大幅度的下滑。

表 2　2018 年政务公开排名进步最大和退步最大的 10 县（市）一览

县(市)	2017 名次	2018 名次	前进	县(市)	2017 名次	2018 名次	倒退
民权	101	22	79	范县	25	103	78
内黄	63	4	59	栾川	15	79	64
太康	96	37	59	濮阳	25	87	62
禹州	73	20	53	嵩县	18	71	53
延津	84	32	52	内乡	5	56	51
尉氏	78	29	49	新蔡	38	85	47
卫辉	84	38	46	兰考	54	99	45
新郑	70	25	45	孟津	22	67	45
睢县	78	36	42	汝南	48	93	45
西峡	92	53	39	商城	41	81	40

3. 三公经费、征地拆迁和教育公开的得分率明显偏低

评估指标体系中有 12 个二级指标①，将 104 个县在每个指标上的实际总得分除以满分得到每个指标的得分率，得分率越高，说明河南县级政府在该方面的政务公开做得较好，反之则较差。如图 2 所示，2018 年，河南省 104 县（市）政府网上政务公开得分率最高的是专栏建设，为 85.38%，其次是预算决算，为 79.97%。2018 年，三公经费的得分率仍然是最低的，为 42.15%，不过比 2017 年 39.23% 有一定的提高。此外，征地拆迁和教育公开的得分率也较低，而这两项恰恰是人民群众在日常生活中关注度最高的。说明河南省县级政府的政务公开工作，更应该以人民群众的现实需求为导向，而不是仅仅完成某些指标上的考核，以虚掩实，搞面子工程。

4. 政务公开的及时性、全面性和规范性较好，详细性明显不足

政府政务公开水平的高低，可以从及时性、全面性、详细性和规范性四个向度去衡量。2018 年的评估结果显示，河南省 104 县（市）政府网上政务公开及时性的得分率最高，达到 67.39%，其次是全面性，得分率为 64.42%，规范性的得分率为 62.82%，与全面性的得分率基本持平。唯独详细性的得分率，只有 42.63%，明显低于其他三项（见图 3）。评分过程发现，多数县的政

① 为简化统计结果，将申请指南（5 分）和申请渠道（5 分）合并为一个二级指标，即申请公开。

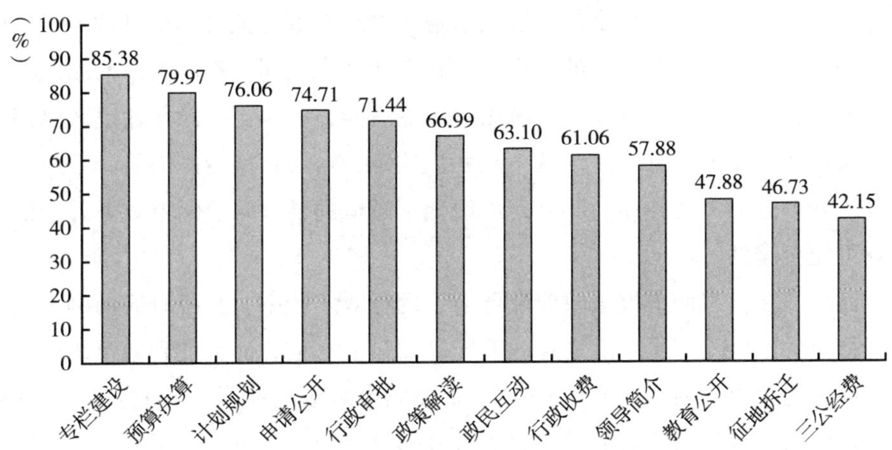

图 2　2018 年河南省 104 县（市）政府政务公开各项目得分率比较

策解读缺乏对本县最近重大决策的解读，计划规划缺乏更具针对性的专项规划，征地拆迁有关补偿标准的信息很少，总之，笼统、宏观、模糊性的信息公开得多，而与老百姓切实利益密切相关的具体而微的政务信息则披露不够。

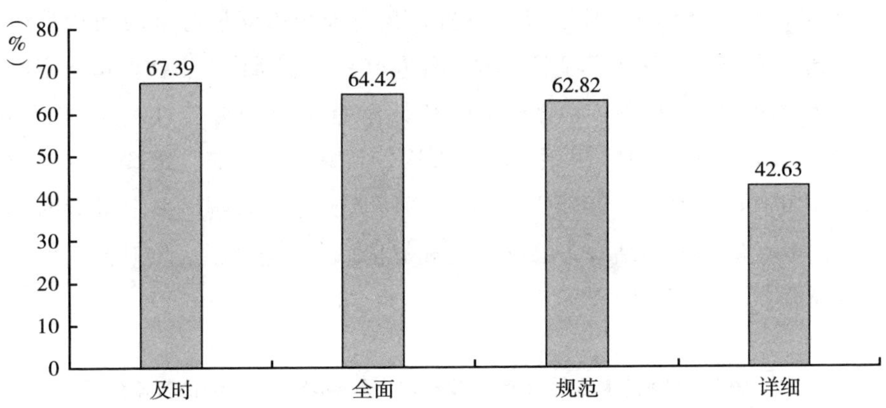

图 3　2018 年河南省 104 县（市）政府网上政务公开各向度得分率比较

5. 原因分析

我们假定县域人均公共财政收入对该县的政务公开得分产生正向影响，即人均公共财政收入越高的县，网上政务公开的得分也越高，反之，人均公共财政收入越低的县，网上政务公开的得分也会越低。

另一方面，从需求角度讲，公众对通过网络获取相关公共信息的需求越强烈，政府推行网上政务公开的社会压力将会越强，从而会提高门户网站政务公开的水平和质量。与农村相比，城镇居民更有能力，也更有意愿通过政府门户网站获取相关政务信息。基于这一点我们假定，城镇化率越高的县，政府网上政务公开得分就可能越高，反之，城镇化率越低的县，政府网上政务公开的得分则可能会越低。

此外，在自上而下推进政府政务公开的行政实践中，县级政府的网上政务公开行为，不仅受到国务院和省政府宏观政策的约束，而且受到地市级政府的直接微观的约束。因此，我们假定，如果地市级政府领导层重视政务公开工作，辖区内所有县级政府的网上政务公开得分就会普遍较高，反之，如果地级市政府领导不太重视政务公开工作，辖区内的县级政府网上政务公开得分则会普遍较低。

为了检验上述三个研究假设，我们利用2018年104县网上政务公开得分数据以及从《河南统计年鉴（2018年）》中查找到的2017年河南省104县（市）总人口、一般预算收入、城镇化率等数据，进行协方差分析。结果如表3所示，如果以0.05作为显著度的标准，只有地级市变量对于河南省县级政府网上政务公开的得分产生显著影响，总人口、一般预算收入和城镇化率对县政府政务公开得分的影响均没有达到统计学意义上的显著性。而2015年、2016年和2017年的统计结果则显示，人均公共财政收入对县级政府网上政务公开水平具有显著影响，2018年的结果不再具有显著影响，一个可能的解释是河南省县政府门户网站政务公开进入规范化、常态化之后，财政投入已经不再是一个强有力的制约因素了。

表3　2018年河南104县（市）政府网上政务公开得分的协方差分析

来源	III 型平方和	自由度	均方	F	Sig.
校正模型	8131.766	19	427.988	2.546	.002
截距	3327.818	1	3327.818	19.798	.000
总人口	90.196	1	90.196	.537	.466
一般预算收入	128.340	1	128.340	.764	.385
城镇化率	446.066	1	446.066	2.654	.107

续表

来源	III 型平方和	自由度	均方	F	Sig.
地级市	5060.306	16	316.269	1.882	.034
误差	14119.773	84	168.093		
总计	429752.500	104			
校正的总计	22251.538	103			

按照河南省政务公开考核工作的要求，地级市领导首先要对本级政府网上政务公开负起全面领导责任，同时要对辖区内各县政务公开工作进行督促和考核。虽然条件结果表明，地级市因素显著影响县级政府的政务公开水平，但是这并不意味着，地级市政府的网上政务公开得分越高，其辖区内的县级政府网上政务公开的平均得分也会越高。如图 4 所示，在河南省 17 个地级市中，郑州、许昌和安阳三个市，市政府网上政务公开得分高，而且其管辖的各县网上政务公开的平均得分也高，这种类型可以称之为“自己做好了，也督促下属做好了”。周口和焦作两个地级市，市政府网上政务公开得分偏低，辖区内各县政务公开平均得分也偏低，这种类型可称之为“自己没做好，也没有督促下属做好”。除此之外，开封、洛阳、驻马店等其他 12 个地级市，市政府网上政务公开得分较高，但管辖的各县网上政务公开的平均得分则偏低，这种类型可称之为“自己做好了，但没有督促下属做好”。以此类推，第四象限应该属

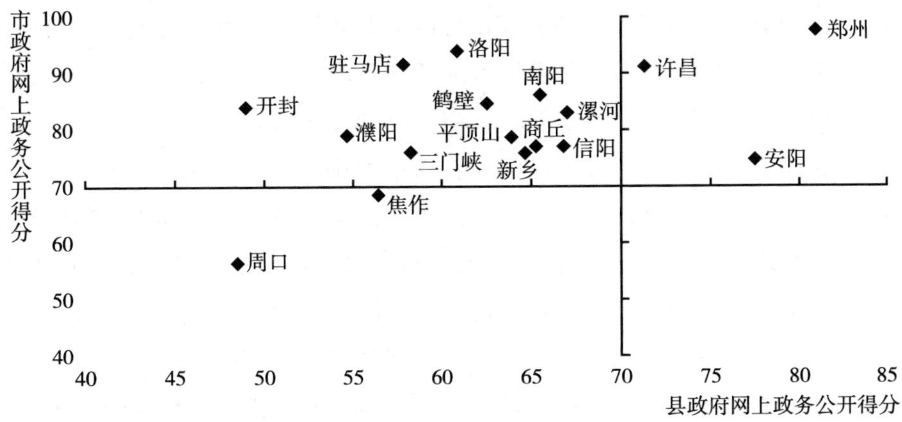

图 4　市政府和其所属县政府政务公开平均得分之间的类型学分布

于“自己没做好，但督促下属做好了”，但这种类型中没有一个地级市落入其中。由此说明，地级市政府要让管辖区的各县在政务公开方面做得更好，首先得自己做好。但是，自己做好了，并不一定必然导致下属各县能够做好，需要更具针对性的管理，这也是摆在河南省众多地级市领导面前的一个难题，因为很多地级市政府都属于“自己做好了，但下属县政府却没有做好”的类型。

（三）省辖市政府网上政务公开结果分析

1. 全省18省辖市网上政务公开平均得分为80.8分，略高于2017年

根据表1的评估指标体系，对全省18个省辖市政府网上政务公开的评估，结果显示，2018年，全省18省辖市政府网上政务公开的平均得分为80.8分，比县级政府网上政务公开平均得分高18.2分，并且略高于2017年（2017年平均得分为80.2分）。统计结果表明，2018年，河南省18省辖市政府门户网站的政务公开得分最高的是郑州市，为97.5分，与2017年的评估结果一致，表明省会郑州市在全省政务公开方面的领先地位较为稳定。得分最低的是周口市，为56.5分，是全省18省辖市中唯一不及格的地市。周口市得分低的主要原因是该市在预算决算、三公经费两个二级指标上，一直处于“进不去”状态，无法看到相应资料，这两项的得分为0。2017年的末位城市是三门峡，2018年前进到倒数第四位，说明全省18省辖市政府的政务公开水平，末位城市不甚稳定，处于不断变动的状态（具体排名详见附录2）。从图4可以看出，全省18个省辖市政府网上政务公开得分的分布并不是一个正态分布，而是整体向上偏，得分在80分以上的省辖市占了一半。

2. 济源、三门峡、商丘进步明显，焦作、新乡退步较大

与2017年的排名相比，全省18省辖市的排名有较明显的变动。如表4所示，郑州市继续蝉联全省第一，地位较为稳定。济源、三门峡、商丘的排名，都比2017年前进了4个名次，进步较明显。特别是济源市，2017年的排名是13名，2018年前进到第9名，这是很不容易的。焦作市从2017年的第7名后退到2018年的17名，退步了10个名次，是18个省辖市中退步最大的地市。除此之外，新乡市也从2017年的第10名后退到2018年的第14名，后退4个名次。

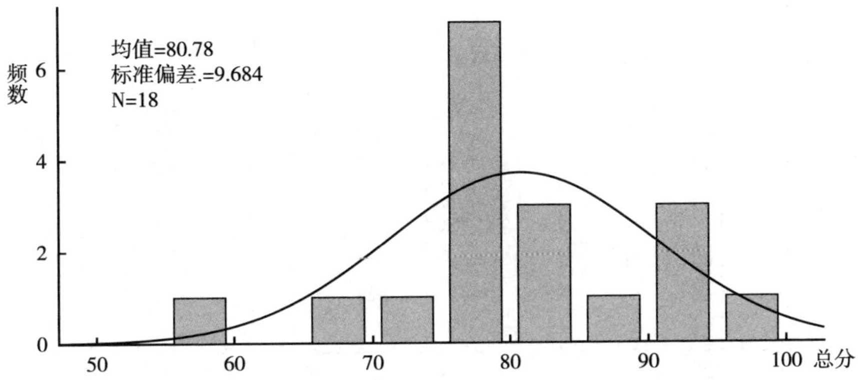

图5　2018 年河南省 18 省辖市政府网上政务公开得分的直方图

表4　2018 年政务公开排名进步和退步的省辖市一览

省辖市	2017 名次	2018 名次	前进	省辖市	2017 名次	2018 名次	倒退
济源市	13	9	4	焦作市	7	17	10
三门峡市	18	14	4	新乡市	10	14	4
商丘市	16	12	4	开封市	5	7	2
洛阳市	5	2	3	南阳市	3	5	2
漯河市	11	8	3	许昌市	2	4	2
平顶山	14	11	3	安阳市	15	16	1
鹤壁市	8	6	2	濮阳市	9	10	1
驻马店	4	3	1	信阳市	11	12	1
郑州市	1	1	0	周口市	17	18	1

3. 与民众日常权益越密切的事项，政务公开的得分率越低

2018 年，河南省 18 省辖市政府在 12 个二级指标上的得分率存在较大差异。具体而言，如图 6 所示，2018 年，河南省 18 省辖市网上政务公开各项目的得分率最高的是领导简介，为 97.78%，其次是专栏建设，为 95.56%，第三是行政审批，得分率为 91.11%。得分率最低的是政策解读，为 59.44%，得分率次低的是教育公开，为 67.78%，三公经费的得分率仍然较低，为 68.06%。整体而言，与老百姓的日常权益关系最直接、最紧密事项，如政策解读、教育公开、三公经费等，得分率相对较低。

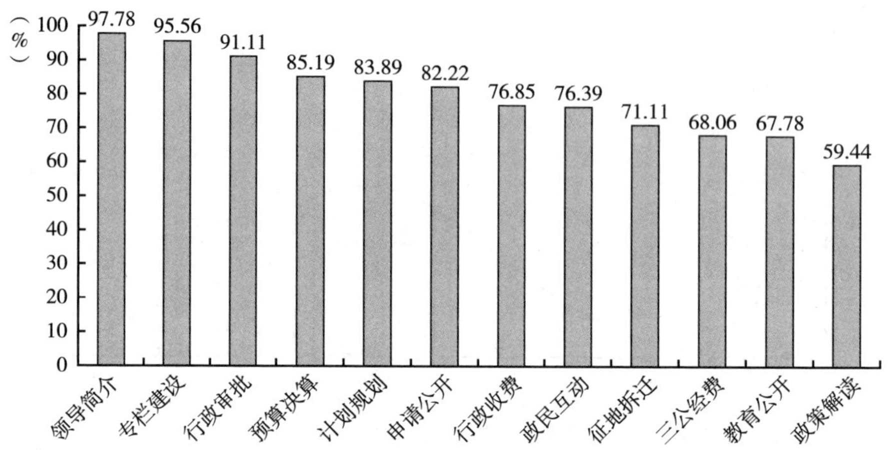

图6　2018 年河南省 18 省辖市政府网上政务公开各项目得分率比较

4. 政务公开详细性得分率最高，规范性得分率最低

如前所述，2018 年，河南省 104 县政府网上政务公开的详细性最为欠缺。但是，省辖市的调查结果与县政府刚好相反，如图 7 所示，2018 年，河南省 18 省辖市政府网上政务公开得分率最高的是详细性，为 88.49%，全面性和及时性的得分率分别为 83.01% 和 82.25%。得分率最低的是规范性，只有 75.31%，尤其体现在申请指南的规范性方面，多数市政府政务公开的申请指南，缺少咨询电话、监督电话或者通信地址，导致该项得分都在 3 分左右，甚

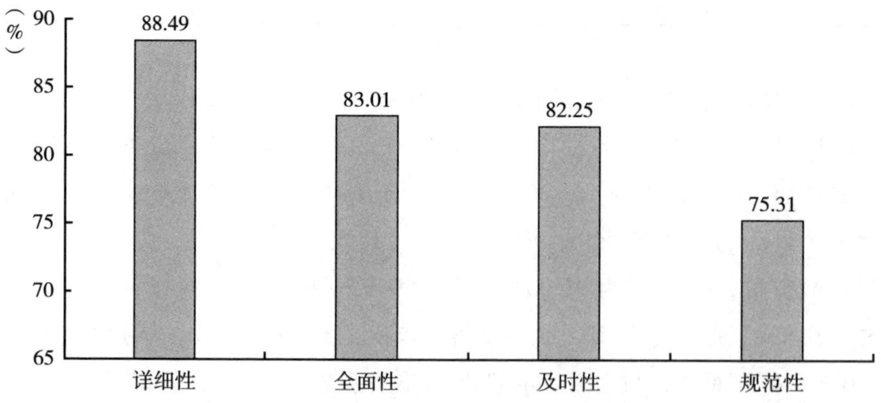

图7　2018 年河南省 18 省辖市政府网上政务公开各向度得分率比较

至有2个市为0分。

5. 原因分析

依据前述有关县级政府网上政务公开得分影响因素的分析思路，选取人均财政收入、城镇化率作为自变量对18个地级市政府网上政务公开得分作协方差分析。结果如表5所示，城镇化率和人均财政收入对于地级市政府的网上政务公开行为都没有显著的影响。这表明，作为供给侧的财政收入因素和作为需求侧的城镇化率因素都不是影响地级市政府网上政务公开水平的主要原因，主要原因可能还是相关领导及其职能部门的主观重视程度。

表5　18省辖市政府网上政务公开得分的协方差分析

来源	III 型平方和	df	均方	F	Sig.
校正模型	471.598	3	157.199	1.961	.166
截距	647.384	1	647.384	8.074	.013
总人口	72.235	1	72.235	.901	.359
城镇化率	219.087	1	219.087	2.732	.121
人均财政收入	32.497	1	32.497	.405	.535
误差	1122.514	14	80.180		
总计	119045.000	18			
校正的总计	1594.111	17			

a. R方=0.172（调整R方=0.062）

四　不足与改进建议

（一）存在的不足

综合前述的统计分析，2018年，河南省县、市两级政府网上政务公开工作还存在如下几点不足之处需要加以改进。

1. 政务公开的网络安全保障和基础维护欠缺

2018年的评估，与2015年、2016年和2017年相比，最明显的不同就是网站打不开的情况出现增多，虽然每年都会出现这种情况，但2018年最为严重。特别是南阳市的镇平县，评分员每隔几天就去访问一次，但是在将近20

天的评估期限内，始终无法进入，导致本年度的评估，不得不将镇平县排除在外，这在往年是从来没有出现过的。此外，温县、兰考县、叶县、周口市等，都不同程度地出现网站进不去、打不开等问题。这种情况的出现确实与下半年网络安全隐患增多有关，但是从另一个方面也反映出，河南省各级政府的网上政务公开缺乏应有的网络安全保障，日常的网络基础设施维护跟不上，导致网络流畅度不够，影响人民群众对相关政务信息的获取。

2. 政务公开工作与人民群众的实际需求相脱节

无论是县级政府还是省辖市政府，2018 年的评估结果都表明，整体而言，与人民群众的日常权益关系最直接、最紧密的二级指标，如征地拆迁、三公经费、教育公开等，得分率普遍较低。相反，那些较为宏观的计划规划、专栏建设、行政审批等二级指标，得分率则普遍较高。这说明，有些县、市政府在实施政务公开工作时，仍然存在“面子工程”思维，在信息的数量、公开的形式上大做文章，群众想知道的不公开，政府公开的群众反而没兴趣，久而久之，政务公开的公信力和影响力越来越低。同时，公开的信息以正面信息为主，而有关存在问题的信息则少之又少，比如行政处罚方面的信息，河南省绝大多数县市级政府在信息公开中根本就没有设置这一项，最终使得政务公开工作异化为唱赞歌的遮丑行为，违背了通过政务公开接受社会监督的原初目的。如此一来，导致的结果却是，耗费巨大人力、物力和财力推进的政务公开工程，在老百姓眼里总是感觉没有理论上所推演得那么好。

3. 政民双向互动渠道少且不畅通

政府网上信息公开不仅仅是单向的信息发布，而且还可以以网络为中介进行政府与人民群众的双向互动，这也是政府信息公开工作的重要组成部分。比如新郑市政府网站，设置了多种政民互动的渠道，不仅有市长信箱和部门信箱，还有网上信访和民意征集。例如，对于居民通过网络反映的“炎黄广场噪音扰民”情况，新郑市政府相关部门给予了及时解决。洛阳市政府将市长热线扩展为 110 联动，下属各县级政府也设置了 110 联动中心，及时回应公众的诉求。与此形成鲜明对比的是，个别县市政府门户网站根本没有设置“政民互动”栏目，有些设置了但是根本打不开，公众反映的问题也得不到任何回应。

4. 政务公开的功能没有得到充分发挥

2018 年，河南省县、市级政府网上政务公开工作虽然取得了不小的成绩，但是这更多地体现在政务公开的形式上。如果回到政务公开工作的原初目的和实质意义上，我们不难发现，河南省县、市级政府网上政务公开的实质性功能没有充分发挥出来，很多地方政府只是被动地执行中央和省政府下达的政务公开指令，为了公开而公开，没有将推进政务公开和转变地方政府的工作作风、强化地方政府的服务功能、提升地方政府的治理能力、优化地方治理体系融合起来。正是由于此，很多地方政府的领导人认识不到政务公开的重要性，在政务公开工作的人员配置、岗位设置、资金分配方面都明显不足。

（二）改进建议

针对前述的问题，我们提出如下改进建议，供相关部门参考。

1. 加强政府网站的网络安全和日常维护机制建设

在互联网病毒肆虐、黑客入侵频繁的网络安全形势下，河南省各地、各级政府部门要进一步加强门户网站的网络安全监管，健全日常性的网络维护机制，为政府信息公开提供强大的基础设施支撑。首先，要明确技术管理的一般规范，对网络设备进行涉密机器和非涉密机器的分类管理，非涉密机器不能运行涉密信息，涉密机器也不能运行非涉密信息，根据不同的安全等级和安全区域制定相应的安全保密制度。其次，要强化责任意识，建立起人人有责、层层负责的安全责任体系。最后要加强专业培训，提升日常维护和管理的专业性和有效性。

2. 以群众需求为导向全面深化政务公开工作

针对多数政府网上政务公开与群众需求相脱节的问题，应该坚持以群众需求为导向，以便民利企为关键，打造人民群众满意的政务公开平台，真正让群众对政务公开信息看得到、听得懂、易获取、能监督、好参与。对于县级政府的政务公开，可以借鉴四川省的经验，将征地补偿、拆迁安置、保障性住房、农村危房改造、扶贫救灾等作为政务信息公开的重点，促进基层政府的政务公开真正做到接地气、惠民生。推进精准扶贫精准脱贫、社会救助托底保障、食品安全、重大环境污染和生态破坏事件调查处理等信息公开，注重运用技术手段实现公开的信息可检索、可核查、可利用。

3. 构建畅通、多元的政民互动渠道

在全媒体时代，政民互动是未来政务公开最主要的发展方向。针对政民互动渠道不畅通的问题，河南省县、市级政府应该借鉴其他地区的县级经验，建构多元化的、畅通的政民互动渠道。建设统一的依申请公开办理平台，实现所有政府职能部门在同一平台上办理依申请公开事项，上级部门可以直接在平台上统一监督和指导行政机关处理依申请公开的各个环节。积极开展政府开放日活动，拉近政府与人民群众的距离，树立公开透明的政府形象。加强公众参与和政民互动，以群众需求为导向，细化公众参与事项的范围，完善民意汇集机制。围绕问需于民、问计于民、问效于民三个专题，在民生实事办理、惠民政策效果、建言献策、政府数据利用、政策落实督办等方面，开展民意连接系列工程，促进市民对政府工作的理解、参与和支持。

4. 深化政务公开，提升政务服务水平

按照中共中央办公厅、国务院办公厅印发的《关于深化政务公开加强政务服务的意见》，以政务公开工作为抓手，促进服务政府、责任政府、法治政府、廉洁政府建设，提高依法行政和政务服务水平。以改革创新精神深化政务公开工作，创新政务公开方式方法，大力推进决策、执行、管理、服务、结果的公开，加大行政审批公开力度，不断提升政务公开的质量和实效，推动转变政府职能、深化简政放权、创新监管方式，促进经济社会持续健康发展，助力建设人民满意的服务型政府。按照国务院促进大数据发展的有关部署要求，全面加强河南省政务服务网信息资源的共享管理，建立全省统一的政府信息资源管理服务系统，建立政府部门和事业单位等公共机构数据资源清单，建立政务信息资源共享、开放制度，逐步整合构建统一的数据共享平台，加快推动跨部门、跨层级、跨区域、跨行业涉及公共服务事项和协同管理事项的信息互通共享与校验核对。

参考文献

干以胜：《中国政务公开研究》，中国方正出版社，2012，第2页。

余凌云主编《开放政府的中国实践——〈政府信息公开条例〉实施的问题与出路》，清华大学出版社，2016。

王敬波：《政府信息公开：国际视野与中国发展》，法律出版社，2016。

吕艳滨、Megan Patricia Carter：《中欧政府信息公开制度比较研究》，法律出版社，2008。

段尧清、汪银霞：《政府信息公开制度研究》，高等教育出版社，2014。

李洋、刘行：《行政机关信息公开：败诉案例判解研究》，中国法制出版社，2016。

中国社会科学院法学研究所国家法治指数研究中心：《中国政务公开第三方评估报告（2017）》，中国社会科学出版社，2018。

附表1：2018年河南省104县（市）门户网站政务公开得分排名

县(市)	得分	排名	县(市)	得分	排名	县(市)	得分	排名
汝州市	92	1	睢县	70.5	36	嵩县	57	71
登封市	91	2	太康县	70	37	临颍县	57	
汤阴县	87	3	卫辉市	69	38	卢氏县	57	
内黄县	85.5	4	渑池县	69		确山县	56	74
中牟县	84	5	鲁山县	68.5	40	辉县市	55	75
永城市	84		修武县	68	41	社旗县	55	
淮滨县	84		新县	68		郸城县	55	
巩义市	82	8	清丰县	67.5	43	正阳县	54.5	78
桐柏县	82		唐河县	67.5		栾川县	54	79
固始县	80.5	10	平舆县	67	45	原阳县	54	
荥阳市	80	11	孟州市	66.5	46	商城县	53	81
长垣县	80		夏邑县	66	47	浚县	52	82
偃师市	78	13	封丘县	65.5	48	获嘉县	51.5	83
林州市	77	14	潢川县	65	49	伊川县	50	84
襄城县	77		泌阳县	65		叶县	48	85
舞阳县	77		方城县	64.5	51	新蔡县	48	
上蔡县	76.5	17	西平县	64.5		濮阳县	46	87
南乐县	76	18	安阳县	64	53	遂平县	46	
新密市	75.5	19	西峡县	64		郏县	45	89
禹州市	75	20	南召县	63.5	55	杞县	44	90
邓州市	75		义马市	63	56	宜阳县	44	
新安县	74	22	内乡县	63		灵宝市	44	
滑县	74		息县	63		扶沟县	43	93
民权县	74		鄢陵县	61.5	59	汝南县	43	
新郑市	73	25	宁陵县	61.5		通许县	41.5	95
淇县	73		项城市	61	61	商水县	41.5	
博爱县	73		汝阳县	60.5	62	武陟县	40	97
柘城县	73		淅川县	60.5		沈丘县	39	98
尉氏县	72.5	29	光山县	60.5		兰考县	38	99
舞钢市	72	30	罗山县	60	65	淮阳县	35.5	100
沁阳市	72		新野县	59.5	66	西华县	34	101
洛宁县	71.5	32	孟津县	59	67	虞城县	27.5	102
新乡县	71.5		台前县	59		范县	25	103
延津县	71.5		宝丰县	58	69	温县	19	104
长葛市	71.5		鹿邑县	58				

附表 2：2018 年河南省 18 省辖市政府门户网站政务公开得分排名

省辖市	得分	排名	省辖市	得分	排名
郑州市	97. 5	1	濮阳市	79. 0	10
洛阳市	94. 0	2	平顶山	78. 5	11
驻马店市	91. 5	3	商丘市	77. 0	12
许昌市	91. 0	4	信阳市	77. 0	
南阳市	86. 0	5	新乡市	76. 0	14
鹤壁市	84. 5	6	三门峡市	76. 0	
开封市	84. 0	7	安阳市	74. 5	16
漯河市	83. 0	8	焦作市	68. 5	17
济源市	79. 5	9	周口市	56. 5	18

B.3

2018年河南省辖市综合应急能力评价

范超　陈安*

摘　要： 随着应急管理部的设立和全面应急理念的深入人心，区域应急能力建设也必须更加多元和完善，地区综合应急能力的评价和培养成为当务之急。首先，明确综合应急能力的内涵。其次，全面了解2018年河南省突发事件基本数据。再次，根据综合应急能力评价指标体系，参考社会经济环境变量评估2018年河南省各省辖市的综合应急能力。评价结果显示，信阳、濮阳等地综合应急能力较强，开封、南阳等地综合应急能力较弱。

关键词： 河南省　突发事件　综合应急能力

一　引言

综合应急能力是指政府、组织、个人在对突发事件进行事前、事中和事后应急管理时的基本素质，综合应急能力的表现直接影响应急管理活动的高效性、全面性和科学性。《中华人民共和国突发事件应对法》将突发事件定义为突然发生，造成或者可能造成严重社会危害，需要采取应急处置措施予以应对的自然灾害、事故灾难、公共卫生事件、社会安全事件。按照严重程度不同，突发事件又分为一般、较大、重大和特大四个等级，我们研究的对象主要为一般及以上等级的突发事件。地区综合应急能力则是依据不同类型、不同程度的

* 范超，河南理工大学应急管理学院；陈安，中国科学院科技战略咨询研究院、中国科学院大学，研究员，博士生导师。

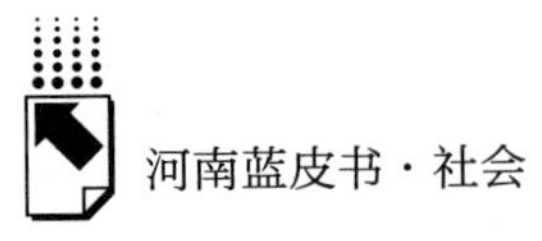

突发事件对某地应急表现给出的评价。

河南省共有18个省辖市，本篇在全面梳理2018年河南省突发事件的基础上，根据每个省辖市事前、事中和事后的表现进行应急能力评价，考察2018年各省辖市的整体应急能力，继而给出能力排名并提出相应的政策建议。

二 2018年河南省突发事件概览

（一）自然灾害

2018年，河南遭受了包括台风、地震、大风、冰雹和暴雨等多种类型的灾害侵袭，以时间为序列，概括如表1所示。

表1 2018年河南省主要自然灾害

时间	地区	灾害类型	损失情况
2.9	南阳	地震	200余人受灾，163间房屋一般损坏
4.20～4.23	开封、洛阳、安阳等	洪涝风雹	1.9万人受灾，200余间房屋不同程度损坏，农作物受灾面积1.4千公顷，其中绝收100余公顷，直接经济损失900余万元
7.25～7.27	洛阳、平顶山、三门峡	风雹	3.3万人受灾；农作物受灾面积1.8千公顷，其中绝收100余公顷，直接经济损失1500余万元
8.5	洛阳	山洪	40多台货车被困，后司机被救出
8.17～8.19	商丘、驻马店、周口、平顶山、信阳、开封、漯河、安阳、濮阳、许昌、郑州等	台风	492.1万人受灾，转移安置9114人，农作物受灾面积861.9千公顷，房屋倒塌121间，严重损坏425间，直接经济损失13.9亿元，其中农业损失12.8亿元
11.7	三门峡	雪灾	130余人受灾，农作物受灾面积13公顷，直接经济损失150余万元

资料来源：国家减灾网，网址：http：//www.jianzai.gov.cn/。

（二）事故灾害

2018年，河南省的事故灾害多集中在火灾、交通事故、生产安全事故上。截至12月中旬，河南省共发生火灾8954起，其中非生产性火灾3232起，上报省应急管理厅的致人死亡类火灾6起（数据来源：河南消防网，http：//ha. 119. gov. cn/）。2018年河南省发生道路运输事故24起，致90人死亡，其中较大以上事故13起。按照河南省应急管理厅所接收事件报告，将2018年河南省范围内的主要事故灾害事件梳理如表2所示。

表2　2018年河南省主要事故灾害梳理

省辖市	时间	事件	伤亡人数	
			死亡	受伤
郑州	5. 16	中牟县通信管线施工过程中发生中毒窒息事故	3	/
	6. 24	新密市一处箱式变压器发生触电事故	1	/
	6. 24	郑东新区金融岛外环项目工地发生坍塌事故	1	/
	7. 2	花园口镇八堡村发生建筑火灾	4	2
	7. 6	航海路上重型货车追尾同车道的小客车	3	2
	7. 13	郑东新区发生高处坠落事故	1	/
	7. 17	新郑市一处污水管道工程中发生土方坍塌事故	2	/
	7. 20	中原区一处小区安装空调作业时发生高处坠落事故	1	/
	7. 27	上街区和昌都汇广场发生高处坠落事故	1	/
	9. 14	郑东新区施工工地坡顶发生土方坍塌	2	/
	10. 1	中牟县一处建筑垃圾清理工地发生机械伤害事故	1	/
	10. 5	巩义市拆除烟囱过程中发生高处坠落事故	1	/
	10. 6	中原区防水施工工地发生意外跌倒事故	1	/
	11. 16	新郑市一处婚庆现场发生压缩氮气瓶爆炸事故	1	/
	11. 25	巩义市一处燃气坑开挖工地发生挖掘机伤人事故	1	/
	11. 30	金水区经三路一处小区热力管道发生爆裂事故	3	/
	12. 7	经济技术开发区高压基坑施工中发生坍塌事故	1	/
	12. 31	巩义市发生一起物体打击事故	2	1
开封	1. 6	兰考县发生半挂车与电动三轮车相撞事故	2	/
	6. 16	尉氏县发生一起汽车与电动自行车相撞事故	4	/
	7. 5	开封新区一处建筑工地发生失足坠落事故	1	/
	11. 3	兰考县发生一起爆燃事故	8	1
	11. 11	发生一起两车相撞事故	5	7
	11. 20	通许县一处工地发生坠落事故	1	1
	12. 16	龙亭区一处下水管道工地发生石块滑落事故	2	/
	12. 18	万岁山游览区景观蓄水池发生漏电事故	3	/

续表

省辖市	时间	事件	伤亡人数	
			死亡	受伤
洛阳	4.22	洛宁县一处金矿发生疑似废弃洞口存水泄漏事故	2	/
	5.3	孟津县发生一起交通事故	4	2
	5.22	新安县发生煤与瓦斯突出事故	2	/
	12.8	孟津县发生亚脂气泄漏事故	3	1
平顶山	1.18	叶县发生中型客车与电动三轮车相撞事故	2	2
	3.12	半挂货车与公路作业人员发生交通事故	2	/
	4.12	高新区发生一起高处坠落事故	2	/
	8.16	叶县中联水泥有限公司发生触电事故	1	/
	8.24	湛河区电源线改造过程中发生电线杆倾倒事故	1	3
	10.30	城乡一体化示范区发生高处坠落事故	1	/
安阳	3.14	滑县发生一起面包车与中型客车相撞的事故	3	11
	7.2	龙安区一处工地因玻璃钢瓦断裂发生坠落事故	1	/
	10.11	林州市一处建筑工地发生塔吊倾斜事故	1	/
	11.15	滑县发生一起化工厂伤害事故	2	/
鹤壁	6.29	山城区发生一起气体冲击罐顶而导致的坠落事故	1	2
	8.7	一名水泥罐车司机在厂区冲洗车辆时意外死亡	1	/
新乡	7.11	红旗区一处浴池的装修过程中发生触电事故	1	/
	8.11	正商城建筑工地发生高处坠物事故	1	/
	9.3	经济技术开发区发生高处坠落事故	1	/
	10.12	长垣县一处工厂车间内发生爆燃事故	2	/
	12.2	卫辉市发生一起物体打击事故	1	/
焦作	2.8	晋新高速发生一起小客车与重型货车相撞事故	4	2
	7.16	马村区发生由固定绳索突然断裂导致的坠落事故	2	1
	10.26	博爱县一处物流园施工过程中发生工棚坍塌事故	3	3
	10.30	沁阳市神农山景区在修建玻璃吊桥时发生高处坠落事故	1	/
濮阳	12.10	台前县一处宿舍楼建筑工地发生高处坠落事故	1	/
许昌	1.24	经济技术开发区工地发生施工电梯轿厢坠落事故	4	/
	8.16	襄城县一处煤矿发生煤与瓦斯突出事故	2	/
漯河	9.8	临颍县一处企业厂房在检修热压机过程中发生火灾	2	/

续表

省辖市	时间	事件	伤亡人数	
			死亡	受伤
三门峡	6.8	渑池县一处商铺在装修过程中发生触电事故	1	/
	6.16	铲车司机在原料场倒车时发生撞人事故	1	/
	8.12	渑池县黄河大桥施工作业工地发生高处坠落事故	1	/
	8.13	渑池县一个煤场在搭棚过程中发生触电事故	2	/
	9.3	经济技术开发区污水管道发生沼气中毒事故	3	/
南阳	4.7	唐河县发生一起半挂车与客车相撞事故	4	7
	5.15	方城县发生一起大货车与小轿车相撞事故	6	/
	5.17	南阳一座钢厂发生钢水喷爆事故	4	11
	6.4	方城县一处矿井发生机械伤害事故	1	/
	6.19	淅川县一处工厂车间发生坠落事故	1	/
	6.26	唐河县因大风暴雨造成场房倒塌	4	/
	6.26	宛城区一处项目工地排线施工时发生触电事故	1	/
商丘	8.12	梁园区一处污水管网项目工地发生中毒窒息事故	2	/
	12.17	城乡一体化示范区一处厂区发生火灾	11	/
信阳	6.4	工业园区在雨水管道施工时发生墙体倒塌事故	1	/
	10.1	商城县一处建筑工地在安装塔吊时发生高处坠落事故	1	/
	12.21	羊山新区一处建筑工地发生高处坠落事故	1	/
周口	1.31	川汇区发生一起较大道路交通事故	4	/
	9.27	西华县发生高处坠落事故	2	/
	10.10	鹿邑县一处厂房在施工过程中发生车辆伤害事故	1	/
驻马店	5.30	西平县一处沼气站发生灌顶闪爆事故	3	/
	6.2	平舆县一处项目工地在安装钢结构时发生高坠事故	1	/
	11.29	正阳县一处老年公寓发生火灾事故	4	/
济源	6.24	泰宏天安广场建筑施工工地发生高处坠落事故	1	/
	8.11	克井镇一处建筑工地发生吊装钢梁断裂事故	1	3

资料来源：河南省应急管理厅网站，网址：http：//www.hnsaqscw.gov.cn/。

伤亡人数、直接经济损失的数量是评价突发事件级别的主要因素，按照死亡人数划分，死亡3人以下是一般事件，3人到10人是较大事件，10人至30人是重大事件，30人以上是特大事件。表2中所列事件均达到一般及以上级别，由市级主管部门上报至河南省应急管理厅的事件数据。按照地区和事件类型的不同对以上事件的分类梳理如表3所示。

表 3　2018 年河南省省辖市主要事故灾害上报数量汇总

城市	火灾	交通事故（包括场内）	坠落	触电	中毒或窒息	坍塌或坠物	爆炸（爆燃）	泄漏	其他	总计
郑州	2	1	4	1	1	4	2	\	3	18
开封	\	3	2	1	\	1	1	\	\	8
洛阳	\	1	\	\	2	\	\	3	\	6
平顶山	\	2	2	1	\	1	\	\	\	6
安阳	\	1	1	\	\	\	\	\	2	4
鹤壁	\	\	1	\	\	\	\	\	1	2
新乡	\	\	1	1	\	1	1	\	1	5
焦作	\	1	2	\	\	1	\	\	\	4
濮阳	\	\	1	\	\	\	\	\	\	1
许昌	\	\	1	\	1	\	\	\	\	2
漯河	1	\	\	\	\	\	\	\	\	1
三门峡	\	1	1	2	1	\	\	\	\	5
南阳	\	2	1	1	\	1	1	\	1	7
商丘	1	\	\	\	1	\	\	\	\	2
信阳	\	\	2	\	\	1	\	\	\	3
周口	1	1	1	\	\	\	\	\	\	3
驻马店	1	\	1	\	\	\	1	\	\	3
济源	\	\	1	\	\	1	\	\	\	2
总计	6	13	22	7	6	11	6	3	8	82

通过以上事件梳理可见，郑州作为河南省的政治经济中心，在发展扩张速度走在全省前列的同时，其主要事故灾害数量也位居全省第一，而开封、南阳、洛阳、平顶山则位居第二梯队。从事件类型角度分析，坠落事件最多，为 22 件，约占 27%；交通事故其次，为 13 件，约占 16%；坍塌或坠物事故再次，为 11 件，约占 13%。（见图 1）

（三）公共卫生事件

1. 传染病事件

总体而言，全省传染病情况趋于平稳，没有出现明显的反常波动。其时间序列统计如表 3 所示，2018 年全省甲乙类传染病死亡人数为 1530 人，丙类传染病死亡人数为 13 人。其中，艾滋病的死亡人数最多，为 1406 人，约占总死

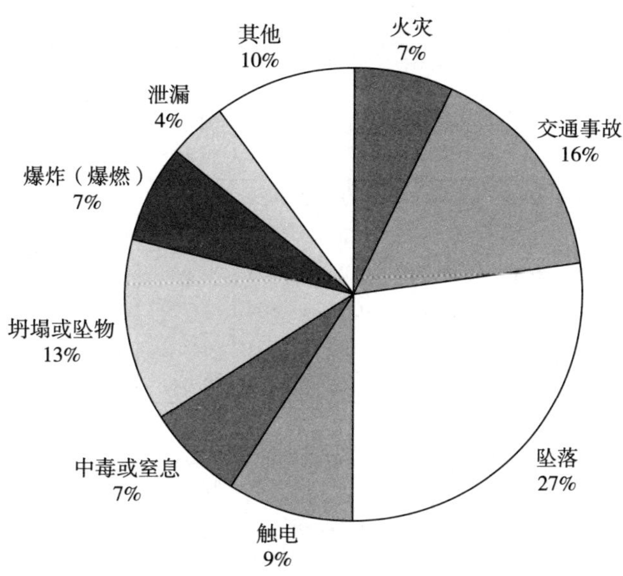

图1　2018年河南省主要事故灾害类型占比

亡人数的91.90%。在艾滋病之下，病毒性肝炎和肺结核也是困扰人类健康的顽疾，从河南省2018年月度数据来看，不仅发病人数众多，而且致死人数也较多。丙类传染病中，手足口病疫情呈季节性波动，每年的4～7月是手足口病的高发期，表4中也能够体现这一趋势，其发病人数在5月达到峰值，后逐渐下降。

表4　2018年河南省主要传染病发病及死亡人数统计（死亡人数/发病人数）

月份	甲乙类传染病									丙类传染病	
	艾滋病	病毒性肝炎	出血热	肺结核	流脑	梅毒	细菌性和阿米巴性痢疾	乙脑	疟疾	流行性感冒	手足口病
1	109/170	4/8965	1/41	5/4876	1/1	0/1406	0/275	0/0	0/20	1/7755	1/1607
2	48/117	1/7865	1/14	3/4325	0/3	1/1106	0/257	0/0	0/20	3/5504	0/726
3	138/292	2/11486	0/13	3/6346	0/1	0/1640	0/566	0/0	0/13	0/3321	0/1724
4	61/185	3/9541	0/14	2/5391	0/2	0/1353	0/639	0/1	0/16	0/2036	0/10107
5	146/302	3/9807	0/40	6/5725	0/2	1/1588	1/935	0/0	0/25	0/1887	2/31539
6	141/327	1/8792	0/30	5/5266	0/0	0/1436	0/1305	0/1	0/14	0/1518	2/17851

续表

月份	甲乙类传染病									丙类传染病	
	艾滋病	病毒性肝炎	出血热	肺结核	流脑	梅毒	细菌性和阿米巴性痢疾	乙脑	疟疾	流行性感冒	手足口病
7	81/191	5/9359	0/37	3/4870	0/1	0/1689	0/1350	1/23	1/17	0/1369	1/10571
8	107/210	2/9317	0/13	2/4997	0/0	0/1547	0/1160	0/57	0/19	0/1392	0/5650
9	84/211	3/8075	0/15	2/4710	0/0	0/1553	0/945	1/21	0/13	1/1367	0/3605
10	112/263	2/8683	0/48	4/4647	0/2	1/1594	0/779	3/0	0/17	0/1524	1/2670
11	176/321	1/8972	1/103	5/4609	0/0	0/1557	0/542	0/0	0/19	0/1979	0/2982
12	203/350	2/8653	1/48	6/4475	0/2	0/1572	0/342	0/0	0/15	0/5018	0/3331

备注：死亡人数为发病后的死亡人数。

数据来源：河南省卫生健康委员会网站，网址：http：//www.hnwsjsw.gov.cn/。

2.动物疫情

8月8日，惠济区某屠宰场的猪出现口蹄疫疫情，发病猪5头。8月14日，河南省郑州市经济开发区某食品公司屠宰场的一车生猪发生不明原因死亡，共260头，发病30头，死亡30头。经中国动物卫生与流行病学中心国家外来动物疫病研究中心确诊疫情为非洲猪瘟疫情。此外，河南省本年度没有出现大规模的动物疫情。

（四）社会安全事件

2018年出现过两起社会安全领域的事件，都集中在上半年，也都发生在郑州。其一，城管撤梯事件。1月23日，郑州航空港区一名广告牌安装工人在执法人员将施工用的梯子带走后，从三楼顶部顺着绳索滑下楼时不慎坠亡。此事件为一起由执法方式不当而造成的责任事故。本来这件事不会演变成突发事件，但是政府机关回应不力、舆情危机意识不足，导致事件扩大化。不仅引爆了各方对其的质疑，更引发了次生舆情。在采访中，发言人李某一边抽着烟，一边回应记者，而在其身后的白色墙壁上却贴着“禁止吸烟”的标识。这被媒体解读为：既然有这样的管理者和“新闻发言人”，那么有任性抽梯的基层执法人员也就不足为怪了。面对记者采访，发言人李某多次声称“我没去现场、我不是本人、不清楚”，让媒体产生了有关方面是否真的进行了细致调查的疑问，对官方承诺的“以事实依据层面入手”产生了质疑。这一事件不仅造成了一个生命的离去，而且还使舆情滔滔，极大地损害了政府公信力。其二，空姐网约车被害案。5 月 5 日晚上，空姐李某在郑州航空港区通过滴滴叫了一辆“顺风车”赶往市里，结果惨遭司机杀害。5 月 12 日，警方在郑州市西三环附近一河渠内打捞出一具尸体，经 DNA 鉴定确认，尸体系杀害空姐的犯罪嫌疑人网约车司机刘某。此事件为一起恶性刑事案件，就事件类型而言由于其影响的广泛性、环境的敏感性而被划归社会安全事件。此案件一出，网约车这一新兴事物瞬间被推至舆论的风口浪尖。如图 1 所示，案发前后搜索指数达到 2018 年峰值，为当年平均数据的 6 ~9 倍。(见图 2)

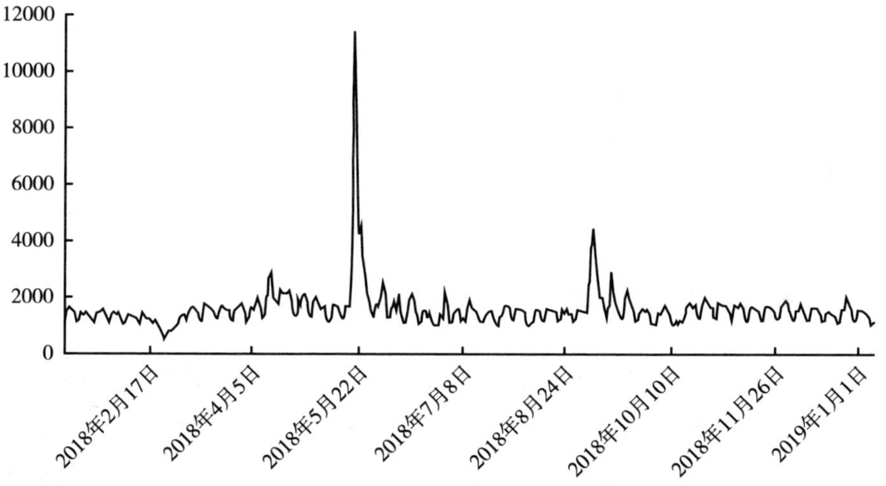

图 2　2018 年词条“网约车”百度指数

三　综合应急能力评价

（一）评价指标体系的构建

现代应急管理应涵盖事前、事中和事后三个阶段，做好灾害和灾区的减轻、就绪、响应、恢复四部分工作，以此为基础设置评价指标。事前阶段包括减轻和就绪两部分内容，评价标准主要包括是否有可操作的应急预案、是否有专业且充足的应急人员、是否有应急物资储备、是否有监测预警行为、向上级汇报及向民众发布事件信息是否及时且准确等。事中阶段包括响应和快速恢复，评价标准主要包括应急指挥是否协调、应急行动是否及时、应急资源调配是否合理、现场控制情况、事件原因是否明晰、媒体应对是否得当、是否有现场防护措施、是否对公众进行正确指导、伤员救治情况。事后阶段的主要工作是全面恢复，评价标准主要包括人员安抚情况、是否减少事件影响、是否进行事件评估、如何改进管理措施等，三阶段应急能力评级指标体系如表5所示。

表5　三阶段应急能力评价指标体系

阶段	指标	阶段	指标
事前	应急预案 应急人员 应急物资 监测预警 信息发布	事中	事件探因 媒体应对 现场防护 公众指导 伤员救治
事中	指挥协调 行动时效 资源调配 现场控制	事后	人员安抚 影响减缓 事件评估 改进与反思

此外，由于各个地区的社会经济发展程度不同，在进行综合应急能力评价时必须参考相应的社会经济运行指标，以各地区年度经济数据为参考，为整个指标体系赋予社会背景权数。而最能体现地区社会经济水平的指标就是生产总值，其与突发事件对比状况如图3所示。考虑到社会经济发展水平，综合应急能力评分公式为：

$$S = \alpha(A \cdot f + B \cdot g + C \cdot h)。$$

其中，S为综合应急能力得分，f、g、h分别为事前、事中和事后的应急管理量化得分，A、B、C分别为三个阶段所占权重，由专家打分给出，α为社会经济比照参数，对最终比分进行适当调整。

（二）河南省2018年度省辖市综合应急能力排名

我们以各个省辖市自然灾害、事故灾害、公共卫生事件和社会安全事件的

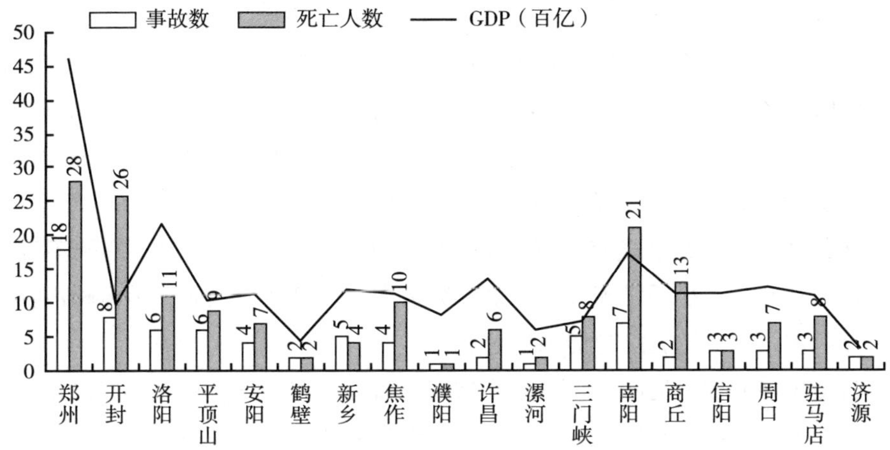

图 3　2018 年省辖市事故灾害数量及死亡人数与上半年 GDP 对比

基本状况梳理为基础和目标样本，以三阶段应急表现能力指标体系为评价工具，以各省辖市 2018 年度社会经济环境指标为参数，对河南省 18 个省辖市的综合应急能力进行的评价（见图 4）。

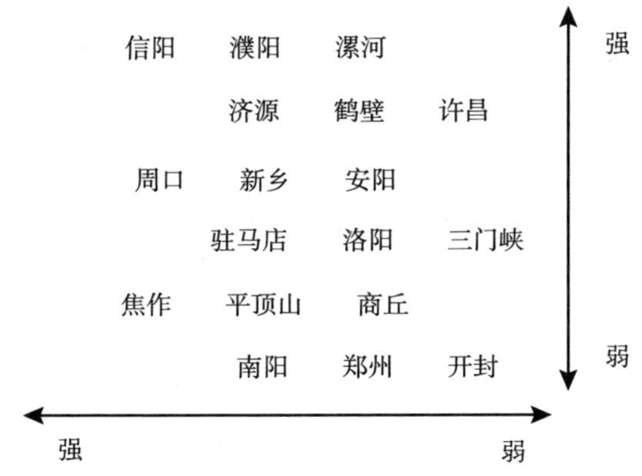

图 4　2018 年河南省辖市综合应急能力评价

四　小结

整个评价过程采用了多阶段、多属性、多类型、多环境等综合因素叠加的方式，以客观事实为准绳，以全面覆盖为理念，对2018年度全省省辖市综合应急能力进行了梳理和评估。总体看来，信阳、濮阳等地由于事故发生少、各个应急阶段有条不紊，因此评价结果较好；周口、驻马店、三门峡等地虽然也有着相对完备的应急管理体系，但是在实践中没能很好地贯彻到位，导致很多事件无法做到提前预防，形式主义问题突出，因此能力评价一般；郑州、南阳、开封等地虽然有着成套的规章和流程，但是随着社会发展，漏洞不断增加，缺乏动态反馈机制，不仅突发事件数量多，而且造成的人民生命财产损失也十分严重，因此综合应急能力评价较低。

自然灾害方面，河南省继续遭受暴雨、风雹灾害的侵袭，在灾区民众人身安全保障上各地区均有明显进步，但经济损失依然巨大，应进一步有针对性地落实事前阶段的防灾减灾工作，推广防雹技术。事故灾害方面，2018年，河南省的坠亡事故比较严重，多体现为保障措施不到位以及操作失误，应在全省范围内开展重点治理，严格落实安全规章制度，提升安全意识。此外，交通事故发生数量依然居高不下，酒驾甚至醉驾问题突出。执法机关应使酒驾治理常态化，打消个别人的侥幸心理。公共卫生事件方面，各地区、各单位都能很好地执行严格的疫情管理制度，使得每次出现的新疫情都能在较短时间内得到控制。社会安全事件方面，2018年河南省整体社会运行安定平稳，人民安居乐业。但是，对于个别事件处理的不到位导致了事件不良影响加剧，不仅衍生出产生广泛负面影响的舆情事件，而且极大地冲击了政府公信力。因此，政府和相关部门要着重落实好对相关人员的教育、监督和考察工作，特别注意应急管理中人的作用。

改善民生与共享发展

Report on Improve People's Livelihood and Share Development

B.4
高质量发展条件下的河南城乡居民收入增长趋势研究

任晓莉 *

摘　要： 高质量发展的根本要义是更好地满足人民日益增长的美好生活需要，高度重视改善民生，切实提升全省居民的收入水平，是河南决胜全面建成小康社会的重要环节。近年来，河南全省城乡居民收入稳步增长，城乡居民生活质量明显提高，收入结构不断完善，出现了一些可喜的态势。今后要继续重视收入增长中存在的问题和不足，认清发展中的态势和趋势，采取全方位的措施和对策，缩小城乡居民的收入差距，提高居民的收入水平，提升居民的生活质量。

* 任晓莉，女，河南省社会科学院区域经济研究中心主任，研究员。

关键词： 河南 高质量发展 居民收入

当前，中国经济发展进入新时代，经济由高速增长阶段转向高质量发展阶段。高质量发展作为充分体现共享发展理念、经济社会效益双提升的发展，根本的要义是坚持以人民为中心、不断提升人民生活质量、逐步实现共同富裕的发展，更好地满足人民日益增长的美好生活需要。近年来，河南在转变发展方式、优化经济结构、转换增长动力，推动经济发展质量变革、效率变革、动力变革，提高全要素生产率的同时，高度重视改善民生，切实提升全省居民的收入水平，城乡居民收入水平有了较大幅度的提升，人民生活持续改善，在决胜全面建成小康社会、让中原更加出彩的进程中，迈出了更加坚实的步伐。

一 新时期河南城乡居民收入的基本概况

进入经济新常态以来，随着全省国民经济的快速增长，收入分配制度的不断变革，河南全省城乡居民收入也得到了较快提高，全省城乡居民收入分配态势呈现出以下四个方面的特征。

（一）全省城乡居民收入继续稳步增长

从2000年到2016年、2017年，河南城乡居民人均可支配收入分别从4766.26元、1985.82元增长到2016年的23672元、11697元和2017年的29558元、12719元。2016年、2017年，全省城乡居民人均可支配收入与2000年相比，分别增长了3.97倍、4.89倍和5.21倍、5.40倍，增长幅度可观，尤其是得益于乡村振兴战略的实施和一系列惠民政策的落实，农村居民的收入增长速度连续多年快于城镇居民的收入增长速度，城乡发展更趋协调。全省居民收入的快速增长不断改善着河南城乡居民的生活水平，提高着全省居民的生活质量。2018年，河南在外部经济环境异常严峻、内部结构矛盾日益凸显的形势下，务实重干，重点办好民生实事，坚持在发展中共享、在共享中发展，城乡居民收入保持了稳步的增长，群众的获得感不断增强，全省居民享受到了高质量发展理念下所带来的改革成果，城乡居民的收入差距也呈逐步缩小的态势。2018 年，全省生产总值增长 7.5%，全省居民人均可支配收入增长 8.5%，高于生产总值增速 1 个百分点，全省城镇居民人均可支配收入增长 8.4%，农村居民人均可支配收入增长 8.7%，农村居民人均可支配收入增长高于城镇 0.3 个百分点。

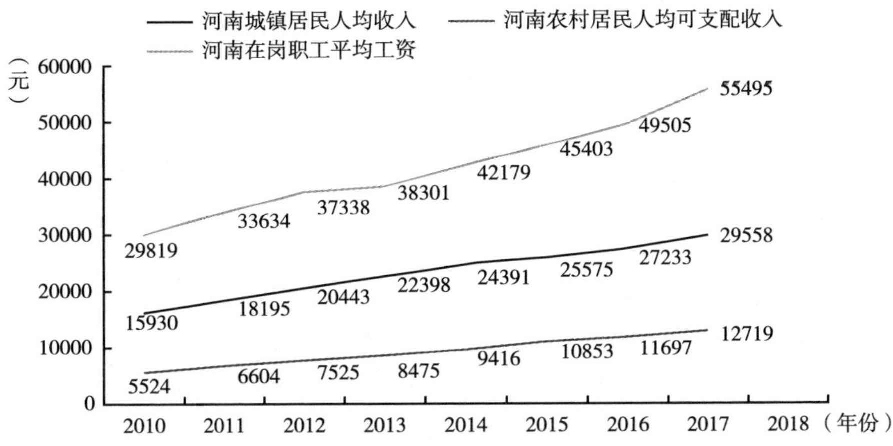

图 1　2010～2017 年河南城乡居民收入变化趋势

数据来源：根据相关年度《河南统计年鉴》绘制。

（二）全省城乡居民生活质量明显提高

恩格尔系数是食品支出总额占个人消费支出总额的比重，是衡量居民生活水准和国家经济发展水平的重要指标之一。一般认为，恩格尔系数在 40%～50%之间，居民生活达到小康；在 30%～40%之间，居民生活水平处于富裕状态；小于 30%时，居民生活达到富裕。所以，一个家庭越富裕，恩格尔系数越低。随着经济社会的发展，河南全省城乡居民生活质量的不断提升，城乡居民的恩格尔系数总体呈下降趋势（参见表 1）。

从表 1 的数据可以看到，河南城乡居民的恩格尔系数近年来都在不断下降，特别是近 5 年来，下降幅度比较大，说明河南省居民收入水平的整体提高和生活质量的明显提升。特别是近十多年来，河南城乡居民消费支出结构从衣、食为主，逐步转向衣、食、住、用、行基本均衡，随着经济发展，居民收

表1　2000～2017年河南省城乡居民恩格尔系数

年份	城镇家庭恩格尔系数(%)	农村家庭恩格尔系数(%)	城乡居民恩格尔系数比(以城镇系数为1)
2000	36.2	49.7	1∶1.37
2001	34.7	48.6	1∶1.40
2002	33.7	48.0	1∶1.42
2003	33.6	48.2	1∶1.43
2004	35.0	48.6	1∶1.39
2005	34.2	45.4	1∶1.33
2006	33.1	40.9	1∶1.24
2007	34.6	38.0	1∶1.10
2008	34.8	38.3	1∶1.10
2009	34.2	36.0	1∶1.05
2010	33.0	37.2	1∶1.12
2011	34.1	36.1	1∶1.06
2012	33.6	33.8	1∶1.01
2013	33.1	34.4	1∶1.04
2014	28.8	29.6	1∶1.03
2015	28.1	29.2	1∶1.04
2016	28.0	28.5	1∶1.02
2017	26.7	27.1	1∶1.01

数据来源：根据相关年度《河南调查年鉴》计算。

入不断增长，衣食住等生存型消费所占比重不断下降，人们将更多的收入用在了电子网络、交通通信、医疗保健、文教娱乐等发展型消费、享受型消费上，这彰显了人们生活水平的提高和生活质量的提升。单从恩格尔系数看，河南城乡居民生活整体上已经摆脱了贫困，解决了温饱，走过了小康，正在迈向富裕和富有阶段。

同时，从城乡居民的恩格尔系数对比来看，城乡居民的生活结构变迁基本一致。2000年河南省城镇家庭的恩格尔系数为36.2%，而农村家庭的恩格尔系数为49.7%，两者之比为1∶1.37。自2007年后，农村家庭的恩格尔系数与城镇家庭的差距逐步缩小，随后，城乡居民恩格尔系数进入到一个相对稳定的平缓期。最终，自2012年后至今，河南城乡居民恩格尔系数基本达到同一水平，两者之间的差距越来越小，几乎可以忽略不计，说明随着经济社会的发展，河南省城乡居民的生活水平差距在逐渐缩小，农村居民的生活质量提升速度快于城镇居民生活质量的提升速度，这从一个非常重要的侧面彰显了河南城乡差别的缩小和城乡居民收入差距的缩小。

（三）全省城乡居民收入结构不断完善

随着我国市场经济的不断完善和经济发展进入新阶段，特别是产业结构的调整和经济的转型发展以及城市化的快速推进，河南城乡居民收入的来源日益多样化，收入结构已经由过去的一元二元型结构转向多元型结构，特别是农村居民的收入结构多元化趋势更为突出，对农村居民收入的水平产生了积极而重要的作用。

表 2　2010 年、2017 年河南城乡居民收入结构比较

年份＼指标		人均全年收入		工资性收入		经营性收入		财产性收入		转移性收入	
		元	%	元	%	元	%	元	%	元	%
城镇居民	2003	17142	100	10805	63.03	1478	8.62	222	1.30	4637	27.05
	2017	29558	100	16834	56.95	4356	14.74	2545	8.61	5823	19.70
农村居民	2003	11343	100	3581	31.57	6804	59.98	160	1.41	798	7.04
	2017	15629	100	4770	30.52	7409	47.41	205	1.31	3245	20.76

数据来源：据相关年度《河南统计年鉴》整理。

从表 2 可以看出，14 年前即 2003 年，在全省城镇居民收入中，工资性收入占家庭总收入的 63.03%，转移性收入占家庭总收入的 27.05%，经营性收入和财产性收入占比比较小，分别只有 8.62% 和 1.30%。14 年后即 2017 年，工资性收入占城镇家庭总收入的 56.95%，仍然是城镇居民收入的主体；转移性收入占家庭总收入的 19.70%；经营性收入和财产性收入占比变化比较大，分别是 14.74% 和 8.61%。说明城镇居民收入的灵活性快速增加。

在农村居民收入中，2003 年份额最大的经营性收入占人均纯收入的 59.98%，到 2017 年时下降为 47.41%，下降 12.57 个百分点；而工资性收入和财产性收入变化不大；转移性收入占农民收入的比重上升比较快，2003 年为 7.04%，2017 年则为 20.76%，上升了 13.72 个百分点。

总的来说，在劳动报酬收入、经营性收入、财产性收入和转移性收入等四大收入来源中，城镇居民收入中经营性收入增长最快，农村居民收入中的工资性收入保持稳定增长。在城乡居民的可支配收入中，工资性收入、经营性收入仍然是河南城乡居民收入稳定增长的重要因素。

（四）全省农村居民的收入增长继续快于城镇居民的收入增长

2010 年至今，河南农村居民人均收入增速持续高于城镇居民人均收入（见图 1），延续了全省城乡居民收入差距缩小的势头，成为近十年来河南经济社会发展的一大亮点，这得益于河南多年来重视拓宽农民增收新渠道，采取多种措施惠农利农，促进农民增收，特别是通过加快推进一二三产业融合发展，通过新产业新业态，促进农民工资性收入保持稳步增长。说明河南多年来强农惠农富农政策的力度大、效应高，政府采取的一系列缩小城乡居民收入分配差距的政策效果不断显现，改革让农民得到了实惠，由此实现了农民收入增速对城镇居民的赶超。

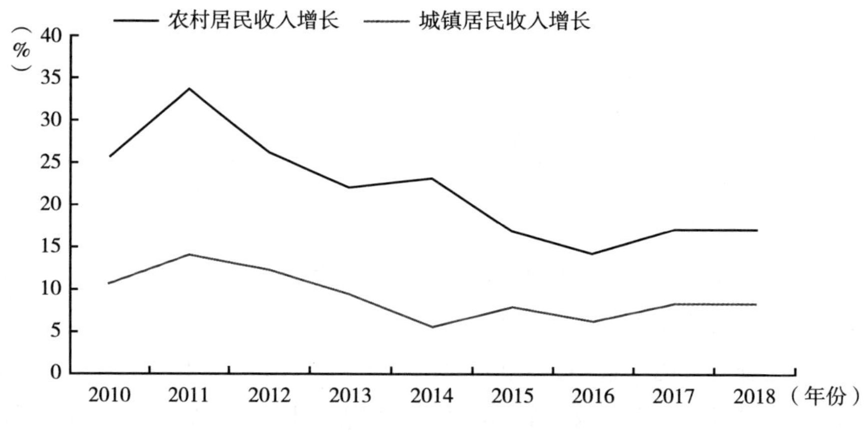

图 2　2010～2018 年河南城乡居民人均收入增速

资料来源：据相关年度《河南统计年鉴》数据绘制。

二　河南城乡居民收入的问题与差距

在看到河南城乡居民收入持续稳定增长、生活质量提升的同时，我们也要清醒地认识到，全省城乡居民收入增长还面临不少困难和问题，持续增收的制约因素还很多，特别是全省地区间、行业间收入差距还比较显著，与全国平均水平以及发达地区相比，全省居民的收入水平还比较低下，工资增长水平在全国的位次没有明显的提升。需要我们高度重视，切实解决，努力把各项工作做得更好。

（一）全省居民收入差距问题仍需要给予高度关注

2017 年，河南全省居民的收入差距问题仍没有明显改观。从表 3 计算的全省居民收入不良指数可以看出，2017 年，河南城镇居民最高收入户的人均可支配收入为 60755.05 元，比全省平均数高出 31197.19 元，而同期最低城镇居民人均可支配收入只有 12871.97 元，比平均数低 16685.89 元，高收入户比低收入户居民的收入高出 47883.08 元，“收入不良指数”为 4.72。河南农村居民最高收入户的人均可支配收入为 29403.81 元，比全省平均数高出 16684.63 元，而同期最低农村居民人均可支配收入只有 4181.82 元，比全省平均数低 8537.36 元，高收入户比低收入户居民的收入高出 25221.99 元，“收入不良指数”比城镇居民“收入不良指数”更高，为 7.03。“收入不良指数”越高，表明收入的差距越大。显然，河南农村居民之间的收入差距要比城镇居民之间的收入差距更加严重，说明农村贫困户问题更加严重，需要我们高度重视。

表 3　2017 年河南城乡居民收入不良指数

	人均可支配收入(元)	最高收入户人均可支配收入(元)(1)	最低收入户人均可支配收入(元)(2)	居民收入不良指数(3)=(1)÷(2)
城镇居民	29557.86	60755.05	12871.97	4.72
农村居民	12719.18	29403.81	4181.82	7.03

资料来源：据相关年份《河南统计年鉴》绘制。

（二）河南城乡居民收入差距的地域分析

由于资源状况、科技人才资源和经济基础不同等各种因素，河南各区域之间发展并不均衡，收入差距比较显著。2017 年，河南省居民人均可支配收入为 20526 元，城镇和农村居民人均可支配收入分别为 29557.86 元、12719.18 元。从表 4 可以看出，全省 18 个省辖市，居民人均收入高于全省平均水平的城市有 9 个，城镇居民收入高于全省平均水平的有 5 个，而农村居民收入在全省平均线以上的城市则有 9 个。

表 4　河南各省辖市城乡居民收入比较

单位：元

省辖市	居民人均可支配收入		城镇居民人均可支配收入		农村居民人均可支配收入	
	（元）	位次	（元）	位次	（元）	位次
郑　州	30556	1	36050	1	19974	1
开　封	18283	13	26864	15	12126	13
洛　阳	22835	4	33273	2	12511	11
平顶山	20311	10	29625	5	12222	12
安　阳	21096	7	30421	4	13697	8
鹤　壁	22262	5	28520	12	15326	5
新　乡	20855	8	29071	9	13769	7
焦　作	22953	3	29220	7	16218	3
濮　阳	18197	14	28823	11	11652	15
许　昌	21816	6	29445	6	15591	4
漯　河	20750	9	28859	10	14141	6
三门峡	20142	11	27562	14	13084	9
南　阳	19119	12	29128	8	12718	10
商　丘	16684	16	27595	13	10517	17
信　阳	17480	15	26061	17	11663	14
周　口	15226	18	24313	18	10170	18
驻马店	16433	17	26340	16	10869	16
济　源	24479	2	30698	3	16939	2
全省平均	20526		29558		12719	

资料来源：据相关年份《河南统计年鉴》绘制。

在全省居民人均收入总排名中，郑州、济源、焦作和洛阳分别位居全省第 1、2、3、4 前四名，而周口、驻马店、商丘和信阳分别位居全省第 18、17、16、15 后四名；在全省城镇居民人均收入排名中，郑州、洛阳、济源和安阳分别位居全省第1、2、3、4前四名，而周口、信阳、驻马店和开封分别位居全省第18、17、16、15后四名；在全省农村居民人均收入排名中，郑州、济源、焦作和许昌分别位居全省第1、2、3、4前四名，而周口、商丘、驻马店和濮阳分别位居全省第18、17、16、15后四名。在三项指标中，省会郑州都位居全省第一，这个很正常，而周口三项指标全部位列全省末位。排在前4位的基本上是占据区位优势、人才优势和科技优势大、工业基础强的地区，排在后4位的基本上是黄淮四市、农业大市，工业基础比较薄弱。从最高市与最低市的倍数和绝对数来看，2017年，收入最低的周口市与收入最高的郑州市相差近1.5万元，这说明各地间的差距还是非常大的。

（三）河南居民行业收入差距问题仍然不容忽视

从表5中可以看出，2017年在十大行业中，金融业、技术服务业、电信服务业、科学研究和教育等行业的职工工资居行业工资前5位，人均平均工资均在60000元以上，而便利服务业、制造业和建筑业职工平均工资不到50000元，行业最高工资与最低工资相差近3倍，虽然整体来说，十大行业的工资相差不是特别巨大，但是隐性收入并没有在这里显现出来。行业收入差距固然有根据社会成员所拥有的资本、技术和管理等生产要素按贡献的质和量进行分配的差异等主要原因，但也有收入分配调控政策不完善、作用发挥不充分等原因。从政策不完善的角度看，一些垄断行业的垄断性收入有转为垄断性个人收入的可能，如电力行业、电信服务业等行业。这些都使收入分配差距问题积重难返。

表5　2017年河南省十大行业职工平均工资比较

行业	平均工资(元)	位次	倍数 (以建筑业平均工资为1)
电信服务业	73762	3	1.51
技术服务业	72373	2	1.48
金融业	103314	1	2.12
科学研究	68353	4	1.40
采矿业	56661	7	1.16
运输邮电业	61455	6	1.26

续表

行业	平均工资(元)	位次	倍数 (以建筑业平均工资为1)
教　　育	62807	5	1.29
制 造 业	46854	9	0.95
建 筑 业	48836	8	1.00
便利服务业	39522	10	0.81

资料来源：据相关年份《河南统计年鉴》绘制。

三　河南城乡居民收入增长的趋势分析与对策建议

2019年是河南全面建成小康社会、实现第一个百年奋斗目标的关键之年，河南要想在共享发展上取得新进步，实现居民人均可支配收入增长8%的目标，凸显新发展理念和高质量发展的要求，正确把握居民收入增长的态势与趋势是其基础和前提。

（一）准确把握居民收入增长的态势与趋势

一是始终牢记发展是第一要务，这是解决居民收入增长问题的总钥匙。任何时候都要坚持发展是硬道理，牢固树立新发展理念，坚持高质量发展根本方向，牢记经济发展是解决居民收入分配问题的根本，切实把主要精力和工作重点放在加快调整结构和转变发展方式上来，并依法保障各种合理收入，努力保持城乡居民收入增长的良好势头。

二是高度重视民生的改善和居民收入的同步增长，确保实现较长时间内居民收入与地区生产总值的同步增长，争取居民收入增长略高于地区生产总值增长。今后要采取一系列增加居民收入的有效措施，并确保取得显著成效。

三是着力抓住提高居民收入的重点环节，在推动经济由高速增长转向高质量发展的同时，坚持以人民为中心的发展思想，持续加大民生投入，增强社会保障能力，促进就业稳定扩大，切实办好民生实事，让改革发展成果更多更公平地惠及人民群众。

（二）切实提高河南城乡居民收入水平的对策建议

一是加强对小微企业的政策引导，加大对低收入群体的就业扶持力度。把稳定增长、稳定就业的目标放在更加突出的位置，继续保持就业优先的政策，改善促进小型金融机构的发展，改善小企业的融资状况，降低低收入群体就业、开业门槛和成本，加大低收入群体转业和再就业培训力度，加大对劳动力市场建设、再就业人员补贴等的资金投入力度，促进其创业和就业，提高其收入水平。

二是切实支持民营经济发展，民营经济的发展不仅是自主创新的重要动力、新增就业的主要渠道，更是提高城乡居民收入的主要来源。要积极优化民营经济发展环境，完善市场规则，建立法治化营商环境。积极搭建创新平台，推动创新要素集聚。放宽金融机构的准入标准，规范运营，强化监管，积极稳妥发展中小金融机构，从而强化金融系统对民营经济的服务能力，有效解决民营企业融资难融资贵问题，进一步激发民营主体活力。

三是特别重视农民的财产性收入提高问题，这是提升农民收入的关键。必要的时候可以考虑把增加农民财产性及工资性收入比重等方面的指标加入对农村基层政府的考核标准中去，在推动乡村振兴战略的实施中，快速提升农民的收入水平，提高农民的生活质量。

B.5
河南省“随迁老人”的社会适应困境及其融入路径研究

郑州轻工业大学课题组*

摘　要： 随迁老人指的是因照料子辈或孙辈而随子女异地迁移的老年人。在一个陌生的城市中，如何适应异地生活、如何融入城市生活、如何与子女和谐相处、怎样处理好家庭矛盾成为随迁老人在城市生活中急需解决的重要问题。随迁老人在一个陌生的城市中属于边缘群体，他们面临很多困难。本研究基于对郑州市8个社区随迁老人的问卷调查，从迁移方式、迁移意愿、迁移距离、迁移原因等方面对随迁老人进行类型划分。从生活现状、人际关系、心理健康、社区参与、身份认同等方面分析城市随迁老人的社会适应困境，并提出了构建政府－社区－家庭之间协同合作的融入路径。

关键词： 随迁老人　城市生活　河南

近年来，全国流动人口的数量不断增加，人口流动方式呈现从个体迁移向家庭迁移转变的新特征（国家卫生和计划生育委员会流动人口司，2013）。大量青年人口通过高考升学、城市招工、购房定居等方式从农村向城市转移，成为拥有城市户籍的城市新移民。在成为城市新移民后，这些“移民者”往往会选择把留在原属地的父母和其他老人亲属接到身边生活，由此产生了一个极

* 课题负责人：徐京波，郑州轻工业大学政法学院讲师，博士。课题组成员：姜小波、李博文、高亚婷、薛亚匀、覃铧慧、牛雨霄。

为特殊的人群——随迁老人。目前，关于随迁老人这个群体，社会给予的关注度还不够，他们仍面临着许多问题。随迁老人在城市属于边缘群体，也是一个更加需要关注的群体。伴随居住方式与社会环境的改变，随迁老人或将面临生活方式方面的问题，随迁老人如何适应新的生活、增强自身福利，这不仅关乎随迁老人个人的生活质量及发展，更是关系家庭稳定、社会和谐等方面的重要社会问题。[①] 本研究基于河南省郑州市 8 个社区的实地调查，在经验资料分析的基础上，对随迁老人的适应困境进行分析，提出应对策略，旨在提高随迁老人的幸福指数，进而促进家庭、社区和社会的和谐稳定。

一 研究方法与样本情况

本研究对河南省郑州市“随迁老人”的社会适应困境及融入路径问题进行了问卷调查，主要采取立意抽样的方法，根据本研究的目标和主观分析来选择和确定调查对象。调查内容包括“随迁老人”的迁移方式、迁移距离、迁移意愿、迁移原因、日常生活方式、孙辈照料情况、人际关系、心理健康分析、社区参与和身份认同方面。本调查的主要对象为与子女一起生活在城市而原籍在农村的老年群体。本研究总共发放问卷 230 份，有效问卷 204 份，废卷 26 份，有效回收率为 88.7%。在 204 份有效问卷中，男性有 69 人，女性有 135 人；其中 55～60 岁的有 92 人，61～65 岁的有 66 人，66～70 岁的有 37 人，71 岁以上的有 9 人；拥有城市户口的有 34 人，农村户口的有 169 人，另有一个该项未填；学历方面，没上过学的受访者有 54 人，小学学历的有 52 人，初中学历的有 57 人，高中学历的有 32 人，其他有 9 人；其中，会讲普通话的有 54 人，会一点的有 62 人，不会的有 88 人；能听懂本地话的有 141 人，能听懂一部分的有 53 人，完全听不懂的有 10 人。

二 “随迁老人”的类型划分

（一）“随迁老人”迁移方式

在目前社会化的过程中随迁老人这一群体受到广泛关注，通过数据分析发

① 李敏芳：《随迁老人社会适应研究述评》，《老龄科学研究》2014 年第 6 期，第 20～27 页。

现，目前城市随迁老人主要有以下三种：从农村到城市、从县城到城市、从城市到城市。根据表1显示，以农村到城市这一迁移方式为主，占比为77.5%，12.3%的受访者从县城迁移到城市，仅9.8%的受访者从城市迁移到城市。

表1　随迁老人迁移方式

单位：%

随迁老人迁移方式	频数	有效百分比
从农村到城市	158	77.5
县城到城市	25	12.3
从城市到城市	20	9.8
其他	1	0.5
合计	204	100.0

（二）“随迁老人”迁移距离

随着全面二孩政策的实行，越来越多的老人愿意离开自己土生土长的地方跟随儿女来到陌生的环境。据表2可以得知，大部分老人的迁移方式为省内但跨市，占比为83.8%，极少部分老人市内（包括城郊）迁移，占比为3.4%，有12.3%的老人跨省迁移。

表2　随迁老人迁移距离

单位：%

随迁老人迁移距离	频数	有效百分比
跨省	25	12.3
省内但跨市	171	83.8
市内(包括城郊)	7	3.4
其他	1	0.5
合计	204	100.0

（三）“随迁老人”迁移意愿

根据表3显示，80.4%的受访者是自愿迁移来照顾孙子孙女的，尽管有点累，但他们还是很乐于照看自己的孙子孙女；仅有19.6%的受访者是非自愿，迫不得已没办法才选择迁移的，不自愿的原因可能有对老家的归属感和依附感、生活习惯不同等。

表3　随迁老人迁移意愿

单位：%

是否自愿迁移	频数	有效百分比
自愿	164	80.4
非自愿	40	19.6
合计	204	100.0

（四）“随迁老人”迁移原因的划分

大部分老人选择迁移是为了照顾自己的孙子孙女。根据表4可以得知，93.1%的受访者是为了帮助子女带孩子，其中，58.3%的受访者是子女已婚，帮助子女照顾第一胎孩子，34.8%的受访者是子女已婚，帮助子女照顾第二胎孩子；1.5%的受访者迁移的原因是子女未婚，照顾子女的生活；还有1.5%的受访者是子女已婚，无孩子，仅照顾子女的生活。

表4　随迁老人迁移原因

单位：%

迁移原因	频数	有效百分比
子女未婚,照料子女生活	3	1.5
子女已婚,无孩子,仅照顾子女生活	3	1.5
子女已婚,帮助子女照顾第一胎孩子	119	58.3
子女已婚,帮其照顾第二胎孩子	71	34.8
其他	8	3.9
合计	204	100.0

三　“随迁老人”生活现状分析

（一）随迁老人日常生活方式分析

通过数据分析发现，目前城市随迁老人听懂本地话的程度递减为：能听懂、能听懂一部分、完全听不懂。根据表5显示，以完全能听懂本地话的随迁老人为主，69.1%的随迁老人能听懂本地话；能听懂一部分本地话的随迁老人次之，占26.0%的比例；完全听不懂本地话的人最少，所占比例为4.9%。这与大部分随迁老人为省内迁移，语言文化差异不大有关。

表5　随迁老人的本地话水平

单位：%

能否听懂本地话	频数	有效百分比
能听懂	141	69.1
能听懂一部分	53	26.0
完全听不懂	10	4.9
合计	204	100.0

通过数据分析发现，目前城市随迁老人在家主要从事做家务和照顾孙辈两项活动。根据表6显示，以两者都做的随迁老人为主，所占比例为66.7%；只照顾孙辈的随迁老人第二，所占比例为28.4%；没什么事做，比较清闲的随迁老人第三，所占比例为3.4%；仅做家务的随迁老人最少，所占比例为1%。这与随迁老人迁移目的有关。

通过数据分析发现，目前城市随迁老人遇到的问题主要集中在熟人少、交心的人少、娱乐活动少、感觉很无聊、交通不方便、饮食不习惯、环境不好影响身体健康、看病难这几方面。根据表7显示，困扰城市随迁老人的问题中，最严重的是熟人少、交心的人少，所占比例为51.6%；其次为娱乐活动少感觉到无聊，所占比例为27.6%；再其次为看病难，所占比例为6%；所占比例最小的是交通不方便，为3.7%，说明郑州交通较为便捷。

表 6　随迁老人家庭活动

单位：%

随迁老人家庭活动	频数	有效百分比
做家务	2	1.0
照顾孙辈	58	28.4
两者都包括	136	66.7
没什么事做，比较清闲	7	3.4
其他	1	0.5
合计	204	100.0

表 7　随迁老人遇到的问题

单位：%

随迁老人遇到的问题	频数	有效百分比
熟人少交心的人少	112	51.6
娱乐活动少、感觉很无聊	60	27.6
交通不方便	8	3.7
饮食不习惯	12	5.5
环境不好影响身体健康	12	5.5
看病难	13	6.0
总计	217	100.0

（二）“随迁老人”孙辈照顾分析

通过数据分析发现，目前城市随迁老人照顾的孙辈个数有 0、1、2 或 3 个及以上。根据表 8 显示，照顾一个孙辈的城市随迁老人所占比例最多，为 66.2%；照顾两个孙辈的随迁老人次之，为 27.9%；照顾三个及三个以上孙辈和不用照顾孙辈的随迁老人所占比例很少，分别为 3.4% 和 2.5%。这与人们生育观念的改变有关。

通过数据分析发现，城市随迁老人在照顾孙辈的过程中，会遇到以下几类麻烦：接孙辈上下学不方便、年龄大了体力不支、孩子顽皮不好管教、与孙辈年龄差距大不好沟通。根据表 9 显示，城市随迁老人遇到的麻烦主要集中在年龄大了体力不支和孩子顽皮不好管教两类，所占比例分别为 47.4% 和 44.0%；

接孙辈上下学不方便和与孙辈年龄差距大不大好沟通所占比例持平，为4.3%。

表8　随迁老人照顾孙辈个数

单位：%

随迁老人照顾孙辈个数	频数	有效百分比
没有	5	2.5
一个	135	66.2
两个	57	27.9
三个以上	7	3.4
合计	204	100.0

表9　随迁老人照顾孙辈时的麻烦

单位：%

随迁老人照顾孙辈时的麻烦	频数	百分比
接孙辈上下学不方便	5	4.3
年龄大了，体力不支	55	47.4
孩子顽皮，不好管教	51	44.0
与孙辈年龄差距大，不好沟通	5	4.3
合计	116	100.0

通过数据分析发现，随迁老人在照顾孙辈过程中与子女在时间分配问题上产生矛盾的状况分为是与否两个方面。根据表10显示，大部分城市随迁老人在照顾孙辈的时间分配问题上与子女并没有发生冲突，这部分随迁老人所占比例为88.7%；但也有一部分随迁老人在这一问题上和子女发生了冲突，这部分老人所占比例为11.3%。

表10　随迁老人照顾孙辈中与子辈时间分配问题

单位：%

随迁老人在照顾孙辈的时间分配上是否与子女发生冲突	频数	有效百分比
是	23	11.3
否	181	88.7
合计	204	100.0

四 “随迁老人”人际关系与心理健康分析

（一）“随迁老人”的人际关系分析

子女关系是指父母与子女之间的一种稳定关系，能够创造一种情感上的安全感，拉近父母与子女之间的情感关系。通过数据分析，随迁老人与子女的关系有：非常好、较好、一般、不太好。根据表 11 显示，有 48% 的随迁老人与子女的关系非常好、46.6% 的随迁老人与子女关系为较好、4.9% 的随迁老人与子女关系为一般、0.5% 的随迁老人与子女关系不太好。通过数据（累计百分比）可以发现 94.6% 的随迁老人能够和子女在随迁过程中处理好关系、增进情感交流。

表 11 随迁老人与子女的关系

单位：%

随迁老人与子女的关系	频数	有效百分比
非常好	98	48.0
较好	95	46.6
一般	10	4.9
不太好	1	0.5
合计	204	100.0

随迁老人与儿媳或女婿关系是家庭生活重要的组成部分。处理好与儿媳或女婿的关系不仅可以增进家人间的感情，还可以减少随迁老人的孤独感，使老人更好地融入城市生活。随迁老人与儿媳或女婿的关系可以分为：非常好、较好、一般、不太好、非常不好。根据表 12 显示，40.2% 的随迁老人与儿媳或女婿的关系非常好、49% 的随迁老人与儿媳或女婿的关系较好、9.3% 的随迁老人与儿媳或女婿关系为一般、1% 的随迁老人与儿媳或女婿关系不太好、0.5% 的随迁老人与儿媳或女婿关系非常不好。

表 12　随迁老人与儿媳或女婿的关系

单位：%

随迁老人与儿媳或女婿的关系	频数	有效百分比
非常好	82	40.2
较好	100	49.0
一般	19	9.3
不太好	2	1.0
非常不好	1	0.5
合计	204	100.0

通过各种方式给予老人帮助主要是为了使老人身在城市不会感到孤独，减少随迁老人在城市生活中的不适应，随迁老人的子女们主要通过给予经济上的支持、带随迁老人外出娱乐、定期带老人去医院检查身体或其他方式给予老人帮助。根据表 13 显示，53.9% 的子女在经济上给予随迁老人帮助、21.6% 的子女则是带随迁老人外出娱乐给予精神上的帮助、13.7% 的子女则定期带老人去医院检查身体给予身体健康上的帮助，有 10.8% 的子女通过其他方式给予随迁老人帮助。

表 13　子女对随迁老人的帮助

单位：%

子女对随迁老人的帮助	频数	有效百分比
给予经济支持	110	53.9
带您外出娱乐	44	21.6
定期陪您去医院检查身体	28	13.7
其他	22	10.8
合计	204	100.0

老人在照顾孙辈过程中难免会与子女发生观念上的冲突或矛盾，其中主要是作息时间、吃饭问题、穿衣问题、孙辈玩耍内容、孙辈看病、孙辈教育等问题。根据表 14 显示，随迁老人在孙辈照顾过程中与子女有作息时间上的冲突所占比率为 5.9%、在吃饭问题上的冲突所占比例为 5.9%、在孙辈穿衣问题上与子女有冲突的比例为 6.4%、孙辈玩耍内容上与子女的冲突为 2.9%、孙

辈看病问题上的矛盾所占比例为0.5%、在孙辈教育上与子女发生的冲突所占比例为2.5%，由于涉及家庭隐私关系以及有些老人不愿意回答该类问题，76%的随迁老人回答无以上冲突。根据问卷过程中老人的回答发现，随迁老人与子女在孙辈照顾过程中的冲突较为严重。

表14　随迁老人与子女的冲突

单位：%

随迁老人与子女的冲突	频率	有效百分比
作息时间	12	5.9
吃饭问题	12	5.9
穿衣问题	13	6.4
孙辈玩耍内容	6	2.9
孙辈看病	1	0.5
孙辈教育	5	2.5
其他	155	76.0
合计	204	100.0

邻里是由居住相邻的各个家庭的成员以地域关系为纽带，以相互之间的感情为基础结合而成的基本群体。邻里关系是传统社会关系的重要组成部分，这种基于空间的社会关系在传统社会中，承载着情感沟通和社会支持的重要功能。根据表15显示，对于随迁老人而言，见到邻居时有88.2%的老人愿意和邻居打招呼，有11.8%的老人则不愿意和邻居打招呼。

表15　随迁老人与邻居见面打招呼情况

单位：%

随迁老人与邻居见面是否打招呼	频率	有效百分比
是	180	88.2
否	24	11.8
合计	204	100.0

在农村，邻居间相互串门的情况是很常见的，但当随迁老人住在城市中时，他们还会像在农村一样，愿意去邻居家串门吗？不同的人有不同的看法，

根据表16显示，17.6%的随迁老人会到邻居家串门，82.4%的随迁老人则不会去邻居家串门。

表16　随迁老人到邻居家串门情况

单位：%

随迁老人是否到邻居家串门	频率	有效百分比
是	36	17.6
否	168	82.4
合计	204	100.0

俗话说“远亲不如近邻”，邻里关系和谐与否直接关系着人们的生活质量、精神愉悦程度，邻里关系是社会关系中很重要的一个组成部分。邻里间相互聊天可以使邻居们相互了解，在日常生活中相互有个照应，拉近彼此的关系，让随迁老人融入社区。由于随迁老人刚来到陌生的城市，对周围的情况不了解，所以与邻居聊天感觉上有隔阂。根据表17显示，有72.1%的随迁老人会和邻居聊天，而有27.9%的随迁老人不会和邻居聊天。

表17　随迁老人与邻居聊天情况分析

单位：%

随迁老人是否与邻居聊天	频率	有效百分比
是	147	72.1
否	57	27.9
合计	204	100.0

随迁老人对邻里关系满意与否，从侧面反映了其对迁入环境的融入程度。根据调查数据表18显示，有超过半数的受访者对其邻里关系较满意。有19.1%的受访者非常满意于自己的邻里关系。另外，对于邻里关系，有17.2%的受访者认为其无所谓。在所有样本中，称“有些满意”和“非常不满意”的分别占7.8%和2.9%。综合上述数据，大多数随迁老人对其邻里关系的满意程度比较乐观。

表 18　随迁老人对邻里关系满意程度分析

单位：%

随迁老人对邻里关系的满意度	频率	有效百分比
非常满意	39	19.1
较满意	108	52.9
无所谓	35	17.2
有些满意	16	7.8
非常不满意	6	2.9
合计	204	100.0

（二）“随迁老人”心理健康分析

孤独、抑郁作为衡量随迁老人对迁入环境的心理适应度的一项指标，有重要意义。根据表 19 显示，有 54.9% 的受访者称自己从不会感到孤独抑郁。有 36.8% 的受访老人觉得自己偶尔会感到孤独抑郁。而经常感到孤独抑郁的老人有 7.4%，总是感到孤独抑郁的老人仅有 1%。从数据看，随迁老人的心理比较阳光健康，存在孤独抑郁感的相对较少，但考虑到本题涉及受访者的个人心理，部分受访者存在隐瞒真实心理情况的可能，因此，我们有理由认为在随迁老人这个群体中，有高于该实验数据的老人存在孤独抑郁的情况。

表 19　老人孤独感、抑郁感频率分析

单位：%

是否有孤独感、抑郁感	频率	有效百分比
从不会感到	112	54.9
偶尔感到	75	36.8
经常感到	15	7.4
总是感到	2	1.0
合计	204	100.0

为充分了解随迁老人迁入后的情绪状况，我们进一步对其生活中常出现的情绪做了调查。根据表 20 显示：分别有 52.34% 和 21.88% 的老人称自己常出现愉快和充满希望的情绪。有 11.33% 的受访者认为自己经常出现焦虑情绪。

有7.03%的老人经常出现抑郁情绪。而7.42%的受访者称自己经常郁闷。同样，由于是个人心理情绪方面的问题，我们认为随迁老人的日常情绪并不像调查数据所示那样乐观，出于照顾孙辈的忙碌、孤独等问题，或许会有更多的老人出现抑郁焦虑等负面情绪。

表20　随迁老人日常生活中出现的情绪分析

单位：%

随迁老人日常生活中的情绪	频次	百分比
郁闷	19	7.42
抑郁	18	7.03
焦虑	29	11.33
愉快	134	52.34
充满希望	56	21.88
总计	256	100.00

情感压力的大小直接影响到了随迁老人对迁入后生活的满意度和适应情况，针对随迁老人的心理状况，我们对其情感压力的大小也做了调查分析。根据表21显示，有44.1%的受访者认为自己没有情感压力，而27.9%的老人称自己有较轻的情感压力。对于一般和较大的情感压力，两者分别占有21.1%和6.9%。

表21　随迁老人的情感压力分析

单位：%

有无情感压力	频率	有效百分比
无	90	44.1
较轻	57	27.9
一般	43	21.1
较大	14	6.9
合计	204	100.0

五　“随迁老人”社区参与和身份认同分析

（一）“随迁老人”社区参与分析

此处所说的社区参与是指社区成员自觉自愿地参加各种社区公共活动或公

共事务，随迁老人社区参与程度的高低是衡量其社会适应及社会融入的重要标准。据调查数据（表22）显示，有75.5%的随迁老人称自己不会去参加社区活动，参与意愿较低。而愿意参加社区活动的老人仅占样本总量的四分之一。通过数据分析可知，目前随迁老人对迁入地的适应程度仍较低，其社会参与意愿有待提升。

表22　随迁老人社区活动参加意愿

单位：%

是否愿意参加社区活动	频率	有效百分比
是	50	24.5
否	154	75.5
合计	204	100.0

愿意参加社区活动的随迁老人中，我们又进一步对其参加活动的类型进行调查分析。根据表23显示，绝大多数随迁老人参加的是社区中的文娱活动，其百分比高达81.63%，文娱活动的融入难度较低或许是老人参与意愿高的一个原因。而社区管理活动、公益活动分别占6.12%和12.24%，由此可见，丰富社区老年人尤其是随迁老人的社区生活类型，提高其社区活动参与积极性仍需要创新和努力。

表23　愿意参加社区活动的随迁老人意愿活动

单位：%

愿意参加何种活动	频次	百分比
社区政治活动	0	0
社区文娱活动	40	81.63
社区管理活动	3	6.12
社区公益活动	6	12.24
总计	49	100.00

针对随迁老人较低的社区活动参与意愿，调查对其不愿参加活动的原因进行了分析。根据调查数据（表24）显示，由于照看孙辈花费了老人绝大部分的时间，有半数随迁老人反映之所以不参加社区活动是因为没有闲暇时间。其次，22.2%的老人对社区活动并不感兴趣，因此不愿参加。此外，社区活动自身组织

运行的不完善、老人参加活动的支持系统不健全也是其中的原因，其中老人未被告知、社区活动未有效组织分别占有13.6%和8.0%。社区活动不丰富这一因素虽然仅占1.2%，但创新社区活动形式、使活动类型多样化同样值得重视。

表24　随迁老人不参加社区活动原因分析

单位：%

不参加社区活动的原因	频率	有效百分比
没有时间	83	51.2
不知道,未被通知	22	13.6
缺乏社区组织	13	8.0
家人及朋友不支持	1	0.6
社区活动不丰富	2	1.2
对这类事情不感兴趣	36	22.2
其他	5	3.1
合计	162	100.0

（二）“随迁老人”身份认同分析

随迁老人迁入城市后，对自身在迁入地的身份认同在某种程度上也反映出了老人主观上对新迁入的社会是否适应及对新环境是否融入。通过调查数据（表25）显示，71.6%的随迁老人并不认为自己已经成为郑州人，仅有27.9%的老人认为自己已然成为郑州人。由此不难看出，大部分随迁老人并未充分融入迁入城市，两者之间仍有较深的“沟壑”。另外，据与部分老人深入访谈反映，其并不会长期定居在城市，只是暂住以照看孙辈，后期还会回到原住地，因此并不在意自己是否是郑州人。

表25　随迁老人对本地与外地社会定位

单位：%

是否认为自己是郑州人	频率	有效百分比
是	57	27.9
否	146	71.6
缺失	1	0.5
合计	204	100.0

六　“随迁老人”融入城市路径分析

“随迁老人”从农村流入城市只为照顾孙辈，他们是否适应了城市的生活？通过问卷调查发现，随迁老人的社会适应情况并不是很好，他们在融入社会的过程中出现了不适应的问题。那么，随迁老人该如何才能更好地融入社会生活呢？

（一）政府政策支持

根据调查数据发现，很多随迁老人没有享受到当地老年人应有的待遇。他们指出：“在城市中看病很麻烦，报销医疗保险很难，如果可以实行异地医疗保险报销的话就要好很多；公交卡在省内都还没有通用。”针对这一问题，政府也加大了对外来人员的支持力度，使外来人员可以与城市当地市民享有同样的资源，拥有同样的权利，但目前政策力度和群众的接受度不够大。同时，随迁老人跟随子女前往其他城市，对城市的不熟悉和政策的不了解使他们不能产生归属感。政府对于随迁老人这个特殊群体，应该加大政策宣传力度，让随迁老人这个群体在城市中也能找到归属感，应该承担随迁老人在社会保障方面的责任。要尽政府的最大能力来解决随迁老人在城市中的社会保障问题，制定医疗、养老等相关机制，逐渐完善社会保障机制，使随迁老人这一群体在医疗方面没有后顾之忧。同时，政府应该重视随迁老人这一群体，认同和关怀他们。

（二）社区服务供给

随迁老人参与社区活动的意愿对其融入社区有重要的影响。对于有些刚迁入城市的随迁老人，社区是一个陌生的空间，因此他们对社区采取敬而远之的态度。同时社区在举办活动等方面也存在一些问题，宣传不到位，为社区内成员提供的服务较少。在问卷过程中发现很多随迁老人不清楚社区内的活动。随迁老人把大多数的时间放在照顾孩子身上，很少主动参与社区内的各种活动，对社区内事物不了解，与社区工作人员交流很少。对于以上问题，我们认为：一、老人要有主动参与的精神，以社区成员的身份参与社区内的各种活动，了解社区的功能、服务项目等。二、社区应定期开展主题活动，让更多的人参与社区事务，社区相关工作人员在举办某些活动时，应提前宣传并加大宣传力度，尽全力让社区内成员了解举办活动的相关事项。三、社区可以增加社区内公共区域的文化设施、运动设施投入，让老人有更大的活动空间。

在随迁过程中，由于老人刚来到城市，对周围环境还不是很了解，再加上城市和农村的邻里关系不太一样，他们在处理邻里关系时有拘束感，不能像在农村那样对待城市里的邻居。针对这一问题，我们认为可以进一步发展邻里关系，主要做法就是让老人走出家门和邻居们相互认识、了解，建立和谐的邻里关系；社区人员可通过“邻居节”等活动让社区内的居民以邻居的身份相互认识，一起参与活动，同时就社区内的一些问题进行讨论，这样既可以拉近邻里之间的关系，也为邻里之间提供一个广泛交流的平台，在交流中化解一些矛盾，使社区内成员和谐相处。

（三）构建和谐家庭关系

通过对问卷资料的分析发现，随迁老人的子女白天工作比较忙，很少有时间带孩子，于是带孩子的重任放在了随迁老人身上。老人白天带小孩不可能只在家里不出门，在外出时难免有些不适应；还有些老人需要照顾两个孙辈，这对于老人来说比较繁重。针对这一问题我们提出以下对策：一、作为子女要经常与老人交流，共同商量有关带孩子的事情，减少与老人的矛盾冲突。二、子女要利用周末闲暇时间，多带老人外出开展一些娱乐性活动，同时自己照顾小孩，尽量少让老人在周末有自己的空闲时间，去接触、熟悉社区环境。三、由于有的老人需要照顾两个孙辈，第一个小孩年龄比较大，在玩耍过程中有嬉戏顽皮的情况，老人不好管教，而第二个孩子还小随时需要人来照顾，这样让老人在两个孩子身上花的精力就很多，从而使老人在带孩子过程中出现焦虑等情绪；因此子女应该在小孩和老人之间起着沟通的桥梁作用，平衡老人与孙辈之间的矛盾，减少代际关系矛盾。四、子女应该多关心父母，了解随迁老人心里的想法，满足老人的个人需求。

（四）提升老人自身适应能力

通过实证分析发现，“随迁老人”不适应城市生活的原因主要是：一、大部分随迁老人来自农村，他们即使生活在城市但是仍自认为农村人，生活在城市里没有像在农村那样自在、自由。他们对于所在城市社区仍然没有归属感。二、在随迁老人来到城市生活后，不能很好地转变观念，难以融入城市人群和城市生活方式，于是随迁老人在生活中时常感到独孤、抑郁、焦虑。针对这一问题，我们提出以下对策：第一，在城市和自己的儿女生活在一起时，老人要发挥主观能动性，主动适应在城市的生活、以积极的态度来面对城市生活，在城市中寻找归属感。第二，在城市生活中利用空闲时间来发展自己的兴趣爱好，在生活中保持愉快的心情，除了照顾孙辈外可以丰富自己的业余生活，积极融入城市生活。

（五）构建政府 - 社区 - 家庭之间的协同机制

社区居委会是居民进行自我管理、自我教育、自我服务的基层群众性自治组织，而政府与居委会之间有着指导与被指导的关系。因此政府可以指导并鼓励其在社区内开展活动，给予社区一定的指导和支持。不同的家庭聚集在一起构成了社区。家庭与社区之间有着紧密相连的关系，在社区内开展的活动给社区内的家庭提供了一个很好的平台。

针对随迁老人适应困境，可以构建“政府 - 社区 - 家庭”三位一体的协调机制。政府出台有关随迁老人的政策后可以给予社区指导和支持，社区起着连接家庭的桥梁作用，在社区内开展随迁老人活动时，社区负责向社区内的家庭宣传活动，而家庭应该积极参与活动，共同形成一个协调机制，使随迁老人产生归属感。

参考文献

李敏芳：《随迁老人社会适应研究述评》，《老龄科学研究》2014 年第 6 期，第 20 ~ 27 页。

华伟：《福利多元主义视角下随迁老人异地养老问题研究——基于武汉市随迁老人的调查分析》，硕士学位论文，华中科技大学，2015。

陈盛淦：《福建省随迁老人的养老需求现状及服务对策研究》，《武夷学院学报》2017 年第 2 期，第 20 ~ 24 页。

B.6
新型城镇化背景下河南省回迁安置社区居民生活质量评价研究

岳要鹏　杨晓航*

摘　要： 回迁安置社区居民生活质量是新型城镇化进程中的重要议题。本文通过从生活世界的物理环境、社会环境以及价值意义三个维度建构回迁安置社区居民生活质量评价指标体系，综合运用问卷调查法、访谈法以及观察法收集资料，以邻近社区居民生活质量为参照标准，对郑州市西郊两个回迁安置社区居民生活质量进行评价。研究发现，以邻近社区居民生活质量为参照标准，回迁安置社区居民生活质量基本接近了“以人为核心”的新型城镇化目标要求。但是，回迁安置社区居民在收入与消费、医疗基础设施与服务、与物业工作人员和社区干部关系以及文娱活动等方面还存在较为明显的不满意。基于此，提升回迁安置社区居民生活质量要将着力点放在居民生计可持续发展、物业工作人员与社区干部管理与服务能力提升以及补齐基本公共服务短板等方面。

关键词： 河南　新型城镇化　回迁安置社区　城市居民　生活质量

一　研究背景

伴随着中国特色社会主义进入新时代，我国社会主要矛盾已经转化为人民

---

* 岳要鹏，河南濮阳人，社会学博士，郑州轻工业大学政法学院，讲师，硕士生导师，主要研究方向为减贫与农村发展、组织社会学；杨晓航，郑州轻工业大学政法学院2016级社会工作专业本科生。

日益增长的美好生活需要和不平衡不充分的发展之间的矛盾，人民的生活质量构成了新时代的一个重要议题。城镇化是人类社会发展的客观趋势，同时也是全面提升人民生活质量的重要方式。早在2014年，中共中央、国务院印发的《国家新型城镇化规划（2014～2020年）》就指出，要走中国特色新型城镇化道路，全面提高城镇化质量，加快转变城镇化发展方式，推进“以人为核心”的新型城镇化，将人民生活质量提升与新型城镇化建设紧密结合。在新型城镇化进程中，城市郊区的一些农民市民化也被纳入城镇化规划范畴之中，他们的土地（尤其是宅基地和耕地）被征用，以供城镇化建设之用。大致经过征地、过渡以及回迁三个阶段，城市郊区农民搬入回迁安置社区，并逐步转变为市民。在“以人为核心”的新型城镇化背景下，回迁安置社区居民的生活质量与新型城镇化协同发展则是题中应有之义。基于此，本研究分别从生活世界的物理环境、社会环境以及价值意义三个维度，建构回迁安置社区居民生活质量评价指标体系，并以与回迁安置社区邻近的城市社区（以下简称“邻近社区”）居民的生活质量为参照标准，对回迁安置社区居民生活质量进行评价。

二　研究方法与指标体系建构

本次调查地点为河南省郑州市西郊的两个回迁安置社区（X社区和S社区）和两个邻近社区（W社区和Q社区）。其中，X社区和S社区分别于2014年和2016年完成回迁安置。在此之前，两个社区居民均为郑州西郊农民。与之不同，W社区和Q社区均为商品房小区，居民多因求职就业缘故主动落户郑州，2015年前后入住。由于W社区和Q社区居民多是主动迁入郑州市的，能够较好地适应郑州市生活，可视为现阶段经济社会条件下新型城镇化的代表性群体。因此，我们以两个邻近社区（W社区和Q社区）居民生活质量作为评价两个回迁安置社区（X社区和S社区）居民生活质量的参照标准。具体研究方法和指标体系建构如下。

（一）研究方法

本研究主要采用定量和定性相结合的方法收集和分析资料，于2018年5月组织实施调查，并完成数据信息、访谈和观察资料的整理与分析。

1. 收集资料的方法

（1）问卷调查法

在调查过程中，课题组共发放 307 份问卷，回收有效问卷 288 份，有效回收率 93.8%。其中，在两个回迁安置社区，课题组共发放 157 份问卷，回收 145 份有效问卷，有效回收率 92.4%。在两个邻近社区，课题组共发放 150 份问卷，回收 143 份有效问卷，有效回收率 95.3%。调查对象基本情况如表 1 所示。

表 1　调查对象基本情况

变量	指标	频数	占比(%)	频数	占比(%)
		回迁安置社区居民		邻近社区居民	
性别	男	53	36.6	45	31.5
	女	92	63.4	98	68.5
年龄	18~25 岁	10	6.9	21	14.7
	26~35 岁	31	21.4	83	58.0
	36~45 岁	22	15.2	12	8.4
	46~55 岁	32	22.1	6	4.2
	55 岁以上	50	34.5	21	14.7
受教育程度	小学及以下	30	20.7	8	5.6
	初中	50	34.5	17	11.9
	高中和高职	31	21.4	30	21.0
	专科	18	12.4	36	25.2
	本科及以上	16	11.0	52	36.4
婚姻状况	未结过婚	10	6.9	19	13.3
	有配偶	121	83.4	121	84.6
	离婚	2	1.4	0	0.0
	丧偶	12	8.3	3	2.1
家庭人口数	1 人	5	3.4	3	2.1
	2 人	8	5.5	7	4.9
	3 人	18	12.4	49	34.3
	4 人	35	24.1	36	25.2
	5 人	36	24.8	30	21.0
	6 人	25	17.2	14	9.8
	6 人以上	18	12.4	4	2.8

（2）访谈法

为了充分了解回迁安置社区居民的生活质量，并将回迁安置社区居民和邻近社区居民的生活质量进行对比分析，本次调查在回迁安置社区和城市社区各选取10名居民进行深度访谈，以补充或佐证定量数据资料。

（3）观察法

在进行问卷调查和实地访谈的同时，课题组通过观察回迁安置社区和邻近社区的休闲场所、娱乐设施、卫生环境以及社区周围的交通、教育、医疗等公共服务情况。

2. 分析资料的方法

（1）定量资料的分析方法

在定量资料分析方面，本调查使用了SPSS18.0统计软件对问卷调查获得的数据进行分析。

（2）定性资料的分析方法

在定性资料分析方面，主要对访谈和观察收集的资料数据进行梳理和归纳，以邻近社区的分析结果为参照标准，对回迁安置社区居民的生活质量进行评价。

（二）指标体系建构

20世纪中叶，美国政治、经济、军事以及科技等方面蓬勃发展，民众物质生活非常丰裕，然而美国民众尤其是青年却展现出失望乃至颓废的生活情绪。生活质量研究热潮源于学者对美国当时社会发展现状的反思。1958年，生活质量的概念首次在加尔布雷思（J. K. Galbraith）《丰裕社会》一书中出现。这一时期，生活质量研究重点关注民众对日常生活的感知和体验维度，带有明显的批判与反思色彩。20世纪80年代以来，实践部门和学术界开始重视对中国民众生活质量的调查研究，提出生活质量的测量方法与指标体系，取得了较为丰硕的成果。在本次研究过程中，我们借鉴了陆汉文教授提出的生活质量测量方法。具体而言，从生活世界的内涵与构成出发，将人们对人与自然的关系、人与人的关系以及个体的无限心灵与所处的有限现实之间的关系的满意度作为生活质量的测量与评估的三类一级指标，然后经过概念操作化建构生活质量测量的具体指标体系。① 在结合郑州市经济社会发展现状基础上，本文建构了回迁安置社区居民生活质量评价指标体系，如表 2 所示。

表 2　回迁安置社区居民生活质量评价指标

一级指标	二级指标	三级指标
对生活的物理环境的满意度	收入与消费状况满意度	收入状况满意度
		消费状况满意度
	社区基础设施满意度	小区健身器材满意度
		小区绿化面积满意度
	居住状况满意度	住房质量满意度
		住房面积满意度
	教育状况满意度	教育设施满意度
		教育质量满意度
	医疗状况满意度	医疗设施满意度
		医疗服务质量满意度
	交通状况满意度	交通设施满意度
		交通服务满意度
对生活的社会环境的满意度	家庭生活满意度	与家人日常关系满意度
		与家人传统节日聚会满意度
	与邻居互动满意度	与邻居相处满意度
	与社区管理与服务主体关系的满意度	与物业关系满意度
		与社区干部关系满意度
对生活的价值层面的满意度	生活压力感知度	生活压力感知度
	闲暇生活与文娱活动的满意度	闲暇生活满意度
		文娱活动满意度

三　回迁安置社区居民生活质量状况分析

（一）回迁安置社区居民对生活的物理环境的满意度

从回迁安置社区居民的收入与消费情况看（见表 3），回迁安置社区居民家庭收入整体低于邻近社区居民，其中回迁安置社区居民人均月收入低于

① 陆汉文：《论生活世界的内涵与生活质量测量》，《学术论坛》2005 年第 11 期。

1500 元的家庭占 47.6%，比邻近社区居民高出 30.8 个百分点；回迁安置社区居民人均月收入低于 600 元的家庭占 6.2%，比临近社区居民高出 5.5 个百分点。不过，从家庭消费情况来看，回迁安置社区居民与邻近社区居民月支出排在前三位的都是食品、生活用品以及子女教育方面。

表 3 居民家庭人均月收入情况

单位：%

	回迁安置社区居民	邻近社区居民
家庭人均月收入 3000 元及以上	24.8	53.8
家庭人均月收入 1500～3000 元	27.6	29.4
家庭人均月收入 600～1500 元	41.4	16.1
家庭人均月收入 600 元及以下	6.2	0.7

进一步对回迁安置社区居民收入与消费状况满意度考察发现（见表 4），多数居民对家庭收入状况较为满意或一般，但回迁安置社区居民对收入状况不满意所占比例将近四分之一，比邻近社区居民高出 12.9 个百分点。同时，多数居民表示对家庭消费情况满意或一般，但回迁安置社区居民和邻近社区居民都有将近三分之一的居民对收入状况不满意。

表 4 居民家庭收入与消费状况的满意度

单位：%

	收入状况满意度		消费状况满意度	
	回迁安置社区居民	邻近社区居民	回迁安置社区居民	邻近社区居民
满意	28.9	30.1	26.9	32.9
一般	47.6	59.4	40.0	37.0
不满意	23.4	10.5	33.1	30.1

结合访谈资料发现，回迁安置社区居民对家庭收入与消费不满意的部分原因在于，回迁安置以后家庭面临生计转型，一些家庭收入不稳定，同时已经无法务农获得家庭消费品尤其是食品，更进一步依赖于外部市场的供给，这使他们面临较大的货币支出压力。回迁安置社区居民 ZKJ 谈道：“现在什么都要花钱买，不像以前自家种地多少，生活上能省不少钱。现在也不是太好找活，很

多（工作）都是临时的，一年下来家里各项开销比较大，离开钱走不动路。”

由于邻近社区建设所用的土地源于回迁安置社区居民所属村庄土地，回迁安置社区的建设与邻近社区建设属于同一家开发商。通过实地观察发现，回迁安置社区与邻近社区在社区基础设施建设方面差别不大。同时，由于地缘关系，回迁安置社区与邻近社区在教育、医疗以及交通等公共服务方面基本相同。在社区基础设施和公共服务基本相同的情况下，回迁安置社区居民对社区基础设施和公共服务的满意度如下。

在社区基础设施建设方面（见表5），回迁安置社区居民对健身设施和绿化面积满意度相对较高，只有较少部分居民对健身设施和绿化面积不满意。同时，回迁安置社区居民与邻近社区居民在健身设施和绿化环境满意度方面差别不大。

表5　居民对社区基础设施建设的满意度

单位：%

	健身设施满意度		绿化面积满意度	
	回迁安置社区居民	邻近社区居民	回迁安置社区居民	邻近社区居民
满意	42.8	44.8	45.5	47.6
一般	51.7	52.4	50.3	49.0
不满意	5.5	2.8	4.1	3.4

在住房状况方面（见表6），回迁安置社区居民对住房质量感到满意或一般，只有个别居民感到不满意，与邻近社区居民对住房质量满意度差别不大。然而，在住房面积方面，回迁安置社区居民对住房面积感到满意的比例达到60%，比邻近社区居民高出1倍。同时，回迁安置社区对住房面积不满意的居民比例非常低，仅为1.4%，比邻近社区居民要低12.6个百分点。通过访谈发现，导致这一现象产生的一个重要原因是，回迁安置社区居民获得的拆迁补偿房屋面积较大，大多数居民都有多余的房屋出租，出租房屋的面积大体介于100~400平方米之间。与之不同，由于近年来郑州市房价上涨较快，邻近社区居民多是按揭贷款购买的商品房，房屋面积处于90平方米以下，所以他们反映住房较为拥挤，满意度相对较低。

表6 居民对住房状况的满意度

单位：%

	住房质量满意度		住房面积满意度	
	回迁安置社区居民	邻近社区居民	回迁安置社区居民	邻近社区居民
满意	45.5	48.2	60.0	29.4
一般	51.7	49.0	38.6	56.6
不满意	2.8	2.8	1.4	14.0

在教育方面（见表7），回迁安置社区大多数居民对教育基础设施和教育质量都表示满意或一般，只有少部分居民对教育基础设施和教育质量表示不满意。邻近社区居民对教育基础设施和教育质量的满意状况与之相似。但是，与邻近社区居民相比，回迁安置社区居民对教育基础设施和教育质量满意度明显要低一些。

表7 居民对教育的满意度

单位：%

	教育设施满意度		教育质量满意度	
	回迁安置社区居民	邻近社区居民	回迁安置社区居民	邻近社区居民
满意	44.2	53.8	39.3	57.3
一般	51.0	42.0	57.2	37.1
不满意	4.8	4.2	3.5	5.6

在医疗方面（见表8），回迁安置社区居民对医疗设施和医疗质量满意度不高，尚未达到30%，多数居民表示一般。邻近社区居民也表现出相似的态度。需要指出的是，无论是回迁安置社区居民还是邻近社区居民对医疗设施不满意的比例都将近三分之一，对医疗质量不满意的比例将近四分之一。进一步对回迁安置社区居民和邻近社区居民对医疗感到不满意排名前三的原因梳理发现，其中对医疗基础设施差和医疗水平不放心是两个共性原因。这可能与调查社区附近只有一些小型的社区医院或诊所有关。有的居民还反映，到最近的三级甲等医院就医路途较远，需要较长时间的车程，较为不方便。

表 8　居民对医疗的满意度

单位：%

	医疗设施满意度		医疗服务质量满意度	
	回迁安置社区居民	邻近社区居民	回迁安置社区居民	邻近社区居民
满意	20.0	26.5	22.8	30.0
一般	51.0	42.0	52.4	46.9
不满意	29.0	31.5	24.8	23.1

在交通方面（见表9），大多数回迁安置社区居民对交通设施与交通服务表示满意或一般，只有少部分居民对此表示不满意。与邻近社区居民相比，除了对交通服务表示满意和一般方面存在一定的差异之外，其他方面的满意度差别不大。

表 9　居民对交通的满意度

单位：%

	交通设施满意度		交通服务满意度	
	回迁安置社区居民	邻近社区居民	回迁安置社区居民	邻近社区居民
满意	42.8	42.6	44.8	55.2
一般	49.0	46.9	42.1	34.3
不满意	8.2	10.5	13.1	10.4

（二）回迁安置社区居民对生活的社会环境的满意度

从家庭生活方面看（见表10），回迁安置社区居民对与家人日常关系和传统节日与家人聚会满意度较高，均在80%以上，仅有极少数居民反映不满意。同时，尽管略低于与邻近社区居民对与家人日常关系和传统节日与家人聚会满意度，但是相差不大。由此可见，回迁安置社区居民对家庭生活状况较为满意。

表 10　居民家庭生活的满意度

单位：%

	与家人日常关系满意度		传统节日与家人聚会满意度	
	回迁安置社区居民	邻近社区居民	回迁安置社区居民	邻近社区居民
满意	84.1	86.7	83.4	86.7
一般	13.8	12.6	13.8	13.3
不满意	2.1	0.7	2.8	0

在与邻居相处方面（见表11），回迁安置社区大多数居民表示与邻居相处满意或一般，占80%以上。但是，也有17.2%的居民表示与邻居相处不满意。与邻近社区居民相比，回迁安置社区居民与邻居相处满意度低12.6个百分点，不满意度高15.1个百分点。通过访谈进一步发现，造成这一结果主要有两方面原因：一是回迁安置后，有部分回迁安置社区居民与原来的邻居分开，现在的邻居有些不太熟悉或要好，陌生感增强。例如，回迁安置社区居民ZLM谈道："经过拆迁，以前的老邻居们都分开啦，住在各栋楼的都有，邻居之间的沟通都给打乱了，别人家有个啥事自己也不知道。"二是邻近社区居民多是从其他地方迁入郑州市，对邻里相处关系预期不高，只要能够相安无事即可。

表11　居民与邻居相处的满意度

单位：%

与邻居相处的满意度	回迁安置社区居民	邻近社区居民
满意	52.4	65.0
一般	30.3	32.9
不满意	17.2	2.1

在与社区管理和服务主体关系方面（见表12），尽管回迁安置社区有36.6%的居民感觉与物业关系满意，是感觉不满意的居民的两倍多。但是，回迁安置社区居民对与物业关系感觉满意低于邻近社区居民15.8个百分点，而感觉不满意高出13个百分点。同时，回迁安置社区居民对与社区干部关系感觉满意的比例尚达不到四分之一，多数居民表示一般，有部分居民表示不满意。

表12　居民与社区管理与服务主体的满意度

	与物业关系满意度		与社区干部关系满意度
	回迁安置社区居民	邻近社区居民	回迁安置社区居民
满意	36.6	52.4	23.4
一般	46.2	43.4	61.4
不满意	17.2	4.2	15.2

通过实地观察和访谈发现，导致上述现象的主要原因在于回迁安置社区物业和社区干部管理与服务水平较低，与居民的预期有一定差距。具体而言，在

社区生活环境方面，部分居民反映社区卫生存在脏乱差现象。回迁安置社区居民 LMK 这样谈道："要俺说，有的人的素质就太低，遛狗的时候，那狗随地大小便，他们也不及时清理，物业和社区干部基本上也不怎么管。你瞧瞧，这草坪多脏，这清洁工也清理不来啊！"实地观察也证实了这一点，回迁社区的草坪上纸屑、瓜果皮以及粪便等垃圾较多，而邻近社区的草坪则较为干净。在社区治安管理方面，邻近社区有门禁限制，只有本社区的居民才能通过刷卡进出，严格履行社会人员出入登记手续，而回迁社区没有设置门禁，允许所有人自由出入，这导致回迁安置社区发生很多起盗窃事件。访谈中有不少回迁安置社区居民反映小区发生偷盗事件，但问题得不到根本解决。回迁居民 WXF 谈道："给你讲啊，就这段时间，俺住这一片儿就有三户人家丢电车了。治安不行呀，家户儿没少给社区（物业或干部）反映，结果呢，该丢车还是丢……"

（三）回迁安置社区居民对生活的价值层面的满意度

在对生活压力的感知方面（见表 13），回迁安置社区居民对生活压力的感知处于大、一般和小三层次水平的居民各占三分之一左右。与邻近社区居民相比，回迁安置社区居民感觉生活压力较小，尤其是感觉生活压力小的居民比例比邻近社区高出 16.3 个百分点。

表 13　对生活压力的感知度

单位：%

对生活压力的感知度	回迁安置社区居民	邻近社区居民
感觉压力大	36.6	40.6
感觉压力一般	31.0	43.3
感觉压力小	32.4	16.1

在闲暇生活与文娱活动方面（见表 14），60% 以上回迁安置社区居民对闲暇生活表示满意，约三分之一表示一般，有少部分居民表示不满意。在闲暇生活满意度层面上，回迁安置社区居民与邻近社区居民基本相同。与之不同，有将近 60% 回迁安置社区居民对文娱活动表示不满意，比邻近社区居民要高出 13.2%。值得注意的是，回迁安置社区居民对文娱活动表示满意的居民还不到五分之一，邻近社区也是如此。

表 14　居民闲暇生活与文娱活动的满意度

单位：%

	闲暇生活满意度		文娱活动满意度	
	回迁安置社区居民	邻近社区居民	回迁安置社区居民	邻近社区居民
满意	62.1	63.6	17.9	16.1
一般	31.0	30.1	23.4	38.5
不满意	6.9	6.3	58.6	45.4

通过访谈发现，导致这一现象的原因可能是，回迁安置社区居民原有的土地被征用，他们不用再从事农业活动，拥有了大量的闲暇时间可以自由支配。不少调查对象尤其是妇女反映，每天的事情主要是做饭、整理家务或者照看孩子，比回迁安置前清闲了很多。例如，回迁安置社区居民 WWY 说道："说起干家务活哪，俺也就是每天做俺给家里掌柜的饭，这才花多少时间！约莫 2～3 个小时吧。那没事的时候就是在这小区逛逛坐坐，可闲！"与此同时，回迁安置社区居民有了大量的闲暇时间供自己支配，但是社区却没有提供吸引他们参与的文娱活动。例如，回迁安置社区居民 DFG 谈道："小区很少搞有意思的文化娱乐活动，平时大家主要是打麻将、打牌这些活动，我对这个不是很感兴趣，也很少参加。"

四　基本结论与政策建议

回迁安置社区居民的生活质量提升是"以人为核心"新型城镇化的重要议题。以郑州市西郊两个回迁安置社区居民为调查对象，本研究从居民生活的物理环境、社会环境以及价值层面三个维度建构指标体系，同时以两个邻近社区居民生活质量状况为参照标准，对回迁安置社区居民生活质量进行评价，得出以下基本结论与政策建议。

（一）基本结论

1. 以邻近社区居民生活质量为参照标准，回迁安置社区居民生活质量基本达到了新型城镇化的目标要求

邻近社区多是主动选择到郑州市生活和工作的居民，他们以较为积极的心

态与郑州市的经济社会发展同呼吸共命运，其生活质量在一定程度上代表着当前河南省新型城镇化进程中生活质量状况的基本水平。基于此，在评价回迁安置社区生活质量的过程中，本研究重点以邻近社区居民生活质量为参照标准，这样较为契合河南省当前“以人为核心”的新型城镇化的经济社会发展实际。以邻近社区居民生活质量为参照标准，通过从居民生活的物理环境、社会环境以及价值层面三个维度的对比分析，回迁安置社区居民生活质量基本接近了“以人为核心”的新型城镇化的目标要求。具体而言，在居民对生活的物理环境满意度方面，回迁安置社区居民消费状况满意度，社区基础设施建设满意度，住房状况满意度，教育、医疗以及交通等公共服务满意度方面与邻近社区居民差别不大，甚至在住房面积满意度方面还要更高；在居民对生活的社会环境满意度方面，回迁安置社区居民和邻近社区居民家庭生活满意度基本相同。在对生活价值的满意度方面，回迁安置社区居民对闲暇生活的满意度和邻近社区居民差别不大。同时，在对生活压力的感知方面，回迁安置社区居民比邻近社区居民相对要小。总体而言，回迁安置社区居民生活质量的大多数指标数据接近甚至个别指标数据还超越了邻近社区居民，基本接近了“以人为核心”的新型城镇化的目标要求。

2. 回迁安置社区居民生活质量提升仍存在一些突出短板

尽管回迁安置社区居民生活质量的多项指标数据已经基本接近邻近社区居民，但是回迁安置社区居民生活质量提升仍存在一些短板，突出表现为居民收入与消费，与物业、社区干部关系以及文娱活动等方面满意度不高。首先，回迁安置社区部分居民面临生计转型与发展，生计状况实现稳定可持续发展仍然面临一定挑战，进而也导致其对收入与消费状况感到不满意。同时，此次调查区域还存在一些公共服务供给与居民需求失衡的现象，突出表现为居民对医疗设施与服务质量的不满意。其次，与邻近社区相比，回迁安置社区治安状况较差，同时存在社区卫生脏乱差现象，这与物业、社区干部管理与服务不到位有很大关系，而且居民对这些问题的反映又不能得到及时解决，这是导致部分居民对他们与物业、社区干部的关系不满意的重要原因。最后，回迁安置社区的文娱活动较少而且质量不高，进而导致大多数居民对文娱活动不满意。

（二）政策建议

1. 通过技能培训、劳动力转移就业以及集体经营性资产收益等方式促进回迁安置社区居民生计可持续发展

在土地被征用以后，回迁安置社区居民面临生计转型与可持续发展，尤其是生计来源不稳定影响了回迁安置社区居民在收入与消费方面的满意度。针对这一问题，一方面当地政府要发挥公共服务职能，为有劳动力而就业不稳定的居民家庭开展就业技能培训抑或提供就业机会，以自身能力提升为手段促进其家庭收入稳定可持续；另一方面地方政府要引导社区盘活集体经营性资产，通过商铺出租或者自营等方式增加集体收入，为社区居民尤其是一些低收入或劳动能力缺失家庭提供相应的生活福利服务或补贴，以缓解生计转型带来的冲击与风险，进而提升家庭收入与消费满意度。

2. 提升物业工作人员和社区干部社区管理与服务能力

回迁安置社区由村庄演变而来，其物业工作人员和社区干部往往由原来的村两委干部担任。在新型城镇化背景下，一是回迁安置社区物业工作人员和社区干部要及时转变角色，面临新的社区管理与服务形势尤其是居民新的服务需求，及时转变工作思路，调整工作方法，加强社区管理与服务知识和技能的学习，提升自身素质能力；二是当地政府要针对回迁安置社区管理与服务过程中面临的一些共性或突出性问题，尤其是卫生环境治理、治安管理以及文娱活动难以满足居民需求等方面，定期对回迁安置社区物业工作人员和社区干部进行培训或组织观摩学习，增强其社区管理与服务能力，提升社区居民生活质量；三是在条件成熟的情况下，可通过政府购买服务的方式引入专业社会工作者，组织成立业主委员会，共建社区党群服务中心，提升社区治理与服务能力。此外，政府要推动城市基本公共服务区域内均衡发展，尤其关注城市郊区基本公共服务设施建设与优质公共服务供给。

B.7

河南省义务教育改革与发展报告*

张　侃**

摘　要： 教育是民族振兴和社会进步的基石，义务教育则是各级各类教育的重中之重，是整个国民教育序列的基础。经过40年的发展，河南的义务教育事业取得了举世瞩目的成就，实现了全面普及和初步均衡发展，正在稳步向高位均衡的阶段迈进，河南也实现了从文盲人口大省向义务教育强省的转变。但河南义务教育发展仍面临着诸多问题，城乡义务教育发展仍不均衡，“城镇挤”“乡村弱”的局面还未改变，义务教育“拉丁美洲化”问题日益严重。推进城乡义务教育一体化均衡发展是河南义务教育未来发展的必由之路，在具体措施上，需要立足河南各地实际，城市方面大力推进学校标准化，消除学校差别，推进均衡发展；农村方面，需要根据各地不同情况和特点，分别推行农村义务教育城镇化发展和农村义务教育的小规模化、小班化。

关键词： 河南　义务教育　均衡发展

教育是民族振兴和社会进步的基石，义务教育则是各级各类教育的重中之重，是整个国民教育序列的基础。改革开放40年来，河南的义务教育事业发生了翻天覆地的变化，取得了举世瞩目的成就。40年来，河南始终

---

* 本文系河南省哲学社会科学规划项目“地方政府行为视角下城乡义务教育资源均衡配置研究”（项目号:2017CSH021）的阶段性成果。

** 张侃，河南省社会科学院社会发展研究所助理研究员。

坚持实施“科教兴豫”和“人才强省”战略，切实把教育摆在优先发展的战略地位，时刻把义务教育的普及发展作为教育事业发展的基础工程，解放思想、深化改革、扩大规模、提升质量，努力办好人民满意的义务教育，义务教育的发展取得了历史性成就。回首人口大省和曾经的文盲人口大省的河南，义务教育事业长期负重前行，每一分进步都弥足珍贵。经过40年的发展，河南的义务教育已经实现了全面普及和初步均衡发展，正在稳步向高位均衡的阶段迈进。值此改革与发展40年之际，进入了新时代的河南义务教育，正站在新的历史起点上，让我们回首历史，梳理成绩、直面问题并在此基础上展望未来，为河南义务教育迈向新的发展征程提供一些有益的启示。

一　从文盲人口大省向义务教育强省迈进：河南义务教育改革与发展的历史进程

河南是人口大省，可是在改革开放之前河南的整体教育水平落后，人口素质普遍较低。1964年，河南12周岁以上人口的文盲、半文盲率达到42.66%。①河南的中小学教育在“文革”期间遭受重创，各项事业发展百废待兴。改革开放以来，在历届省委、省政府的正确领导和全社会的共同努力下，经过教育系统广大教职员工的不懈奋斗，河南义务教育事业取得了令人瞩目的成就，建立起了较为完备的现代义务教育体系，实现了从文盲人口大省向义务教育强省的迈进。

（一）河南中小学的全面调整、整顿、恢复期（1978～1985年）

以党的十一届三中全会的召开为标志，河南的中小学教育事业进入了全面调整、整顿、恢复和发展时期。一是对普通中小学进行调整、整顿。针对“文革”中出现的普通中学迅速膨胀问题，1979年河南省开始对普通中学和小学进行调整和结构改革。调整工作理顺了责权关系，压缩了膨胀的学校规模，

① 河南省统计局、国家统计局河南调查总队：《河南统计年鉴2017》，中国统计出版社，2018。

提高了教学效率，推进了中小学教育的良性发展。二是开始推进重点中小学建设。改革开放之初，河南经济实力有限，师资匮乏，基础薄弱，在此情况下河南选择集中力量办好一批重点中小学，以点带面，以推进河南中小学教育走上健康发展的轨道。1981 年，河南省教育厅确定了 20 所首批办好的重点中学，并随之确定了一批地市、县级重点中学；1983 年，河南确定了 2202 所重点小学。这些重点中小学成为河南基础教育的中坚力量。三是全面普及小学教育。改革开放之初，河南小学教育普及率不高，1979 年的一次普查显示，12～16 岁青少年接受 5 年教育的只占 57.26%，入学后又流失的占 5.75%。通过政府的大力推进，到 1985 年，全省城市小学五年制教育已基本普及，达到普及小学教育要求并获得认证的县已经有 61 个，占全省县数的 54%。[①]

（二）河南义务教育事业全面改革、发展与普及期（1986～1999年）

以 1985 年中共中央发布《关于教育体制改革的决定》为标志，河南义务教育事业发展进入全面改革发展与普及期。一是义务教育在改革中快速发展。1986 年 4 月《义务教育法》审议通过，1986 年 8 月《河南省义务教育实施办法》审议通过。这标志着河南义务教育发展进入了依法治教新时期。1990 年在全省范围内选择了 100 个条件较好的乡作为义务教育示范乡，以点带面，有计划、有步骤地推进全省义务教育工作，初中、小学学生的流失现象逐步得到控制。同时，大力开展群众性集资办学，解决了河南经济发展落后，教育经费不足的问题，办学条件得到了巨大改善。二是开始实行义务教育分级办学、分级管理的体制。按照义务教育法的明确规定，义务教育由地方负责，分级办学、分级管理，让原来中央和省级政府的积极性，转变为地方各级政府办学的积极性。实行分级办学、分级管理的体制，极大调动了地方各级政府和社会各方面的办学积极性，在全省范围内形成了人民教育人民办、办好教育为人民的可喜局面。三是基本普及了九年制义务教育。1993 年《中国教育改革和发展纲要》、1999 年的《面向 21 世纪教育振兴行动计划》的先后颁布，将河南义务教育改革与发展引向了深入。在省委省政府的大力推动下，河南义务教育普

① 王日新、蒋笃运：《河南教育通史（下）》，大象出版社，2004。

及工作进展迅速。到2000年，全省小学适龄儿童入学率达到99.84%，毕业率达98.8%；初中适龄人口入学率达到98.05%，都高于全国平均水平。[①] 普九地区人口覆盖率达到93%，提前一年实现了省委省政府提出的普九目标，基本实现了义务教育的普及。四是基本扫除了青壮年文盲。在基础教育的快速发展普及和专项扫盲行动不断深入的基础上，河南从文盲人口大省逐步实现了基本扫除青壮年文盲，在1998年正式通过国家扫盲验收，提前两年完成了基本扫除青壮年文盲的历史性任务。[②]

（三）河南义务教育均衡化发展时期（2000～2009年）

随着河南基本普及了九年义务教育，义务教育均衡问题逐步得到关注。随着“两基”目标的实现，如何夯实“两基”成果，进一步提升义务教育水平成为当时义务教育发展面临的主要问题。2001年国务院《关于基础教育改革与发展的决定》中首次提出了“均衡发展”的思想，提出了基础教育要“促进地区、城乡、学校之间的均衡发展”，从此均衡发展正式成为我国义务教育重要的发展方针。这也标志着我国义务教育的发展开始从之前的重视精英路线、重视规模扩张和数量的普及转向为以公平为主的价值取向上。2006年9月1日正式实施的新《义务教育法》，确定了促进义务教育均衡发展的方针，义务教育的均衡化发展在国家法律层面得到了肯定。河南的义务教育发展也从过去的注重数量扩张和普及率，注重对重点学校的扶持，逐步转变为注重区域间、城乡间义务教育的均衡化发展，义务教育的公平性、公益性得到了不断彰显。

（四）河南义务教育全面实现现代化改革时期（2010年至今）

2010年《国家中长期教育改革和发展规划纲要（2010～2020年）》颁布，标志着河南教育事业发展进入一个全新阶段。2011年1月《河南省中长期教育改革和发展规划纲要（2010～2020年）》颁布，其中指出：“河南省到2020年，要基本实现教育现代化；均衡发展是义务教育的战略性任务，要实施义务教育学校标准化建设，加快推进薄弱学校改造，努力缩小区域差距。”这为未

① 苏林：《河南社会发展与变迁》，河南人民出版社，2009。

② 王日新、蒋笃运：《河南教育通史（下）》，大象出版社，2004。

来10年河南义务教育事业改革和发展指明了方向，河南义务教育发展进入全面实现现代化的改革阶段。2013年中共十八届三中全会颁布了《中共中央关于全面深化改革若干重大问题的决定》，其中提出要“深化教育领域综合改革，统筹城乡义务教育资源均衡配置”。2016年河南发布了《河南省教育综合改革方案》，提出要扩充城镇义务教育资源，促进县域义务教育均衡发展。2017年，中共十九大召开，中国特色社会主义发展进入了新时代。河南义务教育事业发展也进入一个全新的时代。十九大报告中明确提出，要优先发展教育事业，推动城乡义务教育一体化发展。

二 从努力普及义务教育向全面均衡发展迈进：河南义务教育改革与发展的主要成就

改革开放40年来，河南义务教育发展经历了全面恢复、整顿、调整，努力依法普及和全面推进均衡发展等几个阶段，在持续的改革与发展中取得了辉煌的成绩，河南从一个文盲人口大省逐步向教育强省迈进，人民群众的教育文化素质得到不断提升。义务教育为河南经济社会快速发展、中原更加出彩的征程所需要的人才支撑和民众素质提供了坚实的基础性保障。

（一）大力推进义务教育发展，夯实“两基”，全民受教育水平显著提升

改革开放以来，河南省始终坚持把“基本普及九年义务教育”和“基本扫除青壮年文盲”作为教育工作的重点，按照实事求是、积极进取的方针，分类指导，逐年推进，使“两基”工作成效显著。2007年12月，“两基”顺利通过国家验收。[①]“两基”目标的胜利实现，在河南教育发展史上具有里程碑的意义。截至2017年，全省小学适龄人口入学率达100%，初中毛入学率达109.3%，九年义务教育巩固率达94.1%，青壮年文盲率控制在1%以下，全民受教育水平都得到了显著提升。[②]（见图1、2）

---

① 张侃：《河南教育事业发展的历程与经验》，《现代商贸工业》2018年第35期。

② 河南省统计局、国家统计局河南调查总队：《河南统计年鉴2017》，中国统计出版社，2018。河南省教育厅：《2017年河南省教育事业发展统计公报》。

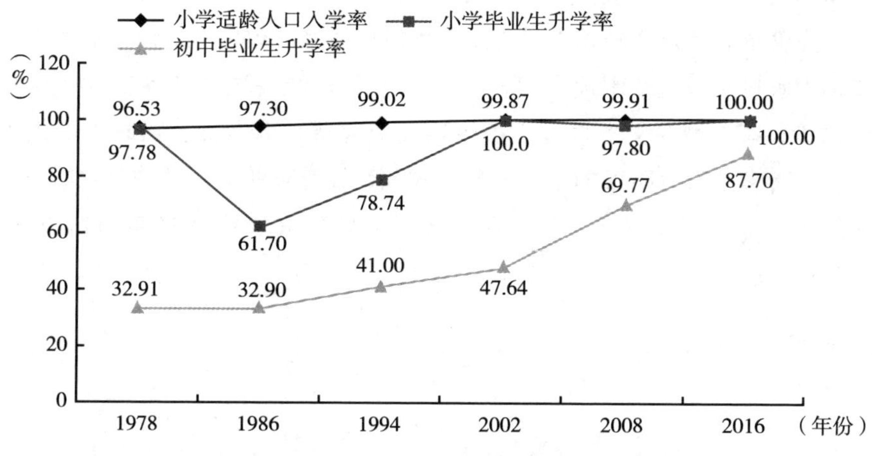

图 1　改革开放以来河南省义务教育基本情况

数据来源：根据《河南六十年》和历年《河南统计年鉴》数据整理。

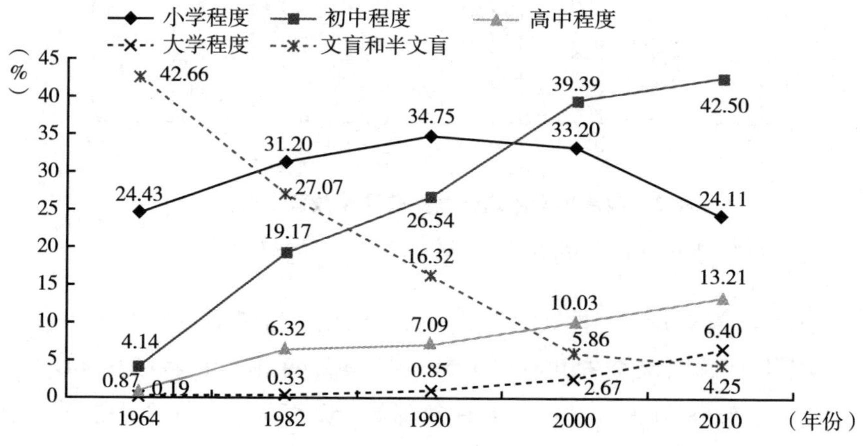

图 2　改革开放以来河南不同文化程度人口占总人口比例

数据来源：根据历年《河南统计年鉴》数据整理。

（二）义务教育投入持续提升，义务教育规模不断扩大

河南高度重视义务教育的发展，政府对义务教育的投入也呈现不断增大的趋势。《河南省中长期教育改革和发展规划纲要（2010～2020 年）》中明确指出要加大教育投入，“义务教育要全面纳入财政保障范围，完善农村义务教育

经费保障机制，建立健全城市义务教育经费保障机制。明确各级政府教育财政责任，完善政府间财政转移支付制度。积极扶持经济欠发达地区发展教育，进一步加大农村、边远贫困地区教育投入”。[①] 有机统一城乡义务教育“两免一补”政策，统一城乡义务教育学校生均公用经费基准定额。在政府的大力投入下，河南义务教育阶段的生均公共财政预算教育事业费和生均公共财政预算公用经费都得到持续提升，为河南义务教育的发展奠定了坚实的物质基础。（见图3、4、5、6）

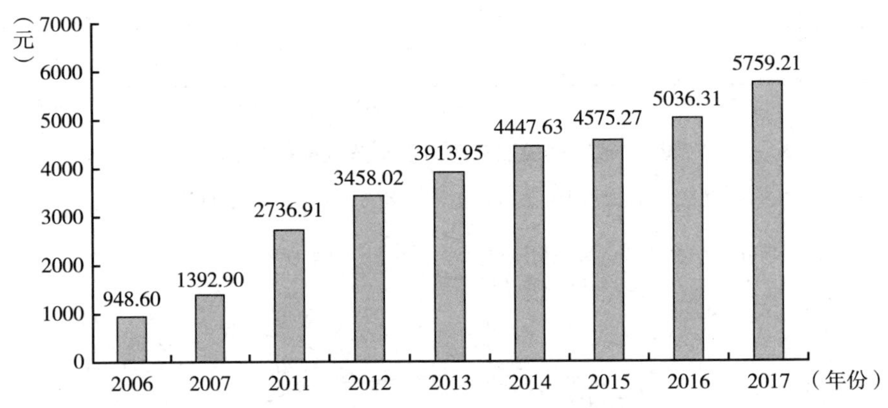

图3　河南小学生均公共财政预算教育事业费变化

资料来源：根据历年《河南教育经费执行情况统计公告》整理。

伴随着河南义务教育投入的不断增长，河南义务教育的规模也不断扩大。截至2017年底，河南全省共有义务教育学校2.49万所，在校生1411.22万人，教职工86.68万人，其中，专任教师80.62万人；九年义务教育巩固率94.26%。[②] 随着河南城镇化的不断加速，义务教育阶段随迁子女和留守儿童的数量也在不断增加。2017年全省义务教育阶段随迁子女在校生达75.75万人，占在校生总数的5.37%；义务教育阶段农村留守儿童在校生达222.41万人，占在校生总数的15.76%。义务教育阶段学校占地面积达到51.02万亩。

① 《中共河南省委 河南省人民政府关于印发〈河南省中长期教育改革和发展规划纲要（2010～2020年）〉的通知》，河南省人民政府网，https://www.henan.gov.cn/zwgk/system/2011/01/14/010227631.shtml。

② 河南省教育厅：《2017年河南省教育事业发展统计公报》。

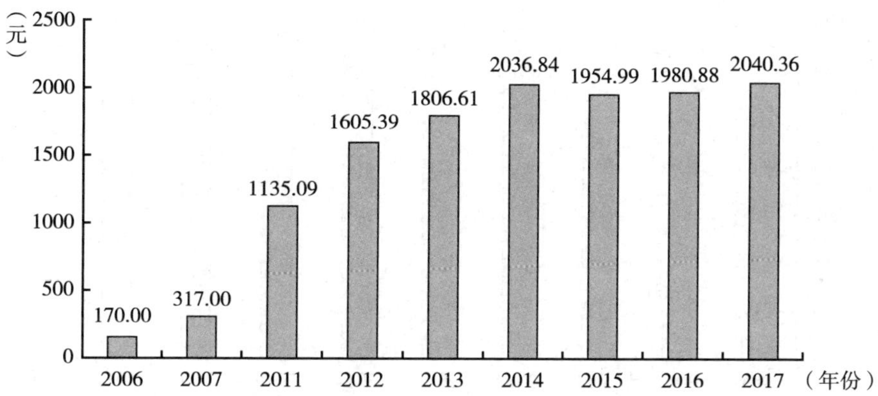

图 4　河南小学生均公共财政预算公用经费变化

资料来源：根据历年《河南教育经费执行情况统计公告》整理。

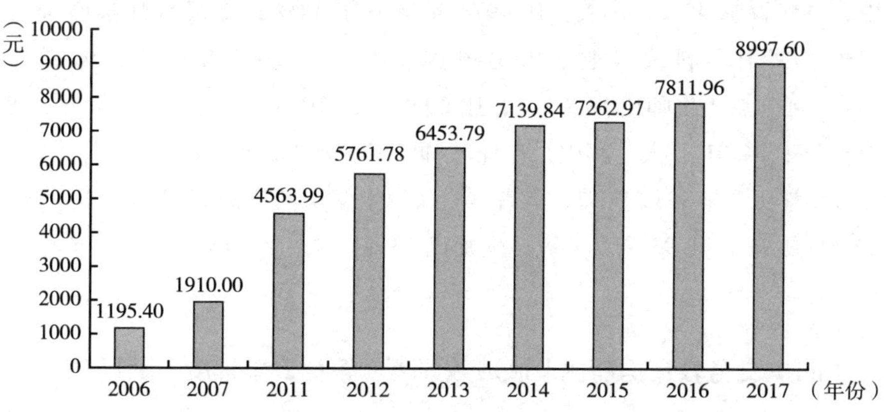

图 5　河南初中生均公共财政预算教育事业费变化

资料来源：根据历年《河南教育经费执行情况统计公告》整理。

（三）义务教育师资队伍结构不断优化，素质不断提高

教育大计，教师为本。义务教育发展的关键在于教师，河南多年来高度重视义务教育教师队伍建设，采取多项有效措施，推动教师专业化发展，提高教师待遇，改善教师工作、生活条件。河南义务教育师资队伍结构得到了不断优化，综合素质持续提高。截至 2017 年底，河南小学学校教职工 51.77 万人，

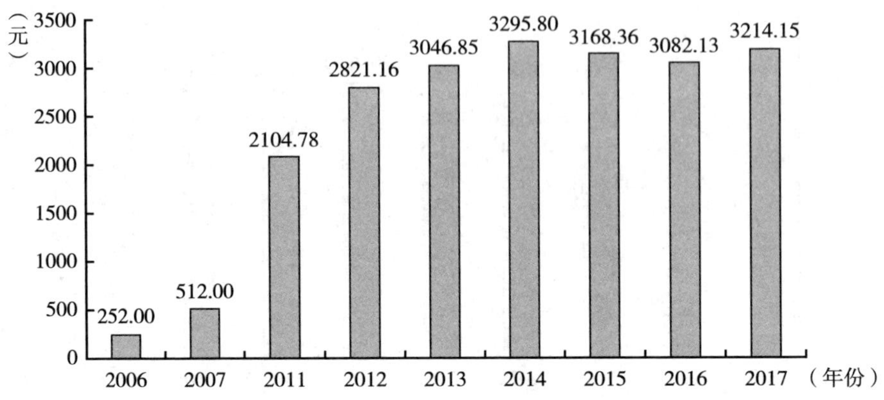

图6 河南初中生均公共财政预算公用经费变化

资料来源：根据历年《河南教育经费执行情况统计公告》整理。

其中，专任教师48.86万人，比1978年提升了14%；专任教师学历合格率99.99%，具有专科及以上学历比例94.55%，比2005年的49.5%提升了45.05个百分点；生师比18.63∶1，比2006年的20.85∶1有了巨大提升。初中学校教职工34.91万人，其中，专任教师31.76万人，比1978年提升了30%；专任教师学历合格率99.60%，具有本科及以上学历的比例77.43%，比2005年的25.5%提升了51.93个百分点；生师比13.51∶1，比2006年的19∶1也有极大提升。

（四）义务教育均衡化发展成效显著，教育公平程度不断提升

河南高度重视义务教育均衡发展，近年来，省政府先后多次召开全省范围的义务教育均衡发展经验交流会、推进会，多措并举、重点推进，河南义务教育均衡发展不断走向深入。河南积极鼓励基层改革实践，通过学区制、联盟校、集团办学等多种举措，带动薄弱学校发展。河南从2014年开始大力推进“改薄工程”，连续三年将其列入省十件重点民生实事予以重点实施。2014～2018年，项目规划总投资268.1亿元，截至2018年4月底，已累计投入资金294.4亿元，为1.69万所中小学校建设校舍1657.6万平方米，建设室外运动场地1178.7万平方米；为1.85万所学校配备价值51.4亿元的设施设备，惠

及562.1万名中小学生。[①] 同时，大力推进教育信息化，促进资源共享，努力实现义务教育学校共同发展。2014年，全省组织开展"一师一优课"活动，广泛发动全省中小学教师参与网上晒课，完成晒课45.9万节。资源的共享带来的是共同的进步，尤其是教育水平相对落后的地区，通过优质教育资源的共享有效地向教育发达地区靠近。2018年底前河南所有的义务教育学校都达到了"20条底线"要求，基本消除了66人以上超大班额。各地逐步扩大优质普通高中招生计划均衡分配到各初中学校的比例，2018年各地分配生的比例达到50%以上，中考分配生比例的不断加大，也进一步促进了义务教育的均衡发展，提升了基础教育的公平性。[②]

三　不均衡与"拉丁美洲化"：河南义务教育改革与发展中面临的主要问题

改革开放40年来，河南义务教育从无到有，基本扫除了文盲，全面实现了义务教育的普及，成就巨大。但同时我们也应该看到，义务教育发展过程中仍面临着许多问题，规模的扩大、数量的增加、普及率的提升，只是发展的第一步。义务教育作为纯公共品，公益性始终是其根本属性，如何更好地推进义务教育均衡发展，不断提升义务教育质量，提升其公平性，是当前河南义务教育改革和发展所面临的最大问题。综合来看，目前河南义务教育发展中存在的问题主要表现为两个方面，一是发展的不均衡，二是发展的"拉丁美洲化"，下面分别展开论述。

（一）河南义务教育发展不均衡问题分析

义务教育不均衡的根本原因还是城乡之间、区域之间以及学校之间资源占有和配置不均衡。义务教育发展的不均衡就会产生一系列的问题，严重影响义务教育本身的公平性，不均衡导致的主要问题有以下几个方面。

① 赵培玲：《河南累计投入294亿元推进"全面改薄"》，中国发展网，2018年9月26日，http://zbjq.chinadevelopment.com.cn/tzzb/2018/09/1359314.shtml。

② 《中招录取分配生比例50%以上八类学生享政策照顾》，《郑州晚报》2018年5月11日。

1. 城乡义务教育发展不均衡，导致了“城镇挤”“乡村弱”的义务教育发展状况

伴随着河南城镇化的飞速发展，一方面是城市义务教育由于打工人口子女的大量涌入而拥挤不堪，大班额、超大班额问题严重，另一方面则是由于农村人口的减少、空心化严重，很多乡村义务教育学校由于生源的大幅度减少而难以为继。2017 年，河南小学中的大班有 3.65 万个，占总班数的 13.61%；超大班 1.27 万个，占总班数的 4.75%。[①] 普通初中的大班有 2.42 万个，占总班数的 29.56%；超大班 0.86 万个，占总班数的 10.49%。这其中，在省辖市的比较优质的中小学中，一个班人数在 100 人以上的情况也屡见不鲜。而在农村，由于大量的人口出外打工将子女带走读书，很多乡村的中小学生源萎缩严重，一些极端的地方，学校里学生没有老师多。再加上乡村学校条件差、待遇差，留不住人才，大量的优秀师资流失，更加剧了乡村教育的凋敝。

2. 区域间经济发展的不均衡和教育资源配置的不合理，导致薄弱学校问题凸显

“地方负责，分级管理，以县为主”的教育管理体制下，义务教育经费主要由地方政府（主要是县级政府）承担。可是河南作为人口大省和农业大省，区域间发展很不平衡，一些经济发展较弱、财力不足的地区，特别是贫困地区，根本无力负担当地的义务教育，导致这些地方的义务教育薄弱学校较多，严重影响了这些地方义务教育的质量，造成了实质上的很大不公。办学条件直接关乎学生的学习环境和学习条件，学校办学条件的薄弱环节制约着学生的学习和发展。一些薄弱学校生均体育运动场馆不足；有的学校存在生均教学及辅助用房面积不足；部分学校的副科教师难以配备齐全，计算机、图书馆、实验器材、实验室等必备的教学设施都无法全部配备，根本无法满足基本的教学需要；部分学校的布局与规划与当地发展规划不同步，学校改扩建滞后，这些都严重影响了义务教育教学的正常开展，阻碍了教育水平的提升。

3. 义务教育学校间条件差异较大，直接导致了择校现象严重、乱收费屡禁不止、影子教育盛行

虽说河南已经在义务教育阶段取消了重点学校制度，不再区分重点和非重点。但是一方面，制度的发展是有惯性的，原来的重点优质中小学，在师资、

---

① 56 人以上的班级为大班，66 人以上的班级为超大班。

硬件、口碑、民众认可度上都有极大的优势，这种优势会形成一种马太效应，让好学校不仅不会消失，反而会越来越好，所以虽然重点学校制度取消了，但是实质上的优质学校却很难在短时期内消失；另一方面，义务教育阶段虽说取消了小升初考试，但是初中升高中仍是竞争性的，这直接会倒逼家长尽量从小学就开始选择更好的学校去读，而不会按照政府的规定就近入学。这种从小学就开始的择校行为，直接引发了后续的一系列问题，比如因为择校，这就带来了权力寻租、乱收择校费等问题。而小升初考试虽说明面上禁止了，但是私底下很多优质学校为了挑选优质生源，往往都自行举办考试来选拔学生，这就更加剧了学生的学业负担，也导致影子教育越来越火爆。孩子从进入小学开始就在拼，一开始是拼家长的资源，能不能让孩子上一个好的小学；之后就要拼孩子的努力，上各种辅导班，学习不好要上补差，学习好了要上培优，为以后的学习竞争做好准备。这导致从小学开始，学生就不得不在一种应试教育的氛围下学习，而政府力倡的素质教育往往只是流于形式，名存实亡。

（二）义务教育发展的“拉丁美洲化”问题分析

随着义务教育的全面普及和民众对于教育质量需求的提高，义务教育阶段出现了所谓的“拉丁美洲化”问题，其具体是指“在人口收入差距急剧拉大的社会中，大量中高收入的学生家长可能逃离公共教育体系而在私立部门寻求更高水准的服务，公办学校特别是基础教育阶段的公办学校逐渐成为低劣质量机构的‘代名词’”。①这是义务教育均衡发展过程中面临的一个新的问题。即公立义务教育的发展，更多的是强调标准化、底线公平，而不是追求高质量发展，现实中教育主管部门为了确保义务教育的公平性，采取了一系列限制措施，比如选择小学和初中的按片划分、就近入学、取消入学选拔性考试、取消择校费等。这就必然会引发义务教育领域的平均化现象，固然薄弱学校可能会得到提高，但是以往优质学校的质量也会因此逐渐下降，毕竟光是生源的参差不齐就对学校有极大的消极影响。

这在河南又有其独特的发展轨迹，以郑州为例，在政府优质教育资源倍增

---

① 王蓉：《中国教育新业态基础教育发展报告》，载王蓉主编《中国教育新业态发展报告（2017）·基础教育》，社会科学文献出版社，2018。

计划的推动下，很多公立义务教育学校就利用建立民办分校的方式规避政策限制。民办学校照样可以选拔性入学、缴纳高额学费、不需要就近入学，同时这些民办学校又打着公办优质学校的名头，甚至连教师也直接从公办本校抽调过来，这样，就让民办学校越来越好，而公立学校反而师资流失、吸引力竞争力降低、成为容纳没有社会关系、学习不好的学生的场所。这种现象不仅仅出现在城市，农村也明显出现大量学生“逃离”公办学校，进入当地更加优质的民办学校的现象。这种义务教育“拉丁美洲化”的现象不仅在河南，在全国很多城乡都已经出现并且愈演愈烈。[①] 这对于强调公平、公益的公立义务教育是一个很大的冲击，对于本来就已经陷入空心化的乡村公立义务教育发展更是一个巨大的打击。这无疑给我们义务教育未来的均衡发展提出了一道难题：到底为什么会这样，而我们应该如何应对？

四　城乡义务教育一体化均衡发展：河南义务教育发展的必由之路

义务教育发展不均衡的阻碍因素从制度层面讲主要有两个：一个是二元分割的义务教育财政制度，“地方负责，分级管理，以县为主”的管理体制，将地区经济社会发展的差异直接传导到了义务教育之上，导致了义务教育在省区之间、市县之间、城乡之间发展的不均衡；另一个是二元分割的义务教育资源配置制度，义务教育发展之初建立起来的重点非重点学校制度惯性很大，影响难以消除，这让本应该均衡一致的义务教育学校裂变为好学校和普通学校，从而带来了实质上的非均衡发展。[②] 城镇化的快速推进，给义务教育的发展带来了巨大的冲击，造成了一系列问题，比如上文提到的河南义务教育阶段普遍存在的“城镇挤、乡村弱”的现象，但同时，城镇化的推进又给义务教育的均衡发展带来了机遇，这为打破长久以来根深蒂固的城乡区隔，从而推进城乡义务教育的真正均衡发展提供了契机。[③] 政府也充分认识到了城镇化发展对义务

① 郭建如：《当前农村义务教育的发展与地方政府治理》，载房宁主编《中国政治参与报告(2018)》，社会科学文献出版社，2018。

② 张倪：《制度视角下的我国义务教育均衡发展》，《教育科学》2011 年第 3 期。

③ 张倪：《论以城镇化发展推进城乡基础教育的均衡发展》，《教育理论与实践》2014 年第 8 期。

教育均衡发展的推动，在《国家中长期教育改革和发展规划纲要（2010～2020年）》中就明确提出要“建立城乡一体化义务教育发展机制”，此后，在党的十八大报告、十九大报告中都明确提出要推进城乡义务教育一体化发展，2016年国务院颁布《关于统筹推进县域内城乡义务教育一体化改革发展的若干意见》，2018年河南省制定颁布了《关于加快推进县域内城乡义务教育一体化改革发展的意见》。一系列从中央到省级的文件都表明，城乡义务教育一体化发展将是未来一段时间义务教育均衡发展的主要路径，这一方面是借着城镇化的趋势来冲破长久以来的城乡制度区隔，另一方面也说明义务教育的均衡发展必须是全域式的，单独的城市均衡或者农村均衡在实践上都是无法实现的，只有城乡实现了一体化的均衡，义务教育的均衡才能真正实现。

在如何推进城乡义务教育一体化均衡发展方面，应该是有步骤、分阶段、分城乡、分地域情况不同而措施不同的，不能一刀切，因为不同地区的经济社会发展水平不同，城镇化水平不同，义务教育发展基础也不同。下面分别从城市和农村两个方面对如何推进义务教育一体化均衡发展进行论述。

（一）大力推进义务教育学校标准化建设，消除学校之间的差别，促进城市义务教育均衡化发展

城市义务教育均衡化发展最大的阻力就是历史上重点学校制度导致的思想上和实质上好学校与普通学校的差别。只有真正实现了学校之间的基本无差别，才能推动义务教育均衡化的实现。早在1997年，原国家教委就在《关于规范当前义务教育阶段办学行为的若干原则意见》中明确提出了义务教育阶段不设重点校、重点班的规定。但是体制上的区分取消了，可是实质上的区分依旧存在。家长之间口耳相传，争相把孩子送到一些优质学校，这也是导致城市义务教育大班额、超大班额严重，择校乱象频发的根本原因。同时现在很多优质公立义务教育学校借着开办分校之名，建立私立性质的公立分校，然后规避政策实行公开招考、收费，甚至出现一些教师享受着公立学校的编制和福利，又在私立的分校拿着高薪授课，这种两头占的现象需要杜绝。

目前河南城市推进义务教育均衡化发展需要尽快消除学校之间的差别，做到硬件标准化、软件平均化、生源就近化。硬件标准化就是所有学校的建筑、

面积、设施全部标准化一致化，一个城市里面的学校没有硬件上的优劣差别。软件平均化就是指尽量做到师资的均等化，不同学校的教育教学水平不会有大的差异。这方面做得比较好的是国家级课改实验区郑州市金水区，2008 年金水区就开始试行义务教育教师定期轮岗，学区内部和学区之间的教师定期轮岗，五年轮一遍，从而实现师资水平的均等化。生源就近化就是严格实行就近按片入学，杜绝择校，更杜绝一些学校通过招考而“掐尖”，从而实现生源的均等化。另外，要严格区分开公立和私立学校，不允许公立学校特别是一些传统优质学校开办私立分校，私立学校不允许使用公立学校的品牌，公立学校的教师不允许到私立学校任职授课。① 在义务教育阶段，还是应该以公立学校为主，私立学校也应该以非营利性、普惠性的为主，防止义务教育阶段的精英化、贵族化，以免严重损害教育公平和社会公平。

（二）立足各地不同情况与特点分别推行农村义务教育城镇化和农村义务教育的小班化，促进农村义务教育的均衡化发展

2017 年河南的城镇化率首次突破 50%，达到 50.16%。在城镇化快速发展的大背景下，农村义务教育的城镇化也将会是一个不可改变的大趋势。不过在这个过程之中，农村义务教育的改革不能一刀切，而是要立足各地不同的发展状况和地区特点来分阶段、分步骤地推进，毕竟区域之间发展的不平衡性也是河南经济社会发展的一大特点。总体说来，就是在城镇化率较高，经济社会发展较好的地区，可以开始推进农村义务教育的城镇化发展；一些偏远地区、贫困地区城镇化水平还有待提高，经济社会发展也比较落后，但是由于受到城镇化的冲击，导致当地人口流出较多，空心化严重。在这些地区就要整合优化现有资源，推行农村义务教育的小规模化、精品化、教学小班化，以实现盘活存量，提高质量，努力在教育教学水平上实现与城市的一体化。

1. 推行农村义务教育的城镇化发展

农村义务教育城镇化的发展方式主要有两种，一种是乡村向城镇的流动，

---

① 国家已经注意到相关问题，在 2018 年 8 月的《中华人民共和国民办教育促进法实施条例（修订草案）（送审稿）》中就已经明确规定：“公办学校不得举办或者参与举办营利性民办学校。公办学校举办或者参与举办非营利性民办学校的，应当经主管部门批准，并不得利用国家财政性经费，不得影响公办学校教学活动，不得以品牌输出方式获得收益。”

一种是城镇向乡村的流动。乡村向城镇的流动是指学生的流动，对于那些毗邻城镇或者出外打工人数很多的乡村，直接让孩子到城市就学，直接享受到城市的教育资源。政府层面可以给予优惠政策和资助，从而让城镇化的福利先惠及这些孩子。山东省平原县就推行了这种模式，全面实现了农村初中生全部进城读书的目标。① 城镇向乡村的流动是指优质教师的流动，让城市的教师深入农村，充实农村师资力量，从而达到提高农村教育水平的目的。浙江衢州市柯城区开展了大规模的名校下乡、强校接管弱校的柯城实验。让城区名校接管农村学校，将农村教师统一变为城市教师身份，取消城乡教师划分，最终实现了教师、学生、学校的同城同待遇，达到了实质上的“城乡一体化”。② 这两种模式可以看作农村义务教育城镇化的两个阶段，对于条件尚不具备的地区可以先推进城镇向乡村的流动，以提升优化农村义务教育质量水平，在条件都具备之后，就可以推进乡村向城镇的流动，最终实现城乡教育的一体化。

2. 推行农村义务教育学校的小规模化和教学小班化

对于远离城镇的偏远农村或者贫困地区，推行农村教育的城镇化困难很大。这种情况下，就需要立足自身，盘活存量，充分优化组合已有的教育资源，在小和精上做文章。这也是世界范围内农村义务教育的一个发展趋势，美国等发达国家在20世纪末相继开始推行“农村小规模学校”的建设。③ 现在农村义务教育面临的生源减少、教育萎缩问题，正好是开展小班化教学的有利条件。有调查表明，我国现今农村小学的平均学生数为100～200人，而中学的学生数在100～400人之间，④ 这正好符合小班化教学的基本要求。当然，小班化不只是班级人数少，还应该辅以相应的教育理念与方法，它意味着更合适的师生比，更好的人均教育资源分配，更良性的师生互动和教学效果等。小班化教学不仅盘活了大量由于农村空心化而闲置的教育设施和相关教育资源，而且对于教育质量的提升有着极大的促进作用，能够逐渐缩小农村义务教育与

① 胡俊生、司晓宏：《农村教育城镇化的路径选择——“平原模式”与“柯城模式”浅析》，《北京大学教育评论》2009年第3期。

② 董碧水：《均衡城乡教育的柯城实验》，《中国青年报》2009年1月16日。

③ 杜屏、赵汝英：《美国农村小规模学校政策变化分析》，《教育发展研究》2010年第3期。

④ 于泽元：《城镇化背景下农村学校布局调整问题的教育对策》，《天津市教科院学报》2011年第6期。

城市义务教育之间的水平差异，推动农村义务教育逐步发展出自己的特色和优势，最终实现城乡义务教育的一体化均衡发展。

当然，以上只是提出了一个思路和大体的发展方向。这其中还需要当地和各级教育行政主管部门的引导、推进和相应措施的配套进行。不过，毫无疑问的是，在城镇化快速发展的河南，打破城乡区隔，推动城乡义务教育一体化均衡发展，一定是河南义务教育未来发展的必由之路。

B.8
河南农民工就业创业信息服务平台构建问题研究报告

李红见　宋四宾　李　畅*

摘　要： 随着信息技术在经济社会发展领域的广泛应用，数据信息日益成为基础战略性资源。由此，数据信息的获取、整理、核实和解析变得更为重要。当前，河南农民工就业创业工作面临的外部宏观形势更趋复杂，农民工就业创业信息获得更加不易，信息来源可靠度、精准度更难以保障。本项目正是基于河南农民工大省的基本省情，利用现代信息技术手段，探索构建农民工就业创业信息服务平台，推动实现农民工信息采集的便捷化、信息推送的精准化，为河南农民工就业创业工作提供基础参考和数据支撑。

关键词： 河南　农民工　就业创业　信息平台

河南是农民工大省。目前，河南省农村劳动力约有4800多万人，农村劳动力年转移就业近3000万人，全省农民工返乡创业累计超过110万人。整体上看，近些年河南农民工就业创业工作取得了不错的效果。但具体来看，还存在一些问题，如整体就业创业的层次和质量相对不高、群体素质提升缓慢、公共服务体系不够完善等；出现了很多新的变化，如就业诉求和创业业态日益多元化、就业创业主体日益分化、外部宏观形势日益复杂化等。这些都需要进一

* 李红见，河南省劳动科学研究所，正高级经济师；宋四宾，中科软科技股份有限公司，工程师；李畅，郑州轻工业大学，学生。

步进行深入研究、精准分析。

对此，积极利用大数据和云计算现代信息技术手段，探索构建农民工就业创业信息服务平台，推动实现农民工信息采集便捷化、信息推送的精准化，为农民工就业创业工作提供基础参考和数据支撑，具有非常重要的现实意义。一是可以使得农民工信息采集更加便捷、真实。构建农民工信息服务平台，通过采取农民工易于接受、便捷的信息交互手段，能够让农民工在找工作的同时录入就业信息，形成互通的就业信息采集渠道，准确灵活采集农民工就业信息。二是利于改善提升农民工就业状况。构建农民工就业创业信息服务平台，实现市场供求信息及时动态发布，并通过精准推送，利用大数据 + 直聘的方式，推动实现农民工和用人主体双方之间的有效对接，实现人岗精准匹配，提高农民工个人找工作的效率，降低企业的招工成本。三是利于发挥农民工助推脱贫攻坚、乡村振兴战略的生力军作用。河南是农业大省，2020 年实现全面脱贫的任务非常艰巨。就目前看，河南脱贫攻坚最大难点就在农村。作为承担农村家庭主要收入的主体，农民工群体能否顺利就业创业及效果如何，直接关系着所在家庭的收入，决定着所在家庭的生活状况。探索构建农民工就业创业信息服务平台，提供信息及相关公共服务，有利于提升农民工返乡就业创业的成功率，以发挥其助推河南脱贫攻坚、乡村振兴战略的生力军作用。

一　河南省农民工就业创业信息服务平台的定位和设计原则

（一）服务平台的定位

目前河南农民工转移就业的组织化程度相对不高，大部分农民工找工作主要还是通过老乡熟人介绍组织、人力资源公司的线下招聘等。当前移动互联网技术非常先进，移动端的招聘平台发展迅猛，如前程无忧、智联招聘、BOSS 直聘、58 同城、猎聘等。但这些平台都有相对比较固定的服务群体，如智联招聘、BOSS 直聘平台上的职位主要针对较高学历群体，猎聘针对的是高端技术人员，58 同城上面的职位比较杂没有针对性。河南当地针对农民工群体专业化的就业创业信息服务平台相对较少，已有的也仅仅宣传一些创业政策，浏览量很少。另外，当前人力资源市场发展相对不够规范，那些掌握大量供求双方信息的人力资源公司，在市场博弈中相对较为强势，农民工权益的自我保障能力相对不足。

对此，我们设计的主要是为目标用户提供就业创业公共服务的平台。平台的主要服务对象是农民工，这一群体可以免费享受平台的一切服务；人力资源公司在经过平台审核后，可以发布所掌握的企业岗位信息，也可以为农民工提供免费服务；地方就业部门具有平台超级管理员功能，负责对平台所有身份信息进行核实管理，对用工信息进行及时发布和审核，对创业视频、创业资讯、问卷系统进行审核管理，并负责对系统信息的统计分析及可视化展示。

（二）设计服务平台的基本原则

（1）人性化。考虑到目标群体自身的特殊性，平台前端无论是在颜色的选择、字体大小、框架设计上都要符合人因工程，尽量让人用着方便舒服；用户在使用平台时可以快速地达到目的，查到自己想要的东西，帮助用户在最短的时间内完成业务交互。

（2）安全性。作为一个公共服务的线上平台，必须要保证线上信息的真实安全。应强化对相关信息的审核，保证信息的真实有效性；应满足平台服务器数据库安全性的需求。为应对服务器受病毒入侵和黑客攻击造成数据丢失泄露的意外情况，应采用相关的网络安全设备和安全防护技术，确保数据信息的采集、传输、汇集安全，同时建立统一的内部管理权限，做到“谁操作，谁负责”。

（3）可靠性。平台在产品设计之初必须考虑产品的实用性和可靠性，考虑利用备份技术和其他技术提高系统的可靠性。系统在出现意外时应能够迅速恢复原有的数据信息，保证不影响用户的正常使用。应选择具备开放、主流、先进、成熟、可靠、安全、实用、易扩展、性价比好的产品，确保系统整体运行的可靠性。

（4）兼容性。本次设计的信息服务平台将来会与很多相关的就业社保数据系统进行连接，所以在开发接口时要先研究其他平台的接口，另外必须使用标准化设备，设计时应充分考虑服务平台的二次开发和升级。

（5）先进性。平台要确保实时更新数据，在安全的前提下，尽快帮助用

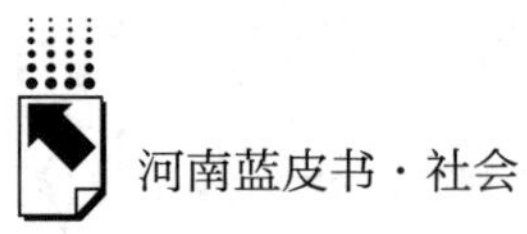

户完成每一次交易。平台在设计开发过程中，在经济条件允许的条件下，尽量使用当前最先进最主流的技术，避免持续升级带来的反复投入，确保系统的高效性和先进性。

二　探索构建河南省农民工就业创业信息服务平台

（一）河南省就业创业信息服务平台形式设计

当前移动市场的产品形式最主要有 App、微信公众号、小程序。App 的开发不受微信的各种限制，用户黏性更强，但开发周期长、难度大、前期投入大、系统升级维护更复杂，占用内存也比较大。相对 App 而言，微信公众号主要具备以下优势：一是开发简单，时间短；二是开发成本与运营成本双低；三是使用方便，占内存小；四是用户使用便捷、快速，体验度好；五是基于微信平台设计，方便升级维护。对此，我们结合调研中收集的相关主体的意见建议，平台运营前期确定以微信公众号形式来设计和推广。

（二）河南省就业创业平台的框架设计

框架的设计主要包括逻辑框架、功能框架。其中，逻辑框架主要是确定平台数据信息的采集、流向和储存等逻辑关系。逻辑结构是系统功能的重要组成部分，它主要是讲用户和系统之间怎么进行信息的传递和交互，并用通用的形式建立“信息”和“功能”之间的对应关系。根据我们项目的研究目标，本平台的逻辑框架是当农民工群体使用前端的各种服务时，平台采集到农民工群体的信息，然后将前端采集到的信息存储到底层数据库里，利用各种统计技术对数据库中的数据进行分析并精准推送，并实现可视化展示。（见图 1）

功能框架主要是构成平台的各个功能模块。平台功能框架设计是平台设计研发的重要内容。在前期调研访谈和一些问卷调查分析的基础上，结合各用户群体需求分析结果，有针对性地来设计相关功能模块。河南省就业创业平台功能结构包括手机端展示（使用功能模块）和后台管理系统两大部分。（见图 2）

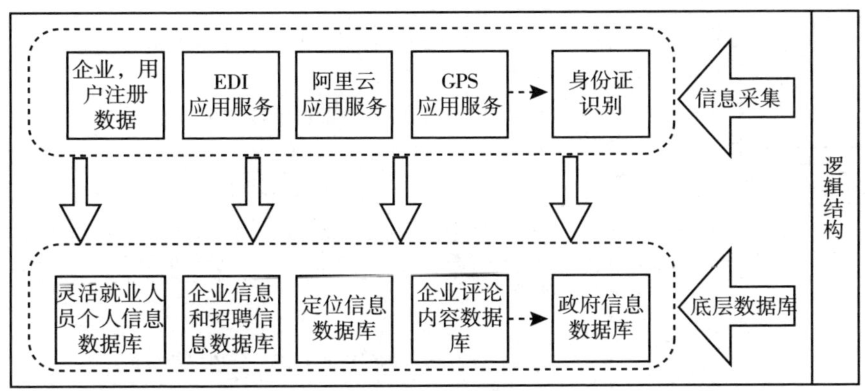

图1 服务平台逻辑架构

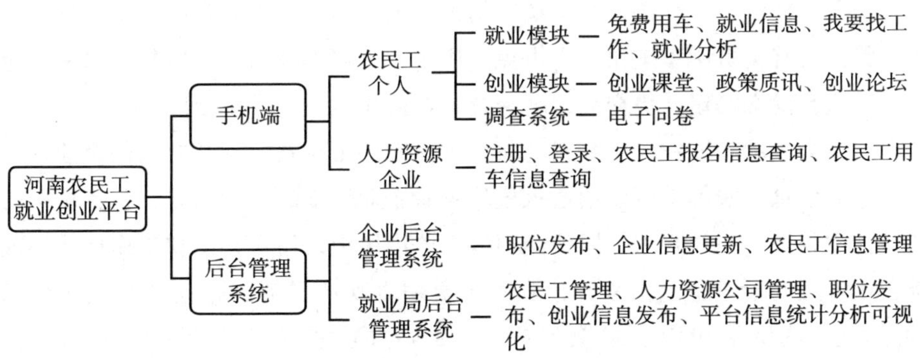

图2 服务平台功能架构

（三）河南省就业创业平台功能模块设计

1. 用户使用功能模块设计

从用户需求角度来分析设计平台前端功能，平台使用功能模块包括就业功能模块和创业功能模块两部分。

（1）就业功能模块。该模块分为免费用车、就业信息、我要找工作、就业分析等功能部分。（见图3）

免费用车。主要针对那些已经找到工作的农民工，通过定位，政府（公司）可以安排车将农民工送到已经找好的单位去。车的费用可以由大型的人

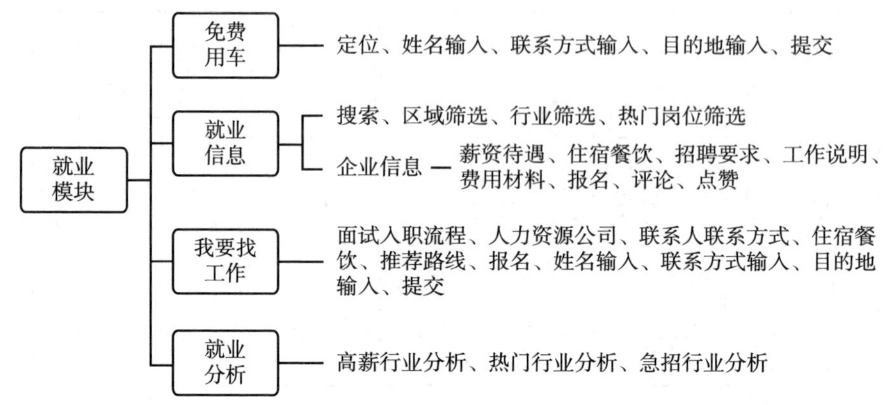

图3　服务平台就业功能模块

力资源公司提供，在车上，经审核后的人力资源公司可以对自己的业务进行宣传。首页上有免费用车按钮，点击免费用车，可输入姓名、手机号、要去的企业，下边有提交按钮。提交后，平台会将农民工的信息发送到相应工作人员。工作人员会主动和该农民工联系，将会把该农民工免费拉到其要去的企业。

就业信息。农民工可以通过该模块查看企业详细的招聘信息，包括薪资待遇、住宿餐饮、招聘要求、岗位说明等。该模块中，住宿餐饮和工作环境一般都会用视频的形式展示出来，让农民工更加直观地了解到企业的生活工作条件。通过该模块，可以实现以下功能：①筛选功能（区域筛选、行业筛选、薪资待遇筛选）、搜索功能。由于数据库内部信息量很大，为了方便用户快速筛选出自己想要的信息，所以平台设计了职位筛选、区域筛选、薪资待遇筛选、搜索等功能，以方便农民工快速搜索筛选。②报名、评论、点赞功能。农民工通过查看企业的基本信息、薪资待遇、住宿餐饮、招聘要求、岗位说明等基本情况，感觉符合自己心里预期就可以点击报名，和企业经过沟通达成交易后，可以在这个模块对公司进行评价。个人的评价结果会显示在本页面下边，其他求职者可以以此为参考。

我要找工作。该功能页面主要是针对还没有找到工作或者想换工作的农民工群体设计的。点击我要找工作按钮，将进入下一个页面，这个页面推送的都是当地在政府部门登记备案的正规人力资源公司。这些人力资源公司可以免费为未找到工作者提供食宿，甚至一些基本的技能培训。

就业分析。该功能页面会选取就业主管部门发布的一些宏观、分行业分类别的就业形势或数据分析报告，各行业主管部门、研究学者发布的行业发展报告等内容进行推送。同时会结合人力资源市场供求的情况，及时动态发布各行业用人单位的实时需求情况、未来不同行业的劳动力供求变动态势预判和预测报告，以此来引导劳动力市场供求双方进行及早准备，实现供求双方的有效衔接。

（2）创业功能模块。这一模块服务的群体主要是一些返乡创业和有创业想法的农民工。根据这一群体的实际需求，该模块主要包括创业课堂、政策资讯、创业论坛、创业调查等四部分。（见图4）

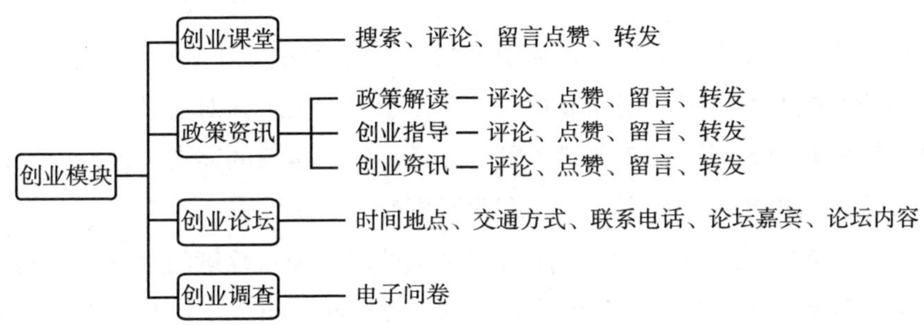

图4　服务平台创业功能模块

创业课堂（视频）。该部分主要是邀请一些创业成功的企业家（以农民企业家为主）通过采访视频形式，讲述自己创业的经历和感悟，分享自己的创业经验。创业视频下边有关于视频的简单介绍，农民工可以先看标题、视频简介，然后再看视频，平台上的创业视频都是免费的。创业课堂部分里面具体又涉及搜索、评论、点赞、留言等功能。搜索：农民工可以根据自己想要收看的内容和人物，搜索某一类视频。评论、点赞、转发：农民工可以根据自己看视频的感悟，对平台视频进行评论，视频主人公会对评论进行回复，其他人也可以对评论、回复内容发表自己的见解，对优秀视频进行点赞、转发。留言：农民工群体是平台的主要用户，他们可以根据自己对平台的使用状况，提出自己的意见建议，以留言的方式提交给平台，平台会根据用户的留言及时调整平台功能，更新视频内容。

政策资讯。政策资讯包括创业政策解读、创业指导、创业资讯三个模块，其中政策解读主要是对河南当地政府农民工创业支持政策的详细解读，其中也包括视频解读；创业指导，包括一些行业专家、技术能手提供的相关问题解决方案，某行业创业的流程，创业关键节点的注意事项等；创业资讯，定时报道相关行业和相关创业公司的最近动态。上面三个小模块都有评论、点赞、留言、转发的功能。评论、点赞、转发：农民工可以根据自身情况对政策解读、创业指导、创业资讯进行评论，发表自己的见解，作者会对有些评论进行回复，其他人也可以对评论、回复内容发表自己的见解，也可以对政策解读、创业指导、创业资讯等信息进行点赞、转发。留言：用户群体可以根据自己对这一部分内容的需求和建议，及时给平台留言，平台会根据留言调查情况及时改进。

创业论坛。联合相关部门，定期组织一些和农民工创业相关的创业论坛，让有创业意愿的农民工与创业成功或正在创业的农民工面对面进行交流。平台会把论坛的时间地点、交通方式、联系电话、论坛邀请的嘉宾、论坛内容及时在该模块展示出来，如果有变动也会及时更改。

创业调查。就业部门会为了了解农民工的需求和对政策的意见，定期在平台发电子问卷。通过大规模的问卷调查和数据分析，可以了解当前农民工群体在创业方面的现实需求和存在的问题，还可以了解掌握某一区域农民工创业的现实状况和变动态势。

2. 平台后台管理系统

（1）就业部门后台管理系统。就业主管部门承担超级管理员职责，其主要管理权限包括对人力资源公司、招聘单位的审核，发布职位的甄别分类，创业视频、创业政策解读、创业资讯、创业指导内容的管理，创业论坛信息的发布，留言的回复、数据信息的统计分析、问卷的发布等。就业部门后台管理系统主要有用户管理、职位发布、创业信息发布、信息的统计分析和可视化展示四个模块。(见图5)

用户管理。用户管理包括对农民工、人力资源公司的管理。农民工管理，可以通过后台查看平台农民工位置信息、年龄、性别、入职单位、入职时间、所在岗位；人力资源公司管理，可以查询通过平台审核人力资源公司企业名、信用代码、注册地、管理的农民工的信息，还可以审核刚入驻人力资源公司信息的真实性。

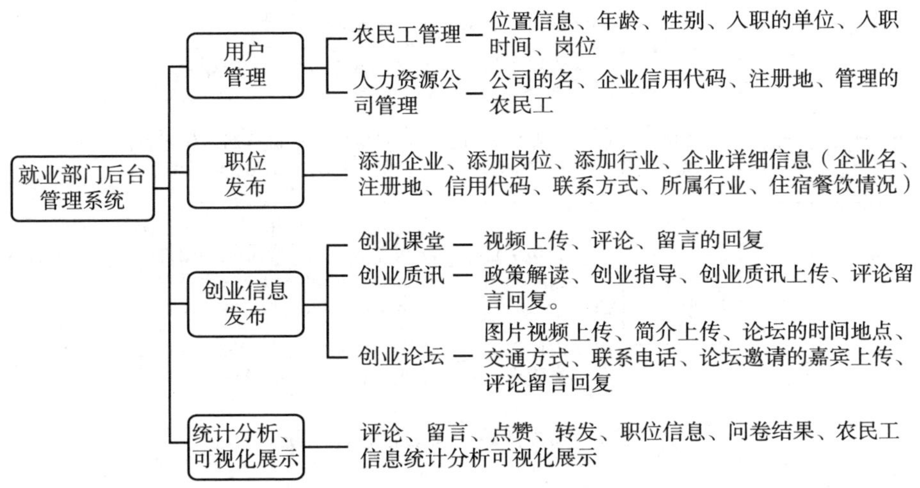

图5　就业主管部门后台管理系统

职位发布。就业主管部门可以把审核收集到的真实职位信息发布到平台上，并根据聘用情况变动及时动态调整职位信息。该模块包括视频、图片、文本的上传，评论、留言的回复。

创业信息发布。通过该模块，可以管理创业课堂模块发布的内容，创业信息发布包括创业论坛、创业课堂、创业资讯三个模块的管理，创业课堂包括视频、文本的上传发布功能，评论、留言的回复功能。创业资讯包括文本编辑、图片、文本添加上传功能，评论、留言的回复功能。创业论坛包括文本编辑、视频、图片、文本添加上传，评论、留言的回复。

统计分析和可视化展示。根据授权，平台可以提供政府就业口径的统计分析报告。各级就业机构可以通过平台对本级及以下机构相关数据进行统计分析。平台还可以提供包括统计时间段、业务分类统计等设置。如可以通过统计分析，看到平台各类职位所占的比例，平台上人员年龄、性别、工资待遇、户籍所在地等信息的分布。

（2）人力资源公司后台管理系统。人力资源公司后台管理系统的主要功能是人力资源公司管理农民工个人和岗位信息，包括手机端管理、后台的职位发布和用户管理三个模块。（见图6）

手机端。手机端注册（内容包括企业名、联系方式、邮箱、密码等）完

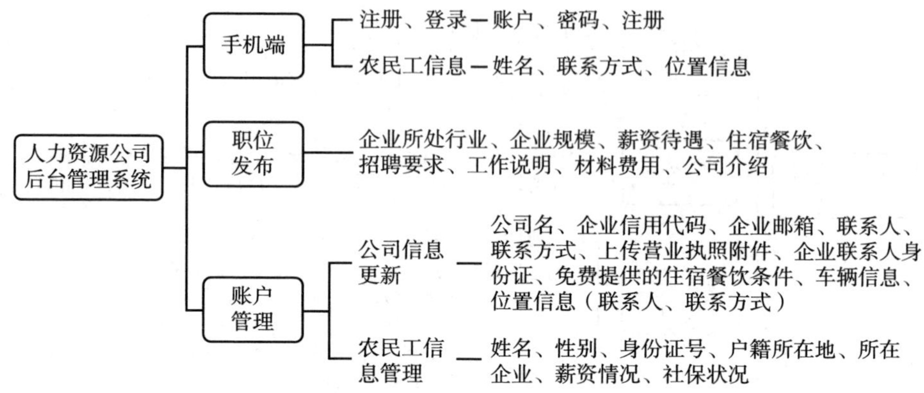

图6　人力资源公司后台管理系统

成后，通过账户登录，人力资源公司管理员可以看到报名者的姓名、联系方式和位置信息等。

职位发布。人力资源公司通过后台可以上传发布企业的视频、图片，编辑文本（企业规模、薪资待遇、住宿餐饮天、招聘要求、工作说明、材料费用）等内容。

账户管理。账户管理有公司信息更新和农民工信息管理两个模块。公司信息更新，人力资源公司在前端注册后，需要在后台添加上传相关基本信息和需要展示的有关信息内容。农民工信息管理，包括通过该人力资源公司找到工作的农民工的姓名、性别、身份证号、所在企业、社保情况、薪资状况、联系方式等。

三　相关建议

河南省农民工就业创业信息服务平台的设计构建和运营推广，需要具备良好的宏观环境和运营基础，也需要做好平台开发设计、管理运营的具体工作。

（一）结合工作实务进行设计

河南省农民工就业创业信息服务平台的构建，根本上是为了推动河南农民工就业创业实际工作。因此在设计平台时，应结合河南农民工就业创业工作的需要来推进。具体设计时，应立足于河南人口大省、农村劳动力大省的基本省情和目前农村劳动力转移就业的实际工作情况，以解决现实问题、促进实际工作为导向；设计的模块及内容应符合就业工作需要，有关信息采集及相关数据应与就业统计口径保持一致。

（二）以现有公共服务机构为依托

各级政府人力资源和社会保障服务机构作为各级政府所设部门，具有公共性和权威性，他们与农民工联系相对较多，对农民工群体相对比较熟悉，更加容易开展工作。同时在信息服务平台前期运行、推广阶段，还是要依赖各级特别是基层人力资源和社会保障服务机构。此外，信息的采集、信息的审核、信息的精准推送等平台运营和后台管理也需要专门的机构和人员来维护。因此，以现有各级人力资源和社会保障服务机构为依托，通过对基层机构的工作人员进行相应的培训，可以强化基层机构的职能，利于加快平台的推广，提升平台的运营效率。

（三）坚持人性化的设计和服务理念

平台的主要服务对象具有一定的特殊性，农民工尤其是其中年龄偏大的农村劳动力整体文化素质相对不高、对新生事物接受较为缓慢。应充分考虑农民工的群体特征，设计平台时，应尽可能用简洁、通俗易懂的表述形式，模块内容和登记浏览尽可能简单方便，最好有专人提供咨询与解答等人性化服务。

（四）根据现实需求及时动态升级调整

在这个快速发展的时代，外围宏观环境和就业形势变化较快，农民工群体每天都会面临新的问题，出现新的需求，市场上也会出现很多新生事物。因此，平台运营时，应充分考虑现实情况的变化和农民工新需求，积极主动利用最新的科技成果升级平台，以更好地满足现实需求，提升平台的运营效果。

（五）推动实现互联互通，提高平台利用率

公共服务平台的后台数据库应与市场上的就业创业平台相连接，实现与各

平台之间的数据共享；平台开发出来之后应交给市场去运营，逐步实现市场化，提高服务质量，增强其影响力。

参考文献

王立娜：《“互联网+”背景下农民工返乡创业的契机、挑战与对策》，《理论导刊》2016年第6期。

王琳琳：《互联网时代创新创业信息平台建设研究》，《中国管理信息化》2018年第2期。

李伟：《促进就业创业的信息服务支持系统建设研究》，《内蒙古科技与经济》2017年第1期。

高伟：《我国新生代农民工返乡创业问题研究》，硕士学位论文，山东师范大学，2015。

任文硕、王文彬：《借助“互联网+O2O”实现就业创业“零距离”》，《中国就业》2016年第5期。

吴碧波：《农民工返乡创业促进新农村建设的理论和现状及对策》，《农业现代化研究》2013年第1期，第59~62页。

张秀娥、郭宇红：《农民工返乡创业的现实困境及其化解之策》，《社会科学战线》2012年第11期，第244~246页。

陈文超、陈雯、江立华：《农民工返乡创业的影响因素分析》，《中国人口科学》2014年第2期，第117~122页。

B.9

河南省人才引进的现状与问题分析

何汇江*

摘　要： 本文在对人才以及人才引进概念进行解释的基础上，对河南省人才引进的现状和问题进行了分析，并提出了人才引进的对策建议。河南省目前的人才引进具有以高层次人才引进为主、企事业单位是人才引进的主体、不同地市人才引进的成果差别较大、鼓励民营企业加大人才引进力度的特点，河南省人才引进中存在着人才引进的数量不足、人才引进的结构不合理、人才引进的优惠政策没有完全落实、人才使用的效率偏低等问题，为此提出了制定和实施更加优惠的人才引进政策、提高人才引进的效率、落实人才引进的优惠政策、合理使用人才以及营造人才发展的良好氛围的对策建议。

关键词： 人才　人才引进　人才使用

一　引言

河南属于中部省份，经济社会发展水平相对北京、上海以及沿海发达地区处于较为落后的水平，同时河南人口众多，经济社会发展的压力巨大。在国家促进中部地区发展以及确定郑州建设国家中心城市的大背景下，河南经济社会的发展需要大量的人才，尤其是各行各业急需的高层次人才。在河南本土培养

---

* 何汇江，中原工学院法学院副教授，博士，社会学专业，主要从事社会政策与城市贫困问题方向研究。

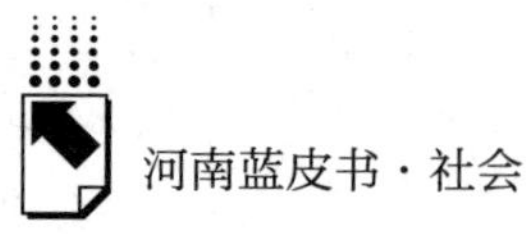

人才能力不足的情况下，通过人才引进满足人才需求就成为一个非常重要的途径。

人才是经济社会发展的第一要素。人们越来越认识到，当今经济社会发展的竞争就是人才的竞争，因而全国各地对人才的争夺愈发激烈。2015 年河南省委通过了《关于制定河南省国民经济和社会发展第十三个五年规划的建议》，文件强调“实施人才强省战略，把人才作为支撑发展的第一资源，推进人才发展体制改革和政策创新，统筹各类人才队伍建设，突出高技能人才优势提升和高层次人才培养集聚”①，文件明确提出了要把河南建成人力资源强省，实施人才强省战略，通过高技能人才以及高层次人才引进实现河南经济社会的持续发展，因此，人才引进对于经济社会发展具有重要的现实意义。

（一）人才的含义

人才本身是一个比较模糊的概念，其本身并没有明确地衡量标准。一般意义上的人才是指具有一定的专业知识或专门技能，进行创造性劳动，并对社会做出贡献的人，是人力资源中能力和素质较高的劳动者。由于对人才没有一个统一的认定标准，各地往往会根据本地的实际需求确定人才标准，进而实施人才引进政策。虽然缺乏统一的认定标准，但是在大多数情况下还是以学历为标准把大学本科以上的毕业生作为人才，当然这可能是一个入门级的标准，很多地市对人才引进的要求很高，更倾向于高层次人才。

由于人才概念的内容丰富，人才数量庞大，因此人才的类别也很多，可以从不同角度加以分类。按照国际上的分法，人才可以分为学术型人才、工程型人才、技术型人才、技能型人才四大类。按照层级来划分，可以分为初级人才、中级人才、高级人才等。按照年龄段来划分，可以分为中老年人才、离退休人才、中青年人才等。而按照来源地划分，则可以分为本地人才与外来人才。

（二）人才引进的含义

人才引进是指将外地人才引入本地，为我所用。本地人才不能满足当地经

① 张玉珍：《“一带一路”背景下河南高校高层次人才引进策略》，《现代教育》2018 年第 18 期，第 42 ~ 44 页。

济社会发展的需要就必须通过人才引进、引入外来人才来实现人才的供给。具体而言，人才引进是指因工作需要，本地的单位录用一个外省市的在职的、就业达到一定年限的人员，或者录用一个外地高校的毕业生，就是外地人员来本地就业。而人才引进的方式具有多样性，可以是全职引进，也可以是兼职引进，或者说是刚性引进、柔性引进。

人才引进的对象必须是本地认定的人才。郑州市在建设国家中心城市的过程中需要大量的人才，而人才引进则是满足人才需求的重要途径，因此郑州市也正在世界范围内引进高层次人才。郑州市简化了高层次人才引进的手续，申请人才认定时，只要符合相应的资质条件，引进过程实现全流程网上办理，从而提高了人才引进的效率。

河南省人才引进的重点是“高层次人才”。根据河南省人才工作领导小组办公室于 2018 年发布的《河南省人才政策概览》中对高层次人才的认定，引进的高层次人才是指在河南工作、来河南自主创业、全职或柔性引进的人才，重点是符合河南省建设先进制造业强省、现代服务业强省、现代农业强省、网络经济强省的高精尖紧缺人才。而高层次人才又分为三个层次：顶尖人才、领军人才和拔尖人才，这三个层次中的最高层次是顶尖人才。

二　河南省人才引进的现状

河南经济社会的发展水平相对落后，这样的经济社会条件不利于人才引进，但是另一方面，经济社会发展水平的提高又需要大量人才，可以说，人才引进就是在不断解决这一矛盾中得以实现的。

（一）河南人才引进的相关政策

早在 2005 年，河南省委组织部、省人事厅、省编委就联合下发了《关于加强海外高层次留学人才引进工作的通知》，制定了人才引进的优惠政策。

2015 年 4 月河南省科技厅依据河南省《中共河南省委河南省人民政府关于加快自主创新体系建设促进创新驱动发展的意见》制定和实施了《河南省高层次科技人才引进工程实施方案》，实施高层次科技人才引进工程，引进创新创业的科技人才。

2017 年河南省委组织部、省人力资源社会保障厅共同发布了《关于加强河南省高层次专业技术人才队伍建设的实施方案》，计划到 2020 年，全省高层次专业技术人才达到 45 万人。提出要以“高精尖缺”、创新型、引领型专业技术人才为重点，而人才引进是人才队伍建设的一个重要途径。

2018 年河南省委组织部、省人社厅联合发布了《关于支持民营经济健康发展的人才政策》，多条举措支持、激励优秀人才服务民营经济发展。通过鼓励民营企业人才引进，促进民营经济发展。

（二）河南人才引进的现状分析

经济社会的发展需要大量的人才，因而当前社会中的人才竞争日益激烈，各地都相继出台了人才引进政策，人才引进的优惠政策涵盖工作与生活的各个方面，在人才引进持续升温的同时，人才引进的优惠政策也不断地升级。河南省各级政府以及各个企事业单位大都认识到了人才的重要性，制定了不同的人才引进计划，人才引进工作也取得了重要的成果。

2017 年 11 月底，郑州市发布了“史上最强人才新政”。按照相关政策，符合“智汇郑州”人才政策规定条件的人才，都可以申请生活补贴。从 2017 年 11 月到 2018 年 11 月的一年时间里，共有 11474 名人才申请到了生活补贴。

截至 2016 年底，河南省有专业技术人员 361 万人，其中具有高级职称的 28.3 万人，占专业技术人员总数的 7.8%。河南省目前在职的顶尖人才、领军人才和拔尖人才等高层次人才仅 3600 余人，高层次人才不足成为制约经济社会发展的一个重要因素。

河南省正处于经济社会快速发展时期，也是人才引进持续增长的时期。这一时期人才引进具有如下一些特点。

1. 以高层次人才引进为主

河南省人才引进的对象主要是高层次人才。虽然对于什么是高层次人才、哪些人属于高层次人才可能存在一些争议，缺乏一致的标准，但是一般说来，高层次人才是具有更高的学历、职称，或者具有某些特殊的技术以及专长的人才。高层次人才是指具有高学历、高职称的人才，除了这些高学历、高职称的人才以外，具有特殊的技术以及专长的高技能人才也是另一个重要类型的高层次人才。

据相关报道，河南省从 2015 年以来开始引进国外的高端和紧缺人才。截至 2018 年已经实施国家级引智项目 342 项、省级引智项目 336 项，引进各类专家 2 万余人次。其中引进国际顶尖人才 40 余人次。除了引进国外的高端和紧缺人才以外，河南省各级政府以及国有企事业单位也主要引进高层次人才，并且是符合河南产业发展政策的急需的高精尖人才。郑州市作为典型代表，以引进高层次人才为主，其他层次的人才也可以享受相应的优惠政策，并取得了明显成果。

2. 企事业单位是人才引进的主体

河南省的企事业单位是人才引进的主体。高校是人才引进的重要主体单位，河南高校每年都会发布对外招聘信息，河南大学、河南理工大学、中原工学院、安阳工学院、河南师范大学、河南工程学院等都制定了优惠政策吸引人才。河南省直以及各个地市所属事业单位也是人才引进的一个重要主体。还有就是各类不同的企业，国有企业的政策优惠力度较大，而民营企业数量众多，企业人才引进的数量最大，是最主要的人才引进主体。

3. 不同地市人才引进的成果差别较大

河南省各个地市相比较来说，虽然各个地市都制定和实施了相关的人才引进政策，但是郑州市人才引进的成果最突出。郑州市人才引进成果突出的原因主要有这样几个方面。一是郑州市作为河南省会城市，经济规模总量、经济发展水平都是最高的，而人才引进是以经济为基础的，因此从经济基础的角度看，郑州市的经济基础条件更好。二是郑州市人才引进的企事业单位引进主体多，人才引进的需求量大，可以引进的人才更多。三是郑州市人才引进的条件相对优越，与其他地市相比，郑州市人才引进单位往往能提供更有吸引力的住房、津贴等补助，比其他地市的条件更好，更能吸引到人才。四是郑州市所处的省会城市地位，以及未来建成国家中心城市的定位对人才具有更大的吸引力。

除了郑州市以外，其他地市人才引进工作都取得了相应的成果。河南省的新乡市、洛阳市、驻马店市、开封市、南阳市等不同地市 2018 年度都先后发布了人才引进公告，并实施了人才引进的优惠政策，但是从人才引进的成果来看，这些地市的引进成果低于郑州市。

4. 鼓励民营企业加大人才引进的力度

人才引进往往是以政府部门、国有企事业单位为主，民营企业不占主导地位，但是随着政府对民营企业发展的重视，2018 年政府开始鼓励民营企业加大人才引进的力度，制定和实施了民营企业人才引进的优惠政策。具体内容包括：引导高校毕业生到民营企业就业，对于“名校英才入豫”计划招录的高校毕业生，享受住房、社会保障、迁移落户等方面相关优惠；对于引进的高技能人才，可向所在地政府申领引才补助等。还制定与实施了民营企业高层次人才引进的优惠政策，具体内容包括支持民营企业设立“河南省特聘研究员”以及博士后科研工作站以及创新实践基地等，政府对符合条件的高层次人才给予津贴补助或者项目经费支持等。政府通过鼓励民营企业的人才引进，进一步促进民营经济的发展。

三　河南省人才引进的问题分析

人才引进不是最终目的，人才引进只是满足人才需求的一种手段，因此对于人才引进不能仅仅关注引进过程，还要关注人才引进以后的人才使用，把人才引进看作整个人才发展战略的组成部分。因而对于人才引进的问题分析也包括了人才引进与人才使用两方面。

河南省人才引进虽然取得了很大成绩，尤其是郑州确立建设国家中心城市以后高层次人才引进的步伐明显加快，但是与同样建设国家中心城市的武汉、西安等城市相比，郑州市以及河南省的人才引进成果仍然相对不足，人才引进中的问题也比较突出。

（一）人才引进的数量不足

尽管河南早在 21 世纪初就制定了人才引进的优惠政策，并开始实施人才引进政策，但是到目前为止，总体来看河南省人才引进的数量不多，与河南人口大省的地位不符，也不能完全满足河南经济社会发展的需要，甚至没有实现引进单位预想的目标。由于河南省人才引进的对象以高层次人才为主，但是高层次人才本身总量有限，且高层次人才已经获得的待遇相对优厚，引进高层次人才需要更加优惠的政策，而河南省人才引进政策的相对优势并不明显，因此河南省引进人才的总量不足。

根据报道，2017 年以武汉为代表的城市率先发起人才引进争夺战，到 2018 年城市人才争夺战全面开启，2018 年可以看作我国城市人才竞争全面爆发的元年。不仅北京和上海等一线城市发布了高层次人才引进政策，甚至很多三四五线城市也加入了这场人才争夺战。2017 年武汉市启动“百万大学生留汉创业就业工程”，大学毕业生可以以低于市场价 20% 的价格租房和购买安居房，这一政策实施效果显著。2018 年 5 月，天津市提出“海河英才”行动计划，发布人才新政，引进的人才都可以直接落户。西安市制定和实施了更加优惠的人才引进政策，不仅全日制本科学历可以直接在西安落户，而且满足其他资格条件也可以落户。这一政策实施以后人才引进人数创新高，2018 年一年落户 75 万人，落户人数是前一年的三倍。

相对于这些人才新政的城市，郑州市的人才引进政策显得按部就班，依据自身的节奏稳步推进。以 2018 年 10 月举行的中国 · 河南招才引智创新发展大会为标志，郑州市出台人才新政，人才引进效果明显。据统计，郑州市从 2018 年 1 月至 10 月，全市以人才引进政策户口迁入 39854 人，比 2017 年同期迁入的 12159 人多 27695 人，增长约 228%。除了可以享受生活补贴政策以外，郑州市对高层次人才实施零门槛落户政策，此外还可根据公安机关户籍制度改革简化户口落地政策，为与其共同居住生活的配偶、子女以及父母办理户口随迁。对于高层次人才还有购房补贴。

作为河南省人才引进政策优惠力度最大的地市，郑州市的人才引进成果尚显不足，其他地市人才引进的成果更为有限。其他地市的人才引进主体还是以政府部门为主，民营企业的人才引进数量更少。

（二）人才引进的结构不合理

河南引进人才的结构也不尽合理。河南省人才引进的目的是要满足当地经济社会发展的需要，人才引进的目标群体是服务于河南制造业强省、现代服务业强省、现代农业强省、网络经济强省的高层次人才。而从河南人才引进的成果来看，效果并不显著。首先，从层次结构来看，河南人才引进的主要目标是高层次人才，但是高层次人才引进相对不足，尤其是顶尖人才。尽管给予高层次人才的引进条件非常优惠，但是高层次人才稀缺、引进的难度更大，高层次人才不能满足实际需求。其次，从专业结构来看，河南人才引进的专业要与先进的制造业、现代服务业、现代农业、网络经济密切相关。但是引进的人才更多是传统产业相关的人才。因此引进的人才专业与行业分布也不尽合理，河南重点发展的行业企业人才引进不足。再次，从地市分布来看，虽然河南各个地市都需要引进人才，但是除了郑州市的人才引进条件比较优惠以外，其他地市的人才引进政策优惠有限，难以吸引到需要的人才，因此造成了人才引进的地市分布不均衡。

（三）人才引进的优惠政策没有完全落实

河南有个别的人才引进单位人才引进的优惠政策没有得到完全落实，导致引进的人才与人才引进单位之间出现矛盾。由于人才引进也是一项系统工作，人才引进优惠政策的实施涉及很多方面，不仅与引进单位密切相关，而且还需要政府部门的密切配合，与政府的政策也密切相关。人才引进的优惠政策包括户口、住房、工作福利待遇、子女就学、医疗保障等很多方面，如果没有政府相关政策的支持，引进一些人才的优惠政策就无法得到落实，人才引进优惠政策的承诺就难以兑现。这不仅挫伤人才的积极性，更会对整个人才引进工作造成负面影响。有些人才引进单位的人员编制数量不足，引进聘用合同承诺解决引进人才或者家属的编制，但是引进以后又无法落实，这就会使人才在安置中产生问题。如果承诺的优惠政策得不到落实，不仅难以吸引到高层次人才，而且即使吸引了人才也难以留住。

（四）人才使用的效率偏低

引进人才的目的是要发挥人才优势，人尽其才，才尽其用。但是有些引进单位只是把人才引进作为面子工程，引而不用，或者不能恰当使用，造成了人才的浪费，人才使用的效率偏低。有一些单位引进的人才工作绩效并不突出，甚至个别人不能完成聘用合同规定的考核任务，没有达到引进单位预期的目标。有些单位在人才引进以后的人才使用过程中，由于引进单位的体制因素以及社会文化等方面的局限性，人才效能得不到最大程度的发挥，人才优势没有得到充分体现。由于人才引进要投入大量的经费，因此人才使用的低效不仅不能促进人才的成长，而且也造成了引进单位的巨大浪费。

四　河南省人才引进的对策建议

河南省人才引进不能满足经济社会发展的需要，有必要进一步加大人才引进的力度。为此，以下针对人才引进中的问题，提出人才引进的对策建议。

（一）制定和实施更加优惠的人才引进政策

河南经济社会的发展急需大量的人才，而与经济社会发达的一线城市和沿海发达地区相比，河南省人才发展环境并不具有优势，如果没有较为优惠的条件，很难吸引到急需的高层次人才。人才流动的一般规律是从经济社会落后地区流动到经济社会更加发达的地区，河南省要引进人才就要制定和实施比一线城市和沿海发达地区更加优惠的人才待遇条件，只有更加优惠的人才引进政策才能吸引高层次人才，人才引进才能成为可能。

制定和实施更加优惠的人才引进政策可以从两个方面入手。一是进一步降低人才引进的门槛，扩大人才引进范围，让更多人才可以享受优惠政策。二是提高引进人才的优惠待遇，使得优惠待遇更加具有吸引力。比如，通过提高住房补贴、岗位津贴、奖励等，为引进人才创造更好的工作与生活条件。通过制定和实施更加优惠的人才引进政策，可以增加人才引进的数量并改善人才引进的结构。

（二）提高人才引进的效率

目前河南省各级政府以及各企事业人才引进单位除了通过网站进行人才引进信息发布以外，还通过走出去和请进来等方式扩大宣传效果，另外，举行人才引进的洽谈会也不失为一种有效的方法。而对于人才的精准识别、定向引进更可以提高人才引进的效率。

人才引进要不断创新，提高引进的效率。传统的人才引进方式主要通过网上发布招聘信息、人才招聘会、人才供需双方直接见面以及通过需求单位自身的人脉关系等方式进行沟通，再进行人才的选拔与聘用。传统的人才引进方式效率比较低，新的人才引进方式可以提高引进效率。首先，拓宽人才引才渠道。对急需引进的高层次人才，除了传统的引进方式以外，还可以采取委托猎头公司、通过与高校直接联系等方式引进人才，也可采取兼职、项目引进、聘请顾问等方式，拓宽引进渠道，使人才为我所用。其次，实施人才合作项目。依托重大科研项目和重大工程、重点科研基地等，引进国内外高层次人才。再次，实施人才柔性引进。人才柔性引进成为人才引进一个新的方式，柔性引进与刚性引进相对应，柔性引进是指打破地域、身份、人事关系等人才流动中的刚性制约，在不改变和影响人才与所属单位人事关系的前提下，非本地户籍人才的人才引进方式。柔性引进的形式包括特聘教授、客座教授，兼职、合作等不同的形式。

（三）落实人才引进的优惠政策

河南人才引进的单位为了吸引人才都制定了人才待遇的优惠政策，包括提供额外的津贴、住房以及科研补贴等，通常情况下这些优惠政策都能得到有效实施。但是由于人才引进单位的优惠政策还要符合国家以及省市以及地方相关政策的要求，比如，户口、编制、社会保障等方面。如果引进单位承诺的优惠政策不能得到国家以及省市地方相关政策的支持，优惠政策就难以得到落实，不仅会挫伤人才积极性，而且还会引起人才与引进单位的矛盾。

因此，为了实现人才引进的目标，必须严格落实人才引进的优惠政策。要依据引进聘用合同，落实合同内容。对于引进单位可以提供的优惠待遇要不折不扣地提供，而对于引进单位无法提供的优惠待遇就不承诺，也不签订这样的聘用合同。严格落实人才引进的优惠政策不仅有利于人才队伍的稳定以及他们工作积极性的发挥，而且有利于发挥人才引进的示范效应和建立互信的关系，为进一步的人才引进工作创造条件。

人才引进的优惠政策要制度化、常态化。引进单位的人才引进优惠政策要形成较为完善的制度，要具有一定的稳定性，不能经常变化。人才引进的标准要明确化、优惠政策的实施要程序化，避免因人而异，要建立相对稳定的人才引进制度，使之成为引进单位、引进的人才甚至社会上人们的共识，提升其对人才的吸引力，推进人才引进工作。

（四）合理使用人才

人才引进的目的是为我所用，要真正发挥人才的作用，而不只是为了引进而引进，不是人才引进来了以后人才引进工作就结束了，人才引进以后的人才使用更加重要。引进人才以后必须要合理地使用人才，而对于人才的合理使用，一是要因才用人。根据引进人才的个性特点、能力大小，分配到合适的工作岗位，实现人才效用的最大化。二是创新用人机制。不仅要从思想上重视人才作用的发挥，而且要在人才的选拔任用、评比评价、激励保障等方面加大创新，构建有利于人才发挥作用的体制机制。

（五）营造人才发展的良好氛围

人才引进要与人才使用相结合。要营造人才发展的良好氛围，调动人才的积极性，为引进的人才创造良好的工作环境。人才引进单位要为人才提供良好的工作条件和发展环境，使得人才在教学科研等方面有得到提高或者晋升的机会，创造引进人才“自我实现”的良好环境。

具体方法上，可以实行对引进人才的动态管理。引进的人才都享受一定的优惠政策，而这些优惠政策没有必要引进以后就一次性全部落实，可以采取分阶段逐步落实的动态管理方法。① 制定分阶段的目标任务，根据阶段任务完成情况兑现相应的优惠待遇，这对引进单位和引进的人才本身都是有利的。对于引进单位来说，可以避免因为引进的人才不适合岗位而造成损失，而对于引进的人才本身来说，分阶段享受优惠政策则更符合按劳付酬、优劳优酬的心理预期，避免因个人不适合岗位而离职带来的纠纷。

探索对引进人才试行特殊的管理制度。可以根据引进人才的意愿，实行契约化考核。基于对人才的信任以及提供宽松工作环境的理念，与引进的人才签订契约化的考核目标。引进单位与引进的人才双方共同协商考核指标，并明确列入引进人才的聘用合同中。在对引进人才的年度考核中不再提出引进单位统一的量化指标，而是实行聘用合同目标进度考核，可以在聘期期间以及结束时按考核目标进行考核。实行契约化考核，对完成考核目标任务的人才续聘，而对没有完成考核目标的不再续聘，这样既保证了人才的合理使用，也尊重了人

① 刘盈孟、超英：《高层次人才引进工作中的总结与思考》，《中国高校师资研究》2016 年第 2 期，第 42 ~ 44 页。

才意愿，调动了人才的工作积极性。

制定和实施人才引进的优惠政策不仅要在人才引进单位形成共识，而且更要在社会上形成共识，形成整个社会尊重人才、使用人才的文化氛围。只有吸引到人才，留得住人才，让人才心情愉快地工作和生活，河南的人才引进才能得到持续发展。

B.10
河南民办教育的现状与展望

胡大白*

摘　要：　2017 年 9 月 1 日，新修订的《民办教育促进法》实施。人们对于新法对民办教育带来的影响，有担忧，有犹豫，也有观望。首先担心的就是 2018 年的招生形势。面对新时代民办教育面临的新问题，政府、社会和民办学校都采取了积极措施，民办教育实现了更好更快的发展。招生形势向好，出现强劲增长；规模稳中有增，正在趋向平衡；质量不断提高，发展更加理性。在学校数、增长幅度和在校生与全省人口比等方面都位居全国第一。河南民办教育对河南经济社会发展的贡献和在全国的影响力进一步加大。

关键词：　河南教育　民办教育　新《民促法》

2017～2018 学年，河南各级各类民办学校在新的《民办教育促进法》实施第一年的实践中，逐步找到了自己的社会定位。一些学校从先前的犹豫、观望、焦虑状态回归冷静。全省民办教育整体呈现良好的发展状态，规模依然保持着全国领先的位置，民办教育学校数和在校生数等多项指标都已位居全国第一。

一　2017～2018学年河南民办教育发展状况

2017 年 9 月 1 日，新修订的《民办教育促进法》（以下简称“新《民促法》”）开始实施。河南省委、省政府把握对民办学校“规范管理”、实施“分

* 胡大白：中国民办教育协会监事会主席、河南省民办教育协会会长。

类管理”的方向，引导民办教育健康发展。社会各界对民办教育的认识进一步提高。民办学校自身也主动练好内功，融入经济社会发展主流。整体发展环境进一步向好，实现了发展规模和发展质量的共同提升。

（一）环境：政府的声音和社会的态度

1. 省政府支持：促进健康发展

为配合新《民促法》的落地，早在2017年上半年，省教育厅就启动了省政府关于进一步促进民办教育健康发展的实施意见的起草工作。2017年7月省教育厅组织民办教育方面的专家学者对初稿进行了论证。之后在半年多的时间里，反复组织了多次由各方面专家、领导和民办学校创办人、管理人员、研究人员参加的讨论和论证。2018年2月2日，《河南省人民政府关于鼓励社会力量兴办教育进一步促进民办教育健康发展的实施意见》（以下简称《意见》）发布，明确了进一步促进民办教育健康发展的宗旨，从指导思想和基本原则、加强党的领导、创新体制机制、完善扶持制度、加强现代学校制度建设、提高教育教学质量、提高管理服务水平七个方面提出了27条实施意见。

为鼓励、支持民办教育发展，省政府在高校设置、招生计划分配等方面向民办高校倾斜，先后出台相关文件，给予民办院校相关政策优惠和支持。2011年以来，全省共审批设置高校50所，其中民办高校达19所，民办高校招生计划的年均增长幅度也高于公办高校。充分发挥“四两拨千斤”的杠杆作用，吸引民间资本投资教育，省财政2012年设立的民办教育发展专项资金，已由开始的2000万元增长到8000万元。

（1）领导高度重视。2018年8月6日，省教育厅举办全省民办教育研修班。副省长霍金花在辅导报告中系统总结了近年来河南民办教育工作取得的成效，客观肯定了民办教育对河南教育事业发挥的积极作用，指出了民办教育急需解决的问题，全面分析了当下民办教育发展面临的新形势、新挑战、新机遇，并重点围绕依法治校，在加强党的建设、保障教师权益、强化师德师风、狠抓安全稳定、规范资产财务管理等方面提出明确要求。

（2）净化培训市场。为整治培训市场乱象，省教育厅、民政厅、人社厅、工商局等四部门联合重拳出击，对校外培训机构进行了专项治理。排查出有问题的校外培训机构5641所，发现存在安全隐患的943所，未取得办学许可证、未取得营业执照的3810所，领取营业执照但未取得办学许可证的793所，有开展学科类培训（语文、数学）“超纲教学”“提前教学”“强化应试”等问题的459所，在一定程度上净化了校外培训市场。2018年11月20日，全国推进校外培训机构整改分片调度会在郑州召开。会议指出，治理校外培训是一项事关党中央决策部署落实、事关孩子全面发展、事关千家万户利益、事关社会和谐稳定的大事。一定要站在落实全国教育大会精神的高度，将治理校外培训作为一项必须完成的政治任务，给予高度重视，态度坚决，一抓到底，不完成任务绝不收兵。

（3）地方态度。洛阳市教育局联合市发改委、财政局印发了《洛阳市普惠性民办幼儿园认定及管理工作的指导意见》，落实各项扶持奖励政策。其他地市也先后出台鼓励支持民办教育发展的政策措施。

2. 社会信任：招生数逆势增加

自2016年11月7日全国人民代表大会常务委员会通过新《民促法》修正案后，社会各界特别是民办教育内部出现了一些顾虑和担心。一方面顾虑长远的发展，一方面担心招生受到影响。2017～2018学年，河南民办教育各级各类学校的基本情况较上一学年，除民办中等职业学校数量外，其他数据都有明显增长。人们本来担心的招生问题，并未出现。

在这个时期，全省民办学校招生数没有下滑，反而出现强劲增长，比上学年多招了10.44万人。招生增加最多的居然是长期以来发展缓慢的初中和小学层次。全省民办初中招生比上年增加2.83万人，总招生数达到上学年的110.98%。其次是民办普通小学，也是多年来发展缓慢的环节，招生数比上年增加2.51万人。其他层次如幼儿园、普通高校、普通高中等都有较大幅度的增长，就连学校数减少的中等职业学校，招生数也比上年增加了1.91万人。（见表1）

表1　2016～2017学年与2017～2018学年民办学校招生情况对比

单位：万人

学年	总招生数	普通高校	普通高中	中职学校	普通初中	普通小学	幼儿园
2016～2017	171.81	13.16	12.57	8.54	25.78	20.08	91.68
2017～2018	182.25	14.46	13.68	10.45	28.61	22.59	92.46

长期以来，民办教育在社会上的美誉度不高，一些部门和考生家长不太信任，少数公办学校的领导和教师甚至不屑提及。这些偏见，使民办学校在招

生、培养、师资队伍建设、社会捐赠、合作发展等方面遇到了一系列困难。但是河南的民办教育没有被偏见和歧视淹没，而是不断奋发努力，砥砺前行，在努力扩大规模的同时，练好内功，提升质量。努力的结果是将规模发展到了全国前列，质量也正在获得社会的认可。从招生环节就可以看出河南考生和家长对民办教育信任度的提升。

（二）规模稳定增长，投入持续增加

2017～2018 学年，全省各级各类民办学校 19277 所，比上年增加 1559 所，增长 8.8%，占全省总校数的 34.55%；占全国民办总校数的 10.8%，位居全国第 1 位。在校生总数 617.87 万人，比上年增加 51.6 万人，增长 9.11%，占全省在校生总数的 21.92%；占全国民办在校生总数的 12.01%，位居全国第 2 位。民办幼儿园 16183 所，占全省 78.51%；占全国 9.56%，位居全国第 1 位。在园幼儿 287.24 万人，占全省 67.6%，占全国 11.02%，位居全国第 2 位。

民办普通小学 1807 所，占全省 8.86%，占全国 29.26%，位居全国第 1 位；在校生 143.96 万人，占全省 14.65%，占全国 17.06%，位居全国第 2 位。民办普通初中 801 所，占全省 17.74%，占全国 14.91%，位居全国第 2 位；在校生 80.92 万人，占全省 18.85%，占全国 13.90%，位居全国第 2 位。民办普通高中 263 所，占全省 32.35%，占全国 8.68%，位居全国第 1 位；在校生 36.78 万人，占全省 17.9%，位居全国第 1 位。民办中职学校 186 所，占全省 23.57%，占全国 8.98%，位居全国第 1 位；在校生 23.3 万人，占全省 17.49%，位居全国第 1 位。民办普通高校 37 所，占全省 27.61%，占全国 4.99%，位居全国第 5 位；普通本专科在校生 45.66 万人，占全省 22.78%，占全国 6.77%，位居全国第 5 位。

河南省民办学校在校生与全省人口总数之比达到每万人 646 名，全国是 368 名，广东 620 名，浙江 440 名，湖南 389 名，山东 278 名，山西 268 名。河南民办教育的在校生数与总人口之比全国第一。

1. 规模不断增长

从 2008～2009 学年到 2017～2018 学年，10 年间，河南民办教育的在校生规模整体呈现不断增长的趋势。（见表 2）

表2　10年间河南民办学校在校生数一览

单位：万人

学年	高等教育	高中教育	中职教育	初中教育	小学教育	学前教育	合计
2008～2009	22.70	22.93	27.94	42.42	62.83	60.26	239.08
2009～2010	26.18	21.55	35.21	42.59	69.90	75.07	270.50
2010～2011	29.06	21.90	35.30	47.46	82.78	101.90	318.40
2011～2012	28.66	22.08	28.59	52.80	93.22	151.42	376.77
2012～2013	30.85	25.98	24.48	59.13	107.18	174.04	421.66
2013～2014	33.04	24.54	18.61	58.75	110.61	209.42	454.97
2014～2015	36.26	25.91	16.72	52.44	111.54	228.25	471.12
2015～2016	39.32	29.25	16.89	68.92	118.14	253.13	525.65
2016～2017	42.07	33.10	19.62	74.08	129.00	268.75	566.62
2017～2018	46.17	36.78	23.30	80.92	143.46	287.24	618.37

总起来看，河南民办教育招生人数由2008～2009学年的239.08万人增长到2017～2018学年的618.37万人，增加了379.29万人，平均以每年增加38万人的速度实现了规模扩张。其中小学教育、学前教育呈连年增长的趋势；高等教育、高中教育、初中教育总体上波动不大，增长势头稳健；只有中等职业教育在规模发展中出现了较大的起伏，即使如此，近3年也出现了连年增长的势头，而且增幅较大。

2. 在全省教育规模中的占比不断上升

2008～2009学年，全省民办学校在校生239.08万人，占到全省教育在校生总数2744.91万人的8.71%。10年后，河南民办学校在校生达到618.37万人，占到全省学校在校生总数2659.62万人的23.25%。（见表3）

表3　10年间民办学校在校生数占比情况

类别＼学年	2008～2009	2009～2010	2010～2011	2011～2012	2012～2013	2013～2014	2014～2015	2015～2016	2016～2017	2017～2018
全省（万人）	2744.91	2789.66	2768.58	2797.40	2789.96	2505.39	2554.48	2553.99	2601.31	2659.62
民办（万人）	239.08	270.50	318.40	376.77	421.66	454.97	471.12	525.65	566.62	618.37
占比（%）	8.71	9.70	11.50	13.47	15.11	18.16	18.44	20.58	21.78	23.25

10年间，河南民办学校在校生占全省学校在校生的比例一直持续稳定地增长。总起来看，全省学校教育在校生的规模是减少，从2008~2009学年的2744.41万人下降到2017~2018学年的2659.62万人，10年间减少了84.79万人。而河南民办教育在校生数却实现了逆势增长，由10年前的239.08万人增长到618.37万人，增加了379.29万人。全省总在校生数的减少和民办学校在校生的大幅度增加，反映了民办教育规模发展的情况。民办教育规模在全省教育总规模中的占比也实现了大幅度提高，10年间提高了14.54个百分点。

3. 投入持续增加

在规模发展的同时，民办学校也不断加大投入力度，从统计情况看，教师队伍、学校占地面积、学校产权图书、学校产权教学科研仪器设备价值和学校产权建筑面积都有较大增加。

表4　10年间民办普通高校基本办学指标变化情况

学年＼指标	教职工数		占地（亩）	图书（万册）	仪器设备价值（万元）	建筑面积（万平方米）
	总计(人)	专任教师(人)				
2008~2009	14416	10299	18300.16	1519.35	98690.80	516.18
2011~2012	20082	14298	26776.00	2394.90	142074.40	730.70
2013~2014	24003	17977	32185.34	2977.64	179671.70	906.74
2017~2018	32241	24296	31371.10	4175.27	278756.48	9072.18

10年间，全省民办学校教职工数由14416人增长到32241人，增加17825人，增加了1.24倍。占地面积、图书册数、仪器设备价值都有大幅增加。增幅最大的是学校产权建筑面积，10年间增加了8556万平方米，是10年前的17.58倍，平均每年增加约850万平方米。这样的增加速度是前所未有的。

（三）各项“软实力”进一步提升

河南民办教育的发展，不仅仅在规模上取得了巨大成就，在内涵发展方面也一步步深入。

1. 更加理性

新《民促法》颁布以来，全国各地都在解读、分析、预测，研讨会、论坛一个接着一个，河南的民办教育在这个时段表现出了成熟的冷静。各民办学校创办人和主要管理人员有选择地出席这些活动，一般都是冷静地听、清醒地想、实在地做，没有奔走相告，也没有惊慌失措。由省民办教育协会组织的座谈会、讨论会务实求效，针对河南民办教育的现状进行了符合实际的分析预测，多数民办高校已经初步明确了选择非营利性的方向。

2. 党建工作

加强党的建设，坚持正确的办学方向，是河南民办教育的优良传统和发展秘籍。黄河科技学院创办初期，创办人就有强烈的“找党”愿望。1984 年，不仅在河南，就是在全国都没有民办学校建立党组织的先例。当时，关于民办学校能否建立党组织，如何建立党组织，隶属关系如何理顺等等，国家都没有明确规定。初创的学校奔波于区、市、省的有关部门，先是建立临时党支部。到 1994 年 6 月，学校党组织关系终于挂靠在市科委党委，虽然尚未完全理顺，但经上级组织部门批准，学校建立了党总支，党的活动实实在在开展起来。“十年找党”的佳话，已经传遍中国民办教育界。正是有了党的领导，坚持正确的办学方向和育人导向，黄河科技学院才创造了当代中国民办教育史上的奇迹，成为全国民办教育发展的一面鲜艳旗帜。

3. 始终坚持正确的办学方向

河南各级各类民办学校逐步克服短期行为，始终坚持社会主义的办学方向，初步进入了良性循环的轨道。黄河科技学院坚持“为国分忧，为民解愁，为社会主义现代化建设服务”的办学宗旨，创新“以学生为中心”的人才培养模式，营造良好的创新创业生态环境，培养了一大批高素质应用型创新人才。郑州科技学院、郑州工业应用技术学院、信阳学院、郑州工商学院、河南大学民生学院、郑州电力职业学院等民办高校坚持立德树人的根本任务，持续推进内涵建设和转型发展步伐，取得了明显的育人成果。开封求实中学、淮阳一高分校、黄河科技学院附属中学、洛阳市第二外国语学校、中牟外国语学校、汝州市西雅图香榭世家幼儿园、郑州贝林斯敦幼儿园等民办学校和晨钟教育集团、建业教育集团等机构都始终坚持社会主义办学方向，探索出了有效培养合格人才的新路子。

4. 提升人才培养质量

学校教育最主要的职能就是培养人，河南民办学校在由规模扩张到内涵提升的转型过程中，紧紧抓住人才培养的中心环节，不断提高教育教学质量。

黄河科技学院以推进创新创业教育引领应用型人才培养模式改革，把创新创业教育融入人才培养全过程，实现通识教育、专业教育与创新创业教育一体化。河南大学民生学院认真遵循高等教育基本规律，着力培养高素质应用型人才，加强重点专业集群建设、突出专业优势并形成特色。商丘学院坚持质量兴校，注重提升学生各方面的能力，2017 年度共有 94 名学生参加全国大学生竞赛，获得国家级一等奖 2 名，国家级二等奖 17 名，省级一等奖 7 名，省级二等奖 8 名。

二 2018 ~2019学年面临的挑战

《意见》规定，民办高校须在 2022 年年底前完成分类登记，其他学段的民办学校也都将在不远的将来选择分类管理。面对即将到来的选择，河南的民办教育还有不少需要解决的问题。

（一）面临的困难和问题

1. 站位不高，思路不清。

少数民办学校还没有清醒认识到面临的主要问题。极个别学校管理滞后，观念老旧，没有正确树立办学方向。一些民办学校还处于管理发展的初级阶段，真正意义上的科学管理体系没有建立。党的领导还没有实现全覆盖，民办学校党的建设相对比较薄弱。长期健康发展的战略远见不足，导致发展乏力。还没有建立科学完善的教育评价体系。少数学校办学宗旨不明，不舍得投入资金改善办学条件，不注重提高办学质量。

当然，在课程、专业、学科建设、课堂教学改革、教材体系建设、教育教学改革等方面，民办教育都有较大提升的空间。

2. 原来没有得到很好解决的经费、师资队伍建设等问题，少数学校十分头痛的招生问题等将更加严峻。

（二）新观念、新技术的挑战

1. “营与非”选择。面临越来越近的“营利性”“非营利性”的选择，民办学校必须认真理清自己的发展思路，根据自己的实际情况做出科学的选择。

民办幼儿园要慎重考虑，审时度势，在未来公办民办各50%、民办园多数要办成普惠园的大盘子里，考虑自己的发展模式。新《民促法》规定不得设立实施义务教育的营利性学校。河南全省的小学、初中已经全部实施了义务教育，现有的民办小学、初中要及早做好实施非营利性教育的准备。

2. 随着科学技术的进步和社会的发展，新观念、新技术正在快速改变着社会生活。民办学校已经形成的管理体制和管理模式、运行机制和运行方法等都面临挑战；传统的课堂教学模式既不适应今天的学生，也无法与社会需求对接。这些挑战，都对民办学校提出了新的课题。翻转课堂、网络教育等新技术也在冲击着传统的校园。

3. 公办学校改革带来的挑战。在一些民办学校照搬公办学校管理模式的同时，不少公办学校都在悄悄地变革，将传统的行政级别、人事编制等逐步淡化，引进了具有生机活力的现代学校制度。这样的变化将进一步加大公办学校的优势。优秀的师资、学生和管理人员会更多地选择公办学校。

三　2018～2019学年河南民办教育发展的对策思考

（一）面临的发展机遇

在国家“积极鼓励、大力支持、正确引导、依法管理”的方针指导下，河南民办教育依然有着广阔的发展空间。

1. 政策利好。党和国家鼓励支持民办教育发展的政策没有变，新《民促法》的全面实施会给民办教育带来新的生机和活力。

2. 生源空间巨大。河南是个生源大省，2017～2018学年全省高中毕业生为66.21万人，2018～2019学年将达到68.27万人左右。河南高等教育的基础生源呈增长趋势。2017～2018学年全省普通初中毕业生为134.35万人，2018～2019学年将达到143.86万人左右，高中教育生源基数也在增加。小学毕业生的规模会稳中略降，降幅不大。学前教育2017～2018学年在园人数大班、中班、小班依次递减，减少幅度为中班比大班少50.70万人，小班比中班少27.49万人。小学阶段的生源会受到影响。

3. 新技术带来的教育机遇。新技术带来新专业，新专业形成新学科。教育总要不断地前行，适应经济社会发展的需要，不断开拓新领域，占领制高点，就有了发展的主动权。

同理，专业交叉、跨界融合、混合所有制办学等也给民办教育带来发展机遇。

（二）思路决定出路

民办学校必须更新观念。有远见的学校，要下决心果断地把规模稳定下来，扎实进行内涵建设，一步一个脚印提高人才培养质量。在已经初具规模的学校，不仅要看到明天，还要着眼未来。

（三）对策建议

1. 加强党的建设。一要强化政治引领，坚持以习近平新时代中国特色社会主义教育思想为指导，全面贯彻落实党的教育方针，充分发挥民办学校党委的政治核心作用，确保学校时刻坚持正确的政治方向、正确的育人导向；二要完善民办学校党组织设置，理顺民办学校党组织隶属关系，实现民办学校基层党组织全覆盖；三要加强和改进民办学校思想政治教育工作，把思想政治教育工作纳入学校事业发展规划，把思想政治工作队伍建设纳入学校人才队伍培养规划，加强师德师风建设，不断健全师德师风长效机制，全面提升思想政治教育工作水平；四要深入推进中国特色社会主义理论体系进教材、进课堂、进头脑，把社会主义核心价值观融入教育教学全过程、教书育人各环节，提高思想政治教育的针对性、实效性。

2. 继续鼓励支持，营造良好发展环境。政府要在扶持民办教育发展上狠下功夫，加强监管，强化服务，为民办教育发展营造良好环境。严格按照《民办教育促进法》及国家和河南省有关政策规定，切实履行规范民办学校办学行为的监管职责并建立长效机制。政府在制定本地区教育事业发展规划时，要把民办教育同步纳入规划，统筹公办学校和民办学校发展需要配置新增教育资源。要加强对民办教育督导、评估，促使民办学校严格遵循教育教学规律办学，按照国家规定的设置标准和有关要求，完善办学条件、完成教学任务，坚决杜绝为了省钱而削弱教育投入的倾向。同时注意树立民办教育良好的社会形象，营造全社会共同关心、关注、关爱民办教育的良好氛围。

3. 民办学校要主动规范发展。各级各类民办学校要认真学习新《民促法》和省委、省政府出台的一系列民办教育新政，切实抓好落实。要不断完善以学校章程为核心的制度体系建设，依法依规办学，依章依制管理。健全财务管理制度，确保资金安全；健全教师管理制度，强化师德师风建设；健全学生管理制度，保障学生合法权益；严格招生制度，遏止违规招生行为；严格收费制度，禁止乱收费；完善内部控制制度、审计监督制度，加强风险防控。要依法依规保障教师的合法权益，建立稳定的高素质师资队伍。

4. 形成凝聚力，实现又好又快发展。河南的民办教育已经处在由规模扩张到质量提升的转型时期，政府要根据新的民办教育促进法和河南的实际积极引导，大力支持，规范管理，为民办教育的发展创造良好的环境；社会各界要对民办教育有一个正确的认识，在支持发展的同时加强监督；民办教育自身要一如既往地坚持社会主义办学方向，认真解决好“为谁培养人”“怎么培养人”“培养什么人”的问题，进一步加强内涵建设，提升人才培养质量，提升学校发展质量。

5. 进一步发挥社会组织，特别是河南省民办教育协会的作用。在人才培养、学校发展、制度建设等方面发挥评估评价、协调监督的作用。形成合力，推动河南民办教育高质量发展。

6. 加强民办教育发展研究。逐步形成河南民办教育智库，为政府决策、考生选择、民办学校发展提供智力支持。

B.11
代次视角下河南省农民工的就业问题分析

谢娅婷　李芳利*

摘　要： 农民工的就业问题是农民工处于弱势地位的核心问题，同时也是关系到新型城镇化这一战略能否实现的核心问题。本文利用西安交通大学“新型城镇化与可持续发展课题组”与河南农业大学文法学院社会学系联合开展的“全国百村外出务工人员调查－河南省”数据，基于代次的视角将农民工划分为三代，分别分析了河南省农民工的就业问题及其代次差异。分析发现，经济因素是促使农民工就业的主要原因，随着代次更替，农民工的生存型经济动因减弱，个人发展型的非经济动因增强；农民工的就业渠道非正规化倾向较浓，社会网络占据着主导地位，但第二、三代农民工对其依赖的程度有所减弱；就业存在明显的职业分割，多数农民工被隔离在非（低端）技术性和低端服务行业，随着代次的更迭，农民工已逐渐摆脱产业工人的标签走向职业类型多元化；多数农民工具有回流意愿，年龄越大越容易做出回流的决策；农民工的总体收入水平较低，第二代农民工在收入方面具有相对优势；劳动合同的签订情况不理想，第一代农民工的签订率最低；农民工普遍具有较高的工作强度，第一代农民工甚至有过半数达到7天全勤；农民工工资拖欠或克扣严重，这一问题在第一代农民工身上尤为突出；农民工的社会保险覆盖率处于

* 谢娅婷，河南农业大学社会治理创新研究中心，讲师；李芳利，河南农业大学文法学院社会工作专业，本科生。

低水平状态，第二代农民工在除城镇居民医保及商业医保外的其他社会保险中具有相对优势。

关键词：新型城镇化　农民工　就业问题　代次

一　研究背景

城镇化是一个国家或地区现代化程度的重要标志。进入21世纪以来，中国城镇化进程加快，城镇化率年均提高1.3%左右。截止到2017年底，中国的城镇化率达到58.52%。城镇化区域差距呈缩小的趋势，但是并没有消除，中西部城镇化水平整体上仍要落后于东北和东部沿海地区。河南作为人口大省、农业大省，截止到2017年末，乡村常住人口数为4764.27万人，占常住人口总数的49.84%，河南省的城镇化率首次突破50%，达到50.16%，标志着河南省历史性地进入以城镇化生活为主的阶段。但此数据距《河南省新型城镇化规划（2014～2020年）》中提出的，到2020年，常住人口城镇化率达到56%左右的目标仍有一定的差距。2014年，习近平总书记在河南考察时提出，希望河南着力打好“四张牌”，以人为核心推进新型城镇化发展。《河南省科学推进新型城镇化三年行动计划》中也明确指出：要以人的城镇化为核心，以“三个一批”的城镇化为重点，坚持以就业为本。其中“一批”即为农民工。由于城乡社会的差异，农民工入城打工现象在我国长期存在。要实现农民工的城镇化，首先要解决其就业问题，该问题也被政策制定者从全局高度摆在了突出位置。《“十三五”促进就业规划》中明确指出，要实现农民工等重点人群就业形势的基本稳定。

2017年末，全国农民工总量达2.87亿人，成为现代化建设的主力军。他们广泛分布在国民经济的各个行业，为我国新型城镇化的发展做出了重大贡献，但其就业环境与状况却与其贡献不相匹配。农民工的就业问题历来是政策制定者与研究者关注的重点。党中央、国务院相继制定了一系列保障农民工权益和改善农民工就业环境的政策措施，取得了积极成效，但随着农民工群体内部代次之间的差异不断显现，其就业仍面临着诸多复杂问题。研究者针对农民工的就业问题主要从以下几个方面展开：①就业动机：收入上的差距是农民工就业的重要动机；②就业稳定性：职业的门槛、人力资本、年龄、工资收入、企业环境等与农民工的就业稳定性存在正向关系；此外，职业发展空间小、择业机会识别态度过于乐观、用工单位忽视对员工进行培训、缺少应有的人文关怀、以户籍制度为核心的就业制度歧视、融入城市困难大等因素均会降低农民工的就业稳定性。③农民工回流：受教育程度较高、富有竞争力的农民工群体更倾向于留在城市发展；而在城市生活有相对贫困感、配偶在老家，并且频繁往家乡汇款的迁移者更容易做出回流决策。④就业歧视：当前的就业环境中，劳动力分配不均，在就业机遇、就业选择、就业教育和就业待遇等方面存在一定的歧视现象；⑤就业保障：农民工的社会保障水平与城镇职工存在较大差距，且存在制度碎片化现象严重、项目不健全、覆盖面过窄、缴费率过高等问题；⑥政策制定：有关农民工管理的法律法规不完善、服务机构不健全、政策的制定滞后于实践且与农民工的真实需求之间存在偏差，需要实现政策公平，为中国城镇化进程中的农民工就业提供有效的制度保障。

尽管对农民工的就业问题已经进行了大量的研究，但关注河南省农民工的研究并不多见，且随着时代和社会的发展，农民工群体内部的异质性不断地增加，新的代次差异愈发地明显。河南省作为中国的农业大省、人口大省，其农民工在就业过程中的经济、政治、文化权益得不到有效保障的问题仍然十分突出，主要是：工资偏低，被拖欠严重；劳动时间长，安全条件差；缺乏社会保障，职业病和工伤事故多；培训就业、子女上学、生活居住困难等。以往关于农民工两代的划分方法的局限性日益显现，已不再适用于学者有针对性地、有层次地了解农民工的新问题和新需求。基于以上背景，本文依据河南省农民工的调查数据，将农民工划分成为三代，分析其就业过程中的问题现状，并进行代次差异的比较，以便深入了解新型城镇化背景下河南省农民工的就业问题。

二　研究设计

（一）研究思路

本文从个人微观层次出发，基于代次的视角，分析农民工的就业问题。借助就业过程及就业保障两个维度展开分析，其中，就业过程通过职业获得、职业流动、职业发展三个动态过程得以反映；就业保障包括收入水平、劳动合同签订率、工作强度、工资拖欠或克扣情况及社会保险参保率等指标。

“职业获取—职业流动—职业发展”是农民工总体上要经历的动态推进过程。农民工为我国的经济发展做出了不可磨灭的贡献，但政府在对待进城就业农民工的态度上往往表现为：接纳了其所做出的经济贡献，却忽略了其作为理性经济个体所应享有的权益。综上，在大规模进城就业的农民工成为人口城镇化主体的背景下，针对其就业过程和就业保障的分析，是认识河南省农民工就业问题的重要依据。

已有研究多将农民工划分为两代，即“老一代/新生代”或“第一代/第二代”，也有部分学者探索出了农民工的三代划分。例如：将20世纪70年代以前出生的划分为第一代；1970～1979年间出生的划分为第二代；80年代以后出生的划分为第三代。曼海姆在《代际问题》中提出了代的社会学理论的分析框架，他认为，在社会学的视角下，不应单纯地依据自然属性对“代”进行划分，而应从本质上把“代”看作一种社会现象，把共同的社会历史经验看作决定农民代次构成的本质因素。根据上述推断，影响农村社会变革的重大历史事件是1978年家庭联产承包责任制的推行。因此本文的研究以1978年我国农村地区开始实行家庭承包制至第二轮土地延包为分点，将被调查农民工划分为三代：第一代农民工在第一轮土地承包中获得土地承包经营权，他们出生于1978年及以前，受教育水平偏低，一般从事于建筑行业等低技能行业，对农村文化认同感较高；第二代农民工在1978～1997年第二轮延包期间出生，受教育程度有所提高，外出动机较为理性，对城市文化认同感较高，离农愿望较为强烈；第三代农民工在1997年农村土地延包后出生，未获得法定土地承包经营权，在价值观念、文化水平、就业选择等方面直接受到第二代农民工的影响。研究三代农民工在就业过程及就业保障方面出现的代次差异，可以深入把握农民工群体就业状况的变动趋势，对农民工就业政策的制定具有借鉴价值。

（二）相关概念界定

1. 农民工

张雨林教授是最早提出“农民工”一词的学者，之后“农民工”一词被学术界广泛使用，但对这一概念的表述，目前仍无统一的说法。根据国家统计局定义，农民工是指在本地从事非农产业或外出从业6个月及以上，但户籍仍在农村的劳动者。学者对此也有不同的界定，其中，宗成峰、朱启臻将农民工定义为，不以农业收入为主、外出务工，但是在农村拥有户籍、法律上享有农民的权利和义务的群体。我国的农民工群体产生于制度变迁的过程中，且无论是“农民+工”或“农+民工”，都不同程度地兼有两种身份和双重角色。他们亦工亦农、亦城亦乡，徘徊于城镇和农村的边缘地带，有着广义与狭义之分。广义的农民工既包括跨地区外出进城务工人员，也包括在县域内二、三产业就业的农村劳动力；狭义的农民工一般指跨地区外出进城务工人员。综合上述观点，农民工的内涵包括两个方面：一是户籍，农民工的户籍在农村；二是职业，农民工主要以非农劳动为职业。本文对农民工的界定为：年龄在16~60岁之间，户籍在农村，在本乡镇以外的地方从事非农产业劳动6个月及以上的劳动者。

2. 农民工就业

就业是指达到法定劳动年龄且具有劳动能力的人，为了自身生存和发展而从事享有劳动报酬的某种社会活动。就业有广义与狭义之分，广义的就业是指通过社会的一切生产要素获得相应劳动收入的活动；狭义的就业是指通过利用劳动要素而获得报酬的活动，也被称作劳动就业。农业本身的生产周期长、见效慢，没有办法实现对广大剩余农民劳动力民生基本要求的满足。随着农村劳动生产率的提高，农村劳动力逐渐从农业生产中剩余出来，并在城乡收入差距的引导下，自发地逐步转移到城市中，从事非农产业就业。城镇化的不断发展，满足了我国普遍落后的农业人口的新的生活需要。本文所表述的农民工就业指农民工以自身利益为导向，试图通过自己的辛勤劳作，获得在城市工作的机会，从而实现自身生存需求、自身发展和自我价值的一系列活动。

（三）数据

本文数据来源于西安交通大学“新型城镇化与可持续发展课题组”与河南农业大学文法学院社会学系联合开展的“全国百村外出务工人员调查-河南省”数据。此次调查在河南省共发放问卷927份，回收有效个人问卷886份，有效回收率95.58%。调查覆盖了全省的21个市，共53个村。对象选定为16~60岁的，务工时间超过6个月的河南省农民工，抽样方法为配额抽样加方便抽样。调查的信息量和样本规模都较大，为本研究的深入开展提供不可或缺的第一手资料。

表1 调查对象的地区分布情况

市（地区）	样本量（个）	百分比（%）	市（地区）	样本量（个）	百分比（%）
郑州	36	4.06	新乡	51	5.76
信阳	65	7.34	永城	9	1.02
南阳	40	4.51	洛阳	80	9.03
周口	155	17.49	济源	10	1.13
商丘	70	7.90	漯河	39	4.40
孟州	10	1.13	濮阳	10	1.13
安阳	50	5.64	焦作	59	6.66
平顶山	10	1.13	登封	10	1.13
开封	20	2.26	许昌	11	1.24
驻马店	101	11.40	三门峡	30	3.39
鹤壁	20	2.26	样本总量	886	

从样本分布来看，有效样本中男性农民工为586人，占样本总数的66.14%，女性农民工为300人，占样本总数的33.86%；年龄较为集中地分布在20~50岁，平均年龄为33.90岁；第一代农民工有334人，占样本总数的37.70%，第二代农民工有431人，占样本总数的48.65%；第三代农民工有121人，占样本总数的13.66%；受教育程度在小学及以下的占总数的12.65%，达到初中、高中水平的分别占总数的50.34%和16.14%，接受过技校或中专或大专、本科及以上教育的分别占14.00%和6.88%。（见表2）

表2 农民工的个人性特征变量

项目	样本量(个)	百分比(%)
性别		
男性	586	66.14
女性	300	33.86
样本量(人)	886	

续表

项目	样本量(个)	百分比(%)
年龄		
19 岁及以下	34	3.84
20~29 岁	344	38.83
30~39 岁	174	19.64
40~49 岁	278	31.38
50 岁及以上	56	6.32
均值(岁)	33.90	
样本量(人)	886	
代次		
第一代(1978 年及以前出生)	334	37.70
第二代(1978~1997 年出生)	431	48.65
第三代(1997 年及以后出生)	121	13.66
样本量(人)	886	
受教育程度		
小学及以下	112	12.65
初中	446	50.34
高中	143	16.14
技校或中专或大专	124	14.00
本科及以上	61	6.88
样本量(人)	886	

三 分析结果

（一）农民工就业过程现状

表 3 提供了不同代次农民工的就业过程比较，就业过程中凸显的问题主要通过职业获得、职业流动及职业发展得以体现。分析结果显示，在就业动机方面，“家里需要钱”占比最多，达总数的 60.61%；受雇就业的农民工中，非技术工人占比最高，达到 32.24%，其后依次为技术工人和商业服务业人员，

分别占比22.85%、18.78%；超过七成（75.08%）的农民工进行过职业流动，平均更换工作的次数为2.97次；65.27%的农民工有回流意愿。

基于代次的视角，在职业获得方面，三代农民工在三类就业动机中存在显著的代次差异。第一、二代农民工多因“家里需要钱”而选择外出打工，分别占比为77.84%和55.22%；第三代农民工则更多的选择“出去见世面”及“想学习/增强技能”，分别占比为45.45%和39.67%；求职渠道这一指标并不存在显著的代次差异，三代农民工均没有脱离社会网络这一传统方式，多以通过亲戚朋友、同事、熟人或老乡介绍的渠道获取工作，分别占比为81.74%、65.58%和66.39%；农民工群体在职业类型上存在着显著的代次差异，第一、二代农民工多为“非技术工人”，分别占比为44.01%和25.29%，第三代农民工多为“商业服务业人员”，占比为34.45%。在职业流动方面，三代农民工之间存在显著的代次差异，在工作的更换次数上，第一代农民工最高，平均为3.67次；第二代农民工次之，平均为2.82次，第三代农民工最低，平均为1.62次。三代农民工在回流意愿方面存在显著的代次差异，第一代农民工拥有最高的回流意愿，占比为74.77%，第二代农民工处于过渡状态，第三代农民工的“回流意愿”最低，为46.28%。

表3　不同代次农民工的就业过程比较

	全部样本	第一代	第二代	第三代	ANOVA/LR 检验
职业获得					
就业动机					
家里需要钱					
是(%)	60.61	77.84	55.22	32.23	***
否(%)	39.39	22.16	44.78	67.77	
样本量(人)	886	334	431	121	
出去见世面					
是(%)	24.94	10.78	30.16	45.45	***
否(%)	75.06	89.22	69.84	54.55	
样本量(人)	886	334	431	121	
想学习/增强技能					
是(%)	21.78	7.49	27.84	39.67	***
否(%)	78.22	92.51	72.16	60.33	
样本量(人)	886	334	431	121	

续表

	全部样本	第一代	第二代	第三代	ANOVA/LR 检验
求职渠道					
参加招聘会或直接上门求职(%)	19.59	10.18	26.28	21.85	ns
职业介绍机构(中介)(%)	2.60	1.50	3.26	3.36	
亲戚、朋友、同事、熟人或老乡介绍(%)	71.80	81.74	65.58	66.39	
自己创业(%)	2.60	4.19	1.63	1.68	
国家分配或组织调动(%)	0.91	0.90	0.70	1.68	
其他(%)	2.49	1.50	2.56	5.04	
样本量(人)	883	334	430	119	
职业类型					
党政机关/事业单位/国有/集体企业工作人员(%)	4.18	2.40	5.56	4.20	***
自雇就业人员(%)	9.96	9.59	11.60	5.04	
专业技术人员(%)	8.03	3.89	11.60	6.72	
技术工人(%)	22.85	20.96	24.36	22.69	
非技术工人(%)	32.24	44.01	25.29	24.37	
商业服务业人员(%)	18.78	13.17	18.79	34.45	
其他(%)	3.96	5.98	2.79	2.52	
样本量(人)	884	334	431	119	
职业流动					
工作更换次数					
0 次(%)	24.91	20.31	24.11	40.00	***
1 次(%)	22.00	19.38	23.87	22.50	
2~5 次(%)	43.19	45.00	44.63	33.33	
6 次及以上(%)	9.89	15.31	7.40	4.17	
均值(次)	2.97	3.67	2.82	1.62	
样本量(人)	859	320	419	120	
职业发展					
未来有无回流的意愿					
有(%)	65.27	74.77	63.26	46.28	***
无(%)	34.73	25.23	36.74	53.72	
样本量(人)	884	333	430	121	

注：***，p<0.001；**，p<0.01；*，p<0.05；+，p≤0.1；ns，p>0.1

（二）农民工就业保障现状

表4提供了不同代次农民工的就业保障比较。农民工群体惯于被人们贴上廉价劳动力资源的标签，在城市劳动力市场中处于劣势地位。依据样本统计分析结果，在收入方面，农民工的平均月收入为3945.28元，虽然这个收入高于2017年国家统计局公布的全国人均月收入3485元的水平线，但仍有四成左右的农民工的月均收入在3500元以下；仅有不到一半（46.14%）的农民工签订了书面劳动合同；农民工一周工作的平均天数为6.16天，每天工作的平均时间为9.61个小时，均超出国家规定的法定工作时间；有四成以上（42.68%）的农民工经历过工资被拖欠或克扣的不公正对待；在参加的各项社会保险中，参保率均处于较低水平，工伤保险参保率在众参保项目中占比最高，但也仅为33.45%，失业保险、商业医保、生育保险以及住房公积金的参保率均低于10%。

基于代次的视角，三代农民工在“月平均收入”这一指标中存在代次差异。虽然不同代次的农民工都以3500元以下的收入为主，但第二代农民工收入在5000元以上的比例明显高于第一代和第三代。第二代拥有最高的收入均值，为4146.66元，第一代次之，为3801.77元，第三代月平均收入最低，为3618.49元。在“是否签订书面劳动合同”这一指标中，三代农民工之间存在显著的代次差异，第二代农民工中有过半数（53.27%）签订了劳动合同，第三代农民工稍次之，占比为50.00%，第一代的劳动合同签订率最低，为46.14%。三代农民工在“每周的工作天数”中存在显著的代次差异，相较于第二、三代农民工，第一代农民工的工作强度最大，过半数（54.05%）达到7天全勤。在“每天工作小时数”这一指标中，三代农民工之间存在显著的代次差异，每天工作超过8小时的农民工中，第一代占比最高，达76.58%；第二代次之，占比为62.88%；第三代最低，占比为48.33%。三代农民工在“工资是否被拖欠或克扣过”这一指标中存在代次差异，经历过这一不公正对待的占比分别为48.65%、39.58%和35.59%。除城镇居民医保及商业医保以外，第二代农民工在各项社会保险的参保率中都具有相对优势，但这种差异不具有统计上的显著性。

表4　不同代次农民工的就业保障比较

	全部样本	第一代	第二代	第三代	ANOVA/LR 检验
月平均收入					
3500 元以下(%)	41.29	42.90	38.66	46.22	+
3500～5000 元(%)	30.99	30.28	30.55	34.45	
5000 元及以上(%)	27.72	26.81	30.79	19.33	
均值(元)	3945.28	3801.77	4146.66	3618.49	
样本量(人)	855	317	419	119	
是否签订书面劳动合同					
是(%)	46.14	35.54	53.27	50.00	***
否(%)	53.86	64.46	46.73	50.00	
样本量(人)	880	332	428	120	
每周工作天数					
5 天及以下(%)	20.93	16.51	21.81	30.00	***
6 天(%)	36.76	29.43	42.92	35.00	
7 天(%)	42.31	54.05	35.27	35.00	
均值(天)	6.16	6.31	6.09	6.03	
样本量(人)	884	333	431	120	
每天工作小时					
8 小时及以下(%)	33.94	23.42	37.12	51.67	***
9～10 小时(%)	43.78	49.55	43.39	29.17	
11～12 小时(%)	18.33	21.62	16.24	16.67	
13 小时及以上(%)	3.96	5.41	3.25	2.50	
均值(小时)	9.61	9.98	9.46	9.14	
样本量(人)	884	333	431	120	
工资是否被拖欠或克扣过					
是(%)	42.68	48.65	39.58	35.59	**
否(%)	57.32	51.35	60.42	64.41	
样本量(人)	878	333	427	118	
是否参加失业保险					
是(%)	9.49	4.79	14.39	5.00	+
否(%)	90.51	95.21	85.61	95.00	
样本量(人)	885	334	431	120	
是否参加工伤保险					
是(%)	33.45	28.14	38.52	30.00	ns
否(%)	66.55	71.86	61.48	70.00	
样本量(人)	885	334	431	120	

续表

	全部样本	第一代	第二代	第三代	ANOVA/LR 检验
是否参加城镇养老保险					
是(%)	19.80	21.32	22.04	7.50	*
否(%)	80.20	78.68	77.96	92.50	
样本量(人)	884	333	431	120	
是否参加城镇职工医保					
是(%)	17.06	14.07	20.42	13.33	+
否(%)	82.94	85.93	79.58	86.67	
样本量(人)	885	334	431	120	
是否参加城镇居民医保					
是(%)	26.21	27.25	24.36	30.00	+
否(%)	73.79	72.75	75.64	70.00	
样本量(人)	885	334	431	120	
是否参加商业医保					
是(%)	3.62	3.29	3.48	5.00	+
否(%)	96.38	96.71	96.52	95.00	
样本量(人)	885	334	431	120	
是否参加生育保险					
是(%)	6.10	4.19	8.12	4.17	+
否(%)	93.90	95.81	91.88	95.83	
样本量(人)	885	334	431	120	
是否参加住房公积金					
是(%)	8.25	4.79	11.83	5.00	+
否(%)	91.75	95.21	88.17	95.00	
样本量(人)	885	334	431	120	

注：***，$p<0.001$；**，$p<0.01$；*，$p<0.05$；+，$p\leq0.1$；ns，$p>0.1$

四 结论

本文利用西安交通大学“新型城镇化与可持续发展课题组”与河南农业大学文法学院社会学系联合开展的“全国百村外出务工人员调查 - 河南省”数据，基于代次的视角，从就业过程及就业保障两大方面分析新型城镇化背景下河南省农民工的就业问题及代次差异，得出了以下重要发现。

在就业过程方面，主要从职业获得、职业流动、职业发展三个动态过程展开分析。

（1）经济因素是农民工就业流动最重要的动机。英国经济学家拉文斯坦（E. G Ravenstien）等人最早提出了推—拉理论，分析了农民进城的原因，这一理论认为，人口迁移是两种力量相互作用的结果。一种力量是原住地的推动力或称排斥力，从本文的研究出发，即为失去土地等因素；另一种力量是迁入地的拉力或称吸引力，如收入高、可以增加技能、见世面等。在中国，城乡二元社会下的城乡收入差距是决定人口转移的重要因素。农民工的外出动机存在明显的代次差异，具体表现为，随着年龄的递减，农民工外出就业动机中的生存型经济取向逐渐减弱，而对个人发展的关注逐渐增强。就业动机作为重要的心理现象，是观念意识的重要反映形式，与时代环境的变化有着密切关系。三代农民工在迥然相异的时代环境下，分化为职业价值观不同的亚群体，基本呈现出年龄越大，家庭责任感越强，对薪酬声望越看重，越趋于讲求实际；相比之下，第三代农民工更注重自己的职业前程，他们正处在职业生涯的初始阶段，个人经验和社会阅历较贫乏，更愿意承担一定程度的风险，进行理想化择业，追求自我价值的实现。

（2）农民工就业渠道非正规化倾向较浓，且呈单一化特征。正规求职渠道对就业的推动作用甚微，市场力量虽在一定程度上弥补了其缺失，但发挥的作用仍是有限的，依靠血缘、亲缘和地缘等关系形成的初级社会关系网络在求职过程中依旧占据主导地位。这与已有研究发现相一致，一些学者指出，“整合型”社会资本在求职过程中发挥着重要的作用，其形成于以亲缘、地缘和人缘等组成的农村，置身其中的农民工通过网络内部成员之间的互助支持与信息传递来实现城市就业。此外，相关研究发现，社会资本虽在一定程度上促进了农民工城市就业的实现，但同时又限制和固化了该群体的职业层次和工资收入。这种社会关系网络的闭合性及同质性，为农民工职业层次的提升和职业发展的实现带来了阻碍。第二、三代农民工利用市场化力量求职的比例，相较第一代有所提升。这在一定程度上可以归因于：第二、三代农民工多根据自身的优势选择求职渠道，进而逐渐降低对社会网络的依赖度，而第一代农民工由于自身素质、观念等所限，更倾向于选择社会网络来规避风险。

（3）就业存在着明显的职业分割，多数农民工仍被隔离在非（低端）技术性和低端服务行业等领域，仅有少数农民工跨越了次要劳动力市场的界限，从事“去体力化”的职业。这种职业分割是由于劳动力的素质和受教育程度的差异而形成，是劳动力市场一种纵向的自然分割。从代次更迭中可以发现，农民工已逐渐摆脱产业工人的标签走向多元化。第三代农民工的择业标准正在发生着深刻的变化。他们开始更多地关注个体价值的实现，逐渐脱离制造业、建筑业等传统农民工集聚行业，选择在商业服务业部门就业。产生这一现象的原因可能是：首先，商业服务业属劳动密集型产业，有较大的用工需求，就业门槛低，对于初入劳动力市场、缺乏工作经验的第三代农民工而言，较容易实现就业；其次，在第三代农民工看来，传统行业缺乏职业发展前景，而转向第三产业，意味着更多的选择和可能；最后，商业服务业的工作环境相对较好、工作时间相对灵活，有助于第三代农民工自我的实现。

（4）多数农民工有“回流”的打算。劳动力回流是社会发展中一种普遍现象，也是城镇化和工业化历程中不可或缺的重要部分。当 $F-E<0$ 时（其中，F 为乡城迁移的推力或拉力；E 为回流的推力或拉力），已迁移的农民工在权衡利弊后，会做出回流的打算。第一、二代农民工的回流意愿明显高于第三代，呈现出年龄越大越容易做出回流决策的规律。这与众学者的研究结论相一致，从生命历程的视角来看，是生命历程中的一部分，且多与退休联系在一起。较高的受教育程度降低了第三代农民工的迁移成本，提高了他们在劳动力市场的收益及对新事物接受能力，进而增大了他们的乡村离心力。而对于第二、三代农民工而言，家中一般有需要照顾的老人及未成年子女，家庭负担较重，再加之，随着年龄的增长，身体素质日渐下降，已不能满足工作的需求。以上种种，均可能迫使他们做出回流的打算。

就业保障方面，包括收入水平、合同签订情况、工作强度、工资被拖欠或克扣情况及社会保险参保率等指标。

（1）农民工的收入水平仍需进一步提升，调查中仍有超过四成农民工的月平均收入低于国家平均工资水平。第二代农民工的收入水平在三代中有相对优势。贝克尔（Becker）的年龄—收入曲线显示，收入随着年龄的增长呈现倒U 形的轨迹。本文的结论与该曲线有一定的契合度。究其原因，一方面，随着年龄的增长，第一代农民工的身体素质下降，无法负担重劳力的职业，而第三代农民工进入城市劳动力市场不久，缺乏一定的技能水平与从业经验；另一方面，从第二代农民工自身出发，其有高于第一代农民工的受教育程度以及相对于第三代农民工的婚姻优势，家庭的支持会提高工作效率。

（2）劳动合同的签订率总体上仍不理想，第一代农民工的劳动合同签订率最低。从农民工自身出发，其权利意识及法律观念淡薄，对用人单位而言，其用工方式不规范。在劳动力市场供大于求的背景下，用人单位处于强势地位，农民工的合法权益很难得到保障。

（3）农民工普遍具有较高的工作强度。我国现行的标准工时制度是劳动者每日工作时间不超过 8 小时。但在现实生活中，鉴于农民工的工资发放制度多为计件工资制，加班已成为劳资双方的共同需求。德赛·M.（Dessing M.）指出，工资水平极低的劳动者，通常通过加班加点来维持基本生活，这部分农民工的需求层次仍处于较低的水平。第一代农民工的工作强度最大。一方面，可能与其职业类型有关，第一代农民工多在体制外的私营部门工作，并有一定比例的自营情况，同时在非技术性行业中占比较大；另一方面，尽管农民工的工作时间强度在很大程度上是由雇主安排的，但其在一定程度上有选择用人单位和是否同意加班的权利，因此，第一代农民工较高的工作强度在一定程度上反映了其生存型经济取向的职业价值观，相比较之下，第三代农民工则更加注重工作与生活的均衡。

（4）超过四成的农民工面临着不同程度的工资拖欠、克扣问题。农民工工资拖欠或克扣不仅对农民工本人带来了伤害，也对行业、社会、经济等方面带来了负面影响。第一代农民工遇到此种不公正对待的比例最高，这可能与其所从事的行业有关，第一代农民工多从事建筑行业，而这一行业管理混乱，是欠薪高发区；同时，第一代农民工的劳动合同签订率较低，合法权益难以得到保护。

（5）农民工的社会保险覆盖率还处于较低水平。这一现象与农民工自身、企业及政府都有关系。首先，农民工自身对社会保险法律法规了解不够，甚至存在一定的误解，参保意识淡薄，再加之，收入水平低下，一部分农民工不愿或无力缴纳保险费；其次，多数企业出于自身利益的考虑，逃避责任，不给农民工投保；最后，政府对社会保险的宣传力度不够、制定政策存在缺失也在一定程度上降低了参保率。除城镇居民医保及商业医保以外，第二代农民工的参保率均高于第一、三代，但这种差异不具有统计上的显著性。

城镇化是一个国家或地区现代化程度的重要标志，而农民工的就业问题则直接关乎着城镇化建设能否顺利地解决与实现。河南省作为中国的人口大省，农民工的就业问题更是与新型城镇化目标的实现息息相关。本文基于微观层次数据，采用描述性分析方法对河南省不同代次农民工的就业问题进行分析。本文的初步发现有利于全面了解河南省农民工的就业现状及代次差异，为改善农民工的就业问题提供了现实依据，但农民工就业问题影响机制还有待进一步的深入研究。

参考文献

罗霞、王春光：《新生代农村流动人口的外出动因与行动选择》，《浙江社会科学》，2003 年第 1 期。

Edward Taylor, Scott Rozelle, Alan de Brauw, "Migration and incomes in Source Communities: A New Economics of Migration Perspective from China," *Economic Development and Cultural Change* 52 (2002).

韩雪、张广胜：《进城务工人口就业稳定性研究》，《人口学刊》2014 年第 6 期，第 62～74 页。

黄乾：《城市农民工的就业稳定性及其工资效应》，《人口研究》2009 年第 3 期，第 5362 页。

周闯：《农民工与城镇职工的就业稳定性差异——兼论女性农民工就业稳定性的双重负效应》，《人口与经济》2014 年第 6 期，第 69～78 页。

陈昭玖、艾勇波、邓莹等：《新生代农民工就业稳定性及其影响因素的实证分析》，《农林经济管理学报》2011 年第 1 期，第 6～12 页。

陈艳玲：《新生代农民工就业稳定性的现状、影响因素及其解决对策分析》，《经济视角》2015 年第 6 期，第 32～34 页。

李强、龙文进：《农民工留城与返乡意愿的影响因素分析》，《中国农村经济》2009 年第 2 期，第 46～54 页。

Oded Stark, David E. Bloom, "The new economics of labor migration," *The American Economic Review* 2 (1985): 173－178.

Amelie Constant, Douglas S. Massey, "Return migration by German guestworkers: Neoclassical Versus New Economic Theories," *International Migration*, 4 (2002): 5－38.

蔡昉、林毅夫：《充分信息和国有企业改革》，上海人民出版社，2014，第 76～78 页。

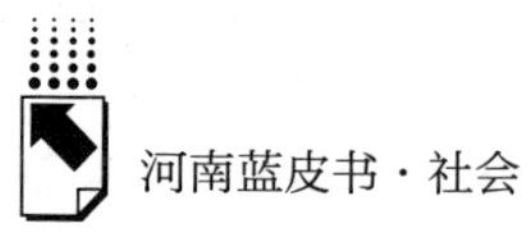

徐玉龙、王志斌、郭斌：《农民工就业歧视的经济学分析》，《财贸研究》2007 年第 1 期，第 42 ~ 43 页。

李迎生、袁小平：《新型城镇化进程中社会保障制度的因应——以农民工为例》，《社会科学》2013 年第 11 期。

范毅、荣西武：《农民工流动与城镇健康发展》，《中国经贸导刊》2009 年第 19 期，第 102 ~ 107 页。

朱志胜：《社会资本的作用到底有多大——基于农民工就业过程推进视角的实证检验》，《人口与经济》2015 年第 5 期。

杨婷：《有个人群叫农民工》，《中国经济时报》2004 年 10 月 27 日。

吴红宇、谢国强：《第二代农民工的特征、利益诉求及角色变迁——基于东莞塘厦镇的调查分析》，《南方人口》2006 年第 2 期。

Mannheim K. The Problem of Generations, *Essays on The Sociology of Knowledge* (London: Routledge, 1997), p276 - 322.

陈辉、熊春文：《关于农民工代际划分问题的讨论—基于曼海姆的代的社会学理论》，《中国农业大学学报（社会科学版）》2011 年第 4 期，第 51 ~ 63 页。

刘倩：《土地对第三代农民发展的供养问题研究》，硕士学位论文，石家庄经济学院，2015。

方小教：《农民工社会认同问题辨析》，《合肥师范学院学报》2010 年第 1 期，第 51 ~ 55 页。

宗成峰、朱启臻：《农民工生存状况实证分析——对南昌市 897 样本农民工的调查与分析》，《中国农村观察》2007 年第 1 期，第 47 ~ 48 页。

何美金、郑英隆：《农民工的形态演变：基于中国工业化进程长期性的研究》，《学术研究》2007 年第 11 期。

崔秉鑫：《我国农民工就业存在的问题与对策研究》，河北大学出版社，2008。

杨聪敏：《农民工权利平等与社会融合》，浙江工商大学出版社，2010，第 94 页。

ZHAO Yaohui, "The role of migrant networks in labor migration: the case of China," *Comparative Economic Policy* 21 (2003): 500 - 511.

BIAN Yanjie, HUANG Xianbi, "Network resources and job mobility in China's transitional economy," *Research in the Sociology of Work* 19 (2009): 255 - 282.

马光荣、杨恩艳：《社会网络、非正规金融与创业》，《经济研究》2011 年第 3 期，第 83 ~ 94 页。

张文宏：《社会资本：理论争辩与经验研究》，《社会学研究》2003 年第 4 期，第 27 ~ 44 页。

谢勇：《基于人力资本和社会资本视角的农民工就业境况研究——以南京市为例》，《中国农村观察》2009 年第 5 期，第 49 ~ 55 页。

朱志仙、张广胜：《人力资本、社会资本与农民工职业分层》，《沈阳农业大学学报

（社会科学版）》2014 年第 4 期，第 35 ~ 39 页。

DEMURGER S，GURGAND M，LI Shi，YUE Ximing，“Migrants as second-class workers in urban China：a decomposition analysis，” *Journal of Comparative Economics* 37（2009）：610 – 628.

Lorin Vadean，Matloob Piracha，“Circular migration or permanent return：what determines different forms of Migration，” *Discussion Paper* 4287（2009）：1 – 26.

罗明忠：《农村劳动力转移后回流的原因：逻辑推演与实证检验》，《经济学动态》2008 年第 1 期，第 51 ~ 54 页。

叶静怡、李晨乐：《人力资本、非农产业与农民工返乡意愿——基于北京市农民工样本的研究》，《经济学动态》2011 年第 9 期，第 77 ~ 82 页。

Borjas，George J. & Bratsberg，Bernt，“Who leaves? The Outmigration of the Foreign-Born”，*The Review of Economics and Statistics*（MIT PRESS，1996）.

DESSING M. “Labor supply，the family and poverty：The S-shaped labor supply curve，” *Journal of Economic Behavior and Organization* 49（2002）：433 – 458.

脱贫攻坚与社会保障

Report on Poverty Governance and Social Security

B.12 河南省大病医疗保险制度的实施效果研究

郑州大学课题组*

摘　要： 习近平总书记在十九大报告中指出要“实施健康中国战略”。城乡居民大病保险制度作为健康中国战略的重要组成部分，不仅能有效地减轻大病患者的医疗负担，还能在一定程度上缓解“因病致贫、因病返贫”的现象，减少贫困发生率。本研究选取郑州市四家医院作为调研地点，随机发放问卷，深入了解河南省城乡居民大病保险的实施现状，并对大病保险的实施效果进行评估。研究发现，居民对大病保险制度的整体实施效果比较满意，但河南省现行的大病保险制度依旧存在报销比例低、不可报销费用所占比例较高、政策宣传不到

---

* 课题负责人：范会芳，郑州大学公共管理学院副教授，硕士生导师；课题组成员：陈超男、李寅晓、王磊丽、朱琦、酒宇航、刘蓉蓉、刘乙霏、张宁，课题组成员均为郑州大学公共管理学院社会保障专业研究生。

位、异地报销制度不健全等问题。本文针对这些问题，提出改善城乡居民大病保险制度实施效果的意见，希望能够在健康中国战略的大背景下，探索完善大病保险的措施，充分发挥大病保险的保障效用。

关键词： 健康中国战略　城乡居民大病保险　社会保障

一　研究的背景及意义

（一）研究背景

十八大以来，党中央提出了建设“健康中国”的主张。十九大报告中，更是将实施健康中国战略纳入国家发展的基本方略，而推进大病保险工作的落实是健康中国建设的一个重要规划领域和实施环节。2009 年 3 月发布的《中共中央、国务院关于深化医药卫生体制改革的意见》提出，以提高住院和门诊大病保障为重点，逐步提高筹资和保障水平。2012 年 8 月，发改委等六部委印发了《关于开展城乡居民大病保险工作的指导意见》，开始在我国全面推进城乡居民大病保险试点工作①。2015 年，政府部门发布了《关于全面实施城乡居民大病保险的意见》提出“全面实施城乡大病保险”。河南省在中央意见指导下，积极进行大病保险制度的实施工作。

（二）研究意义

推进健康中国战略，如今成为党和国家工作的重点。而推进健康中国建设的基础，就是全民医疗保健制度。大病医疗保险制度作为医疗保健制度中的重要组成部分，需要不断优化，切实服务民生。河南省农村居民人口众多，人均可支配收入水平较低，个人抵抗医疗风险的能力较弱。为切实缓解城乡居民大

① 《黄洪：到 2017 年建立起比较完善的大病保险制度》，中国保监会网站，2015 年 11 月 4 日，http：//bxjg. circ. gov. cn/web/site0/。

病医疗负担过重的情况，寻求有效解决城乡居民因病致贫问题的有效途径，河南省大力推行大病医疗保险制度。但在实施过程中，该制度实施效果如何，影响实施效果的因素有哪些，是衡量大病保险服务民生能力的重要方面。本文以河南省大病保险制度为例，对该制度的实施效果进行实地调查，研究分析其实际运行状况，对大病保险制度的整体研究具有一定的现实意义。

二　核心概念界定

（一）健康中国战略

“健康中国战略”的提法源自2016年习近平同志在全国卫生与健康大会上发表的讲话，之后，十九大报告明确提出了健康中国战略的构想。

具体而言，健康中国战略是指将全体国民的健康问题提升到国家战略的高度，通过完善医疗保障体系，提升卫生医疗水平，进而保障全体国民的身体素质及健康程度的一系列做法及实施措施。本文将健康中国战略作为研究背景，旨在从国民健康角度出发，衡量城乡居民大病保险的实施效果，为进一步完善系统化制度体系提供参考性意见。

（二）重大疾病

本文中“重大疾病”指的是患者在治疗时需要支付大额的医疗费用，且该治疗费用在经过城乡基本医疗保险报销后，病人自付费用超过一定数额的疾病。

（三）城乡居民大病保险

城乡居民大病保险是从医疗费用出发的，与新农合重大疾病保障、商业重大疾病保险的病种起步是不同的。城乡居民大病保险是以被保人实际发生的高额医疗费用作为大病界定标准，同时高额医疗费的界定标准是以上年度城镇居民、农村居民年人均收取可支配收入进行测算和调整的。

本文将大病保险界定为，对发生高额医疗费用的患者，对自负医疗费用给予再次报销，是在基本医疗保险基础上设立的补充保险制度，有独立的筹资标准、起付线、补偿标准及基金运作。

三　河南省城乡居民大病保险制度的实施现状

（一）河南省城乡居民大病保险制度发展沿革

2013 年，河南省大病保险试点工作正式启动，在郑州市、新乡市开展了新农合试点，在洛阳市、安阳市开展了城镇居民大病保险试点，各市根据自己的情况设计了符合本市的补偿模式。试点取得了巨大成功，为之后在全省的推行积累了很多实践经验。

2014 年 10 月新农合大病保险在全省推行，保障对象涵盖全省新型农村合作医疗保险参保人员。2015 年 1 月城镇居民大病保险在全省推行，保障对象涵盖全省城镇居民基本医疗保险参保人员。2016 年 12 月，河南省人民政府办公厅颁布了《河南省城乡居民大病保险实施办法（试行）》（以下简称《办法》），规定最新的大病保险制度 2017 年 1 月 1 日起施行，实行全省统筹，分级负责的手段，即时结报，全省统一筹资、管理和运行大病保险资金，起付线、报销比例、封顶线完全相同，成为我国首个省级统筹的省份。

（二）河南省城乡居民大病保险制度的运行状况

1. 资金来源

大病保险资金是大病保险制度得以运行的前提。据 2016 年 12 月制定的《办法》规定，河南省城乡居民大病保险制度实行省级统筹，分级负责。大病保险资金筹集采取从城乡居民基本医疗保险基金划拨的方式，不再额外向城乡居民收取。当前城乡居民缴纳基本医疗保险的费用与上年度相比上涨了 40 元，达到每人每年 220 元。对于大病保险筹资标准的确定，《办法》规定筹资标准按全省城乡居民基本医疗保险当年总筹资额的 6% 左右确定；实施差异化的筹资政策，省级人力资源社会保障部门同省级财政部门，根据各地上年度居民人均可支配收入水平、大病保险受益情况和城乡居民人口构成情况分档确定各地区本年度大病保险筹资标准。

2. 保障范围

当前我国的社会保障体系遵循的是低水平、广覆盖的原则。城乡居民大病保险制度在保障范围上也遵循了广覆盖这一原则，具体体现在两个方面：一个是人员的广覆盖，另一个是费用报销的广覆盖。首先，在保障对象上，现行大病保险制度保障对象涵盖城乡居民基本医疗保险待遇的所有人员；其次，关于费用报销，《办法》规定，参保居民在一个保险年度内发生的住院医疗费用（含门诊慢性病、重特大疾病限价〔额〕结算的医疗费用），经城乡居民基本医疗保险基金按规定支付后，个人累计负担的合规医疗费用超过大病保险起付线的部分，由大病保险资金按规定支付。

3. 保障水平

保障水平的高低直接影响居民承担医疗费用的多少。城乡居民大病保险制度在确定最低起付线、最高支付限额及分段报销比例的基础上明确其保障水平。首先，参照河南居民人均可支配收入水平确定城乡居民大病保险制度的起付线为1.5万元，参保人在一个保险年度内住院（含多次住院），只需负担一次大病保险起付线，在基本医疗保险报销的基础上超过起付线的部分可进行大病报销，即所谓的“二次报销”；其次，根据河南经济发展水平和大病保险资金承受能力规定大病保险最高支付限额为40万元；最后，在结合大病保险资金收支情况和城乡居民医疗费用情况的基础上，确定了如下分段报销比例：1.5万~5万元（含5万元）支付50%，5万~10万元（含10万元）支付60%，10万元以上支付70%，[①] 参保人在一个保险年度内（即每年1月1日至12月31日）累计发生的合规自付医疗费用超过起付线以上的部分由大病保险资金按比例分段报销。（见表1）

表1　河南省现行大病保险报销规定

项目	规定
保障对象	享受城乡居民基本医疗保险待遇的人员
保障范围	基本医保基金补偿后的合规医疗费用
起付线	1.5万元
报销比例	1.5万~5万元(含5万元)支付50% 5万~10万元(含10万元)支付60% 10万元以上支付70%
报销限额	40万元

① 《2016河南省大病医保办理流程及报销比例》，河南省人力资源与社会保障厅，2016年5月27日。

4. 运行机制

河南省城乡居民大病保险制度遵循政府主导、市场运作的原则。2016 年 12 月《办法》规定，省级人力资源社会保障部门要根据有关规定明确承办大病保险的商业保险机构的必备条件，坚持公开、公平、公正和诚实信用的原则，建立健全招投标机制，规范招投标程序，选定承办大病保险的商业保险机构。通过引入竞争机制，选定两家以上商业保险机构承办大病保险业务，合作期限以至少 3 年为一个周期，同时要求商业保险机构年度盈利率（含运营成本）控制在当年筹集大病保险资金总额的 3% 以内。同时要求，政府与商业保险机构双方以合同方式来明确各自的责任、权利和义务。

5. 监管方式

任何制度的可持续发展都需要严格的监督与管理。由于大病保险具有准公共产品的属性，又是通过政府主导、市场运作这一方式来实现的，对这项制度的监管更需要完善的监管方式。当前，对大病保险制度的监管主要分为两部分：即政府监管与社会监管。在整个制度运行中政府都处于主导地位。政府监管职责主要表现在：首先，政府相关部门要对商业保险机构的准入和退出机制进行监管；其次，对大病保险资金进行监管；最后，政府还要对服务过程、报销环节等方面进行监管。

四　河南省城乡居民大病保险实施效果分析

（一）数据来源与基本情况

课题组于 2018 年 8 月 ~2018 年 10 月立足于河南省郑州市的四家医院：郑州大学第一附属医院河大院区、郑州大学第一附属医院郑东新区、河南省肿瘤医院、郑州大学第五附属医院进行了实地问卷调研，与此同时，还与医护人员、经办人员进行了深入的访谈，获得了较为全面的定性与定量的数据资料。本次问卷调查共发放问卷 110 份，回收有效问卷 103 份，问卷有效回收率为 93.6%。

（二）样本基本情况

本次调查中，男性占样本总体 50.49%；女性占比 49.51%。此外，调查对象年龄主要分布在41~60岁之间，占比42.72%。60岁以上的样本占调查总体的25.24%，18~40岁之间的样本占比32.04%。50.49%的样本文化程度在初中及以下，高中或中专文化程度的样本占比27.18%，大专及以上文化程度的样本为22.34%。82.52%的调查对象为农业户籍，非农业户籍占比为17.48%。调查对象的家庭经济来源（排名前三位）主要是务农收入、外出务工收入及个体经营收入。

有将近半数（48.54%）的样本"过去三年住院次数"在3次以上，住院1~2次的占比45.63%，从未住过院的仅有5.83%。贫困家庭占样本总体的14.56%，普通家庭占比85.44%。此外，有41.75%的调查对象表示"只有在身体有异样时才会体检"，有25.24%的调查对象表示从不体检，定期去做体检的只占样本总体的12.62%。

具体数据见表2。

表2 调查样本基本情况介绍

变量	指标	频数（个）	百分比（%）	变量	指标	频数（个）	百分比（%）
性别	男	52	50.49	文化程度	初中及以下	52	50.49
	女	51	49.51		高中或中专	28	27.18
年龄	18岁及以下	0	0		大专	8	7.78
	19~25岁	13	12.62		本科	13	12.62
	26~40岁	20	19.42		硕士及以上	2	1.94
	41~60岁	44	42.72	住院次数（过去三年）	零次	6	5.83
	60岁以上	26	25.24		一次	22	21.36
家庭主要来源	在家务农	43	41.75		两次	25	24.27
	外出务工	41	39.81		三次	12	11.65
	个体经营户	14	13.59		四次及以上	38	36.89
	退休金	2	1.94	家庭情况	贫困家庭	15	14.56
	政府补助	1	0.97		普通家庭	88	85.44
	其他	2	1.94	体检情况	定期体检	13	12.62
户籍	农业	85	82.52		不定期体检	21	20.39
	非农业	18	17.48		有异样时体检	43	41.75
					从不体检	26	25.24

（三）实施效果评价

本研究将实施效果细化为三个维度：大病医疗保险制度目标实现情况、大病医疗保险群众认知度情况以及大病医疗保险群众满意度情况。

首先是大病医疗保险制度目标实现情况。大病医疗保险制度建立的初衷在于补充基本医疗保险在“大病”方面的功能缺位，减轻人民群众在大病方面的费用负担，缓和医患关系，维护社会的稳定。实施效果的评估归根结底是考察制度目标的实现情况，因此，明确制度目标并多维度地进行考察是十分有必要的。

其次是大病医疗保险群众认知度，高认知度使得群众度对于政策的理解程度高，从而更加倾向于配合政策，达到较好的实施效果。反之，则会激发医患矛盾，阻碍制度的实施。

最后是大病医疗保险群众满意度情况。李克强总理曾提出，“大病保险是评价一个国家医疗保障水平的重要标准”，居民对大病保险政策是否满意是衡量大病保险实施效果的一个重要标准，本研究将满意度细化为 4 个二级指标，14 个三级指标进行全方位评价。

1. 大病保险制度目标基本实现

首先，实现医疗保险的全覆盖，具体体现在两个方面：一个是人员的广覆盖；另一个是费用报销的广覆盖。从保障对象来看，河南省大病保险保障的是城乡居民医保参保人群，据统计，截止到 2017 年末，河南省总人口 10852.85 万人，参加城镇职工医疗保险人数 1228.23 万人，参加城乡居民基本医疗保险人数 9182.47 万人，基本实现医疗保险的全覆盖，基本实现了大病保险制度的目标。（见表 3）

表 3　2017 年年末人口及构成

指标	年末人口数（万人）	比重（%）	指标	年末人口数（万人）	比重（%）
年末总人数	10852.85		乡村	4764.27	49.84
常住人口	9559.13	100	城镇职工医保	1228.23	11.32
城镇	4794.86	50.16	城乡居民医保	9182.47	84.61

其次，减轻人民群众大病医疗费用的负担。河南省大病保险的出台是为了“进一步完善社会医疗保障体系，逐步提高城乡居民大病基本医疗保障水平，减轻人民群众大病医疗费用负担，解决因病致贫、因病返贫问题”。本研究针对大病保险能否有效地减轻城镇居民的医疗负担设计了医疗花费、重病对家庭经济的影响以及大病保险对家庭经济负担的影响三个问题。

调查发现，目前城乡居民基本医疗保险对居民住院医疗费用的实际报销比例大体能高于50%。有87.91%的调查对象认为发生重大疾病对家庭的经济状况影响比较严重（包括“影响较大”和“影响非常大”）；只有12.09%的调查对象认为发生重大疾病对家庭的经济状况影响不太严重（包括“一般”“有影响但基本能应付”“完全没有影响”）。（见图1）64.83%的调查对象认为城乡居民大病保险能够减轻医疗负担（包括“能减轻”和“比较能减轻”）；35.16%的调查对象认为城乡居民大病保险不能够减轻医疗负担（包括“影响不太大”“不太能减轻”“不能减轻”）。（见图2）

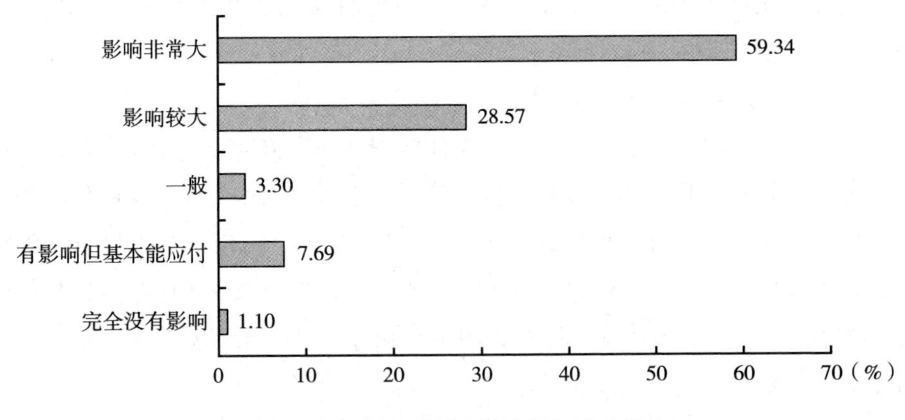

图1　重大疾病对家庭经济状况影响程度

由此可知，“医疗保险全面覆盖”这一政策目标基本实现，“减轻重大疾病医疗负担”这一政策目标还有待完善。但随着时间的推移和参保者自付医疗费用的累计，政策对减轻居民高额医疗费用负担的作用将更加明显。

最后，在维护社会稳定方面，本研究通过调查以下几个问题进行分析：能否缓和家庭因病致贫或因病返贫的倾向、缓和家庭因支付医疗费用产生的矛

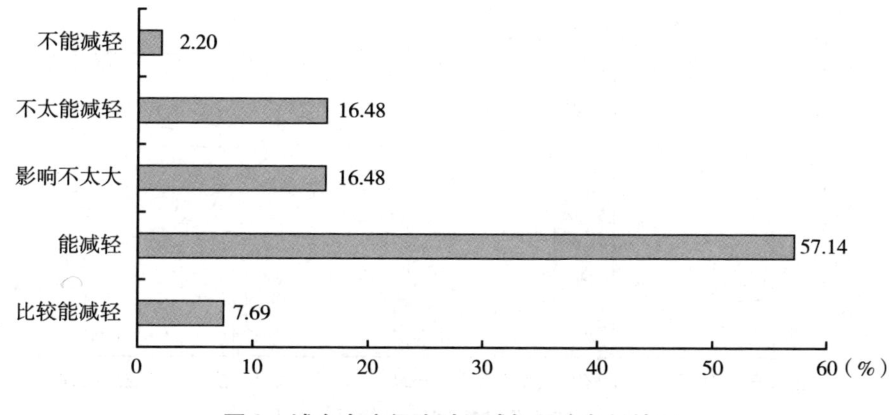

图2　城乡大病保险对于减轻医疗负担情况

盾、大病保险能否增加安全感这几个问题。

数据显示，75.83%的被调查者认为大病保险能够缓和家庭或个人因病返贫的倾向（包括“一定程度上有”“很大程度上有”），24.17%的被调查者认为大病保险不能够缓和家庭或个人因病返贫的倾向（包括“一般”“不太有可能”“完全没有”）。84.61%的被调查者认为大病保险能够缓解家庭因支付医疗费用而产生的家庭矛盾（包括“有一些影响”“有很大影响”），15.39%的被调查者认为大病保险不能够缓解家庭因支付医疗费用而产生的家庭矛盾（包括“影响不太大”“没有影响”“不清楚”）。80.22%的被调查者认为大病保险能够增加安全感（包括“有很大安全感”“有一些安全感”），19.78%的被调查者认为大病保险并不能够增加安全感（包括“没有安全感”“不清楚”）。见图3、图4、图5。

在维护社会稳定方面，一方面大病保险的发展会给人们一种安全感，会减少人们为看大病所做的储蓄，促进整个社会的消费，从而有利于经济的发展；另一方面大病保险使居民的医疗费用降低，有利于缓和一个家庭因支付医疗费用产生的矛盾，使家庭关系变得和谐。家庭是社会的基本单位，因此，大病保险在一定程度上能够减少社会不稳定因素的产生，维护社会的和谐发展。无论是在运行机制还是在维护社会稳定方面，大病保险均具有可持续性。

2. 居民对大病保险制度的认知度有待提高

为明确居民对于大病保险报销比例、报销范围、报销流程的了解程度

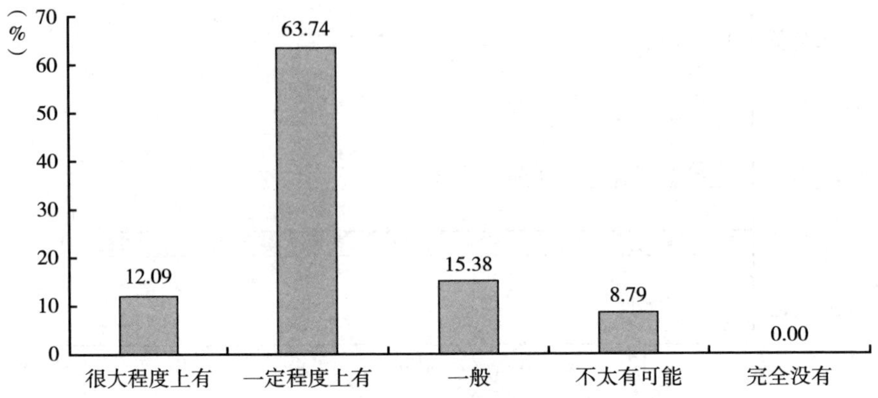

图3　大病保险减轻家庭返贫概率的程度

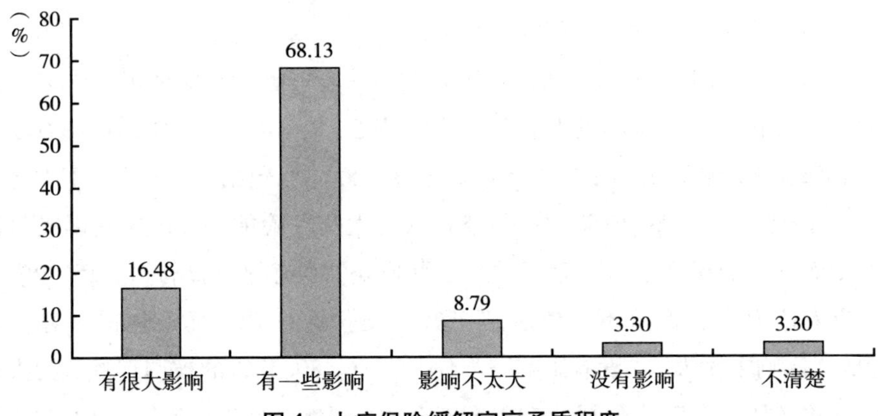

图4　大病保险缓解家庭矛盾程度

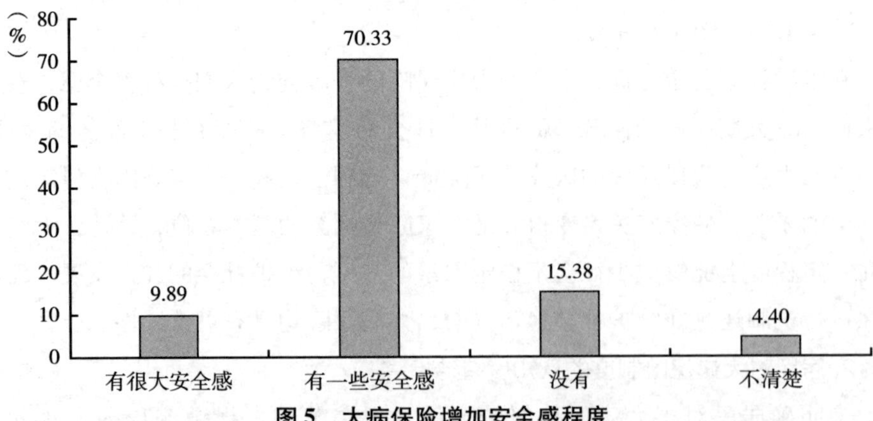

图5　大病保险增加安全感程度

以及居民对大病保险的总体了解程度，本研究运用李克特五等分量表进行测量。

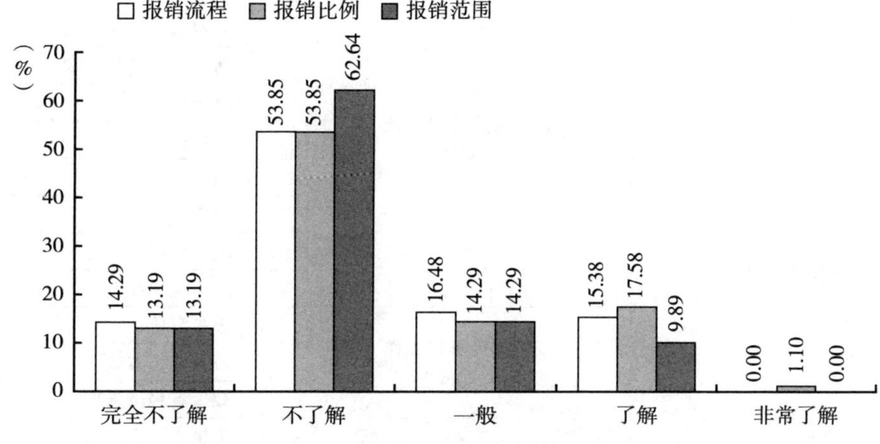

图 6　大病保险政策了解程度

调查数据显示，城乡居民对于大病医疗保险制度的报销流程、报销比例、报销范围“不了解”（包括“非常不了解”和“比较不了解”）的占比分别为 68.14%，67.04%，75.83%，表示自己了解这些程序的仅占 15.38%、17.58 和 9.89%。

除此之外，本研究对居民对大病保险的了解途径进行了调查，发现 95% 以上的居民都是患病之后才了解相关政策的，其中有 52% 的被调查者是通过医院窗口了解医保政策的。

统计结果表明，有关部门对大病保险政策的宣传还不够到位，需要加强这方面工作的力度，提高居民了解医疗保险相关政策的主动性。

3. 居民对大病保险制度基本满意

本研究主要从总体方面和细节方面对大病保险的满意度进行了解，总体方面主要是“对大病保险的总体满意程度”，细节方面具体从大病保险政策设计评价情况、政策宣传解释工作评价情况和医疗卫生机构评价情况三大方面共 14 个小题进行调查分析，如下表 4。

第一，60% 以上的居民对政策设计表示“满意”。18.68% 的被调查者对于大病保险制度报销范围表示不满意（包括“不满意”“非常不满意”），

表4　大病保险满意度指标

<table>
<tr><th>一级指标</th><th>二级指标</th><th>三级指标</th></tr>
<tr><td rowspan="16">大病保险满意度</td><td rowspan="9">大病保险政策设计满意度情况</td><td>参保政策</td></tr>
<tr><td>缴费水平</td></tr>
<tr><td>缴费额的增长幅度</td></tr>
<tr><td>报销政策</td></tr>
<tr><td>报销比例</td></tr>
<tr><td>报销范围</td></tr>
<tr><td>报销限额</td></tr>
<tr><td>报销程序</td></tr>
<tr><td>政策稳定性</td></tr>
<tr><td rowspan="3">政策宣传解释工作满意度情况</td><td>政策宣传</td></tr>
<tr><td>政策宣传方式</td></tr>
<tr><td>政策解释清晰度</td></tr>
<tr><td rowspan="3">医疗卫生机构满意度</td><td>报销方便程度</td></tr>
<tr><td>经办人员业务能力</td></tr>
<tr><td>报销及时性</td></tr>
<tr><td>大病保险总体满意度</td><td></td></tr>
</table>

36.27%的被调查者对于大病保险的报销比例表示不满意（包括“不满意”“非常不满意”），见表5。

表5　政策设计满意度

单位：%

项目＼态度	非常满意	满意	一般	不满意	非常不满意
缴费水平	3.30	38.46	41.76	15.38	1.10
缴费额增长幅度	2.20	18.68	52.75	20.88	5.49
报销范围	5.49	36.26	39.56	17.58	1.10
报销比例	4.40	19.78	39.56	34.07	2.20
总体(参保政策)	7.69	59.34	25.27	6.59	1.10

第二，城乡居民对于大病保险政策认知度在一定程度上取决于相关部门对政策的宣传。调查结果显示，居民对政策宣传工作的评价不高。近60%的被调查者对相关部门对该政策的宣传方式及解释效果不满意，见表6。

表 6　政策宣传满意度

单位：%

项目＼态度	非常满意	满意	一般	不满意	非常不满意
政策宣传方式	3.30	10.99	16.48	56.04	13.19
政策解释清晰度	2.20	13.19	26.37	50.55	7.69
总体(政策宣传)	4.40	8.79	18.68	56.04	12.09

第三，整体上看，调查对象对于大病医保政策的“报销方便程度”及“报销及时性”满意度较高（64.84%、68.13%），但对于经办人员的业务能力满意度较低（31.87%），见表 7。

表 7　卫生机构满意度

单位：%

项目＼态度	非常满意	满意	一般	不满意	非常不满意
报销方便程度	9.89	54.95	28.57	5.49	1.10
经办人员业务能力	7.69	24.18	50.55	10.99	6.59
报销及时性	6.59	61.54	25.27	4.40	2.20

五　河南省城乡居民大病保险存在的问题

（一）不可报销费用比例较高

为防止医疗资源的浪费，政府在设立基本医疗保险制度之初就规定只有符合医保目录的服务和药品才能报销。但调研中发现，很多经常使用的医疗机械和药品不在报销范围内，医疗器械不得不买，可报销药品疗效不佳。经大病保险报销后，患者需要承担的费用仍然较高，患者家庭的负担仍然较重。

访谈对象 04：“我们这次治疗花的钱大多数都报不了，这次化疗、火疗的都报销不了，现在用的一些药也报销不了，用的进口药一次就 2000 多块钱，一个星期最少得用三次，我们也不想用这么贵的药，可是这个病就得用这药，不用不行啊，这都报销不了，越是花费高的药、检查和医疗器械，越是不给报销，我们花两万，结果能参加报销的也只有两千块钱，根本解决不了我们的问题，我们也没有办法，马上就要治不起了，现在只能治一步看一步了。”

访谈医生 01：“有些病确实得需要进口药治疗，主要是根据病种以及病情的发展，进口药确实贵，我们也不想让病人用那么贵的进口药，但是没有办法，纳入医保的基础药已经治不了的情况下，我们才会推荐使用进口药。”

（二）预防机制不健全

当前城乡居民整体缺乏体检意识，医疗保险中体检制度存在空白。中共中央、国务院于 2016 年 10 月 25 日印发的《“健康中国 2030”规划纲要》指出，要坚持预防为主、防治结合、中西医并重，转变服务模式。① 据中国健康促进基金会理事长白书忠介绍，以胃癌为例，目前日本、韩国的早期诊断率在 80% 以上，我国还不到 20%，原因是我国对一些重大疾病还没有做到早诊断和早治疗。体检项目纳入医保，可减少难以统计的慢性病病人和大病病人出现，所节省的医疗费将是天文数字，自然降低医疗和医保基金支出。如前文所述，只有 9.89% 的居民定期体检，42.86% 的居民是在身体有异样时才去体检，26.37% 的居民从不体检（见图 7）。

（三）政策宣传不到位

城乡居民作为大病保险的保障对象，理应了解这个对他们的生活和健康相当重要的制度。但是，调查发现，农村居民（样本中的主体）对于该政策知之甚少。虽然他们表示整体上也知道该政策，但是当问大病医疗保险制度的报销流程、报销比例、报销范围时，有一半以上的人都表示“不了解”。造成该问题的原因一方面与农村居民的文化程度不高有关，另一方面也体现了相关部门对于大病医保政策的宣传不到位，宣传方式和宣传力度有待进一步提高。

访谈对象 06 反映：“我们根本不了解这个政策，也没有人过来跟我们宣传讲解，每次都是村干部过来让交钱就交钱，也不跟我们讲都是应该怎么用这个

① 《“健康中国 2030”规划纲要》，中国政府网，2016 年 12 月 30 日，http：//www.mohrss.gov.cn/SYrlzyhshbzb/zwgk/ghcw/ghjh/201612/t20161230_263500.html。

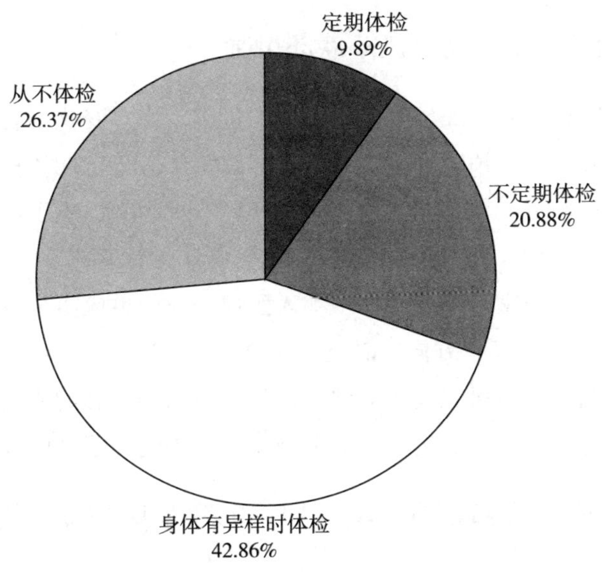

图 7　城乡居民体检状况

保险，我们是得了这个病，才多多少少有点了解，之前一点也不知道，更不要说是村里的村民了，谁不生病也不会知道的，电视上平时也没有关于医疗保险这方面的宣传。”

六　完善城乡居民大病保险制度的建议

（一）合理确定合规费用，降低不可报销比例

减少患者自付费用支出是迈向全面健康覆盖的必要前提。随着医疗技术水平的提升及人民生活水平的提高，人民的健康意识也不断提高，就医需求随之发生了改变。合理界定大病保险的可报销费用，逐步扩大可报销医保范围是城乡居民所迫切需要的。基于此，可将那些频率使用高的、产生较高医疗费用的诊疗项目和药品纳入报销范围内，也可分析大病费用的组成结构，划分出医保目录外合理的报销项目，制定大病医保补充目录。在合规报销范围内纳入患者经常使用的非医保药品，并对患者使用较多的药品按照其使用频率高低制定不同报销比例，不断提高报销水平。

（二）预防为主，建立风险联动机制

个体从健康到疾病会经历发生、发展的过程，许多变化不容易被察觉。因此，有必要加大对大病预防的投入，鼓励居民每年进行定期体检。定期体检能够有效预防、降低重大疾病的发生率。所以，建议相关部门适当调整倾斜程度，改变“医保费用”报销只能针对已发生疾病治疗环节的支出的做法。事实上，在不少发达国家，早已将体检纳入医保，我们也应尽早制定政策，重新调整医疗卫生和社会服务方向，转变“重治疗、轻预防”的观念，将体检纳入医保。这既能有效地保证国民的健康，降低小病变大病的可能性，又可从根本上减轻大病居民的就医负担，更能够减少医保中的一系列问题。

（三）加强宣传和教育，增强居民的政策认知度，提高居民健康风险意识

目前政府对大病保险的宣传呈现多样化的特点，但街道居委会、村委会这些基层组织宣传频率仍较低。政府应该加大宣传力度，增加宣传形式，例如制作公益广告，定时在电视电台播放，使大病保险政策内容在参保者意识中形成潜移默化的影响。同时，建议采取强制措施让居委会、村委会加强宣传。

另外，从调查中发现，大部分居民没有购买商业健康保险，部分居民认为通过运动可以维持健康。本文认为重大疾病是发生率低、损失额度高的健康风险，从风险管理的角度看，购买商业健康风险和通过锻炼实现保持健康状态目标均属于风险处理的手段，两者并无冲突。但居民需要的是提高健康风险意识，因此在宣传大病保险的同时，通过举办健康宣传活动，向居民宣传保持健康和促进健康的保健知识，提高居民对健康风险的了解。

B.13

河南“三山一滩”地区扶贫攻坚的调查与思考*

崔学华**

摘　要： 文章分析了“三山一滩”地区的贫困状况，评价了近年来精准扶贫的做法与成效，分析了当前存在的突出问题及影响因素，提出了“三山一滩”地区扶贫攻坚和农民增收的几点建议，需要强化农村基层组织建设；激发贫困群众内生动力；发展持续参与的扶贫产业；加强社会合力，构建大扶贫格局；加强监督管理，完善扶贫监管体系。

关键词： 三山一滩　扶贫攻坚　农民增收

“三山一滩”地区是河南省扶贫开发的主战场和硬骨头。全省贫困人口总量居全国第三，其中超过70%的贫困人口集中在“三山一滩”地区。全省四个深度贫困县嵩县、卢氏县、淅川县、台前县和1235个深度贫困村也主要集中在此。因此，抓好该地区的扶贫攻坚，就等于抓住了全省扶贫攻坚的牛鼻子。长期以来，“三山一滩”地区贫困数量大，贫困程度深，自然条件差，基础设施落后，锅底人群偏多。本文在分析了“三山一滩”地区贫困状况的基础上，评价了近年来精准扶贫的做法与成效，分析存在的突出问题及影响因素，找出当前“三山一滩”地区扶贫攻坚的重点和难点，提出了农民稳定增收的思路和建议。

---

* 本文为2019年度河南科技智库调研课题“河南深度贫困地区扶贫攻坚的调查与思考”（编号HNKJZK－2019－39B）的阶段成果。

** 崔学华，河南省社科院社会学所副研究员。

一　河南“三山一滩”地区贫困状况分析

“三山一滩”地区是河南省确定的连片特困地区的简称，规划涉及70个县，扶贫开发重点县49个，其中国家级扶贫开发工作重点县36个、省定扶贫开发工作重点县13个。全省1235个深度贫困村中，928个村分布在“三山一滩”地区，占75.1%；“三山一滩”深度贫困村中，551个村分布在伏牛山区，占59.4%；179个村分布在大别山区，占19.3%；94个村分布在太行山区，占10.1%；104个村分布在黄河滩区，占11.2%。（数据来源2018年初，省农普办，下同）。

（一）贫困人口和贫困村分布情况

截至2018年初，“三山一滩”地区共2671个贫困村（指未出列，下同），占全省的71.7%；贫困人口159.3万人（指未脱贫，下同），占全省的72.0%。大别山地区28个县共有961个贫困村，31.1万户、82.7万人。伏牛山地区18个县（含西峡、陕县两个面上县）共有1059个贫困村，18.8万户、50.4万人。太行山地区8个县，其中8个面上县。共有181个贫困村，2.2万户、5.1万人。黄河滩区17个县共有470个贫困村，7.7万户、21.1万人。数据表明，当前扶贫攻坚任务比较艰巨。

（二）贫困人口健康状况

“三山一滩”地区贫困人口中，健康的有92.4万人，占58.0%；长期慢性病的有37.5万人，占23.5%；患大病的有7.1万人，占4.5%；残疾的有18.4万人，占11.6%；残疾且患大病的有0.9万人，占0.6%；残疾且患长期慢性病的有3.0万人，占1.9%。数据表明，“三山一滩”地区锅底人群数量多，占据四成左右，政府需要兜底帮扶的任务相当繁重。

（三）贫困人口劳动能力情况

“三山一滩”地区贫困人口中，普通劳动力有67.4万人，占42.3%；技能劳动力有0.2万人，占0.1%；丧失劳动力的有18.5万人，占11.6%；无劳动力的有73.1万人，占45.9%。数据表明，相关部门需要大力加强职业技能培训。

（四）贫困人口在校生情况

“三山一滩”地区贫困人口中，在校生贫困人口35.9万人，占贫困人口总数的22.5%。其中，学前教育占17.6%；小学占42.6%；初中占18.4%；高中占10.1%；中职占1.6%；高职占0.5%；大专及以上占9.1%。九年义务教育阶段的在校生共有21.9万人，占在校生贫困人口的61%。教育扶贫仍在路上，需要持续对接。

（五）贫困人口务工地情况

“三山一滩”地区贫困人口中，有劳动能力人口67.6万人（包括普通劳动力和技能劳动力），占贫困人口总数的42.4%。有劳动力能力人口中，务工人员有29.1万人，占有劳动能力人口的比例为43%。其中，乡镇内务工人员11.1万人，占务工人口的38.1%；乡镇外县内务工人员3.8万人，占务工人口的13.1%；县外省内务工人员4.7万人，占务工人口的16.2%；省外务工人员9.5万人，占务工人口的32.6%。数据表明，推进城镇化人口转移和贫困村产业扶贫要并驾齐驱，因地制宜。

（六）贫困户主要致贫原因

当前，“三山一滩”地区贫困户主要致贫原因，按人口占比统计，由高到低依次为：“因病”致贫82.7万人，占比51.9%；“因残”致贫30万人，占比18.8%；“缺技术”致贫13万人，占比8.2%；“缺劳动力”致贫11.1万人，占比7%；“缺资金”致贫9.9万人，占比6.2%；“因学”致贫8.2万人，占比5.1%；“自身发展动力不足”致贫1.8万人，占比1.1%；“因灾”致贫1.2万人，占比0.8%；“交通条件落后”致贫0.8万人，占比0.5%；“缺土地”致贫0.5万人，占比0.3%；“缺水”致贫0.05万人，占比0.03%。所以，扶贫攻坚到最后，任务重，难度大，兜底多。

（七）贫困户生活条件困难情况

“三山一滩”地区52.9万户未脱贫贫困户中，“饮水困难”的贫困户有0.6万户，占1.1%。“无安全饮用水”的贫困户有1.0万户，占1.9%。“住危房”的贫困户有4.1万户，占7.8%。“无卫生厕所”的贫困户有34.4万户，占65.0%。农村生活环境亟待完善。

综上所述，“三山一滩”地区贫困状况不容乐观，深度贫困人数多，因病致贫人口占到一半以上，扶贫任务艰巨，必须聚焦精准扶贫，重点突破深度贫困，在农村生活环境改善、农村产业扶贫、教育扶贫、技能培训以及政府的兜底帮扶监督机制上，持续发力，持续完善，彻底打好“三山一滩”地区精准扶贫攻坚战。

二　“三山一滩”地区精准扶贫的实践与成效

近年来，各级党委政府高度重视“三山一滩”地区的扶贫开发工作，以作风攻坚带动脱贫攻坚，改善了党群干群关系，改善了民生民意，提升了群众满足感获得感，农村基层相对稳定，信访事件逐步减少，全省上下集中精力脱贫振兴。

（一）各级党委政府高度重视，将精准扶贫作为头等要务

2013年11月，习近平到湖南湘西考察时首次提出精准扶贫的指示。2014年5月，习近平在河南考察时，充分肯定了河南省“三山一滩”扶贫开发工作，研究支持政策。2015年正式启动黄河滩区居民迁建试点，兰考率先在全省完成试点迁建任务。2017年5月，李克强考察黄河滩区居民迁建情况，研究推进黄河滩区居民迁建工作。省委省政府坚持以脱贫攻坚统领地区经济社会发展，计划从2017年至2019年，用3年时间将黄河滩区地势低洼、险情突出的24.32万人整村外迁安置，2020年完成搬迁任务。截至2017年10月，19个黄河滩区移民安置点建设全部开工。同时，制定了系列政策文件，让河南精准扶贫有章可循、有制可依。《河南省脱贫攻坚责任制实施细则》《河南省脱贫攻坚督查巡查工作实施细则》《河南省贫困县脱贫

工作成效考核办法》等等，对“三山一滩”地区早日精准脱贫给予了政策支持和制度保障。

（二）精心组织产业扶贫，着力解决可持续性发展

近年来，省委、省政府结合本省实际，按照投资少、风险小、带动强、发展快的原则，确定了特色林果业、畜牧养殖业、乡村旅游业、轻纺制造业、农产加工业、电商流通业等重点脱贫产业，组织各地因地制宜，选准产业发展方向，按照特色发展、规模经营的原则进行产业布局，带动贫困户脱贫增收。同时，强化脱贫主体责任，重点发展脱贫产业和扶贫车间，围绕“一村一品”，加大对贫困地区的产业支持力度，促进深度贫困地区发展。另外，“三山一滩”地区引导有劳动意愿的扶贫对象参与到产业扶贫项目，因户施策，提供信息服务和政策咨询，帮助贫困户脱贫致富，保障区域经济的可持续发展。

（三）注重扶贫开发造血功能，带动扶志与扶智相结合

各级政府坚持把能力建设放在扶贫攻坚工作的首位，以增强扶贫对象自我发展能力为着力点，不断增强贫困村和贫困户的内生动力和发展活力，让农民有强烈的脱贫意愿。同时，注重对贫困地区的人力资本投资，拓展个人的社会资本支持网络，使扶贫对象能够从各类培训中真正掌握一技之长。例如，2011年以来，河南大力实施“雨露计划”，培训贫困家庭劳动力20.211万人，专项培训贫困村负责人和致富带头人2900名。2015年启动扶贫创业致富带头人培训工程，为每个建档立卡贫困村培养3～5名扶贫创业致富带头人，全省累计培训2.92万人以上，每人带动3户以上贫困户，实现约35万贫困人口的增收脱贫，其中“三山一滩”的占到七成以上。

（四）广泛凝聚扶贫合力，提供扶贫坚实基础

“三山一滩”地区通过将专项扶贫、行业扶贫、社会扶贫凝聚在一起形成合力，有效推动了区域间贫困问题的解决。专项扶贫发挥了重要的平台作用，各地以整村推进扶贫开发、易地搬迁扶贫为平台，大力实施专项扶贫，取得了明显成效；行业扶贫做出了重要贡献，全省所有贫困村实现了行政村五通

（通公路、通电、通邮、通电话、通广播电视），解决了89万户贫困农户、352万贫困人口饮水难问题，这与各行业部门在政策、资金、项目、技术等方面支持贫困地区是分不开的；社会扶贫日益成为扶贫的一支重要力量，各级党政机关、人民团体、企事业单位、科研院校开展的定点扶贫和“村企共建扶贫工程”等，有力助推了贫困地区发展。

（五）以作风攻坚带动脱贫攻坚，扶贫开发水平迈上新台阶

各地以习近平新时代中国特色社会主义思想为指引，突出问题导向，推进工作重心下移，搭起党群干群连心桥，改善干群关系，巩固执政基础，充分体现了发展为了人民，发展依靠人民，发展成果与人民共享的思想，为打好打赢脱贫攻坚战提供了坚强的纪律和作风保障。各地相继采取了“五天四夜”工作法，开展“群众热线”“大走访”等活动，一方面确定了党建引领的突出地位，加强了贫困村“两委”班子建设，推进了贫困村软弱涣散党组织整顿提升工作；另一方面加强了作风治理工作的力度，解决了扶贫领域责任落实不到位、工作措施不精准、资金管理使用不规范、工作作风不扎实、考核评估不严格等突出问题；同时，提高了扶贫干部的政治站位，筑牢了扶贫干部的责任意识，通过制定责任清单、问题清单、整改清单进一步强化精准扶贫责任落实机制，着力推行考核评估制度，助推精准扶贫迈上新台阶。

三　当前“三山一滩”地区扶贫攻坚面临的突出问题

调研中发现，“三山一滩”地区农民增收缺乏持续性，扶贫攻坚仍然面临一些突出问题。

（一）急就章多，可持续少

临时性应急性扶贫多，公益性稳定性扶贫少。“三山一滩”地区大部分属于生态功能区，大多是水源地，有些属于军事化管理区，发展产业受限；加上资源禀赋先天不足，农业生产受限；部分产业项目缺乏前景规划，缺乏市场对接，为了响应号召完成任务，短时间、大规模、突击性的搞扶贫项目建设。这种急就章式的扶贫方式隐含着巨大的风险性和盲目性，造成产业同质化问题严

重，产品价格低廉，竞争力弱，缺乏可持续性。

金融扶贫隐含风险也很大。目前，金融扶贫贷款门槛低，农村贫困户户贷企用，自身不具备拿钱生钱的能力，交给企业赚钱收益，贫困户参与度低，企业经营风险容易转嫁。勤劳的人拿着钱生钱，游手好闲的人拿着钱吃喝玩乐，等吃等喝，政府停止发放贷款立即返贫。

有些贫困村急功近利，为了实现扶贫政绩提前脱贫，不惜搞假脱贫、数字脱贫、当年建卡当年脱贫，造成一些人脱贫以后很快返贫。一些对口扶贫单位也是象征性送米送面，送钱送物，不解决根本问题，扶贫工作走过场，临时性应付。深入实际的真扶贫少，应景性走过场多。

（二）贫困户内生动力仍显不足

当前，贫困户主要分三类，第一类是天灾人祸致贫，比如因病因学、因自然灾害致贫等。第二类是憨傻痴呆，每村 1 ~ 2 个不等。第三类是好吃懒做，就是所谓的懒汉，每天喝个小酒，打个小牌，就是不干活。三类贫困户中，第一类具有内生动力，可以采取临时性救助。第二、三类内生动力不足。一个贫困户家里如果有四五个人，各种帮扶经费包括产业扶贫、金融扶贫和低保帮扶加起来，每年可以拿到 2 万左右，这些扶贫资金基本能解决贫困户的所有问题。所以，这两类人主动脱贫的内生动力不足。按理说，精准扶贫的主体是贫困户，但是政府提供的帮扶太多，政策含金量过高，大包大揽，过度帮扶，造成群众攀比，争当贫困户现象。也有部分贫困户心理失衡，滋生了“等靠要”思想和不珍惜心理。在豫东地区，依靠政府帮扶，一户村民生了 7 个孩子，东躲西藏逃避计划生育，但是作为贫困户，他们享受了政府支持的 225 平方米的免费大房子（每人 25 平方米，9 人 225 平方米），相当于一个宽敞奢侈的别墅了，过度扶贫造成老百姓之间的心理不平衡，勾起了老百姓心中的贪欲。

（三）基层干部倦怠心理突出

各类扶贫表册繁多，工作要求过高过急，存在理想主义，基层干部长期超负荷工作，出现倦怠、厌烦心理，以及甩包袱现象。一方面监督部门指手画脚，态度恶劣，基层干部不能解释，很受委屈，流汗又流泪。“周六保证不休息，周日休息不保证”，“乡镇没有星期天”。另一方面是扶贫资料变动频繁，比如，一些地方提出举办贫困县精准扶贫春季提升活动，县扶贫办当不了家，需要对贫困户重新识别，重新认定，重新编制表册。一系列烦琐的工作重新启动，重新精准识别。一系列无用功搞得基层干部人乏马困，疲于应付，心理厌烦。还有，各级监督部门检查频繁，有些部门政策把握不准，标准不统一，指挥不当。没有容错机制，也没有纠错空间，发现问题就问责。每次检查都要排名次，排名落后的就要免去职务，造成基层扶贫干部心理委屈，情绪倦怠。调研中个别基层干部吐露了心声："不怕干工作，就怕受委屈。"

（四）政策不平衡导致帮扶不公平

帮扶不公平属于政策导向问题，全省贫困户与非贫困户、贫困村与非贫困村、贫困县与非贫困县之间的政策差异过大，形成悬崖效应，多数农民心理失衡，很容易引发农村内部矛盾，增加农村社会风险。比如贫困户识别和认定方面，有些上级领导规定贫困户必须达到多少，造成一部分未被识别为贫困户的边缘户村民意见很大。所以精准识别不应该强制规定贫困户占多少比例。

在贫困村和贫困县，精准扶贫基本上采取整村推进，因户施策，有些户提供金融扶贫，有些提供公益岗位，贫困户都有一定收入。但是在非贫困村、非贫困县，贫困人口脱贫难度很大，帮扶力量薄弱，帮扶措施受限，助推脱贫的内外动力不足，帮扶资源总体上受限，因为各级政府的工作重点都放在了贫困县摘帽、贫困村出列上。

（五）精准扶贫第三方评估遭受质疑

精准扶贫工作难度之大、强度之高、监督之严，众所周知。引入第三方评估，目的在于构建起严格的监督体系，督促真扶贫，扶真贫，避免弄虚作假。但是，近年来在第三方评估小组中出现了大量的学生评估员，他们经过简短培训，就参与扶贫评估。基层很多干部反映，扶贫评估需要有专业的扶贫知识，需要了解基层扶贫工作的复杂性，需要熟悉民情，需要社会阅历，不仅仅是机械地填写表格，拿着录音笔、摄影机、定位仪就能解决的。一个学生经过专业扶贫培训，吃透扶贫政策，至少需要一个礼拜，到村里入户评估最少需要半天时间，其评估才能够起到客观的效果。但事实上，第三方评估时间短，任务重，通常利用半天或者一天专业培训就上岗评估，进村入户 20 分钟就完成一户评估，客观效果让基层干部有些担忧。

四 “三山一滩”地区扶贫攻坚和农民增收的建议

强化农村基层组织建设，精准谋划，确保稳定脱贫。强化主体作用，激发内生动力。依靠特色产业，强化贫困户参与和收益；加强社会合力，发挥政府、市场、社会协同推进的大扶贫格局。不断完善基础设施和公共服务、发挥社会保障和救助兜底的扶贫思路。

（一）强化农村基层组织建设

这是脱贫攻坚的根本之策。在精准扶贫工作中，真正起决定作用的是农村基层组织，其他各级政府的帮扶都是外部助力。“帮钱帮物，不如帮助建个好支部。”农村脱贫攻坚需要有务实能干的基层组织做坚强堡垒。抓好基层党建，以作风攻坚促脱贫攻坚，是贫困地区脱贫致富的重要经验。在乡镇层面，要着力选好贫困乡镇一把手、配强领导班子，使整个班子和干部队伍具有较强的带领群众脱贫致富的能力。在村级层面，要注重选派一批思想好、作风正、能力强的优秀年轻干部和高校毕业生到贫困村工作，根据贫困村的实际需求精准选配第一书记、精准选派驻村工作队。要完善村级组织运转经费保障机制，通过财政转移支付和党费支持等办法，保障村干部报酬、村办公经费和其他必要支出。当前，村支书工资太低，能人都想办法外出谋职了，必须保障村级组织经费，党报党刊不要强制征订，建议免费发放或者公益捐赠。选派的村支书要有独立担当，要能够带领群众干事创业。要营造一个干事创业的良好环境，构建容错机制。对于扶贫干部要包容，少责怪，不能流汗又流泪。

（二）绵绵用力，久久为功，确保稳定脱贫

克服扶贫工作“急就章”心理，着眼长远，着力可持续性。基础政策不要变化过快，朝令夕改；以作风攻坚带动脱贫攻坚，真抓实干，防止走过场。吸收各地脱贫经验，树立典型，示范带动，比如“五天四夜”工作法等。精准扶贫到了攻克最后堡垒的阶段，所面对的多数是贫中之贫、困中之困，需要

以更大的决心、更明确的思路、更精准的举措抓工作。要坚持时间服从质量，科学确定脱贫时间，不搞层层加码，克服“急就章”心理，防止风险隐患。新建扶贫项目，在谋划阶段就要充分进行可行性论证，防止盲目建设和急躁冒进，避免造成资金浪费和农民财产损失。精准扶贫工作，绝不是一朝一夕的突击性工作，要绵绵用力，久久为功，确保稳定脱贫。

（三）着重激发贫困群众的内生动力

当前，距离2020年贫困户全部脱贫摘帽不到两年时间，各级干部压力很大，层层都签订了责任状，时间紧任务重，一定要防止急于求成，越俎代庖。无论什么时间，都要把发动群众主动参与脱贫作为第一要务，将激发贫困户的内生动力作为脱贫攻坚的考核内容，强化扶贫与扶志扶智相结合，坚决杜绝“干部干、群众看”的现象。扶贫工作需要注重“助人自助”，注重对贫困地区的人力资本投资，拓展个人的社会资本支持网络，使扶贫对象能够从各类培训中真正受益。注重发展贫困地区的教育（尤其是远程教育）事业，鼓励高校毕业生到农村支教，为贫困家庭子女提供平等的受教育与其他发展机会，防止贫困代际传递，造成贫困户长期持续贫困。逐步改变贫困地区传统、落后、安贫的文化习惯，彻底铲除贫困穷根，激发脱贫动力，提高发展能力。

（四）着力发展持续参与的脱贫产业

产业扶贫需要强调群众的参与和受益。“没有真正扶到贫困户，是过去30年产业扶贫一个深刻的教训。”今后产业扶贫重点要建立和完善贫困户参与机制和受益机制，强化组织动员和技能培训，让贫困群众愿意干，能胜任。实施新业态扶贫试点工程，一些贫困村可以挖掘本地的旅游资源，通过开发旅游产业来减贫脱贫；一些有条件的整村推进的贫困地区，可尝试光伏扶贫开发，借助光伏产业的发展来加速贫困村、贫困户脱贫攻坚进程；在一些条件允许的贫困村还可以通过发展电子商务来助推农产品的产供销和农民增收，积累电子商务扶贫的经验。

（五）强化社会合力，构建大扶贫格局

把政府主导和市场主体结合好，激发多方参与的动力。利用好大数据和新

业态，引进电商扶贫，助力精准扶贫。创新慈善事业制度，动员全社会力量广泛参与扶贫事业，鼓励支持各类企业、社会组织、个人参与脱贫攻坚。同时，要引导社会扶贫重心下沉，促进帮扶资源向贫困村和贫困户流动，实现同精准扶贫的有效对接。

（六）加强监督管理，完善扶贫监管体系

开展扶贫领域腐败和作风问题专项整治。从精准扶贫的识别到帮扶整个过程，需要严格监管；不但要监管干部的不轨行为，也要激励干部的积极行为。建立容错机制，为基层干部提供宽松的工作环境，预防基层干部的倦怠心理。关于第三方评估，要建立多元主体参与模式，避免一所高校或者科研部门独立评估；要避免评估工作的形式化和单一化；在专业性评估力量不足的情况下，尽量减少低效评估，为基层干部减负，更好地实现精准扶贫。专项领域的扶贫监督更需加强，比如医疗扶贫，不仅要监管干部群众，还需要监管医院医生，因为扶贫政策总会有漏洞，扶贫资金考验着各类人的人性，构建大监管体系刻不容缓。

参考文献

牛苏林：《补齐全面小康短板　如期实现脱贫目标》，《河南日报》2015 年 12 月 7 日。

崔学华：《决战深度贫困　推动乡村振兴》，《农村·农业·农民》2019 年第 1 期。

B.14
河南省流动人口生存发展报告

周　爽*

摘　要： 本文利用国家卫生健康委员会组织的全国流动人口动态监测收集的河南省数据，从河南省流动人口的基本情况、就业情况、居住和公共服务享受情况、社会融入四个层面出发，对河南省流动人口的生存和发展状况进行分析。结果表明，河南流动人口以80后的乡—城流动人口为主，男性比例略高于女性，总体受教育程度偏低；流动人口的劳动和社会保障享受情况不乐观；三成以上的流动人口未与用人单位签订劳动合同，医疗保险、健康档案和社会保障卡的参保率很低；流动人口的继续居留和主动融入当地社会意愿强烈，六成以上的流动人口表示喜欢现居地，很愿意融入本地人当中，成为其中一员。但是同时，我们也注意到流动人口获取信息和参与社会活动的方式和渠道较少，社交圈仅限于同学和有亲缘关系的同乡，参与当地社会活动较少，生活方式也有待适应和改善。因此，有必要引导他们拓宽社交圈和打通信息交流渠道，更深入和广泛地融入当地社会。

关键词： 流动人口　雇佣　生活状况　社会福利　社会融合

与中国高速发展的城市化相伴相生的（见图1），是“空前”的大规模人口流动。根据第五次全国人口普查（2000年）和第六次全国人口普查（2010

* 周爽，博士，郑州工程技术学院讲师。

年）数据结果显示，在短短十年间，流动人口总量增长了1.16倍，占全国总人口的比重也从2000年的7.9%快速增长至16.53%（见图2）。

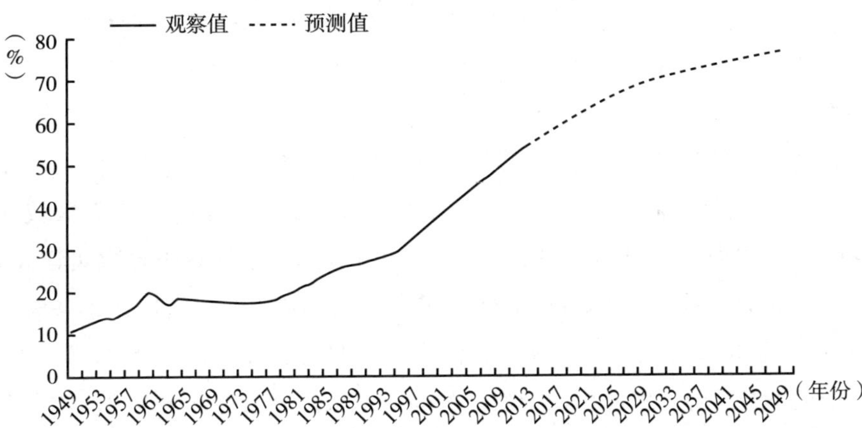

图1　1949～2050年中国城市化率演变和发展趋势

注：所有观察值数据均来自国家统计局，所有预测值来自联合国人口司。1981年及以前人口数据为户籍统计数；1982、1990、2000、2010年数据为当年人口普查数据推算数；其余年份数据为年度人口抽样调查推算数据。总人口和按性别分人口中包括现役军人，按城乡分，人口中现役军人计入城镇人口。

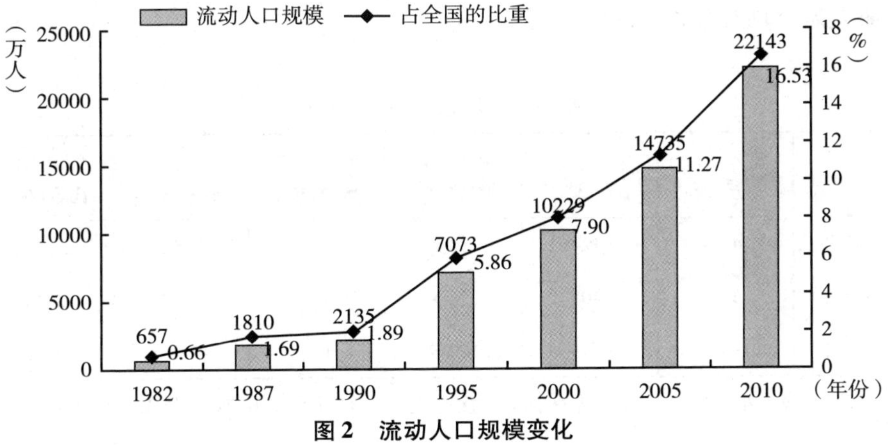

图2　流动人口规模变化

资料来源：1982～2000年流动人口规模由段成荣等根据1982～2000年历次全国人口普查和1%人口抽样调查数据推算，引自段成荣、杨舸等《改革开放以来我国流动人口变动的重大趋势》，《人口研究》2008年第6期。2005年数据引自国家统计局，2005年全国1%人口抽样调查主要数据公报。2010年数据引自国家统计局：《2010年第六次全国人口普查主要数据公报（第1号）》。

作为传统的农业和人口大省，河南省长久以来是人口流出大省，外来人口比重远低于外出人口比重（见表1）。但是，随着改革开放的不断深化和城镇化进程的快速推进，河南围绕加快转变经济发展方式和提高经济整体素质及竞争力，经济建设和城镇化的发展步伐加快，吸引了大量流动人口的流入，流入省内人口无论从规模上，还是增速上，均发展迅猛。

如表1所示，河南流入人口从2000年的47.4万人增至2010年的59.2万人用了10年时间。而从2010年的59.2万人增至2015年的118.9万人仅用了5年时间。在增速上，比较三次人口普查和1%人口抽样调查数据可以发现，流入人口的增速明显，从2000年至2010年，河南流入人口增速达24.9%，而在2010年至2015年的短短五年间，流入人口增速已超100%。反观常住人口，人口增速不升反降。由此可以推断，河南流入人口占全省常住人口的比重在过去的几年中正不断攀升。

可以看出，随着河南城镇化水平的发展，流动人口规模的变化也将带来一系列变化，如内部结构、分布的变化，出现了一些新的特征和问题。因此，分析河南流动人口的现状和特征，对深入了解流动人口的生存和发展，更好地服务流动人口管理，促进流动人口的社会融入，以及河南城镇化的长期、均衡、健康发展，具有重要的现实意义。

表1　流动人口规模及比重

年份	流入人口（万人）	常住人口（万人）	流入人口增速（%）	常住人口增速（%）	外来人口比重（%）	外出人口比重（%）
2000年	47.4	9124	—	—	0.52	3.27
2010年	59.2	9403	24.9	3.1	0.63	8.45
2015年	118.9	9513	100.7	1.2	1.25	9.12

数据来源：第五次全国人口普查、第六次全国人口普查数据和2015年1%人口抽样调查数据。

以下，本文将分别从流动人口的基本情况、就业情况、居住和公共服务享受情况、社会融入四个层面出发，对河南省流动人口的生存和发展状况进行分析和论述。

一 流动人口的基本情况

（一）河南省流动人口以80后为主，男性比例略高于女性

从性别角度看，总体上河南省流动人口男性比重（51.7%）略高于女性（48.3%）。而且，从各年龄组数据来看，除了30～34岁组以外男女比例大体上呈现相同特征（见表2）。

从年龄角度看，河南省流动人口的年龄集中在20～49岁（见图3）。其中，人口比例最高的是30～34岁组，占到全部流动人口的20.5%，其次是25～29岁组，占18.6%。而年龄为35～39岁组和40～44岁组流动人口所占比例次之，分别为15.1%和12.7%。这四个年龄段，即25～44岁的流动人口占到全部流动人口的66.9%。从50岁开始，流动人口所占比例急剧下降，50～54岁组占到5.0%，55～59岁组占到1.6%，60岁以上的流动人口只占到1.5%（见表2）。综合河南省流动人口的平均年龄（34.97岁）、年龄中位数（34岁）和分性别的年龄分布，可以发现，河南省流动人口在年龄上以80后为主力军。

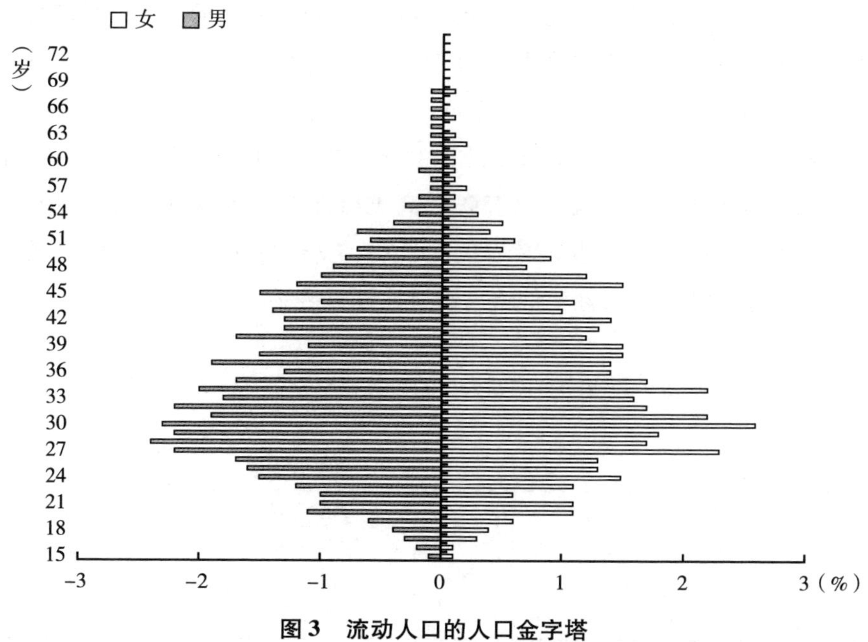

图3 流动人口的人口金字塔

表2 河南省流动人口的性别年龄结构

单位：%

年龄组	性别		合计
	男	女	
15～19岁	1.6	1.6	3.2
20～24岁	5.7	5.4	11.2
25～29岁	10.1	8.5	18.6
30～34岁	10.2	10.3	20.5
35～39岁	7.6	7.6	15.1
40～44岁	6.7	6.0	12.7
45～49岁	5.4	5.3	10.7
50～54岁	2.7	2.3	5.0
55～59岁	1.0	0.6	1.6
60～64岁	0.5	0.5	0.9
65岁以上	0.4	0.2	0.6
合计	51.7	48.3	100.0

（二）河南省流动人口的受教育程度偏低，总体上，男性受教育程度高于女性，但在较高教育水平，如研究生程度上，女性略高于男性

整体上看，河南省流入人口的受教育程度明显偏低。初中程度是教育程度的主体，占42.7%，其次是高中（30.1%）和大学专科（11.8%），大学本科和研究生仅占5.5%和0.5%（见表3）。

从性别角度看，女性未上过学的比例（1.9%）高于男性（0.3%）；在占主体的初中程度人群中，女性（43%）高于男性（42.4%）；在接受中专/高中教育和大学专科、大学本科教育的人群中，女性低于男性；在较高教育程度，如研究生人群中，女性比例略高于男性（见表4）。

表3 流动人口的教育程度分布

单位：%

受教育程度	百分比	受教育程度	百分比
未上过小学	1.1	大学专科	11.8
小学	8.3	大学本科	5.5
初中	42.7	研究生	0.5
高中/中专	30.1		

表4　分性别的受教育程度分布

单位：%

受教育程度	男	女	受教育程度	男	女
未上过小学	0.3	1.9	大学专科	12.5	11.0
小学	7.0	9.7	大学本科	6.1	5.0
初中	42.4	43.0	研究生	0.4	0.6
高中/中专	31.3	28.9			

（三）河南省流动人口以乡—城流动人口为主

从户口性质上看，河南省流动人口以农业人口，即乡—城流动人口为主（91.6%）。仅有8.0%的人口为非农业人口，即城-城流动人口。另0.4%的居民人口是由户籍制度改革，统一城乡户口登记制度，全面实施居住证制度之后的统计口径登记而来。因为比例很低，可以忽略不计（见图4）。

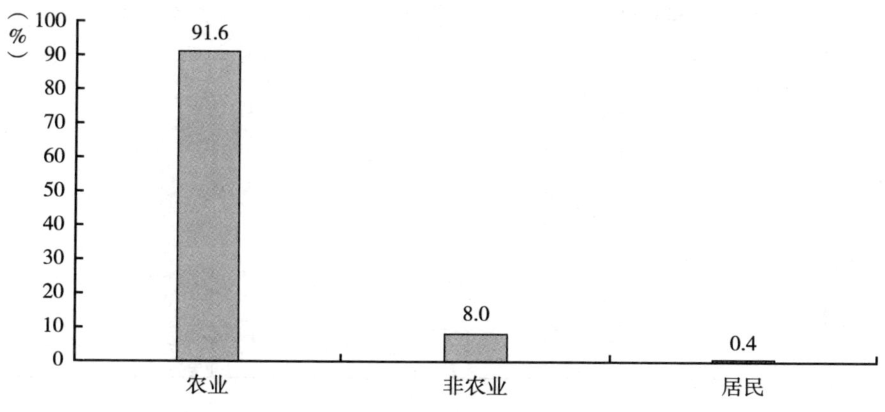

图4　流动人口的户口分布

（四）河南省流动人口大多已婚，已婚人口中，男女比例差异不大，未婚人口中，男性比例高于女性

被调查流动人口中未婚人口达到20.4%，已婚人口（包括初婚、再婚、离婚和丧偶）占79.6%（见图5）。如果按照性别来看（见表5），未婚人口中，男性（56.3%）高于女性（43.7%）；已婚人口中，两性呈现相同趋势。

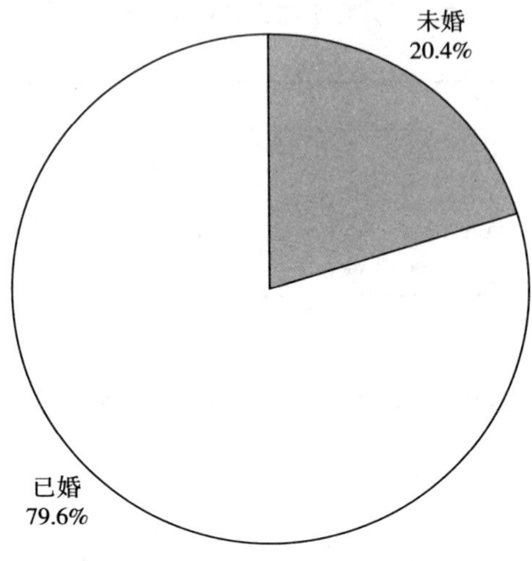

图5　流动人口婚姻结构

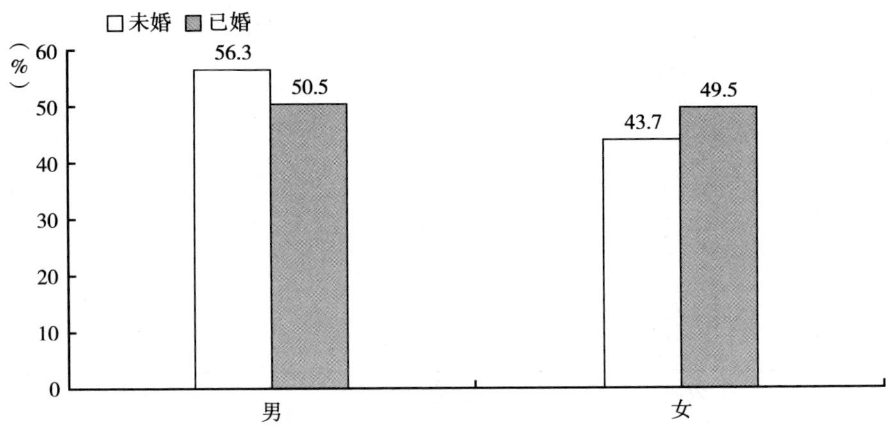

图6　分性别的流动人口婚姻结构

（五）河南流动人口多为省内流动人口

从流动人口来源来看，河南流动人口大多为省内流动人口（84.3%），仅有15.7%的人口为跨省流动人口。其中，68.9%的人口为省内跨市人口，15.4%的人口为市内跨县人口（见图7）。

表 5 流动人口分年龄组、性别的婚姻状况

	年龄组	婚姻状况(%)	
		未婚	已婚
男	15～19 岁	14.0	
	20～24 岁	43.8	1.7
	25～29 岁	30.5	16.3
	30～34 岁	9.1	22.8
	35～39 岁	1.7	18.3
	40～44 岁	0.2	16.7
	45～49 岁	0.2	13.3
	50～54 岁	0.5	6.5
	55～59 岁	0.0	2.4
	60～64 岁	0.0	1.1
	65 岁以上	0.0	0.9
女	15～19 岁	17.8	0.0
	20～24 岁	46.7	3.2
	25～29 岁	27.4	15.4
	30～34 岁	6.7	24.6
	35～39 岁	1.3	18.9
	40～44 岁	0.0	15.2
	45～49 岁	0.0	13.6
	50～54 岁	0.0	5.8
	55～59 岁	0.0	1.6
	60～64 岁	0.0	1.2
	65 岁以上	0.0	0.6

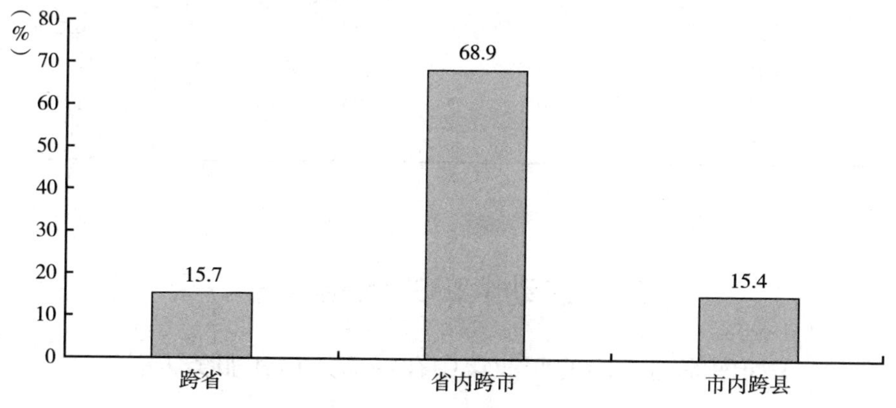

图 7 流动人口的流动范围

（六）流动人口家庭化流入趋势明显。务工和经商是流动人口本次流入的主要原因

从生活在河南的流动人口家庭成员状况看（见表6），流动人口的家庭规模集中在四人户（35%）和三人户（31.1%），这两类家庭规模共占全部家庭规模类型的66.1%。由此可以看出流动人口的家庭化流入趋势明显。结合第二部分的流动人口婚姻状况推测，流动人口的流入形式一般以夫妇双方一起流入为主。

此外，从本次流动原因来看，务工（54.3%）和经商（38%）是流动人口流入河南的主要原因，这两类原因流入的人口共占92.3%。

表6　流动人口的家庭规模分布

同住的家庭成员人数(人)	百分比(%)	同住的家庭成员人数(人)	百分比(%)
1	14.2	5	7.2
2	9.1	6	2.5
3	31.1	7	0.7
4	35.0	8	0.1

表7　流动人口的本次流动原因分布

单位：%

本次流动原因	有效百分比	本次流动原因	有效百分比
务工/工作	54.3	出生	0
经商	38.0	异地养老	0.1
家属随迁	4.6	其他	0.2
婚姻嫁娶	0.9	照顾自家老人	0
拆迁搬家	0.1	照顾自家小孩	1.7
投亲靠友	0.2		

二　流动人口的就业情况

（一）河南流动人口的职业集中在经商人员和服务人员

如果按职业对流动人口进行分类，可以分为五类：第一类是管理人员，包

括：国家机关、党群组织、企事业单位负责人；第二类是技术人员，包括：专业技术人员和公务员、办事人员和有关人员；第三类是经商人员；第四类是服务人员，包括：商贩、餐饮、家政、保洁、保安、装修、快递、其他商业、服务业人员；第五类是生产运输及有关人员，包括：农林牧渔水利、生产、运输、建筑、其他生产、运输设备操作及有关人员。

如表 8 所示，流动人口的职业主要为经商人员和服务人员，分别占 34.6% 和 42.3%，这两类人员的比例共占流动人口的 76.9%；有 12.3% 的流动人口为生产运输及有关人员；仅有 7.7% 的流动人口为技术人员，另有 0.5% 的流动人口为管理人员。

从分性别的流动人口职业分布来看（见表 9），两性职业分布略有差异。男性流动人口职业为技术服务人员（8.9%）、经商人员（34.0%）、生产运输及有关人员（12.5%）的比例均高于女性流动人口的相应比例（5.3%、30.2% 和 10.3%）；而职业为服务人员的男性流动人口（38.2%）则略低于女性（40.6%）。

表 8　流动人口的职业分布

单位：%

职业	百分比	职业	百分比
管理人员	0.5	服务人员	42.3
技术人员	7.7	生产运输及有关人员	12.3
经商人员	34.6	其他	2.7

表 9　流动人口的分性别职业分布

单位：%

职业	男	女
管理人员	0.7	0.2
技术服务人员	8.9	5.3
经商人员	34.0	30.2
服务人员	38.2	40.6
生产、运输及有关人员	12.5	10.3
其他	5.7	13.5

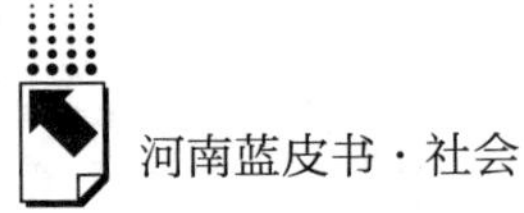

（二）河南流动人口的就业行业集中在批发零售业、住宿餐饮业、居民服务、修理和其他服务业，且流动人口的行业分布存在性别差异

从流动人口的行业分布来看（见图8），29.2%的流动人口从事批发零售业；20.3%的流动人口从事住宿餐饮业；12.8%的流动人口从事居民服务、修理和其他服务业。这三个行业吸纳了62.3%的流动人口就业。另外，有8.3%的流动人口从事计算机及通讯电子设备制造业。

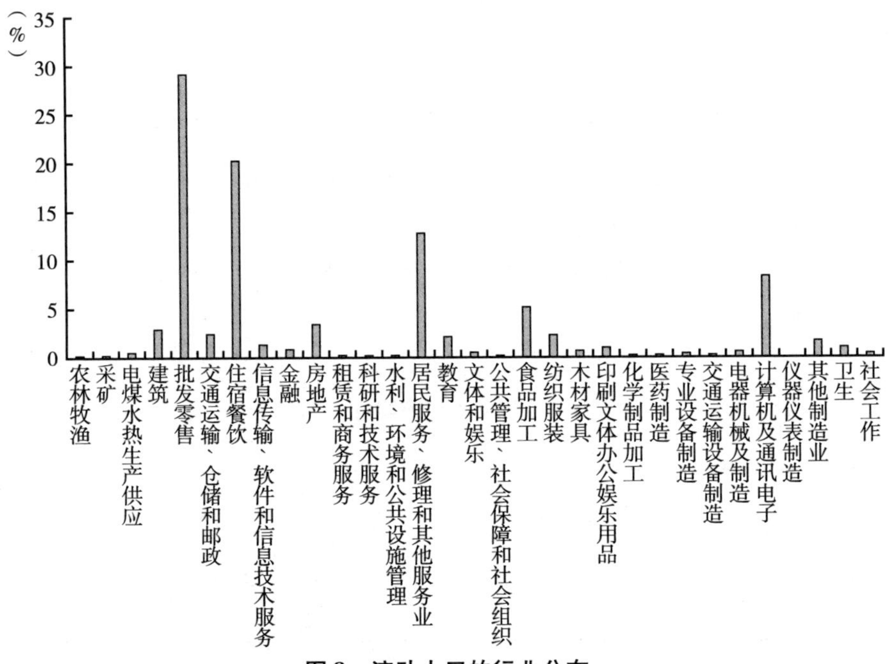

图8　流动人口的行业分布

从性别角度看（见表10），在三个流动人口集中的行业里，女性流动人口从事批发零售（33.7%）和住宿餐饮业（21.8%）的比重高于男性人口相应比重（25.3%和19.0%）。而从事居民服务、修理和其他服务业的人口比重（10.5%）则低于男性（14.7%）。值得注意的是，女性流动人口中，从事计算机及通讯电子设备制造业的人口比重（10.1%）高于男性（6.7%）。

（三）个体工商户和私营企业是流动人口就业的核心领域

就业单位在不同的流动人口群体中也表现出一定的差异。个体工商户、私

表 10　流动人口的分性别行业分布

单位：%

所属行业	男	女
农林牧渔	0.3	0.1
采矿	0.4	0.1
电煤水热生产供应	0.8	0.2
建筑	4.6	0.8
批发零售	25.3	33.7
交通运输、仓储和邮政	3.9	0.7
住宿餐饮	19.0	21.8
信息传输、软件和信息技术服务	1.3	1.3
金融	0.6	1.0
房地产	5.3	1.1
租赁和商务服务	0.4	0.3
科研和技术服务	0.3	0.2
水利、环境和公共设施管理	0	0.2
居民服务、修理和其他服务业	14.7	10.5
教育	1.5	3.1
文体和娱乐	0.4	0.6
公共管理、社会保障和社会组织	0.4	0.3
食品加工	5.1	5.1
纺织服装	1.5	3.2
木材家具	0.8	0.5
印刷文体办公娱乐用品	0.9	1.2
化学制品加工	0.1	0.1
医药制造	0	0.4
专业设备制造	0.6	0.1
交通运输设备制造	0.4	0.2
电器机械及制造	1.0	0.2
计算机及通讯电子设备制造	6.7	10.1
仪器仪表制造	0.1	0
其他制造业	2.4	0.7
卫生	0.7	1.5
社会工作	0.4	0.5

营企业、港澳台独资企业是吸纳流动劳动力的主要途径，这三个领域吸纳了85.5%的流动人口（见图9）。

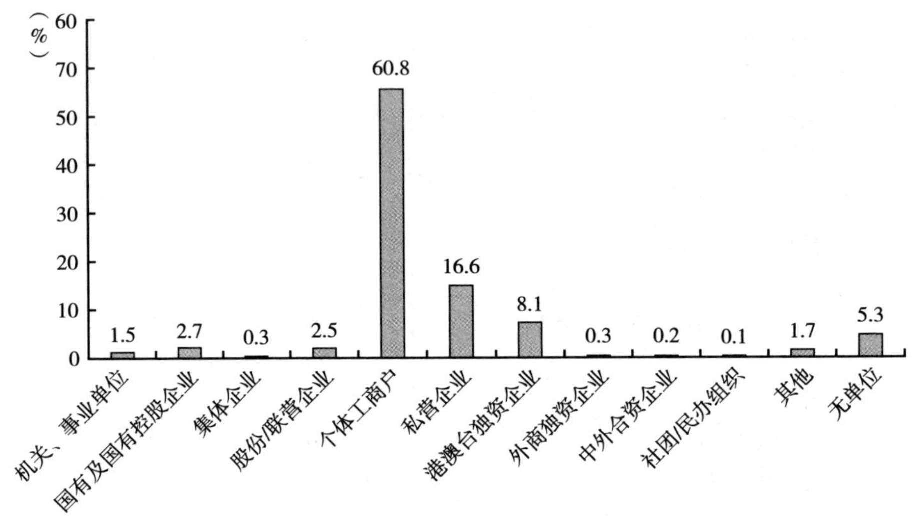

图9　流动人口就业的单位性质

（四）流动人口大多为雇员，雇主占少数，三成以上的流动人口未与用人单位签订劳动合同

从就业身份来看，88.9%的流动人口为有固定雇主的雇员和自营劳动者。其中，有固定雇主的雇员占47.2%，自营劳动者占41.7%。仅有5.8%的流动人口为雇主身份（见图10）。

从签订劳动合同的情况来看（见表11），有36.6%的流动人口没有与用人单位签订劳动合同；44.2%的流动人口与用人单位签订了有固定期限的劳动合同；另有15.7%的流动人口与用人单位签订了无固定期限的劳动合同。

（五）三成以上的流动人口近两年感觉找工作的难度增加

从近两年找工作的个人感受来看，35.5%的流动人口感觉找工作的难度增加，仅有2.7%的流动人口感觉难度减少，另48.6%的人觉得难度基本不变。这个数据是针对换过工作的流动人口而言的，通常意义上，跳槽的人一般是业

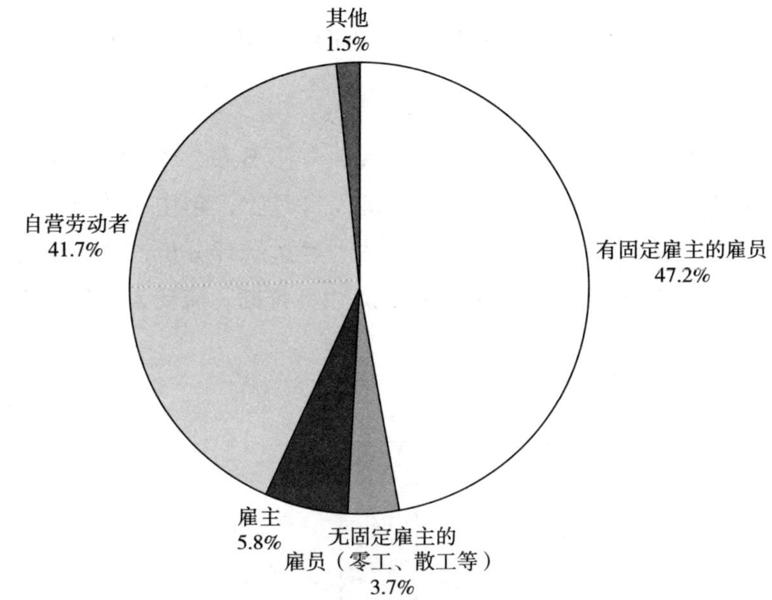

图 10　流动人口的就业身份分布

表 11　流动人口与用人单位签订的合同情况

单位：%

签订劳动合同种类	百分比	签订劳动合同种类	百分比
未签订劳动合同	36.6	完成一次性工作任务	0.9
有固定期限	44.2	试用期	0.6
无固定期限	15.7	不清楚	2.0

务能力强的人，那么如果他们感觉找工作的难度增加，综合表 13 的月收入变化考虑，有可能是因为外部就业形势不好。

表 12　近两年找工作难度的个人感受情况

单位：%

近两年，感觉找工作的难度变化	百分比
难度减少	2.7
基本不变	48.6
难度增加	35.5
不适用（只找过这一次工作）	13.2

（六）流动人口的月收入集中在2000～4000元，月收入中位数为3000元

如图11所示，流动人口的月收入呈现倒U形分布，55.0%的流动人口月收入集中在2000～4000元，22.5%的流动人口月收入集中在4000～6000元，另22.5%的流动人口月收入在2000元以内。经过统计分析，总体流动人口的月收入中位数为3100元，众数为3000元。由此推断，流动人口的月收入集中在3000元左右。

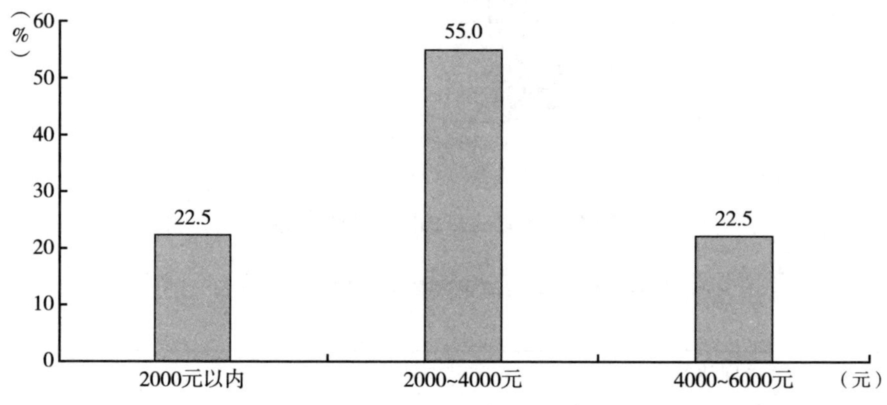

图11　流动人口收入分布

从月收入变化情况看，与2017年相比，流动人口的月收入减少的人口占41%，基本不变的占44.3%，这两项人口共占总流动人口的85.3%，而月收入增加的仅占10.6%（见表13）。

表13　流动人口月收入变化情况

单位：%

与2017年同期相比，月收入变化情况	百分比
减少	41.0
基本不变	44.3
增加	10.6
不适合（2017年同期无收入）	4.1

三　流动人口的居住和公共服务享受情况

（一）流动人口中租住私房的比例最高，其住房性质存在职业差异，在河南购房的比例近两成，这其中绝大多数是管理人员

如表14所示，在所有住房性质中，租住私房的比例最高，达到60.9%，这说明绝大多数在河南工作和生活的流动人口都是靠租住私房生活。尽管相对老家，流入地房价偏高，但是仍然有19.6%的流动人口购买了自己的住房，从而在河南有了稳定的生活居所。排在第三位的是租住单位/雇主房，占到11%。还有很少比例的人是在借住房和就业场所等非正规居所中居住（3.4%）；而住在政府提供的廉租房里的却很少，只占到5.1%。

表14　流动人口的住房情况

单位：%

住房性质	百分比
租住私房	60.9
自购房	19.6
单位/雇主房（不包括就业场所）	11.0
政府提供公租房	5.1
其他非正规居所	3.4

但是，流动人口所从事的职业不同，他们的现住房的性质也存在差异（见表15）。总体上看，管理人员中，自购房的比例较高（73.9%）；技术服务人员中，租住私房（33.2%）和单位/雇主房（不包括就业场所）的比例较高（30.7%）；经商人员和服务人员中，租住私房的比例较高（69.5%、69.9%）；生产、运输及有关人员中，租住政府提供公租房（34.3%）和单位/雇主房（不包括就业场所）的比例（31.5%）较高。

（二）河南流动人口呈现短期化居住特征

如表16所示，河南省流动人口的居住年限集中在1年内（19.7%）、1年

表 15　流动人口分职业的住房情况

单位：%

职业	单位/雇主房（不包括就业场所）	政府提供公租房	租住私房	自购房	其他
管理人员	8.7	0.0	8.7	73.9	8.7
技术服务人员	30.7	7.0	33.2	26.5	2.5
经商人员	0.1	0.0	69.5	26.3	4.1
服务人员	12.2	1.5	69.9	13.5	2.8
生产、运输及有关人员	31.5	34.3	25.6	7.2	1.4
其他	3.2	1.1	60.6	29.2	5.9

(15.7%)、2 年（13.6%）和 3 年（9.3%），这几项的流动人口的比重之和占 58.3%。也就是说近六成的流动人口居住年限在 3 年以内，呈现出短期化居住特征。

表 16　流动人口的居住年限分布

居住年限(年)	百分比(%)	居住年限(年)	百分比(%)
不足 1 年	19.7	6	4.0
1	15.7	7	4.1
2	13.6	8	2.5
3	9.3	9	2.9
4	8.9	10	1.9
5	6.5	10 年以上	11.0

（三）河南流动人口更换住所次数呈现两极化特征，且在职业上存在一定的差异性

如表 17 所示，河南流动人口中，表示没有搬过家的占 40.5%；有 24.6% 的流动人口表示搬过 1 次家；有过 2 次搬家经历的流动人口占 10.3%，有过 3 次搬家经历的占 3.5%。而有过 3 次以上搬家经历的流动人口占 21%。可以发现，河南流动人口更换住所次数呈现两极化特征。

表 17　流动人口最近三年的搬家次数分布

单位：%

搬家次数	百分比
0 次	40.5
1 次	24.6
2 次	10.3
3 次	3.5
3 次以上	21.0

此外，从事职业不同，流动人口的搬家次数分布存在一定差异。管理人员中，有 77.3% 的人表示搬过 1 次家；技术服务人员中，有 40.2% 的人表示没有搬过家，有 25% 的人表示搬过 1 次家；经商人员和服务人员中，搬过家的人员分布呈现两极化分布。表示没有搬过家、搬过 1 次家的人口比例和搬过 3 次以上家的人口比重较高，而搬过 2 次和 3 次家的人口比例较少。生产、运输及有关人员搬家次数较少，有 53.3% 的人表示没有搬过家，有 20.2% 的人表示搬过 1 次家。

表 18　流动人口的分职业搬家次数分布

单位：%

职业	搬家次数				
	没有	1 次	2 次	3 次	3 次以上
管理人员	0.0	77.3	9.1	9.1	4.5
技术服务人员	40.2	25.0	13.5	2.5	18.8
经商人员	41.6	20.3	9.3	2.5	26.3
服务人员	37.0	27.6	10.9	4.0	20.5
生产、运输及有关人员	53.3	20.2	9.8	5.4	11.2
其他	38.1	29.8	9.5	3.2	19.5

（四）河南流动人口社会服务享受率较低，且知晓率也较低

如表 19 所示，当被问及“本地是否给您建立了居民健康档案”时，河南流动人口中，表示已经建立的仅占 21.0%；34.3% 的流动人口表示没建立，也没有听说过；有 26.3% 的流动人口表示没有建立，但是听说过；有 18.4% 的流动人口表示不清楚。

表 19　社会服务享受情况

单位：%

社会服务类别	是，已经建立	没建，没听说过	没建，但听说过	不清楚
居民健康档案	21.0	34.3	26.3	18.4
个人社会保障卡	18.6	39.5	33.0	8.9

当被问及“本地是否给您建立了个人社会保障卡”时，河南流动人口中，表示已经建立的仅占 18.6%；39.5% 的流动人口表示没建立，也没有听说过；有 33.0% 的流动人口表示没有建立，但是听说过；8.9% 的流动人口表示不清楚。

（五）河南流动人口的多项社会保险参保率较高，暂住证/居住证的办理率过半

从各项社会保险参保情况来看，流动人口的新农合医保参保率达 82.8%；城乡居民合作医疗保险的参保率为 94.2%；城镇居民医疗保险的参保率为 92.2%；城镇职工医疗保险的参保率为 90.1%；公费医疗的参与率为 95.9%，暂住证/居住证的办理率为 55.9%（表 20）。

表 20　社会保险参保情况

单位：%

公共服务类别	是	否	不清楚
新农合医保	82.8	15.2	2.0
城乡居民合作医疗保险	94.2	1.8	4.0
城镇居民医疗保险	92.2	4.4	3.4
城镇职工医疗保险	90.1	7.1	2.8
您是否参加公费医疗	95.9	1.2	2.9
暂住证/居住证	55.9	41.9	2.2

四　流动人口的居留意愿和社会融合状况

（一）过半的流动人口表示在本地生活存在困难，主要因为生意不好做、买不起房子、收入太低

51.4% 的流动人口表示在本地生活存在困难。其中，有 60.1% 的人表示

“生意不好做”，65.5%的人表示“买不起房子”，79.3%的人表示“收入太低”。

表21 流动人口在本地生活遇到的困难

单位：%

在本地生活的困难	有	没有
您家有没有困难	51.4	48.6
您家有生意不好做的困难吗	60.1	39.9
您家有难以找到稳定工作的困难吗	27.6	72.4
您家有买不起房子的困难吗	65.5	34.5
您家有被本地人看不起吗	12.4	87.6
您家有子女上学问题的困难吗	31.7	68.3
您家有收入太低的困难吗	79.3	20.7
您家有生活不习惯的困难吗	12.3	87.7
您家还有其他困难吗	5.9	94.1

（二）流动人口的落户意愿低而居留意愿高，且落户意愿在职业上存在一定差异性

从落户意愿来看（见表22），有29.4%的流动人口表示如果政策允许，愿意把户口从老家迁入在本地，有43.1%的流动人口没有落户意愿，27.5%的流动人口表示没想好是否落户本地。

从分职业的落户意愿来看（见表23），从事的职业不同，流动人口的落户意愿存在一定的差异性。职业为管理人员和技术服务人员的流动人口落户意愿较高。其中，有过半的管理人员（56.5%）表示如果政策允许，愿意落户本地；有43.4%的技术服务人员有落户意愿。而经商人员，服务人员，生产、运输及有关人员的落户意愿较低，分别为25.6%、29.6%、23.1%。

从居留意愿来看（见表24），有78.1%的流动人口有继续居留意愿；仅有3.2%的流动人口不打算继续居留本地；有18.7%的流动人口表示没想好。

（三）流动人口的预计居留时间分布两极化特征明显

从预计居留时间分布来看（见表25），预计短期居住和定居的流动人口比

表 22　流动人口的落户意愿分布

单位：%

个人意愿	是否愿意把户口迁入本地
愿　意	29.4
不愿意	43.1
没想好	27.5

表 23　流动人口分职业的落户意愿

单位：%

职业	愿意	不愿意	没想好
管理人员	56.5	4.3	39.1
技术服务人员	43.4	29.4	27.2
经商人员	25.6	49.8	24.6
服务人员	29.6	39.4	31.0
生产、运输及有关人员	23.1	48.7	28.2
其他	37.3	41.5	21.2

表 24　流动人口的居留意愿分布

单位：%

居留意愿	是否打算继续留在本地
是	78.1
否	3.2
没想好	18.7

重较高，而预计居留的时间处于中间年限的流动人口比重则较低，呈现明显的两极化特征。具体的，有 26.8% 的流动人口预计在本地定居，10.1% 的流动人口预计在本地居留 10 年以上，11.4% 的流动人口预计居留 1～2 年，14.0% 的流动人口预计在本地居留 3～5 年，而仅有 4.3% 的流动人口预计在本地居留 6～10 年。

表 25　流动人口的预计居留时间分布

单位：%

预计居留时间	百分比	预计居留时间	百分比
1～2 年	11.4	10 年以上	10.1
3～5 年	14.0	定居	26.8
6～10 年	4.3	没想好	33.4

（四）个人发展空间大和子女有更好的教育机会是流动人口继续居留的主要原因

如表 26 所示，流动人口继续居留的原因主要有子女有更好的教育机会（28.6%）和个人发展空间大（22.1%），其次是收入水平高（12.3%）和积累工作经验（10.6%）。这四项共占 73.6%。总的来说，生存和发展得更优是流动人口继续居留的主要原因。

表 26　流动人口的继续居留原因分布

单位：%

您打算留在本地的主要原因	百分比	您打算留在本地的主要原因	百分比
收入水平高	12.3	与本地人结婚	1.7
个人发展空间大	22.1	社会关系网都在本地	3.5
积累工作经验	10.6	政府管理规范	0.3
城市交通发达、生活方便	9.1	家人习惯本地生活	5.0
子女有更好的教育机会	28.6	其他	5.9
医疗技术好	0.9		

（五）返回农村是没有落户和继续居留意愿的流动人口首选，六成以上人打算两年之内离开

在不打算落户和继续居留本地的流动人口中，选择返回农村的流动人口比重最高（62.4%），回家乡的乡镇政府所在地的占 13.5%，回县政府所在地的占 16.4%，7.7% 的流动人口表示没想好回家乡什么地方（见表 27）。

表 27　流动人口选择返乡的去处分布

单位：%

您打算回到家乡的什么地方	比例
农村	62.4
乡镇政府所在地	13.5
县政府所在地	16.4
没想好	7.7

从流动人口预计返乡的时间来看，打算两年之内返乡的占60.3%，没想好的占29.7%（见表28）。由此可以看出，在流动人口流入本地的前两年，甚至第一年尤为关键，如果他们不能很好地适应当地的工作和生活环境，他们将选择离开。

表28　流动人口预计返乡时间分布

单位：%

预计返乡时间	比例
1年内	49.1
1~2年	11.2
3~5年	3.1
6~10年	2.8
10年以后	4.1
没想好	29.7

（六）流动人口的组织活动和社会参与度较低

从参与组织活动情况来看（见表29），参与工会活动（8.5%）、志愿者活动（7.6%）、家乡商会活动（3.5%）及其他活动（5.5%）的流动人口比例很低，不足10%。相比之下，参加同学会（25.9%）和老乡会（25.6%）的比例相对较高。可以看出，流动人口的社会交际以同学和老乡间的交往为主。

表29　是否参与过相关组织活动情况

单位：%

活动类别	是	否
工会的活动	8.5	91.5
志愿者协会的活动	7.6	92.4
同学会的活动	25.9	74.1
老乡会的活动	25.6	74.4
家乡商会的活动	3.5	96.5
上述活动之外的其他活动	5.5	94.5

从流动人口的社会活动参与情况来看（见表30），建议和参政议政的活动参与率很低，超九成的流动人口表示没有参与过相关活动，但是偶尔主动参与捐款、无偿献血、志愿者活动的流动人口相对较高（31%）。

表 30　流动人口的社会活动参与情况

单位：%

活动类别	没有	偶尔	有时	经常
给所在单位/社区/村提建议或监督单位/社区/村务管理	90.4	7.2	1.9	0.4
通过各种方式向政府有关部门反映情况/提出政策建议	95.9	3.3	0.8	0.0
在网上就国家事务、社会事件等发表评论，参与讨论	93.2	5.4	1.2	0.2
主动参与捐款、无偿献血、志愿者活动等	56.1	31.0	11.0	1.9
参与党/团组织活动，参与党支部会议	95.3	2.1	1.5	1.1

（七）流动人口主动融入当地社会的意愿较强，但融入当地的生活方式上有待改善

从生活感受情况来看（见表 31），95% 的流动人口表示“喜欢我现在居住的城市/地方”；93.9% 的流动人口表示“关注我现在居住城市/地方的变化”；89.3% 的流动人口表示“很愿意融入本地人当中，成为其中一员”；91.4% 的流动人口表示“觉得本地人愿意接受我成为其中一员”；70.2% 的流动人口表示“觉得我已经是本地人了”。但是值得注意的是 70.1% 的流动人口认为“按照老家的风俗习惯办事对我比较重要”。说明在生活方式的社会融入上，流动人口的观念和意识有待转变。

表 31　流动人口的生活感受情况

单位：%

是否同意以下说法？	完全不同意	不同意	基本同意	完全同意
我喜欢我现在居住的城市/地方	0.8	4.2	65.2	29.8
我关注我现在居住城市/地方的变化	1.1	4.9	61.7	32.2
我很愿意融入本地人当中，成为其中一员	1.3	9.3	57.7	31.6
我觉得本地人愿意接受我成为其中一员	1.3	7.3	63.1	28.3
我感觉本地人看不起外地人	24.2	55.5	17.4	2.9
按照老家的风俗习惯办事对我比较重要	4.6	25.4	52.8	17.3
我的卫生习惯与本地市民存在较大差别	22.7	55.6	18.7	2.9
我觉得我已经是本地人了	4.3	25.5	54.3	15.9

五 总结

随着河南城镇化进程的不断推进，流动人口大量涌入的趋势不可逆转，流动人口的工作和生活已经越来越多地卷入本地的日常城市运转。一方面，流动人口的流入给城市管理带来一定挑战；另一方面，流动人口作为人力资本也给城市发展输入一定劳动力和活力。因此，摸清流入的流动人口的基本情况、就业情况、居住和公共服务享受情况、社会融入情况，对于促进流动人口的社会融入、城市管理和城镇化协调健康发展具有重大意义。

首先，河南流动人口以 80 后的乡—城流动人口为主，男性比例略高于女性；总体受教育程度偏低；男性受教育程度高于女性，但在研究生教育程度上，女性则略高于男性；在婚姻状况方面，河南流动人口大多已婚，值得注意的是，流动人口中的育龄妇女，尤其是生育旺盛期妇女比例较高，需要本地的卫生健康部门对他们的生殖健康现状和生育需求加以格外关注，做好生育服务管理工作，保障流动人口的生殖和生育健康权利。此外，流动人口的家庭化流入趋势明显，大多是夫妇两人一同流入。务工和经商是流动人口本次流入的主要原因。

其次，流动人口的劳动和社会保障享受情况不乐观。流动人口的就业主要集中在第三产业的低端服务行业，如批发零售业、住宿餐饮业、居民服务、修理和其他服务业，个体工商户和私营企业是流动人口就业的核心领域。他们的月平均收入在 3000 元左右，三成以上的流动人口近两年感觉找工作的难度增加。三成以上的流动人口未与用人单位签订劳动合同，医疗保险、健康档案和社会保障卡的参保率很低，甚至有很大比例的流动人口并不知晓相关社会福利。因此，当地社会保障部门对相关信息和办理渠道的宣传和办理有待加强。

再次，流动人口的继续居留和主动融入当地社会意愿强烈，六成以上的流动人口表示喜欢现居地，关注现在居住城市/地方的变化，很愿意融入本地人当中，成为其中一员。但是同时，我们也注意到流动人口获取信息和参与社会活动的方式和渠道较少。社交圈仅限于同学和有亲缘关系的同乡，参与当地社会活动较少，生活方式也有待适应和改善。因此，有必要引导他们拓宽社交圈和打通信息交流渠道，更深入和广泛地融入当地社会。

总的来说，河南流动人口群体并不是一个均质的整体，流动人口在能否长期居留问题上具有选择性，一旦他们在 2 年甚至 1 年内不适应当地生活和工作，就很有可能选择离开，因此，引导他们在本地有序流动对当地的社会安定和发展至关重要。

B.15
乡村振兴战略背景下河南省社会工作介入教育扶贫的探索

郑州大学课题组*

摘　要： 新时期社会工作专业化和职业化的推进、本土化经验的积累以及乡村振兴战略所提供的机遇，使得社会工作介入教育扶贫具有一定的可行性。河南省在乡村振兴战略指导下积极推动社会工作介入教育扶贫，取得了供给主体的多元化、服务对象的广泛化、供给资源的多样化、社会工作介入教育扶贫的专业化和常态化的重要成就。同时社会工作介入教育扶贫时不可避免地面临一系列问题。今后河南省在开展社会工作介入教育扶贫工作时可以从下几个方面努力：加大社会工作专业人才培养力度，搭建社会工作介入教育扶贫的良好平台；加大政府购买社会工作服务力度，完善社会工作服务保障机制；发挥社会工作的专业优势，提升贫困人口脱贫的内生动力；加大社会工作的宣传培训力度，提高农村社会工作的认可度；推进多方联动的教育扶贫模式，发挥高校的社会工作专业优势。

关键词： 乡村振兴　教育扶贫　社会工作

---

* 本文为河南省政府决策研究招标课题（立项编号：2017B312）、河南省教育厅科学技术研究重点项目（项目批准号：14A630042）和河南省高校科技创新人才支持计划“转型期河南省女性福利获得的社会空间研究”的阶段性成果。课题组负责人：蒋美华，郑州大学公共管理学院，教授；课题组成员：张菡、朱琦、耿化瑞、郑蒙蒙、王亚男、刘皓青、李海燕、徐雪，郑州大学公共管理学院研究生；侯苗苗，郑州大学公共管理学院本科生。

一　社会工作介入教育扶贫的时代背景及其可行性

在推动乡村振兴的宏观背景下，我国的脱贫攻坚任务也进入了关键时期。为了深入攻克脱贫难题，教育扶贫显得尤为重要。社会工作介入教育扶贫是时代发展的必然要求，也有其推进的现实可行性。

（一）社会工作介入教育扶贫的时代背景

为顺利开启社会主义现代化强国建设新征程，十九大报告提出实施乡村振兴战略，按照产业兴旺、生态宜居、乡风文明、治理有效、生活富裕的总要求，建立健全城乡融合发展体制机制和政策体系，加快推进农业农村现代化。在“两个一百年”奋斗目标交汇的历史时期，乡村振兴战略是解决“三农问题”的最新决策部署，是建设富强文明和谐美丽的现代化国家的必然要求。

2018 年是改革开放的第 40 年，40 年来 7 亿人口实现了脱贫，脱贫攻坚取得了伟大成就。与此同时，河南省的脱贫攻坚也取得了良好的成绩。2013 ~ 2017 年五年间河南省深入贯彻精准扶贫、精准脱贫战略，全省贫困发生率从 9.28% 下降到 2.57%，共计 577.7 万农村贫困人口稳定脱贫。[①] 同时这也意味着河南省脱贫攻坚进入了深入脱贫的关键时期。截至 2018 年 9 月，河南全省未脱贫摘帽的还有 47 个贫困县，其中，国定贫困县 33 个、省定贫困县 14 个；还有 3723 个贫困村、221.4 万农村贫困人口，贫困人口总量居全国第 4 位。[②]

实施乡村振兴战略，促进农村经济、文化、生态、教育良性发展，切实要求发挥农民自身主体性，将扶贫与扶智、扶志相结合，增强农民自身的“造血”功能，这就离不开教育扶贫的深度开展。《教育脱贫十三五规划》中就指出，针对特困地区和建档立卡贫困户，从教育最薄弱的领域和最贫困的群体入手，夯实教育脱贫根基，提升教育脱贫能力，扩宽教育脱贫渠道，拓展教育脱

① 《2018 年河南省政府工作报告》，河南省人民政府门户网站，2018 年 2 月 2 日，https：//www.henan.gov.cn/2018/02－02/227013.html。

② 《河南脱贫攻坚集中总攻　确保到 2020 年实现总体脱贫》，中国新闻网，2018 年 9 月 17 日，http：//www.ha.chinanews.com.cn/news/hnxw/2018/0917/19710.shtml。

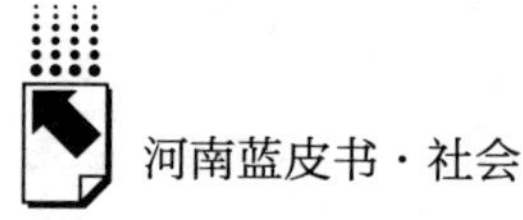

贫空间，集聚教育脱贫力量。①

社会工作者是参与脱贫攻坚的一支专业社会力量。2017 年《民政部、财政部、国务院扶贫办关于支持社会工作专业力量参与脱贫攻坚的指导意见》中提出“实施社会工作教育对口扶贫计划”要求，发挥中国社会工作教育协会的推动作用，支持和鼓励社会工作专业院系与贫困地区合作建立社会工作专业培训、教师实践和学生实习基地，帮助贫困地区培养社会工作专业人才。支持高校社会工作专业教师到贫困地区开展专业督导，引导社会工作专业在校生到贫困地区进行社会工作实践。促成至少 200 所高校与贫困县建立社会工作专业培训、教师实践和学生实习实训基地。② 为启动该项计划，2017 年和 2018 年全国社会工作专业学位研究生教育指导委员会与中国社会工作教育协会联合接连召开“中国社会工作教育扶贫动员大会暨教育扶贫研讨会”，落实“中国社会工作教育百校对口扶贫计划”，现有两百多所院校社会工作专业加入社会工作教育对口扶贫计划中。河南省已有郑州大学、郑州轻工业学院、河南财经政法大学等数所院校参与在内，对促进河南省教育扶贫工作的全面深入推进起到了积极的作用。

（二）社会工作介入教育扶贫的可行性

河南省作为我国的农业大省和人口大省，是实施乡村振兴战略的重要阵地，一直走在脱贫攻坚的前沿。新时期河南省社会工作专业化和职业化的推进、本土化经验的积累以及乡村振兴战略所提供的机遇，使得社会工作介入教育扶贫具有一定的可行性。

社会工作专业化与职业化的推进为社会工作介入教育扶贫提供了支撑。当前，伴随着全国社会工作事业的向前发展，河南省也建立起了较为完善的专业社会工作教育体系，社会工作人才队伍的专业化建设加快了步伐。如河南省先

① 《教育部等六部门关于印发〈教育脱贫攻坚“十三五”规划〉的通知》，2016 年 12 月 23 日，中国教育和科研计算机网，http://www.edu.cn/edu/zheng_ce_gs_gui/zheng_ce_wen_jian/zong_he/20161230_1480459.shml。

② 《民政部、财政部、国务院扶贫办关于支持社会工作专业力量参与脱贫攻坚的指导意见》，国务院扶贫开发领导小组办公室网站，2017 年 8 月 8 日，http://www.cpad.gov.cn/art/2017/8/8/art_46_67164.html。

后出台了《河南省社会工作专业人才队伍建设中长期规划（2011～2020年）》《关于建立河南省社会工作专业人才队伍建设工作联席会议制度的通知》等文件，提出到2020年力争全省社会工作专业人才发展到10万人的培养目标，[①]有力地指导了全省社会工作专业人才队伍的建设。与此同时，伴随着全国社会工作事业的向前发展，河南省社会工作的职业化也不断向前推进。如近年来，河南省社会工作持证人员逐年增加，截至2016年社会工作人才累计达13000多人[②]；河南省社会工作从业人员实务水平不断提高。2007～2016年，河南省民政厅组织举办了各领域一线社会工作者继续教育、“三区”社会工作实务能力提升、法律风险防范等专题培训，同时指导各省辖市开展相关业务培训，累计培训25期；近年来，河南省全面开发社会工作专业岗位。截至2016年，全省在相关事业单位、城乡社区、社会组织开发设置的社会工作专业岗位累计达到500余个[③]。

社会工作本土化经验的积累为社会工作介入教育扶贫奠定了基础。河南社会工作在实践探索的道路上积累了较为丰富的社会工作本土化经验。近年来，河南社会工作专业院校提高了对学生社会工作实践能力培养的重视，组织学生在城乡社区开展社会工作服务项目，积累了一些本土社会工作服务经验。与此同时，随着政府购买社会工作服务项目、岗位等的力度的不断加大，城乡公益服务项目购买力度的不断加大，承接项目和岗位的社会工作服务机构在服务过程中也积累了一些社会工作经验。近年来，通过积极探索，河南省形成了“学前教育—义务教育—普通高中教育—中等职业教育—高等教育”系统的教育扶贫体系，为社会工作介入教育扶贫奠定了基础。

乡村振兴战略的实施为社会工作介入教育扶贫提供了机遇。实施乡村振兴战略，是新时代“三农”工作的总抓手。2018年1月，《中共中央国务院关于实施乡村振兴战略的意见》中指出：“优先发展农村教育事业。高度重视农村

① 《2020年全省社会工作专业人才将发展到10万人》，河南省人民政府门户网站，2016年11月15日，https：//www. henan. gov. cn/2016/11－15/366817. html。

② 《河南省社会工作十年发展报告》，中华人民共和国民政部网站，2016年11月7日，http：//mzzt. mca. gov. cn/article/sggzzsn/jlcl/201611/20161100887278. shtml。

③ 《河南省社会工作十年发展报告》，中华人民共和国民政部网站，2016年11月7日，http：//mzzt. mca. gov. cn/article/sggzzsn/jlcl/201611/20161100887278. shtml。

义务教育，推动建立以城带乡、整体推进、城乡一体、均衡发展的义务教育发展机制。”同时，也强调“鼓励社会各界投身乡村建设。加强对下乡组织和人员的管理服务，使之成为乡村振兴的建设性力量。”① 乡村振兴战略为社会工作特别是介入教育扶贫提供了良好的政策环境。

二 乡村振兴战略背景下社会工作介入教育扶贫的成就

近年来，河南省多策并举，凝聚社会工作专业力量推进教育扶贫工作，取得了一系列成就。

（一）社会工作介入教育扶贫供给主体的多元化

近年来，河南省大力推进教育扶贫事业，鼓励社会工作介入教育扶贫，逐步形成了高校、社会工作服务机构、政府、企事业单位等共同助力的多元供给格局与互动机制。

河南高校社会工作院系积极与贫困地区建立合作机制，充分发挥社会工作专业力量助推贫困地区的脱贫攻坚。2018 年河南各高校积极响应“中国社会工作教育百校对口扶贫计划”，开展系列服务工作。如郑州大学社会工作系在驻马店市泌阳县闫洼村开展了以“教育扶困，情扬闫洼，郑大社工在行动”为主题的扶贫活动，重点围绕贫困地区留守儿童关爱保护、其他特殊困难人群关爱服务、贫困地区社会工作教育水平提升等服务领域开展相关扶贫工作，项目取得显著效果，受到社会广泛关注，活动照片荣登《中国社会工作》杂志 2018 年 8 月上刊封二。② 活动结束后，郑州大学社会工作系在当地建立起社会工作实践基地，推进教育扶贫的基地化、常态化和持续性发展。

近年来，河南省广泛动员和引导社会组织发挥自身优势参与扶贫工作，并于 2018 年印发了《关于引导和动员全省性社会组织参与脱贫攻坚的通知》

① 《中共中央 国务院关于实施乡村振兴战略的意见》，中华人民共和国中央人民政府网站，2018 年 9 月，http：//www.gov.cn/zhengce/2018－02/04/content_5263807.htm。

② 《教育扶困，情扬闫洼，郑大社工在行动》，郑州大学公共管理学院官网，2018 年 7 月 29 日，http：//www5.zzu.edu.cn/gggl/info/1009/7026.htm。

（豫民文〔2018〕107号），[①] 加大了教育扶贫的推进力度。如2014年郑州绿城社工服务站就在固始县沙河铺乡成立绿城社工服务站固始分站，长期以来面向农村留守儿童、留守老人、残疾人等群体，为他们提供亲情陪伴、应急救助、健康保健等爱心服务。[②] 河南省扶贫基金会对国家级扶贫开发工作重点县卢氏县发起了“卢氏行——助力童梦”关爱贫困儿童和留守儿童公益活动。[③] 此外，全省各地还以政府购买社会工作服务的形式为贫困地区提供教育帮扶。如商丘市民权县蓝天社会工作服务中心在民政局的引导下入驻吴庄村委“儿童之家”与留守儿童结对子，开展各种关爱活动60余场次，惠及留守儿童880人次，拓展了留守儿童各方面兴趣。[④]

此外，河南省的政府部门、其他企事业单位等也充分参与到脱贫攻坚的行动中。如省委组织部、省科技厅等5部门联合启动实施了全省特派员助力脱贫攻坚“十百千”工程[⑤]，为社会工作介入教育扶贫提供了多元互动的支持体系。

（二）社会工作介入教育扶贫的专业化

为保障社会工作介入教育扶贫的效果实现最大化，近年来，河南省大力推动社会工作专业人才的培养与选用、社会工作专业理念与方法的应用。

过去10多年来，河南省积极探索、开拓创新，通过提升转化、人才引进、学科培养等多种途径，培育了一批符合经济社会发展需求的本土化社会工作专业人才。[⑥] 专业社会工作人才队伍的培养为教育扶贫的专业化提供了坚实的基

---

① 《河南省民政厅关于引导和动员全省性社会组织参与脱贫攻坚的通知》，河南省民政厅官网，2018年7月5日，http：//www. henanmz. gov. cn/2018/07 -05/665604. html。

② 《关爱成长温暖相伴　爱心社工情牵农村留守儿童》，河南省人民政府门户网站，2014年6月3日，https：//www. henan. gov. cn/2014/06 -03/340197. html。

③ 《“卢氏行——助力童梦”关爱贫困儿童和留守儿童公益活动》，河南省扶贫基金会官网，2018年4月20日，http：//www. hnsfpjjh. org/article/detail/156。

④ 《民权县民政局“五到位”做好留守儿童关爱保护工作》，商丘新闻网，2018年12月20日，http：//sqtv. net/news/bencandy. php？fid =48&id =139101。

⑤ 《河南省科技特派员助力脱贫攻坚“十百千”工程成效显著　帮扶建立科技示范基地2246个》，河南省人民政府门户网站，2018年12月9日，https：//www. henan. gov. cn/2018/12 -09/725378. html。

⑥ 《助人自助传递温暖　迎着春风奔向未来》，河南大河网，2017年3月31日，http：//newpaper. dahe. cn/hnrb/html/2017 -03/31/content_ 133581. htm。

础。教育扶贫的服务对社会工作者具有严格的专业性要求。社会工作者需要基于“优势视角”“增能”“生态系统”等专业理论，运用社会工作的方法和技巧，探索具有当地特色的社会工作服务模式，为服务对象提供高品质的专业服务，满足服务对象多样化需求。如2018年郑州大学社会工作系教育扶贫实践团队基于当地现实情况，依托小组工作的手法开展农村留守儿童教育，充分挖掘其优势资源，提升他们的心理素质和抗逆力。与此同时，整合社区资源，组织多样化的社区活动，激发了贫困农村社区的活力，彰显了社会工作的专业优势。①

（三）社会工作介入教育扶贫服务对象的广泛化

河南省社会工作介入教育扶贫的程度日益深化，在政府的大力支持与引导下，逐步实现了覆盖人群以及覆盖范围的广泛化。

覆盖人群的广泛化体现在社会工作介入教育扶贫的服务对象涵盖了农村留守儿童、困境儿童、留守老人、留守妇女、受灾群众等各类群体，依据个别化原则，为不同的群体提供针对性的服务，以激发贫困地区人口的内生动力。如2017年河南鼎力社会工作服务拓展中心正式进驻光山县，开始执行河南省民政厅福彩项目“河南鼎力社会工作服务拓展中心关爱留守老人及社工人才双百计划”，长期以来向老年人提供心理、文化、健康和交流等服务，并培养光山县本土社会工作专业人才；② 2018年许昌市启航社会工作服务中心组织开展“慢飞天使守护计划”，为特殊儿童提供“康复救助”“融合推动”等内容③。

覆盖范围的广泛化体现在河南省大力推进社会工作区域协调发展，实现了社会工作介入教育扶贫涵盖全省多个贫困地区。2017年12月13日，河南省启动了社会工作服务机构“牵手计划”，实现社会工作先发地区与贫困地区社会

---

① 《教育扶困，情扬闫洼，郑大社工在行动》，郑州大学公共管理学院官网，2018年7月29日，http://www5.zzu.edu.cn/gggl/info/1009/7026.htm。

② 《鼎力社工进驻光山，关爱留守老人》，豫民网，2017年6月9日，http://www.61966.com/forum.php?mod=viewthread&tid=26069。

③ 《许昌市启航社会工作服务中心为特殊儿童撑起“保护伞”》，河南省人民政府门户网站，2018年8月21日，https://www.henan.gov.cn/2018/08-21/688392.html。

工作服务机构的“牵手”，以刺激贫困地区社会工作与教育扶贫的有机结合，覆盖地域包括鲁山县、濮阳县、封丘县、新县、桐柏县等。① 2018 年《中共中央国务院关于打赢脱贫攻坚战三年行动的指导意见》指出到 2020 年“确保贫困县全部摘帽，解决区域性整体贫困”的任务目标，更进一步推动河南省社会工作介入教育扶贫的区域均衡化发展。

（四）社会工作介入乡村教育扶贫供给资源的多样化

近年来，河南省社会工作队伍在介入乡村教育扶贫中供给的资源日益多样化，促进了乡村教育的发展，为乡村人口的脱贫做出了积极贡献。

如为了更好地促进郑州大学对口扶贫点——驻马店市泌阳县闫洼村的教育文化的发展，更好地发挥社会工作专业服务社会的积极功能，2018 年郑州大学社会工作专业实施了“教育扶困，情扬闫洼，郑大社工在行动”之闫洼村社会工作对口扶贫项目。本次社会工作介入教育扶贫工作在闫洼村重点围绕贫困地区留守儿童关爱保护、其他特殊困难人群关爱服务、贫困地区社会工作实习实训基地建设等服务领域通过小组活动和趣味性的游戏，培养留守儿童和贫困儿童的学习能力、沟通能力和创新能力等；通过丰富多彩的文娱活动，丰富村民的文娱生活，激发贫困农村社区的活力；同时通过社会工作实习实训基地的搭建，保证贫困地区教育文化的发展有稳定持续的助力。② 另外，河南科技大学社会工作系的学生小组利用高校的资源优势对洛阳市汝阳县刘店镇红里村贫困人口进行教育扶贫工作，该工作所提供的资源主要表现在法律援助、科技文化知识传授和心理引导三个方面。

除了高校社会工作队伍积极参与教育扶贫行动外，河南省许多社会工作服务机构也积极响应号召，助力脱贫攻坚。如 2018 年 6 月 22 日，南阳益博社会工作服务中心牵手尖峰眼科（南阳）医院、南阳慈善总会、社旗县春雨社工中心走进社旗县兴隆镇张岗村，为该村 268 名特困人员提供健康咨询检查和健

① 《河南启动首批社会工作服务机构“牵手计划”》，河南省人民政府门户网站，2017 年 12 月 19 日，https：//www. henan. gov. cn/2017/12 -15/383866. html。

② 《教育扶贫，情扬闫洼，郑大社工在行动》，郑州大学公共管理学院新闻中心，2018 年 7 月 29 日，http：//www5. zzu. edu. cn/gggl/info/1009/7026. htm。

康知识宣传和普及;[①] 2018 年，郑州市还有多个社工项目助力脱贫攻坚，如郑州市馨家苑社会工作服务中心“情暖夕阳”贫困高龄老人安享晚年项目及管城大爱慈善志愿服务项目、金水区梓闻社会工作服务中心困境儿童社工服务项目、金水区雨之露残疾人精准康复社会工作服务项目等,[②] 促进了贫困人口精神面貌的改变。

河南省的高校社会工作队伍以及社会工作服务机构积极拓展教育扶贫的内容，丰富教育扶贫的供给资源，不断强化教育帮扶，切实践行“扶贫先扶智，治穷先治愚”的理念，极大地推动了河南乡村人口精神面貌的改观，助力脱贫目标的实现。

（五）社会工作介入乡村教育扶贫的常态化

近年来，河南省积极实施教育扶贫全覆盖行动，把教育扶贫摆在了更加突出的位置。如 2018 年上半年，河南财政厅筹措下达资金 3.2 亿元，确保不让一个建档立卡贫困家庭学生因贫失学；河南省全面加强教师队伍建设，实施农村义务教育阶段学校教师特设岗位计划和中小学幼儿园教师国家级培训计划，筹措下达 13.4 亿元，提升师资队伍素质和教育教学水平;[③] 与此同时，河南省也出台了《关于引导和动员全省性社会组织参与脱贫攻坚的通知》（豫民文〔2018〕107 号）、《河南省教育脱贫专项方案》等一系列政策文件，并于 2018 年 10 月 23 日召开了河南省教育扶贫行动指挥部第一次会议，会议通过了《河南省教育扶贫行动专项工作推进方案》，强调了教育脱贫是扶贫开发的根本大计。在相关政策的大力支持下，社会工作介入乡村教育扶贫呈现常态化发展趋势。如郑州大学公共管理学院社会工作系对泌阳县闫洼村开展的为期三年的教育扶贫行动；郑州轻工业学院政法学院社会工作系对台前县清东村开展的为期三年的教育扶贫行动等。[④] 脱贫

① 《南阳益博社工扶贫光明行走进张岗助力脱贫攻坚》，社工中国网，2018 年 6 月 22 日，http：//news.swchina.org/hot/2018/0622/31696.shtml。

② 《郑州社工项目助力脱贫攻坚》，《河南工人日报》2018 年 10 月 18 日。

③ 《河南：深入实施教育扶贫攻坚》，中国财经报网，2018 年 11 月 9 日，http：//www.cfen.cn/。

④ 《“发展社会工作，助力脱贫攻坚”郑州轻工业学院启动教育扶贫大学生暑期社会实践活动》，郑州轻工学院政法学院网，2018 年 7 月 19 日，http：//fzx.zzuli.edu.cn/2018/0719/c4806a122911/page.htm。

攻坚工作是党中央、国务院的一项重大战略部署，河南省有社会工作专业的高校也积极利用自身专业优势，将教育扶贫作为常态化的行动进行贯彻落实，不断朝着全面建成小康社会的目标前进。

三　社会工作介入教育扶贫所面临的问题

社会工作介入教育扶贫工作虽然取得了一定的成就，但在乡村振兴背景下进行审视，仍然会看到社会工作介入教育扶贫面临一系列问题问题，主要如下。

（一）教育扶贫的各行动主体之间的联动性不足

教育扶贫是一项较为复杂的系统性工程，需要当地政府、社工机构和高校等的共同协作，联动发展，才能更大化地利用资源，取得更大的效果。当前，河南省社会工作者介入贫困地区的教育扶贫行动时，在有限的人力、物力、财力的条件下，各行动主体之间的联动性不足，具有一定的局限性。社会工作者在介入贫困地区的教育扶贫时多依靠自身的力量与当地的村民进行沟通，了解村民的服务需求，投入了大量的时间和精力适应新环境，其他政府部门、相关单位等的协同配合不足，教育扶贫时也没有很好的扶贫共享平台提供支撑，在一定程度上阻碍了社会工作介入教育扶贫的效率和效果。这种协同性的不足也阻碍了教育精准扶贫工作中的信息公开和资源共享，降低了教育扶贫的精准度与效率。

（二）教育扶贫人才队伍建设的落实有效性不足

河南省目前的社会工作人才队伍尚不足。《河南省中长期人才发展规划纲要（2010～2020年）》明确指出到2020年，社会工作专业人才总量达到10万人，其中具有社会工作师职业水平证书或达到同等能力素质的中级社会工作专业人才约1.2万人。目前，河南省距离此目标还有较大差距。作为农业大省，河南省农村经济条件和教育资源配置还相对落后，薪资待遇及生活环境相对较差，加之教育政策的不完善，其对于社会工作者很难有较大的吸引力。此外，受时空的限制，社会工作教育扶贫团队深入农村多是提供短暂性支教行动或教育扶贫行动，而本地教师因缺乏长期的社会工作专业培训，不能有效掌握个案工作、小组工作、社区工作等专业服务技能，农村社会工作人才队伍建设不能满足教育扶贫的现实需求。

（三）教育扶贫的相关倡导性政策的操作性不足

健全、完善的教育扶贫倡导性政策，是推进社会工作介入教育扶贫攻坚战略的前提和保障。目前，国家层面的教育扶贫战略方法缺乏差异性和针对性，在地方上又要根据具体情况因地制宜才能更好地加以落实。如2016年制定的《河南省教育脱贫专项方案》，从指导思想、主要原则、具体措施等方面对教育扶贫做出具体要求①，但仍存在不完善之处，不便于社会工作者介入干预；关注短期目标，缺少长远规划；受“输血式”扶贫方式影响，忽视个人可持续发展；组织实施的具体内容较为粗略，不够明确等。再如2016年印发的《河南省民政厅关于发展社会工作助力脱贫攻坚的意见》，其中并未提及教育精准扶贫的相关内容。由此可见，政府对社会工作在推进教育精准扶贫过程中的重视程度还不够，使得专业社会工作者在参与农村教育扶贫缺乏有力的政策依据和制度支持，影响社会工作介入教育精准扶贫的实施力度。

（四）教育扶贫所依托的农村社会工作的认同度不高

目前，在河南农村地区，村民对社会工作知之甚少，对农村社会工作的认同度不高。如郑州大学社会工作专业2018年在泌阳县闫洼村开展“教育扶困，情扬闫洼，郑大社工在行动”教育扶贫活动刚到闫洼村时，当地大部分的村民并不了解什么是社会工作，一部分村民认为社会工作者大致就是志愿者，对于社会工作所具有的专业性服务知之甚少。农村基层政府工作人员对于社会工作开展教育扶贫所具有的专业优势也不了解，希望前来的社会工作服务团队更多地协调他们开展扶贫的日常工作，而不是积极为社会工作服务团队搭建开展教育扶贫的专业服务平台。教育扶贫所依托的农村社会工作的认同度不高会一定程度上影响教育扶贫的有效性。另外，农村交通、信息等的相对落后，也使

---

① 《河南省人民政府办公厅关于转发河南省教育脱贫等5个专项方案的通知》，豫政办〔2016〕120号，2016年6月24日。

得有关社会工作的理论、方法和技巧等专业知识很少能通过进村宣讲或媒体宣传传播给村民，不利于社会工作者介入教育精准扶贫。

四 社会工作介入教育扶贫的未来展望

社会工作介入教育扶贫仍面临着一些亟待解决的问题，急需采取有效的措施加以积极应对，以为社会工作介入教育扶贫开拓更好的发展空间。

（一）加大社会工作专业人才培养力度，搭建社会工作介入教育扶贫的良好平台

乡村振兴战略的实施离不开社会工作者的广泛参与，然而目前河南省社会工作专业人才供给显然满足不了现有的农村教育扶贫的需求。因而要加大社会工作专业人才的培养力度，为社会工作介入教育扶贫搭建良好平台。

第一，拓展培养平台，依托高校催生人才。高校教育和人才资源优势可为社会工作介入教育扶贫提供人才保障。一方面可通过高校社会工作人才的培养，疏通人才服务渠道，让部分社会工作专业人才到农村开展教育扶贫工作。另一方面，通过高校在贫困农村地区建立的社会工作实践基地，对当地农村精英人才进行社会工作专业培训，培养本土社会工作教育扶贫人才。

第二，创新培训方式，提升培训质量。各级政府部门也应加大对教育扶贫服务人员的社会工作知识和能力的培训力度，提升培训质量。为此，应增加对教育扶贫培训的财政支持，通过继续教育的认可等各种措施激励工作人员积极参与培训，并激励参与培训的工作人员深入农村开展教育扶贫行动。

第三，引入专业社工机构，落实“三社联动”服务机制。社工机构是一线社工发展成长的组织基础，可以在农村贫困地区引入专业社工机构，并在此基础上，将社工机构发展成为兼具平台性与服务性的枢纽型综合服务组织。在社工机构在培育和发展过程中，应着重培育本土社工人员，注重本土社工机构的建设。同时，积极落实以社区为平台、社区社会组织为载体、社会工作者为支撑的“三社联动”机制，回应社区居民多样化、个性化的服务需求，推动农村教育扶贫工作走向深入。

（二）加大政府购买社会工作服务力度，完善社会工作服务保障机制

目前，河南省初步建立了以政府购买服务为主的社会工作投入保障机制，但是政府购买的农村社会工作扶贫服务项目较少，难以满足农村贫困地区教育扶贫的需求。与此同时，河南省虽然出台了有关政府购买社会工作服务项目的政策和意见，但还需进一步制定完备的购买社会工作服务的标准和办法，建立有效的服务购买机制及完整的服务购买操作办法。同时，还需要进一步建立服务购买主体和承接主体的有效沟通平台，以提高政府资金的利用率和社会工作的服务效率。也就是说，需要加大政府购买社会工作服务力度，建立健全和完善政府购买社会工作服务项目机制，为社会工作服务提供相应的资金和制度保障，以有效助力社会工作介入下的教育扶贫项目的开展。

（三）发挥社会工作的专业优势，提升贫困人口脱贫的内生动力

随着教育扶贫理念的不断深入，面对长期脱贫问题，提升贫困人口脱贫的内在动力显得尤为重要。

第一，构建新型教育观念。贫困文化的代际传承是贫困治理中需要关注的深层问题。社会工作在介入时，要注意改变贫困家庭的传统教育观念，打破贫困人口在长期的贫困生活中所形成的特定文化、行为规范和价值观，防止“贫困亚文化”在家庭内部固化而不断传递。与此同时，要加强现代化教育观念的传输，激发贫困人口接受教育的信念，挖掘贫困人口脱贫的内在潜力，全面提升个人和家庭的发展能力。

第二，推动农村义务教育。结合贫困地区的实际情况，社工可以通过链接外部教育资源，努力使贫困地区家庭的子女都能接受先进的现代化教育，为改变贫困地区教育的落后面貌积蓄新生力量。

第三，开展农民教育工程。对于缺少中高等教育的适龄农村劳动青年，开展实用性强、操作性强的职业教育，从而提升他们的自我发展能力，满足当地产业发展需要。同时要注重通过开展农民教育工程，将扶贫与扶志、扶智相结合，增强贫困农民自立、自强、自助的意识和能力，把“输血式”扶贫转变为“造血式”扶贫，提升贫困人口脱贫的内生动力，助推乡村早日走上振兴之路。

（四）加大社会工作的宣传培训力度，提高农村社会工作的认可度

作为参与教育扶贫的重要专业力量，社会工作要在农村教育扶贫中发挥好自身的作用，就需要加大社会工作的宣传培训力度，提高农村社会工作的认可度。

第一，依靠社会工作者进行自我宣传。如入村和驻村的社会工作者要增强进行专业宣传的意识。在开展专业活动的同时，社工可以通过和农村居民交流、道路或广场设点、工作站张贴海报等方式来进行农村社会工作宣传，提高社会工作专业的知名度，进而增强村民对社会工作者的认可度。

第二，依靠基层力量开展专业宣传。社工可依靠基层力量开展专业宣传，如通过与村委会以及乡镇政府等基层管理部门联合，对社会工作介入农村扶贫的相关政策进行解读，提升社会工作在农村社区的公信力。通过参加农村居民集体活动与村民会议，加深村民对于社会工作者的了解，提高农村社会工作的接纳度。

第三，借助外部资源加强社工宣传。社工可利用进入农村的志愿者队伍、民间公益组织、媒体力量等来进行社会工作介入农村教育扶贫的宣传，这也是加强农村社会工作专业宣传的有效方法之一。

总之，社会工作者在开展工作时，要根植于本地文化，在本地原有的文化基础上，塑造教育扶贫的精神土壤，从而提升农村社会工作的社会认可度，便于更好地推进教育扶贫的工作①。

（五）推进多方联动的教育扶贫模式，发挥高校的社会工作专业优势

全面实施乡村振兴战略，深入推进教育扶贫工作，需要多方力量的参与和合作。根据教育扶贫的实际情况，在农村社区的支持下，发挥好高校的人力资源优势，利用好社工机构的基层工作经验，开发有效的社会组织资源，引入志愿者工作队伍，探索多方联动的教育扶贫的联动模式，建立健全和完善“高

① 颜小钗、黄耀明、廖晓义、兰树记：《乡村振兴，社会工作参与的路径和困境》，《中国社会工作》2018 年第 28 期。

校+社工机构+社区+社会组织+志愿者”的联动机制，从多种角度介入教育扶贫各方面的工作，发挥好社会工作组织在专业服务中的积极作用和不同组织力量的独特作用，为实现扶智扶志目标提供全面和长效的支持。在多方联动的教育扶贫模式的推进中，尤其要注意发挥高校社会工作的专业优势，以有效弥补农村社会工作专业人才缺口。要积极动员高校社会工作院系对口参与教育扶贫，通过项目引领、模式探索、本土社会工作人才培养、社会服务机构扶持、减贫机制构建、助推政策研究等路径，进一步凸显社会工作教育对脱贫攻坚人才培养的基础支撑作用。①

乡村振兴战略背景下社会工作介入教育扶贫是一项系统工程，需要多方力量共同介入，形成合力，这样才能更好地发挥社会工作的专业优势，更好地发挥教育扶贫的带动作用，从而推动农村贫困地区早日走出贫困，早日实现乡村的振兴。

参考文献

颜小钗、张和清、廖晓义、兰树记：《乡村振兴——社会工作参与的路径和困境》，《中国社会工作》2018 年第 22 期。

谭雅君、郭占峰：《精准扶贫视角下农村社会工作的作用》，《社会工作与管理》2017 年第 5 期。

王宝林、朱田青：《阻断贫困代际传递的意义与对策》，《哈尔滨职业技术学院院报》2018 年第 6 期。

① 《行进在脱贫攻坚路上的社工力量》，《社会工作者》2018 年 10 月 19 日。

B.16

河南省低保贫困户多维贫困测度及影响因素研究

高芙蓉*

摘　要： 运用多维贫困指数测度农村低保家庭贫困状况，与当前阶段正在执行的精准扶贫政策要求高度契合。本文基于河南省31个贫困县233个贫困村5898户低保贫困户的核查数据，使用A—F多维贫困指数方法从经济收入、教育程度、健康状况、生活水平和社会救助五个维度测试低保户的贫困情况，与非低保家庭的多维贫困状况进行对比研究。结果表明：教育贫困是低保家庭难以脱贫的主要原因，也是非低保家庭经济脆弱的诱因，教育程度低带来了获取资源能力不足、家庭抵御风险能力弱等问题；对低保家庭来讲，随着贫困维度的增加，健康状况对贫困家庭的影响超过了教育程度。依据研究结果，提出从继续关注适龄青少年的教育、加强对低保贫困户的技能培训、全方位兜底保障低保家庭健康三个方面建议，适度解决贫困地区低保家庭问题是较为有效的选择。

关键词： 低保贫困户　多维贫困　A—F多维贫困指数

一　引言

传统意义上人们普遍认为致贫原因是经济上的匮乏，随着社会经济发展，

---

* 高芙蓉，女，河南项城人，河南财政金融学院副教授，博士，主要研究方向：农村社会学。

学者逐渐将贫困的发生归结到教育、健康、住房等更广泛的领域。特别是自阿马蒂亚·森提出多维贫困理论以来，学界更多地关注多维度的致贫因素。基于这一理论，英国学者阿尔基尔（Alkire）和福斯特（Foster）创设了 A—F 模型，并将其用于测量多个国家的多维贫困状况，克利斯多夫·巴德（Christoph Bader）、阿宾博拉·阿德波尤（Abimbola Adepoju）等人以某一国为例测量了家庭多维贫困特征，阿卜杜勒·萨布尔（Abdul Saboor）等人从地区差异和历时跨度研究了巴基斯坦的多维贫困剥夺问题。可以看出，国外学者对多维贫困理论的运用，多是从宏观和中观层面分析国家间、地区间的多元贫困状况差异以及其影响因素。国内关于多维贫困的研究集中在以下方面：一是以某一地区或城市为例，测度家庭多维贫困的状况，提出反贫困对策（陈辉、张全红，李波等人，黄琦，郑长德、单德朋等人）。二是以某一类人群为研究对象，研究贫困的影响因素（高明等人，李晓明、杨文健等人，柳建平等人，贺坤、周云波等人）。国外学者侧重于宏观层面，国内学者既有宏观与中观的测量，也有对特殊贫困群体的探究。这些成果具有重要的参考价值。但梳理现有研究发现仍存在优化的空间。第一，多维贫困测量以整体、宏观层面研究居多，特定的、微观层面研究还应给予更多关注。第二，现有研究侧重于农民工、妇女、儿童等独特群体居多，而专门对低保户的研究还有待加强。在精准扶贫时代，一般贫困户在国家开发扶贫政策支持下，贫困人口数量急剧减少。而低保贫困户因自身的健康、受教育水平等因素制约，难以承接政府的产业扶贫、就业扶贫等优惠政策，靠自身能力脱贫难度极大。因此，对低保贫困户的贫困状况、致贫机理进行细分、量化、识别，对其多维贫困状况进行测度与研究更显必要，这将对宏观、整体层面的多维贫困研究给予有益的补充。

一直以来，我国把消除贫困作为长期追求的奋斗目标，实施了开发式扶贫、精准式扶贫等一系列政策举措，取得了举世瞩目的减贫成效，积累了大量成功经验，诸如不断下沉瞄准单位、实时调整瞄准机制、实施多维扶贫标准等等。其中，多维贫困标准早在 2015 年就纳入政府决策范围，“两不愁、三保障”（即不愁吃、不愁穿，义务教育、基本医疗和住房安全有保障）的实施就是政策转向的最好体现。精准识别贫困户已不再仅仅参考收入状况，年龄、健康、残疾、教育、住房等也成为重要的考量指标。

河南省贫困人口位居全国第三，扶贫任务极为艰巨。截至2016年底，河南省建档立卡的贫困户还有113.4万户，共317.43万人，其中一般贫困户数为43.96万户（共145.6万人），低保贫困户51.18万户（共150.31万人），五保贫困户数18.25万户（共21.52万人）。这三类贫困群体中，具有劳动能力的一般贫困户被列入扶贫开发对象，通过产业扶贫、就业扶贫、教育扶贫等方式实现脱贫；五保贫困户由于无法定义务抚养人、无劳动能力和生活来源，政府在吃、穿、住、病和葬（小孩为教）等五个方面提供相应的保障；而低保贫困户则以家庭成员人均收入低于当地最低生活保障标准为依据，仅在经济上给予一定的生活补贴。相比于前两类，低保贫困户在教育、健康、医疗、兜底保障等方面的问题更为突出。河南省低保贫困人口占总贫困人口的比例达到47.35%，在三类人群中占比最高，需要在精准扶贫政策实践中给予高度关注。基于上述考虑，这里选择对2017年初所做的农村低保核查数据进行测度，分析低保贫困户贫困的影响因素，把握多维贫困的基本特征，研究群体结构组成、致贫原因及精准兜底保障的对策，探究现有社会救助政策对于脱贫攻坚的积极意义和2020年脱贫攻坚结束后应当发挥的作用。

二　多维贫困测度模型建构

（一）理论基础：A—F双重临界值法

随着人们对贫困内涵理解的加深，对贫困的测量由单一收入维度逐渐向多维贫困转变。阿马蒂亚·森开创了多维贫困评价的先河，其后学界先后推出一系列评价体系，这其中尤以A—F双重临界值法最为突出，它运用计数测量方法计算MPI指数，操作简便、容易理解，得到广泛应用。A—F法提供的多维贫困测量框架弹性强、适用范围广，既可对不同地域的贫困状况进行测量，也可对不同群体进行量化考核，同时还可根据实际情况设定维度、权重以及剥夺临界值等不同的指标综合考评宏观与微观的状况。基于这种考虑，本文选择A—F方法测算河南省贫困连片地区农村低保户多维贫困状况。

（二）研究方法：多维贫困的测定

本文对低保贫困户多维贫困的测度以阿尔基尔（Alkire）、福斯特（Foster）的多维贫困理论与方法为依据，根据具体情况选择相关指标、设定贫困维度权重。具体步骤如下。

1. 低保贫困户多维贫困的识别

通过以下几个环节，对低保贫困户进行识别：一是通过调研数据获取低保贫困家庭样本数据，确定每个贫困维度的临界值。二是把低保户在某一个维度上的数值与该维度临界值进行比较，确定该低保家庭是否在这一维度上处于被剥夺状态。三是把低保家庭的加权平均被剥夺维度数与设定的临界值进行比较，识别低保家庭是否处于多维贫困状态。

设定低保户家庭样本总量为n，贫困测量指标数量为d，以 $X = [x_{ij}]$ 表示 $n \times d$ 维矩阵，x_{ij}表示第i个低保家庭在第j个贫困维度的数值（i=1，2，……n；j=1，2，……d）。根据所建构的多维贫困指标体系，把调查得到的低保户数据导入矩阵X中。以 Y_j表示第j个维度被剥夺的临界值，把 $n \times d$ 维定义为剥夺矩阵 g^0，当 x_{ij}小于 Y_j时，表示第i个低保家庭的第j个维度处于被剥夺状态，在剥夺矩阵中反映的是该低保户在该指标的数值为1，否则为0，表示第i个低保家庭的第j个维度上没有处于被剥夺状态。

设定低保户多维贫困的识别。以 k=1，2，……d 表示贫困维度临界值，把n维列向量 z_k定义为贫困识别向量，当 $\sum_{j=1}^{d} w_j g_{ij}^0 > k$，$\sum_{j=1}^{d} w_j = d$，表示第i个低保家庭的加权平均被剥夺维度数值大于或等于k时，则第i个低保家庭就被确定为多维贫困，这里 w_j代表权重，数值越大则第j个维度越重要。依据这种方法判别第i个低保家庭是否为多维贫困，需要根据临界值k和临界值 z_k来确定，因而，这种方法被称为双重临界值法。

2. 低保家庭多维贫困指数的加总

对低保家庭多维贫困进行加总，有助于把握整体低保群体的多维贫困程度，得出低保户的多维贫困指数。为便于判断低保贫困户的剥夺维度数，这里选择指标等权重法进行计算，可以更好地兼顾每个贫困维度的贫困状况，这样赋值的优势在于使维度临界值取整数，有利于计算和统计贫困维度的平均受剥夺程度。

多维贫困广度（H）的计算。这里用H来代表，它表示发生多维贫困的人口比率。具体方法如下：

$$H = \sum_{i=1}^{N} c_i(k)/N = q/N \tag{1}$$

这里q表示发生多维贫困的家庭总数，N代表总家庭数。c_i（k）表示贫困临界值为k时第i个低保家庭被剥夺维度总和。用这一公式计算出来的发生率，可以反映贫困现象的广度。但它对低保贫困家庭群体数量变化很敏感，无法准确反映低保家庭的福利缺失程度。

多维贫困深度（A）的计算。这里用A来表示，它代表的是任意几个维度上多维贫困发生的深度。它反映了低保贫困家庭被剥夺维度的情况，用低保贫困家庭平均被剥夺维度数与总维度数的比值表示平均剥夺份额，即

$$A = \sum_{i=1}^{N} c_i(k)/qd \tag{2}$$

这里q为多维贫困家庭数，d多维贫困维度。H与A的值越大，表明贫困的深度与广度水平越高。低保贫困家庭平均被剥夺比率（A）弥补了贫困发生广度（H）不能反映多维贫困深度的问题。

多维贫困指数（M_0）的计算。多维贫困指数是将低保家庭贫困发生广度与贫困家庭平均被剥夺份额相乘，反映了低保家庭整体多维贫困状况。关于多维贫困指数权重的设置，按照当前现有研究的通行做法，采取等权重方法，把各维度的权重视为对多维贫困具有同等的贡献度，测算低保家庭在d个维度下的受剥夺情况。即：

$$M_0 = HA \tag{3}$$

多维贫困指数维度分解的计算。多维贫困指数具备可分解性特征，可以依据国家、省份、地区、城乡、时间、性别、维度等不同的组别进行分解。这里，在进行贫困测算时，为了更准确地分析问题，对多维贫困指数（M_0）按照维度进行分解，比较分析各个维度的低保家庭贫困状况，和各个维度的贫困对总体多维贫困的贡献大小。具体分解如下：

$$P_j(k) = \frac{\sum_{i=1}^{n} C_{ij}/(nxd)}{\sum_{i=1}^{n} \sum_{j=1}^{d} C_{ij}/(nxd)} = \frac{\sum_{i=1}^{n} C_{ij}}{\sum_{i=1}^{n} \sum_{j=1}^{d}} \tag{4}$$

三　数据来源与维度指标选取

（一）数据来源

本文选取2017年河南省民政厅调研的农村低保核查数据作为分析的依据。低保核查数据来自全省31个县（市）66个乡镇（街道）223个行政村，执行核查任务的是24家社会工作机构。每家社工机构对接1至2个任务县，每个任务县抽取2~3个乡镇，每个乡镇抽取1~6个村，对抽取村的所有低保家庭进行核查。选取核查村的原则是低保户相对较多和集中的村，这样做可以较准确地反映所在乡镇的整体情况。重点通过入户调查和对负责低保相关工作人员进行调查的方式，直观、真实反映河南省低保工作状态。此次调研共入户走访了5898户低保家庭，回收问卷5898份。为了与低保户进行比较，同时还对非低保家庭进行了入户访谈，共回收问卷648份。

（二）维度指标选取

在低保户贫困维度选取上，采用阿尔基尔（Alkire）与福斯特（Foster）提出的多维贫困指数（MPI）、联合国发布的《2016年人类发展报告》、《中共中央关于打赢脱贫攻坚战的决定》以及《中国农村扶贫开发纲要（2011~2020）》等文件提出的扶贫要求，根据河南省的实际情况以及学界相关研究，构建了河南省“三山一滩”贫困集中地区的农村低保贫困户多维贫困评价指标体系，贫困维度及指标解释（具体见表1）如下。

（1）收入维度。以往的贫困研究以及政策执行，通常把家庭经济收入作为识别贫困的唯一标准。我国目前的农村贫困线标准为2011年确定的2300元。就河南省而言，农村低保贫困户2016年的标准为人均年收入2960元，这也是实地入户调研时执行的标准。本文选取年收入2960元作为被剥夺临界值。

（2）教育维度。结合我国推行义务教育制度的现实状况以及目前就业市场中对劳动力素质的最低要求，理论上应该选择“初中”作为被剥夺临界值。但考虑到低保户的选取多以年龄超过60岁为判定准则，这一群体没有享受到

表1　多维贫困评价指标

维度	指标	贫困标准与剥夺临界值
收入维度	人均年收入	人均年收入低于2960元,赋值1,否则为0
受教育程度	受教育程度	若户主受教育程度小学及以下(受教育年限6年),赋值为1,否则为0
健康状况	疾病或残疾	若家庭成员中有残疾人或身患重大疾病者,赋值为1,否则为0
生活水平	住房结构	住房结构,若为土坯结构等危房,赋值为1,否则为0
	人均房屋面积	人均房屋面积,若小于人均住房建筑面积为45.8平方米,赋值为1,否则为0
	耐用消费品	耐用消费品中拥有的常用农用机械、家用汽车、摩托车、电动车、洗衣机、冰箱、彩电、空调、热水器、移动电话、计算机、音像设备等数量小于3,赋值为1,否则为0
社会救助	三类救助	基本养老保险、住房救助、子女教育救助,低保家庭若没有获得其中之一,赋值为1,否则为0

义务教育制度的待遇，因此，这里把“受教育程度：小学”列为被剥夺临界值。

（3）健康维度。MPI中健康的衡量标准是营养状况和儿童死亡率，营养状况涉及复杂的医学指标，儿童死亡率在当下的贫困地区比率以万分之几作为计量单位，可以忽略不计。唯有农村低保家庭成员患有重大疾病或有残疾，会给家庭带来沉重的负担。这里选择低保家庭成员有重大疾病或残疾人作为健康维度的贫困剥夺临界值。

（4）生活水平维度。农村低保家庭生活水平的高低通过住房结构、人均房屋面积、耐用消费品等来反映。住房结构的好坏反映了住房安全与否，这里选择“土坯结构”为贫困临界值；人均房屋面积根据国家统计局公布的数据，2016年农村居民人均住房建筑面积为45.8平方米，低于平均数则视为贫困临界值；耐用消费品中拥有的常用农用机械、家用汽车、摩托车、电动车、洗衣机、冰箱（柜）、彩电、空调、热水器、移动电话、计算机、音像设备等数量小于3，则视为该维度为临界贫困。耐用消费品之所以设定为3，是考虑到洗衣机、冰箱（柜）、彩电属于目前农村家庭已经普及的家电产品，早在2007年试点探索“家电下乡”政策时，这三种家电产品就纳入了补贴（13%）范围。

（5）社会救助维度。随着扶贫攻坚战略的实施，各地加大了脱贫摘帽工作力度，产业扶贫、金融扶贫、易地搬迁、社会力量帮扶等多种形式的扶贫措施依次推进，企业、项目、资金等扶贫资源进村入户，低保贫困户成为受益对象。这里以低保对象获取“基本养老保险”“住房救助”“子女教育救助”三项指标，作为贫困剥夺临界值，体现低保户获取外部资源的状况。

（三）权重的设置

大多数学者在多维贫困测度研究中对权重的取值方法都是等权重法，阿尔基尔（Alkire）、福斯特（Foster）提出的多维贫困指数（MPI）也赋予了贫困维度与维度内各个指标同等的权重。国内学者确定多维贫困的权重时使用其他方法（如主成分分析法［16］）与等权重方法进行了对比研究，从稳健性角度看，等权重分析法得到的结果是稳健的。基于上述考虑，这里在确定多维贫困指标时仍采用等权重法进行分析。

四　实证结果分析

（一）农村低保户单维贫困现状

从农村低保户单维贫困发生率来看（见表2），一是受教育程度是发生贫困率最高的一个维度。调研的低保群体中小学及以下学历的占比81.4%，大专以上的占比仅为0.31%。与非低保家庭对比后发现，非低保家庭小学及以下学历的占比60.49%，这一数值虽好于低保家庭，但同处于“三山一滩”连片特困地区，总体上看非低保家庭户主的学历也处于较低层次，接受大专以上教育的非低保家庭户虽高于低保家庭，但占比也很低，仅为1.7%。

二是贫困发生率仅次于受教育程度的是收入维度，在调研的建档立卡低保户中低于贫困线的占79.21%。在计算低保家庭年人均收入时，扣除了政府补贴收入。理论上在农村享受低保标准的群体其人均年收入均应在2960元以下，但实际调研取得的数据，高于2960元的占17.77%，另外数值缺失的占3.02%，其中漏报收入即收入为0的占2.32%，漏报人口的占0.7%。这说明在调研的贫困村还存在一定程度的错保问题，骗保、错保、关系保、人情保等违规现象没有得到根本遏制。

表 2　河南省农村低保户单维贫困发生率

维度	指标	贫困线标准	低保户样本数值（%）	非低保户样本数值（%）
收入维度	人均年收入（元）	2960	79.21	—
受教育程度	受教育程度	初中	81.4	60.49
健康状况	疾病或残疾	重大疾病或残疾	52.14	—
生活水平	住房结构	土坯结构	9.89	4.5
	人均房屋建筑面积（m^2）	45.8	46.85	19.32
	耐用消费品	家庭固定资产 3 件	56.09	4.78
社会救助	三类救助	无	29.72	—

三是耐用消费品的贫困发生率居第三位。这一比例达到 56.09%，远高于非低保家庭 4.78% 的贫困发生率。

四是健康状况的贫困发生率占一半以上。从调研数据看，有一半以上的农村低保家庭中有家庭成员患重大疾病或身体残疾，这也是农村评定低保时的重要依据，以重病或残疾等显性个体特征为依据，既具有较强的可操作性，也能够更好地被村民接受，是在评定低保户时被重点采用的措施。

五是人均房屋建筑面积的贫困发生率也接近一半左右。与非低保家庭相对比，高出 27.53 个百分点。从住房结构看，住房结构土坯结构的占 9.89%，按政府认定属于危房的占比 14.18%。

六是从三类救助的贫困发生率看，有近三分之一的低保家庭没有完全享受“基本养老保险”“住房救助”“子女教育救助”三项救助。

上述分析表明，当前农村低保贫困户在国家政策的大力支持下其生存贫困状况有了较大程度的缓解，但还存在大量的低收入群体。从收入水平看，近 80% 的低保家庭人均年收入低于 2960 元最低生活保障标准，而有接近五分之一的农户扣除政府补贴之后其人均年收入超过 2960 元，有些家庭年收入达到 5 万元之多。这说明建档立卡过程中还存在一定程度的违规现象。同时，样本农户在健康、教育、住房、耐用消费品等指标方面呈现出较高的贫困发生率，并不亚于单纯以收入指标测度的贫困发生率，这表明仅靠单一收入指标识别贫困的标准并不能很好地适应贫困性质转变下的多维贫困状况。使用多维识别方法可以更全面反映农村贫困状况，有利于评判致贫因素的轻重缓急，有助于实施有效的精准扶贫措施。

（二）低保家庭多维贫困测量与分解

1. 多维贫困程度与深度的测量

如果按河南省农村最低生活保障“收入水平低于2960元”的单一贫困标准计算，建档立卡贫困户的贫困发生率为79.21%。从多维贫困指数来看，低保户不仅存在收入上的贫困问题，其他方面的贫困问题也相当严重，尤其是教育程度、健康状况、社会救助等指标的贫困发生率都高于收入维度。这里运用A—F多维贫困测量方法，分析农村低保家庭多维贫困的深度与广度。

依前文所述，这里运用双重临界值设定方法，按照“等权重”标准计算各个指标值，测算低保户在各维度的贫困程度，测度低保户在K个维度上的贫困状况。计算结果见表3，具体反映了低保农户在K取1～7时的贫困发生率（H）、贫困剥夺程度（A）以及多维贫困指数（M^0）。国际上通行的判定多维贫困的标准是K≥3，也就是说若有3个及以上维度的指标处于贫困剥夺状态，则认为该农户处于多维贫困状态。对低保贫困户的测量结果表明，K为3时，低保贫困发生率为87.18%，贫困剥夺程度为56.27%，多维贫困指数为0.4905，这一数据说明低保贫困户整体上处于比较严重的多维贫困状态，尤其是在3、4、5个维度上贫困发生率都相当高。从表3可以看出，随着多维贫困维度的上升，低保家庭的贫困发生率与贫困指数呈下降趋势，但贫困剥夺份额即贫困的深度在上升。这说明随着贫困维度的增加，国家扶贫政策的推行只是降低了多维贫困的广度，由于低保户自身存在的特殊困难致使贫困户之间的贫困深度增加。尽管单纯依据收入指标测度贫困发生率有大幅降低，但多维贫困测度表明低保户的贫困表现更加复杂。

2. 多维贫困指数影响因素分析

为进一步分析不同贫困维度对多维贫困指数的影响，有必要对农村低保家庭多维贫困指数进行分解。计算结果体现在表4中，表4具体测算了K值取1～7个维度时对多维贫困指数的贡献率。

表 3　农村低保户多维贫困程度

K	贫困发生率(H)	贫困剥夺份额(A)	多维贫困指数(M^0)
1(受教育程度)	0.9997	0.5254	0.5252
2(健康状况)	0.9866	0.5305	0.5234
3(社会救助)	0.8718	0.5627	0.4905
4(人均住房面积)	0.5731	0.6326	0.3626
5(是否危房)	0.2133	0.7357	0.1570
6(人均年收入)	0.0311	0.8611	0.0268
7(耐用消费品)	0.0009	1.0000	0.0009

表 4　低保户多维贫困不同维度影响因素分解

K	受教育程度	健康状况	社会救助	人均住房面积	住房结构是否危房	人均年收入	耐用消费品
一维贫困影响率	0.9734	0.3980	0.0219	0.8884	0.1422	0.6938	0.5601
二维贫困影响率	0.9762	0.4032	0.0222	0.8986	0.1440	0.7017	0.5672
三维贫困影响率	0.9849	0.4466	0.0247	0.9207	0.1620	0.7756	0.6244
四维贫困影响率	0.9927	0.5559	0.0336	0.9573	0.2243	0.9000	0.7642
五维贫困影响率	0.9976	0.7866	0.0594	0.9731	0.4267	0.9634	0.9430
六维贫困影响率	1.0000	0.9609	0.1285	0.9888	0.9553	0.9944	1.0000
七维贫困影响率	1.0000	1.0000	1.0000	1.0000	1.0000	1.0000	1.0000

运算结果表明，在不同的 K 值下，各维度对多维贫困的贡献率存在相当大的差异，K 值越大，受教育程度、人均住房面积、人均年收入、耐用消费品、健康状况对多维贫困的影响呈现出较为明显的上升趋势。其中，低保户受教育程度的影响尤为显著，这表明对低保群体的帮扶应加强对他们自身以及其子女的教育，唯有他们的受教育程度有了较大提升，贫困问题方能得到有效解决。人均年收入对多维贫困指数的影响也比较明显，绝大多数低保群体收入低，除政府补贴外，自身打工、经商收入或种植收入很少，难以维持生计，政府发放的低保金成为其主要收入来源。从数据上看，人均住房面积对多维贫困的影响仅次于受教育程度，原因在于这里把人均住房面积的剥夺贫困标准设定为国家统计局公布的农村居民人均住房建筑面积，实际上农村住房集约程度低，人均住房面积相对宽松，这一指标不能真正体现低保户的贫困程度。健康状况对多维贫困指数的影响呈现较为明显的上升趋势，这说明低保家庭成员多

半处于重大疾病或残疾状态，这是低保户产生贫困的主要动因。住房结构状况（是否为危房）对多维贫困的影响相对较小。社会救助的影响最小，主要原因在于近年来随着政府对农村扶贫力度不断加大，农村养老保险、住房救助、子女教育救助可以做到应保尽保。

以 K 等于 4 为例，受教育程度对低保户的多维贫困指数影响最大，达到 99.27%，位居第二位的是人均住房面积，达到 95.73%，人均年收入第三达到 90%，接下来依次分别是耐用消费品（76.42%）、健康状况（55.59%）、住房是否为危房（22.43%），影响最小的为社会救助。这些数据表明，低保家庭多维贫困状况十分严重。这些影响因素中，受教育程度的影响最为严重，较低的文化水平既会影响农业生产效率的发挥，又会影响低保户打工收入和未来职业的发展。因此，提高低保家庭成员的受教育水平，尤其是增加未成年子女的教育投入成为低保家庭摆脱贫困的有效手段。人均年收入与受教育程度密不可分，受教育程度低，在就业市场中的竞争优势低下，必然影响收入的提高。耐用消费品对多维贫困影响率虽位居第四，但它“体现了农户资产拥有量或财富积累的多寡，对农户多维贫困有较大影响”。健康状况对低保家庭的就业、收入与支出产生着直接的影响，这里测算的数值虽然不高，但也超过了 50%，它全方位地影响着低保家庭。

五　结论与讨论

本文运用 A—F 多维贫困指数方法，对河南省 31 个贫困县农村低保家庭核查数据进行分析后，得出如下结论。

（一）从单维贫困角度看，贫困村中无论低保家庭还是非低保家庭，受教育程度低都是非常严重的客观现象

受教育水平低是造成贫困的重要因素。低保家庭超过 80% 的户主学历为小学或以下水平，即使非低保家庭，也有 60.49% 的家庭户主为小学学历，一旦遇到变故，极易陷入贫困状态。教育问题的存在使这些群体在获取社会资源方面的能力明显不足，对新事物的接受能力较低，尽管有国家扶贫政策的强力支持，也难以有足够的能力承接产业扶贫、金融扶贫等优惠项目。这也是

“精英俘获”现象存在的原因之一。受教育程度低的最直接表现反映在人均收入水平低下方面，仅用收入指标衡量低保群体的贫困状况并不能真正体现他们的贫困问题，教育才是其贫困的主要因素。作为贫困地区特别是国家认定的贫困村，多维贫困并非仅发生低保家庭，非低保家庭同样面临多维贫困问题。尤其是在非低保家庭成员受教育程度也普遍较低的情况下，其抵御风险的能力未必强于低保家庭。这“预示着未来的精准脱贫战略需要注意建立贫困户的动态调整机制，促进国家的减贫政策惠及更多的穷人”。

（二）从多维贫困角度看，随着贫困维度的升高，贫困发生率在降低，但低保家庭成员的健康状况问题逐渐凸现

重病或残疾是低保家庭陷入深度贫困的主要原因。由于低保家庭自身的“造血”功能不足，财富创造与积累能力弱，反映在生活质量维度的耐用消费品上拥有率则较低。由于客观的现实条件与地理位置，在耐用消费品的拥有率上，最常用的三大家电产品拥有比率不高，彩电为52.44%，洗衣机为31.89%，冰箱为25.13%，而作为人们生活必备品的热水器仅有3.81%。与外界沟通联络的移动电话在低保家庭群体中也仅有55.63%的拥有率，计算机拥有率为2%。生活中的代步工具汽车拥有率为0.78%，摩托车与电动车拥有率分别为8.77%和34.91%。可以看出，无论是现实生活中与外界的联络还是网络空间上与外界的沟通，低保家庭均处于较为匮乏的状态。

现阶段特困连片地区低保农户的多维贫困问题，归根到底与农户自身教育程度低、健康状况差有很大关系。为此，可从以下方面入手。

一是继续关注适龄青少年的教育问题。解决好青少年的教育问题是提升农村人群整体素质的重要手段，青少年承载着家庭的希望与未来，提高他们的教育水平有助于从根本上缓解家庭贫困问题。尽管政府已经意识到农村教育的重要性，还需要继续加大对农村教育的投入力度，在财政预算中向农村基础教育倾斜，确保农村低保家庭子女完成义务教育，并有机会接受专业技能培训，获得一技之长。

二是加强对低保贫困户的技能培训。从低保家庭及非低保家庭成员的教育程度看，普遍存在接受教育的年限较短、中老年群体小学及文盲占比高的问题，受教育程度低是制约农户能力发展的重要因素，也是生产生活技能匮乏的

根本原因。因此，通过短期培训扩展贫困农户的发展视野，依靠长期培育提升贫困农户的发展能力，是标本兼治地解决贫困村农户贫困的根本手段。

三是全方位兜底解决低保家庭健康问题。扶贫政策出台的目的不仅在于提高贫困户的经济收入，还应设立专门项目关注有重大疾病或残疾的低保家庭。全面排查家庭成员中有重大疾病或残疾的低保家庭，建立低保家庭个人医疗档案，“量身制定治疗方案，通过新农合倾斜保障报销、民政救助、医院减免、财政兜底等多种措施，帮助特殊贫困家庭解决实际困难，并加快建立健全困难残疾人生活补贴和重度残疾人护理补贴制度，使得患病贫困群众完全或部分恢复劳动力”。

参考文献

阿马蒂亚·森：《贫困与饥荒——论权利与剥夺》，王宇，王文玉译，商务印书馆，2001。

Alkire S.，Foster J.，“Counting and Multidimensional Poverty Measurement，” *OPHI Working Paper* 32（2009）。

Sabina Alkire，Christoph Jindra，“Gisela Robles Aguilar & Ana Vaz. Multidimensional Poverty Reduction Among Countries in Sub-Saharan Africa，” *Forum for Social Economics* 46（2017）：178－191.

Sabina Alkire，José Manuel Roche，Ana Vaz，“Changes Over Time in Multidimensional Poverty：Methodology and Results for 34 Countries，” *World Development* 94（2017）.

Christoph Bader；Sabin Bieri；Urs Wiesmann；Andreas Heinimann，“Differences Between Monetary and Multidimensional Poverty in the Lao PDR：Implications for Targeting of Poverty Reduction Policies and Interventions，” *Poverty & Public Policy* 8（2016）：171－197.

Abimbola Oluyemisi Adepoju，Oluwatofunmi Ibukun Akinluyi，“Multidimensional poverty status of rural households in Nigeria，” *International Journal of Social Economics* 44（2017）：16.

Abdul Saboor，Atta Ullah Khan，Abid Hussain，Ikram Ali，Khalid Mahmood，“Multidimensional deprivations in Pakistan：Regional variations and temporal shifts，” *Quarterly Review of Economics and Finance* 56（2015）：57－67.

陈辉、张全红：《Alkire-Foster 模型测度城市多维贫困的研究——以广东省中山市为例》，《五邑大学学报（自然科学版）》2013 年第 2 期，第 32～36 页。

李波、刘丽娜、李俊杰：《高寒藏区农村反贫困政策依赖性研究：基于分位数回归模型的经验分析》，《中央民族大学学报（哲学社会科学版）》2017 年第 5 期，第 69 ~ 78 页。

黄琦：《基于空间视角的中国农村多维贫困及金融反贫困效应研究》，《金融理论与实践》2018 年第 3 期，第 51 ~ 56 页。

郑长德、单德朋：《集中连片特困地区多维贫困测度与时空演进》，《南开学报（哲学社会科学版）》2016 年第 3 期，第 135 ~ 146 页。

高明、唐丽霞：《多维贫困的精准识别——基于修正的 FGT 多维贫困测量方法》，《经济评论》2018 年第 2 期，第 30 ~ 43 页。

李晓明、杨文健：《儿童多维贫困测度与致贫机理分析——基于 CFPS 数据库》，《西北人口》2018 年第 1 期，第 95 ~ 103 页。

柳建平、刘咪咪：《甘肃省贫困地区女性多维贫困测度及影响因素分析——基于 14 个贫困村的调查资料》，《西北人口》2018 年第 2 期，第 112 ~ 121 页。

贺坤、周云波：《精准扶贫视角下中国农民工收入贫困与多维贫困比较研究》，《经济与管理研究》2018 年第 2 期，第 42 ~ 54 页。

杨晶：《多维视角下农村贫困的测度与分析》，《华东经济管理》2014 年第 9 期，第 33 ~ 38 页。

张永丽、张佩、卢晓：《农户多维贫困测度及其影响因素分析》，《西北农林科技大学学报（社会科学版）》2017 年第 5 期，第 138 ~ 147 页。

周常春、翟羽佳、车震宇：《连片特困区农户多维贫困测度及能力建设研究》，《中国人口·资源与环境》2017 年第 11 期，第 95 ~ 103 页。

社会治理与公共安全

Report on Social Governance and Public Security

B.17
河南省中小学校园欺凌研究报告

张晨阳　陈　安　冯佳昊*

摘　要： 中小学时期的学生正处于心智不成熟、不理性的年龄阶段，极易诱发校园安全事件，其中，校园欺凌和校园暴力已经成为影响学校安全的重要因素。为了解当前河南省中小学校园欺凌的基本情况，本文对河南省17个地市及辖区内的县级小学、中学的学生和老师开展实地调研。通过对21311份问卷的数据处理，分析河南省中小学校园欺凌的基本情况、欺凌的行为特征，得出各地市校园欺凌风险程度的排名，并给出相应的建议。

关键词： 中小学　校园欺凌　校园安全

---

* 张晨阳，河南理工大学；陈安，中国科学院大学、中国科学院科技战略咨询研究院研究员，博士生导师；冯佳昊，中国科学院大学。

一　引言

校园欺凌已成世界性的社会问题，不但破坏了校园和谐的学习环境，而且严重影响学生身心的健康成长。随着媒体对校园欺凌事件的曝光，校园欺凌开始成为社会关注的焦点。2016 年国务院教育督导委员会办公室印发了《关于开展校园欺凌专项治理的通知》，要求各地各中小学校针对发生在学生之间，蓄意或恶意通过肢体、语言及网络等手段，实施欺负、侮辱造成伤害的校园欺凌进行专项治理。河南地处中原腹地，人口众多，2017 年河南省义务教育阶段在校生 1411.22 万人，位居全国第 1 位，面临的校园欺凌形势越发严峻。据统计，2017 年 1 至 6 月份，河南全省法院共受理校园欺凌和暴力刑事、民事案件 83 件。2017 年 6 月 20 日，河南省高院出台《关于全省法院少年法庭专项治理校园欺凌和暴力实施意见》，要求全省法院深刻认识校园欺凌和暴力行为对青少年身心健康的严重危害，不断完善和提高预防青少年违法犯罪的制度、机制与能力。学校安全，尤其是基础教育阶段的学校安全，因为涉及未成年人，小到家庭大到国家都对其格外重视，分析当前河南省中小学校园欺凌现状并进而提出对策建议对于加强学校安全意义重大。

二　河南省中小学欺凌状况分析

2018 年 2 月 28 日河南省教育厅出台《河南省加强中小学生欺凌综合治理实施方案》，规定校园欺凌是发生在中小学校园内外、学生之间，一方（个体或群体）单次或多次蓄意或恶意通过肢体、语言及网络等手段实施欺负、侮辱，造成另一方（个体或群体）身体伤害、财产损失或精神损害等的事件。校园欺凌属青少年不良行为，多不构成犯罪，主要包括：打架、辱骂、语言文字或图片侮辱、抢夺、偷窃、故意孤立他人等。根据校园欺凌造成的伤害不同，可将其划分为身体欺凌、心理欺凌和财产欺凌。校园欺凌的类型划分只作概念的区分，在具体的欺凌行为实施中，三者往往会伴随出现，比如，当同学之间发生打架斗殴并掠取对方财物时，被欺凌一方则可能会同时受到了身体、心理和财产三方面的伤害。校园欺凌的加害者和受害者多半是中小学生，并且会重复发生，而不是偶发事件。校园欺凌具有自愈性、隐蔽性、广泛性和危害性，因其不易被家长、老师和学校知道，产生的危害十分严重，造成被害者身体和心理伤害，导致其不敢上学，甚至加入校园欺凌者的行列。

（一）河南省中小学校园欺凌的基本情况

为了研究河南省中小学校园欺凌现状，我们对河南省17个地市（不含安阳）的中小学进行实地调研，运用抽样的方法从各地级市及辖区内的县级小学、中学分别选取一定数量的学生、老师进行问卷调查。回收的问卷共计21311份，除去部分无效问卷后共计21268份，其中小学生6414份，初中生4820份，高中生（包含职高学生）6139份，教师3895份。

为了初步了解河南省中小学校园欺凌的大体情况，此次调查问卷设置2道与之直接相关的选择题，包括受他人欺凌和欺凌他人两种情况（参与校园欺凌包括受他人欺凌和欺凌他人两种情况），问题设置及学生对该题的回答情况如表1、表2所示。

表1　校园欺凌情况问卷设置

问题内容	选项内容			
你受过校园欺凌吗？	A. 经常有	B. 定期有	C. 偶尔有	D. 没有
你有没有欺凌过别人？				

表2　不同教育阶段学生参与校园欺凌的情况

单位：人

类别	你受过校园欺凌吗？		你有没有欺凌过别人？		同时为欺凌者与被欺凌者人数	参与欺凌人数	总人数
	A、B、C	D	A、B、C	D			
小学	1197	5217	969	5445	276	1890	6414
初中	613	4207	391	4429	68	936	4820
高中	710	5429	417	5722	87	1040	6139

数据显示，校园欺凌现象在河南省中小学普遍存在，校园欺凌形势不容乐观。其中，小学阶段学生的欺凌程度最高，参与过欺凌的学生人数占总人数的比重高达29.5%，初中和高中阶段参与过校园欺凌的学生人数分别占总人数的19.4%和16.9%。相对于新闻媒体曝光出来的校园欺凌事件而言，小学、初中和高中阶段参与过校园欺凌的学生人数更多，然而学校教职员工对其的感

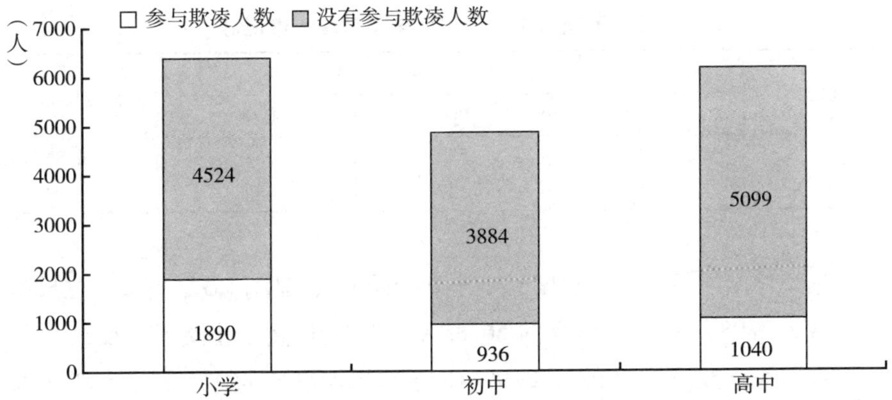

图1　不同教育阶段参与过校园欺凌的人数

知程度比较低，有的教师甚至断言本校不存在欺凌行为。被教师、教职员工等感知到的校园欺凌行为发生的次数及其严重程度是有限的，可以说只是冰山一角，而大量真实地发生在中小学校园的欺凌行为隐藏在学生中。

小学校园欺凌发生率更高的主要原因有两点。其一，小学和初中的学生大多处于青春期或正在步入青春期，身体上开始出现很大的变化，心理上也正在经历第二次断乳期，个性张扬叛逆、暴躁易怒、情绪不稳定、自我调节能力差，很容易成为校园欺凌事件的实施者，同时也容易成为校园欺凌事件的受害者。其二，青少年对欺凌行为的认知出现偏差以及对法律的认知不清晰也是导致校园欺凌多发的又一重要原因。校园欺凌通常都是由开玩笑开始的，同学间欺负弱小、言语羞辱，若不加以介入，容易演变为违法犯罪。中小学正值世界观、人生观、价值观形成的重要阶段，受社会上不良风气的影响，学生极易形成错误的“三观”。为了显摆炫耀、“称霸”而向其他同学实施欺凌行为，被欺凌者为了自己的“面子”或者免遭“报复”而被迫选择默不作声。这样不成熟的想法和错误的观念容易导致中小学出现大量欺凌情况。

（二）河南省中小学校园欺凌的特征分析

1. 校园欺凌男女比例特征

在17373份问卷当中，河南省共有4297名学生受到过校园欺凌，约占样本总数的25%，汇总如下表：

表 3 河南省中小学男女参与欺凌人数汇总

性别	参与欺凌人数(人)			百分比(%)
	小学	初中	高中	
男	1047	599	552	56.85
女	843	337	488	43.15

根据统计结果显示，在河南省中小学校园欺凌当中，男学生参与过校园欺凌的人数为2198，占样本总数的56.85%，女学生参与过校园欺凌的人数为1668，占样本总数的43.14%，即男学生参与校园欺凌的比例高于女学生参与校园欺凌的比例，二者之间的差值为13.71百分点。由此说明，校园欺凌与性别之间具有一定的关系，总体而言男生参与校园欺凌的可能性更大。

2. 校园欺凌行为类型特征

丹·奥维斯（Dan Olweus）在欺凌行为调查问卷中将欺凌行为划分为言语欺负、肢体欺负、关系欺负、性欺凌和网络欺凌五种类型[4]。国内学者张文新将欺凌行为划分为三种类型：直接身体欺负、直接言语欺负和间接欺负[5]。根据学者的分类与河南省的具体情况，本文将河南省校园欺凌的行为类型分为四大类，这四类也是目前我国广泛存在的校园欺凌类型，即肢体欺凌、语言文字欺凌、财产欺凌和网络欺凌。本文从数据中统计不同欺凌类型的发生频率，从而判断出哪一类欺凌最为常见，即当下学校管理者或家长急需关注的重中之重。在4297名参与欺凌者当中，不同欺凌类型参与欺凌人数如表4所示。

表 4 不同欺凌类型的被欺凌人数统计

单位：人

类别	行为表现	人数
语言文字欺凌	起侮辱性绰号、传播不实谣言、强迫你做事情、孤立排挤、讥讽他人体貌、写/画侮辱对方的文字/画等行为	3947
肢体欺凌	对他人进行拳打脚踢、拉扯头发、利用棍棒等进行攻击、耍流氓等身体侮辱	639
网络欺凌	通过互联网对他人进行欺凌	299
财产欺凌	损毁他人的私有物品或勒索他人的金钱或物品等	295

数据结果表明，语言文字欺凌是发生率最高的欺凌类型。参与过语言文字欺凌的人数最高，有 3947 名学生，参与过肢体欺凌人数次之，有 639 名学生，参与过网络欺凌和财产欺凌的学生人数相对较少，分别是 299 名和 295 名同学。语言文字欺凌的特点决定了其是发生率最高的一种欺凌方式。相比较其他种类的欺凌，通过口头或文字进行的欺凌最为简单快速，且这种欺凌方式也最容易被忽视，因此蔓延速度快，传播范围广。

肢体欺凌是最为直接传统的欺凌类型，但由于肢体欺凌需要耗费一定的人力物力成本，并且极易被发现，因此，其发生率次于语言文字欺凌。参与网络欺凌与财产欺凌的学生人数较少。网络欺凌大部分伴随着“辱骂他人、传播关于他人的不实谣言等”，是由语言文字欺凌演化的另一种新兴欺凌类型。财产欺凌多数集中在“损坏他人的衣物”等，较少有勒索他人的欺凌情况，是一种较为严重的欺凌方式，更有可能演化成犯罪行为，就调研情况而言，仅有少数学生经历过财产欺凌。

三　河南省各地市中小学校园欺凌形势排名

为了了解河南省各地市中小学校园欺凌风险程度的排名情况，本文在 17 个地市的调查问卷中，从县级和市级两个层级的小学、初中和高中分别各抽取 100 份问卷，统计其参与校园欺凌的学生人数，统计情况如表 5。

表 5　河南省各地市中小学参与校园欺凌人数统计

单位：人

城市	参与欺凌人数			合计
	小学	初中	高中	
郑　州	61	42	56	159
洛　阳	62	57	39	158
南　阳	87	14	24	125
许　昌	59	23	96	178
周　口	101	8	51	160
新　乡	81	74	69	224
焦　作	48	33	42	123

续表

城市	参与欺凌人数			合计
	小学	初中	高中	
信　　阳	59	63	37	159
商　　丘	59	25	14	98
驻 马 店	49	13	35	97
平 顶 山	15	7	25	47
开　　封	106	26	22	154
濮　　阳	73	31	22	126
三 门 峡	41	107	37	185
漯　　河	33	29	36	98
鹤　　壁	86	46	18	150
济　　源	112	54	47	213

根据表5中数据结果，对河南省各地市中小学校园欺凌风险指数进行排名（表6），进一步将河南省中小学校园欺凌风险水平分为4个等级。第Ⅰ级包括新乡、济源、三门峡和许昌4个城市，校园欺凌风险水平最高；第Ⅱ级包括周口、郑州、信阳和洛阳4个城市，校园欺凌风险水平较高；第Ⅲ级包括开封、鹤壁、濮阳、南阳和焦作5个城市，校园欺凌风险水平处于中等水平；第Ⅳ级包括商丘、漯河、驻马店和平顶山4个城市，校园欺凌风险程度总体较低。

表6　河南省各地市校园欺凌风险指数排名

排名	城　　市	等级
1	新　　乡	Ⅰ
2	济　　源	Ⅰ
3	三 门 峡	Ⅰ
4	许　　昌	Ⅰ
5	周　　口	Ⅱ
6	郑　　州	Ⅱ
7	信　　阳	Ⅱ
8	洛　　阳	Ⅱ
9	开　　封	Ⅲ
10	鹤　　壁	Ⅲ
11	濮　　阳	Ⅲ

续表

排名	城　市	等级
12	南　阳	Ⅲ
13	焦　作	Ⅲ
14	商　丘	Ⅳ
15	漯　河	Ⅳ
16	驻马店	Ⅳ
17	平顶山	Ⅳ

2018 年河南省各城市 GDP 由高到低的排名情况如表 5 所示，由此可见，不同发展等级的城市与校园欺凌分布之间没有明显的相关性。GDP 较低的城市意味着该地区的经济发达程度低，相应的教育水平和基础设施相对落后，教育资源也相对贫乏。一方面，学生的学习生活环境相较于较发达地区差，其学习状态可能不如发达地区好，其人际交往方式可能较为粗犷，更容易滋生校园欺凌行为。另一方面，学校的教育管理水平也是影响校园欺凌发生概率的一大因素。学校教育资源的落后使得学校教师更注重学生的学习成绩，而忽视学生身心健康的全面发展，不重视对学生人际交往的教育与引导，使得校园欺凌现象更容易滋生、蔓延。GDP 相对较高的城市，其校园欺凌行为发生的原因则有所不同。GDP 高意味着经济发达程度高，鉴于河南省的特殊情况，GDP 高的地区普遍也是外来务工人口的聚集地，外来务工人员素质参差不齐，其子女的家庭教育水平可能较低，此种情况产生的校园欺凌问题可能也会更加突出。

河南省中小学校园欺凌行为的大量存在是由多种因素决定的，其中学生自身、学校、老师和家长是影响最大的因素。首先，中小学阶段的学生正处于生理和心理快速发展的过程中，思想和心智还不成熟，特别是小学生接受文化教育和道德教育的时间短，对欺凌行为的认知有限，加上小孩子天性贪玩且较少受道德约束，很容易造成校园欺凌事件。其次，学校没有形成常态化管理，且多数学校习惯于通过各种规章制度和批评处分来处理校园欺凌行为，有的甚至仅限于口头说教，导致处置流于形式。老师对学生间欺凌行为的感知度低侧面助长了欺凌行为的发生。调研访谈发现，学校老师的精力主要集中在提高学生学习成绩方面，对学生的人际关系、心理健康和道德教育等方面的关心不足，对校园欺凌行为没有起到预防、干预的作用。再次，家庭环境和家庭教育的影响。河南是我国的人口大省，经济发展水平相对落后，在城市化进程的浪潮中，大量农村人口外出务工造成留守儿童教育问题。留守儿童通常由其爷爷奶奶或者其他亲人代为抚养，隔代抚养使得亲子互动频次降低，家庭教育质量下降，大部分家长甚至将家庭教育仅仅理解为督促子女完成作业，只注重考试结果，忽略了教育过程，家长文化素质偏低和孩子应接受的教育出现偏差。儿童与青少年时期正是一个人生理和心理发生转变并逐步走向成熟的关键阶段，留守儿童与父母沟通的频次和时间不能满足他们的心理发展需求，往往容易造成封闭、孤僻、自卑的性格。留守儿童在学校的行为表现、心理状态和情感等方面遇到的问题得不到及时的解决也是导致校园欺凌事件发生的潜在因素。

四　减少校园欺凌行为的对策

（一）加大对学生的心理危机干预

欺凌事件带给当事人和其他有关人员的不仅是身体上的伤害，更是心理上的创伤，而校园欺凌在一定程度上是可以通过预防预警减少发生的，因此，做好中小学学生的心理危机干预对校园安全至关重要。调查数据显示，校园欺凌行为与学习成绩、家庭氛围、人际关系等密切相关，定期对学生进行心理测试，建立心理档案，关注欺凌预报因子有助于减少欺凌事件的发生。通过进行心理调查测试，多与学生交流，及时发现校园欺凌的早期预报因子并做出适当干预，将欺凌事件扼杀在摇篮里。校园欺凌事件的干预和处理，仅依靠学校和老师是不够的，需要学校—家庭—社会联合预防。学校老师是距离学生最接近、最了解学生情况的，能够给予学生最及时的保护，有心理学教育背景的老师能给予专业方面的支持和干预。对于处于欺凌危机下的学生，最需要的可能不是道理、道德和法律，而是来自家人、朋友、同学和老师情感上的理解和关爱，因此，学校、家庭和社会三者联合起来对学生进行心理干预是有效避免欺凌事件发生的重要手段。

（二）建立和完善校园欺凌预防和处理机制，形成常态化关注

学校应当建立和完善校园欺凌预防、干预和处理机制，关注每个学生不同

寻常的行为表现，做到事前早预防，向学生输送正确的价值观念，纠正“欺负别人是不需要承担责任的”“偶尔被欺负是可以容忍的”等错误认知，从源头上减少欺凌事件的发生；事中高度重视，及时处理，使得欺凌行为实施者得到相应的惩戒；事后及时与欺凌事件当事人及其家长进行沟通，给予被欺凌者适当的安慰、关爱和支持，对实施欺凌行为者进行后续教育，促使其行为转化。此外，也要发挥社会对校园安全独特的监管作用，对校园欺凌形成常态化关注，为中小学生身心健康成长提供强有力的外界保护。

（三）学校与家庭齐抓共管，关注学生心理健康与行为表现

社会心理学表明，一个人的行事方式和性格的养成跟其所处的环境和家庭教育有着很大的关系。青少年的成长是个不断学习与模仿的过程，家长的暴力处事方式会影响孩子的校园行为。安全教育是一项长期的复杂的系统工程，学校的安全管理是有效控制校园欺凌事件的重要手段，但同时，校园安全也离不开家庭的参与。家庭是每个个体接受教育的第一个场所，在其成长过程中发挥重要的启蒙作用，并且会造成潜移默化的、长久的影响。研究表明，欺凌行为的发生与家庭氛围和家庭教育有密切相关性。首先，良好的家庭氛围和亲子关系有利于孩子形成积极健康的价值观念，在正确价值观的指导下，学生往往能与人和睦相处，不容易发生恶性的欺凌事件。其次，父母是孩子最好的老师。父母要经常与孩子进行沟通以了解孩子的近况，善于倾听他们的感受，并时刻对其进行安全教育，使之从根本上认识到欺凌事件的深层次危害，及时干预欺凌因子，尤其不能纵容甚至包庇。一旦欺凌行为发生，对于实施欺凌者，家长不能一味地惩罚、批评，要坚持宽容而不纵容的教育方向，对其进行心理疏导与教育，确保其心理健康。

（四）加强普法宣传和法治教育，提高学生的法律意识和安全意识

大力加强普法宣传和法治教育，增强未成年人尊法、学法、守法、用法的意识。法治教育是一种潜移默化的教育，需要成年人的正面引导，特别是家长和老师的言传身教会成为青少年学生日常行为举止的参考。家长要牢牢把握住预防欺凌的第一道防线，学校也应将与防治校园欺凌有关的法制教育列入日常教育规划，有计划、有步骤地对在校学生开展法治教育活动，定期

举行“反对校园欺凌，加强校园安全”的活动，营造和谐的校园文化氛围，让学生了解违法犯罪的底线。同时，学校应该加强对学生的安全教育和道德教育，定期进行安全培训活动和思想品德教育，提高学生的自我保护意识和思想道德素质，从根源上减少滋生校园安全事件的因素。政府相关部门要认真贯彻落实“谁执法谁普法”的普法责任制要求，加强涉未成年人典型案例的收集、整理、研究和发布工作，充分发挥好司法的引导、规范、预防与教育功能。广泛开展送法进校园、进乡村、进社区等活动，积极开展法治宣传教育，提高中小学师生的安全防范意识和运用法律武器保护自身权益的能力。

结　语

校园安全直接关系到学生的健康成长，关系到千万个家庭的幸福安宁与社会稳定。在影响校园安全的多种隐患中，校园欺凌与校园暴力的严重性与危害性愈发明显。研究结果显示，河南省各地市的中小学中普遍存在着校园欺凌现象，且新乡、济源、三门峡及许昌等城市校园欺凌风险程度很高，政府部门、学校、家长需要高度重视，从政策、制度层面为学生提供一个安全和谐的校园环境，建立和完善校园欺凌预防和处理机制，发挥家庭教育在防治校园欺凌中的独特作用，同时，社会各界应全力辅助校园文化的建设，为青少年提供和谐的社会氛围和良好的道德榜样，对校园欺凌行为形成常态化关注，及时发现校园欺凌的早期预报因子并做出适当干预。中小学生是国家的未来和希望，保护这一特殊群体的身心安全不仅是教育工作者和学生家长的责任，也是全社会的共同责任，是一项需要家庭、学校、社会多方配合齐抓共管的系统工程。

参考文献

河南省教育厅：《关于印发〈河南省加强中小学生欺凌综合治理实施方案〉的通知》。

王大伟：《校园欺凌：问题与对策》，中国国际广播出版社，2017。

Olweus，D.，*Aggression in the Schools*：*Bullies and Whipping Boys*（Washington，D.C.：Hemishere Press，1978）.

张文新、王益文、鞠玉翠、林崇德：《儿童欺负行为的类型及其相关因素》，《心理发展与教育》2001 年第 1 期，第 12～17 页。

B.18
2018年度河南十大社会热点问题分析报告

河南省社会科学院课题组*

摘　要： 大众关切热烈与民意反映集中一直是社会热点事件生成与扩展的内在动因。聚焦社会舆情，分析民生热点案例，越来越成为政府正确把握民情、疏导舆论、防控社会风险的重要途径，亦是引导社会力量针砭时弊、劝善黜恶、助推社会治理的有效方式。2018 年河南经济社会涌现出了许多社会热点事件，课题组经过认真梳理，筛选了扫黑除恶专项行动、“城管抽梯”、王凤雅“诈捐”、“城管和公安起冲突”、滴滴顺风车“空姐遇害”、信阳女教师李芳事迹、“高价彩礼”问题、征收“三孩”社会抚养费、“高考答题卡调包”与“顶替学籍”、“未成年强奸案冰释前嫌”等十个方面的问题来进行简要评析，以期对推进社会高质量发展提供有益的借鉴。

关键词： 河南　社会热点问题　防控风险

2018 年的网络空间展现出信息繁杂、社会情绪快速流动、舆论焦点不断更迭等特征，但各式各样社会舆论事件涌动之后留下的热点事件，依然集中在民生问题和社会性公共问题上。经过认真筛选，我们整理出了 2018 年牵动河南社会民生的十大热点问题：扫黑除恶专项行动、“城管抽梯”执法问

* 课题组成员：牛苏林，殷辂，张侃，冯庆林，李三辉；执笔人：李三辉。

题、王凤雅“诈捐”问题、“城管和公安起冲突”、滴滴顺风车“空姐遇害”问题、信阳女教师李芳事迹、“高价彩礼”问题、征收“三孩”社会抚养费问题、“高考答题卡调包”与“顶替学籍”问题、“未成年强奸案冰释前嫌”问题。

一　中原大地全面打响扫黑除恶人民战争

2018 年，“黑恶必除，除恶务尽”“有黑扫黑，无黑除恶，无恶治乱”“扫黑恶，净环境，促稳定，保平安”等同类宣传标语在城乡各地随处可见，扫黑除恶无疑是广大人民群众最关注的议题之一。2018 年 1 月，中共中央、国务院发出《关于开展扫黑除恶专项斗争的通知》，吹响了全国扫黑除恶斗争的号角。河南省也迅即行动，成立扫黑除恶专项斗争领导小组，开展为期三年的扫黑除恶专项斗争，在中原大地全面打响了扫黑除恶的人民战争，涌现了许多典型案例，如村霸李某勇案。据省公安厅通报介绍，李某勇，男，52 岁，绰号“老板”，原漯河市召陵区前油李村支书。2002 年春，李某勇以非法手段获任村支书后，随即纠集部分村民，多次冲击国家机关、围堵办公场所勒索钱财，并以其所谓的“特殊身份”为他人强行要账。2012 年以来，伙同张某云把持村两委后，大肆进行制售假烟、聚众赌博、强揽工程等违法犯罪活动，团伙成员多达 32 人。2018 年 1 月 23 日，省公安厅调用一千余名警力将其团伙 30 余人一举抓获，打响了中原扫黑第一枪！①

扫黑除恶是一场人民战争，也是一项民心工程。自专项斗争开展以来，全省强势打击了黑恶势力犯罪，成效显著，2018 年共打掉黑恶团伙 634 个，抓获涉黑涉恶犯罪嫌疑人 25014 人，破案 23311 起，查扣涉案资产 45.15 亿元。②分析黑恶势力犯罪特征发现，在犯罪人员构成上，团伙头目多是刑满释放人员、村支书、村主任等具有一定势力的人群，同伙人员以社会闲散人员、特殊群体、失足青少年等为主。在犯罪方式上，城乡间有较大的形式差别，农村以侵夺基层组织为主线，城市则具多为行业垄断、场所经营、资金资源争夺等经

① 《河南扫黑除恶已打掉 460 个团伙　抓获嫌犯逾 20000 人》，搜狐网，2018 年 10 月 15 日。

② 《2018 年度十大河南公安新闻事件》，《河南日报》2019 年 1 月 9 日。

济利益方面的追逐。当前，扫黑除恶仍处闯关夺隘、纵深推进的关键时期，需继续剖析涉黑涉恶问题产生的深层次原因，加大源头治理力度，综合整治行业乱象，强化基层组织建设，配强力量治软、完善制度治散、解决矛盾治乱。① 同时，要把“打伞”作为主攻方向，黑恶势力能坐大成势与“保护伞”关系重大，而“扫黑”如何“破伞”已然成为提高扫黑除恶专项斗争成效的关键问题。要继续发扬全民参与共建共享共治的成功经验，群众最清楚黑恶势力所在，也最痛恨、最急切希望打击黑恶犯罪，而扫黑除恶专项斗争必将以更大战果回应群众期待、保障社会安定有序。

二 “城管抽梯”揭露行政执法不规范

近年来，网络流行语或流行词往往以欢快戏谑格调出现在大众的日常互动中，而2018年初网络出现一个新词“城管抽梯”，其背后的故事却让人惋惜。2018年1月23日，郑州航空港区两名广告牌安装工在一家企业楼顶安装广告，因属违规施工，郑州航空港区综合执法局执法人员勒令其将广告牌拆除。在拆除工作尚未完成时，执法人员将施工现场使用的三轮车和梯子暂扣带走，一名施工人员从三楼顺着绳子向下滑时不慎坠落，经抢救无效死亡。之后，涉事执法局回应称，已免去带队执法的中队长职务，对涉事执法队员停职，对分管该辖区的执法大队长进行通报批评。警方回应称，已将违规设置广告牌并涉嫌造成重大责任事故的文印店负责人刘某刑拘。1月29日，郑州市委宣传部回应，涉事城管执法人员因涉嫌玩忽职守被移送纪检监察机关。经协商，执法局赔偿死者家属50万元，同时补贴20万元（考虑死者家庭贫困）；安装广告牌的公司赔偿10万元，承接广告牌的文印店赔偿43万元，合计123万元。同时，死者家属愿意给店主刘某出具谅解书。②

事件中引发民众讨论最多的无疑是抽梯式执法方式的适当性和事件责任各方的认定问题。面对违法违规行为，执法人员履职处理本无可厚非，为民行使

---

① 《让人民群众带着满满的安全感决胜全面小康——全国扫黑除恶专项斗争开局之年综述》，中国青年网，2018年12月28日。

② 《城管抽梯，官方回应怎么就成了“火上浇油”》，搜狐网，2018年2月2日。

权力不等于可以任性为之，执法的适当性、程序性必须恪守。就事件的执法程序看，简单粗暴且无视当事人正在整改的事实，做出“不留后路式执法”行为，这一不规范用权举动难以让人联想到其心中有人民。从事件的发展轨迹看，激起广大群众不满情绪高潮的是相关部门对案件的后续回应、处置和责任认定不当。一是涉事执法局未及时向公众回应事情原委和处置办法，而是以“撤职”“停职”“通报批评”“移送纪检监察机关”等行政化处理来应对外界声音，没有在第一时间出面解读处置的法规依据。二是刑拘涉事文印店老板，与民众以朴素法理认定抽梯执法人员才应为主要责任人的想法冲突，引发网民“有意偏袒”“处置不公”“公权力无违法成本”的猜想。三是最终处理结果中的执法局赔偿50万元且补贴20万元，与死者家属谅解店主刘某相对比，难以消除民众“赔钱了事、息事宁人”的印象，扩大了城管执法的“污名化”。毋庸置疑，不当执法是导致事件发生的最重要原因，公权力行使理当谨慎审视。应该与之一起反思的是，政府等公权力部门要清醒认识网络时代的舆论，学习直面问题的合理姿态和方式。

三　王凤雅“诈捐”事件责问网络舆论中的“监督”与“暴力”

近年来，个体借助互联网寻求社会救助、募捐的现象越来越多。骗捐、网络募捐不规范等情况也随之增多，民众对网络募捐的不信任日益增强，社会互信日渐消耗。2018 年 3 月，有网友称，河南省太康县王凤雅的父母并未将通过水滴筹、火山小视频等平台筹集到的善款用于救治王凤雅。4 月 9 日，新浪微博账号为“作家陈岚”的人称，“王凤雅疑似被亲生父母虐待致死”。此后，大树公益官微“小希望之树”和“作家陈岚”陆续发表言论指责王凤雅家人诈捐，认为他们对善款使用不当。5 月 4 日，王凤雅因病情恶化不治身亡，但“小朋友王凤雅”事件持续刷屏，她的家人被贴上骗捐、虐童、重男轻女等标签。5 月 24 日，微信公众号“有槽”推文《王凤雅小朋友之死》称，王凤雅的父母筹集 15 万善款的用途是带儿子到北京治疗兔唇。网友纷纷指责王凤雅父母涉嫌诈捐，舆情达到顶峰。然而，故事的戏剧性反转却出现在了第二天。5 月 25 日，太康县警方调查确认，王凤雅家人不存在“诈捐”行为，其 15 万元的筹款目标共达成 38638 元，且基本用在了王凤雅的治疗上，剩余的 1301 元也由王凤雅的爷爷交到了太康县慈善会。①

王凤雅“诈捐”事件的真相反转不禁让人唏嘘。王凤雅家人由“千夫所指的诈捐者”变成了“受害者”，舆论走向转为网友道歉、讨伐媒体和造谣者，一些媒体、自媒体也迅速删除了之前的不实报道，但删不去的是对当事人的伤害。其实，网络舆论反转事件，这并非首例，也不可能是最后一例。事情平息并不意味着真正过去，只有厘清脉络、发现症结并反思防控，才能终止“好事”变成“闹剧”，“监督”转为“暴力”的现象发生。从网络监督看，一方面，互联网时代中的媒体报道，尤其是自媒体，要恪守质疑从实、发声慎重负责的道德底线，主流媒体应自觉担当起还原事情真相的舆论责任；另一方面，网民进行消息传播时也应多一些理智，发表言论时应多一些克制和思考，多等一等真相。② 从舆论事件澄清机制看，面对网络舆论洪流，当事人要敢于及时回应予以解释疑惑，更重要的是以政府为代表的公信力方应迅速介入调查并适时公布结果，正确引导舆论。同时，要加大对不实报道的媒体与自媒体、造谣传谣机构和个体惩戒力度。从网络慈善监督机制看，要切实以《慈善法》规范网络募捐平台，加强募捐平台资质审查和平台监管责任，引进第三方监督机制保障阳光募捐、公布资金流向，重拾民众参与网络慈善的信心。

四 “城管和公安起冲突”暴露地方执法权行使杂乱

近年来，因拆迁问题引发的冲突事件并不少见，但由此引发城管人员和公安民警间的冲突却不多见。2018 年 4 月 8 日，因棚户区改造拆迁现场处置问题，商丘市公安局出警的几位民警与商丘睢阳区城管局队员产生了肢体冲突，分别有民警和城管队员受伤，但未与被拆迁群众发生冲突。此事一发生就迅速以“城管和公安打起来了”的标签引发全民关注。事件的后续进展是，涉事城管一

---

① 《河南“小凤雅”事件真相出来了，谁该反思？反思什么?》，央广网，2018 年 5 月 27 日。

② 《王凤雅事件：网络暴力何日才能停止》，搜狐网，2018 年 5 月 31 日。

方的相关负责人因涉嫌妨害公务而被刑拘，当地成立政法、纪检工作组调查。①此事件之所以能造成舆论一片哗然，关键在于冲突的双方都是旨在维持社会秩序的公权力部门，竟然成了社会秩序的破坏者，产生了极为严重的负面效应。

按照常理，明确涉事职能部门的正常执法权限，冲突本不会发生，但事件出现了，其背后的原因必然是执法权行使的不规范。其实，商丘发生的这起城市执法者间的“冲突”并非没有先例，如 2011 年的驻马店城管围攻警察事件，2016 年“海口城管与交警现场相互扣车”，2017 年呼和浩特交警与城管执法人员打斗，2018 年深圳城管暴力执法与警察发生冲突，等等。无论执法者间的“斗狠”行为有没有与群众发生冲突、侵害群众利益，都无法改变一个事实：其执法示范的错误性，对社会秩序和法治社会的破坏性。从事件时有爆发的现实看，显然不能只将其看作两个部门间的偶然性“擦枪走火”，地方执法乃至权力生态中的问题值得引起重视。分析原因，某些公权力部门在自我权力膨胀、部门管理失责、文明执法缺失、为民意识不强等方面都需要做出反思。从“城管打人”时常见诸报端到“城管打警察”新闻曝出，城管形象的“污名化”程度不断加深，一方面说明城管文明执法队伍的建设依然任重道远，另一方面也映射城管管理漏洞急需填补，要加强全社会的监督力度。需要说明的是，我们的意图不在于指责任何涉事方，因为无论真相如何、哪方负主要责任，两支公权力队伍在公共场合爆发冲撞行为，都是最糟糕的解决方式，不存在赢家，只会加重大众对政府公信力的质疑。唯有切实厘清涉事双方如何违反了职责规定，开展公开透明、不偏不倚的调查处理，并对问题加以防控施策，才能消解负面效应、恢复政府公信力。

五　滴滴顺风车“空姐”遇害呼唤网络平台治理

互联网时代下，各类网络平台竞相出现，在方便大众生活的同时，也隐含着不同风险。2018 年 5 月 6 日凌晨，执行完飞行任务的“空姐”李某珠，从郑州新郑机场搭乘滴滴顺风车赶往市区，途中惨遭顺风车司机刘某华杀害。

① 《“城管与公安打起来”，依法处理不能护短》，《新京报》2018 年 4 月 11 日。

“空姐”乘坐滴滴被害的消息迅速在网上发酵，引起全民热议。5 月 10 日，滴滴公司悬赏 100 万元向全社会公开征集犯罪嫌疑人司机线索，并公布了司机的姓名、身份证号和手机号。11 日，滴滴宣布顺风车平台停业整顿一周。12 日，郑州警方从西南三环附近的河渠中打捞起一具男尸，经鉴定，死者正是犯罪嫌疑人刘某华，案件得以告破。① 短短几天内，“空姐”乘坐滴滴遇害案受到全国人民的广泛关注，网络上充斥着对滴滴的指责和追问。人们一方面感到对案件的震惊和生命的惋惜，另一方面也感受到自己的出行安全受到威胁，因为许多人都曾是、现在是或潜在是滴滴的用户。

从事件的发展看，滴滴顺风车“空姐”遇害彻底引发了人们对“网约车”平台治理主体责任的讨论。社会舆论主流意见都认为滴滴平台虽然没有直接的法律责任，但在监管运行上负有不可推卸的责任，平台存在司机准入门槛低、信息审核不严、监管不力、服务处理不到位等明显漏洞。令人遗憾的是，三个月后顺风车司机杀人事件又出现在浙江省，滴滴的平台监管和整改效果再一次被推向风口浪尖，滴滴顺风车业务在全国范围内下线。从政府的调查披露看，滴滴公司有顺风车产品存在重大安全隐患、安全生产主体责任落实不到位、公共安全隐患问题较大、“网约车”非法营运问题突出、应急管理基础薄弱且效能低下、互联网信息安全存在风险隐患、社会稳定风险突出等 7 个方面的问题。② 当监管措施和技术手段无法保障乘客人身安全，当监管漏洞延存、平台约束力和后续服务力欠缺时，顺风车业务对公众、社会、滴滴自身都是个巨大的风险点。个案引发公众对行业规则和漏洞的质疑，呼唤更加有效的社会治理，因此，政府作为另一个重要责任主体应当反思政策的制定和实行。从事件发生的情况看，顺风车不受《网络预约出租汽车经营服务管理暂行办法》约束，政府对其没有明确的监管政策，难逃失职责难。在信息媒体高度发达、公共舆论极易形成的时代，许多突发事件、重大问题的解决，都离不开政府的权威介入，政府切实履行好社会治理职能不容马虎，否则，社会舆情最终指向的都会是政府的治理能力，损耗的也会是政府的公信力。

---

① 《郑州警方：空姐顺风车遇害案告破　嫌疑人接单后注销滴滴》，新华网，2018 年 5 月 13 日。

② 《交通部：滴滴存在 7 方面问题　完成整改前禁推顺风车》，新浪网，2018 年 11 月 29 日。

六　信阳女老师李芳用生命诠释师德大爱

2018 年 6 月 11 日下午，河南省信阳市浉河区董家河镇绿之风希望小学教师李芳正常护送学生从校门回家。突然，一辆满载西瓜的无照摩托三轮车闯红灯向学生队伍急速驶来，且毫无刹车迹象。情况危急之下，李芳一边大声呼喊学生避让，一边冲上前去将学生推开。学生得救了，李芳却不幸被撞严重，经多方抢救无效，于 2018 年 6 月 13 日 4 时因公殉职，年仅 49 岁。① 消息传出，引起社会各界关注，中央电视台、《人民日报》、新华网、光明网、中国文明网等全国各大媒体纷纷对李芳的事迹进行了报道及赞颂，从信阳市到河南省再到中央，各级层面都对李芳事迹做出了批示。为表彰李芳的英雄事迹，教育部、省教育厅、省委先后追授她“全国优秀教师”“河南省优秀教师”“河南省优秀共产党员”荣誉称号，并在全国教育系统和河南省党员干部中开展了向李芳同志学习的活动。②

生命的逝去令人悲痛，人民应当记得，有一位平凡而又伟大的老师，用生命给我们上了“最后一课”。《人民日报》评论道，李芳用血肉之躯，挡在死神与学生之间，将生命定格在伟大的瞬间。③ 面临生死抉择，是什么让她义无反顾地扑向危险？身处危险时刻，是什么样的爱让她甘做护花春泥？李芳英雄壮举背后，是一名人民教师仁爱尚德、无私奉献的自然品质。一个事件背后有它发生的偶然性，往往也会有其必然性。关于这一点，我们可以从李芳坚守基层教育一线 30 年的无怨无悔，从待人诚、不计较的无私善良，从爱生如子的师德光辉中看到。与李芳对教育事业的热爱、教师职业的珍视、师德师风的倡导相对比的是，近年却不断曝出来一些教师和学校师德师风失范、学术道德不端等问题，教师职业、教育行业广受诟病，甚至出现了“污名化”。对此，一方面要切实加强制度建设和监管，规范教师职业道德，营造良好的教育环境；另一方面要对教育行业、教师队伍、校园风气保持理性认识，既直面问题，又

---

① 《“最美教师”李芳　为救学生献出生命》，人民网，2018 年 6 月 14 日。

② 《李芳同志被追授“河南省优秀共产党员”》，河南省教育厅网站，2018 年 7 月 2 日。

③ 《引路，永恒的星光——追记河南省信阳市乡村小学教师李芳的大爱人生》，《人民日报》2018 年 8 月 9 日。

认清主流态势。同时，加强对“李芳”精神的学习宣传，从各方面善待和保障活着的“李芳”们，推进教育事业健康发展。

七 “高价彩礼或以贩卖人口论处”背后的民生痛点

2018年6月以来，经媒体报道，兰考县惠安街道办于5月份公布的一份《红白喜事操办标准》在网上引发热议，其主题是限制婚嫁彩礼超标，该标准的第一条规定：“订婚彩礼不超过两万元，索要彩礼过多者，交公安机关调查，严重者以贩卖人口或诈骗论处。”面对质疑，兰考县惠安街道办事处社会治理中心相关负责人称，起草红白喜事操办标准是为了倡导婚俗新风，有些语句表述不准确，考虑不严谨，下一步将对标准进行修改完善，继续倡树文明新风。① 综合看来，公告引发舆论争议有该标准本身表述令人咋舌的原因，也有将道德问题法律化、政府行为的边界不清的因素，但事发街道办的初衷是推进移风易俗，防范借彩礼敛财的诈骗案件，其背后的社会根源是当今愈演愈烈的“高价彩礼”现象。这已成为中国社会普遍关注的民生问题，尤其在广大农村地区，彩礼过高过重现象非常突出。“彩礼”作为中国婚俗传统中的一个程序，原本只是礼节性的民俗，各地标准也不尽相同，但普遍的趋势则是彩礼的物质含义日益强化，彩礼筹码不断走高，“因婚致贫”“挟人要价”“爱情买卖”等情况时有发生，彩礼甚至成为婚姻过程中的“不可承受之重”。这其中，既有经济社会发展中人民生活水平的不断提高，经济社会转型中物质需求扩张的原因，也有城乡间男女性别比例失衡的人口结构背景，以及追求经济利益、盲目攀比等婚俗陋习变异的社会心理因素。不难发现，“高价彩礼”问题不止是经济现象，它涉及社会结构、教育、文化等各个方面，其解决也是一个系统性问题，绝非一纸村规民约就能扭转的，也不能简单地通过行政手段强制改变，因为民俗范畴的彩礼私务宜因势利导。一方面，各级党委政府等可借助推进乡村振兴战略中的乡风文明建设，深入开展移风易俗专项行动，加强宣传

① 《“要彩礼过多以贩卖人口论处”，矫枉何须过正？丨新京报快评》，搜狐网，2018年6月21日。

教育，引导婚姻回归爱情本质，努力形成文明婚嫁新风尚。另一方面，遏制“高价彩礼”风气关键还是在于改变价值观念，基础在于发展农村经济，消除贫富分化以及城乡、地区差别，解决男女比例失衡问题。同时，各相关部门、大众媒体也应当积极宣传“零彩礼”等积极正面的事例，树立公序良俗的模范，抵制拜金、攀比等风气和价值观，对群众婚姻观进行正面引导。

八 征收“三孩”社会抚养费缺乏长远眼光

2018 年 7 月 5 日，河南省柘城县启动了社会抚养费征收工作。社会抚养费由县卫生计生委或县卫生计生委委托乡（镇）人民政府和街道办事处征收，征收人群主要面向全县“三孩”以及以上家庭。征收标准为夫妻双方上一年度纯收入的 3 倍，可一次性缴清，若经济能力有限，可分期缴付，但不可超过 5 年。这一做法，在 8 月 14 日被一些媒体报道后，迅速受到社会的广泛关注和质疑。[①] 当地在 15 日回应称，“征收社会抚养费只是停留在宣传发动阶段，对‘三孩’征收社会抚养费有法律依据。鉴于舆论反映强烈，目前正在逐级向上汇报，等待省级和国家相关部门的进一步指示”。[②] 从后续的发展看，事情也就此没了下文。但出现如此让公众愕然的政府行为出现，不禁让人质疑政府的公信力，值得反思。

“三孩”社会抚养费征收事件引发舆论热潮的背后，是生育政策的每一次调整都牵动着社会大众的神经，而事件中人们强烈质疑的是，在不断放开生育限制的氛围下，征收社会抚养费的逆势行为怎么还会产生。事发当地的回应是，起征“三孩”社会抚养费不存在违法问题，属于依规办事。事实上，不止于柘城县，自“全面两孩”政策正式落地以来，全国 31 个省区市在半年之内相继修改了地方的人口与计划生育条例，多个省均明确了社会抚养费的征收标准。但合法依规就一定合理吗？政策的制定初衷是服务国家发展大局，并且也跟随时代不断做出调整。就生育政策而言，我国已经历了从“一胎化”到

① 《人口形势严峻，突击重罚三孩家庭图啥》，光明网，2018 年 8 月 15 日。

② 《河南柘城回应征收三胎社会抚养费：只是停留在宣传阶段并未实施》，界面新闻，2018 年 8 月 15 日。

“双独二孩”，再到“单独二孩”“全面二孩”的政策调整。目前，人口老龄化趋势加剧、生育率下滑、全面放开生育呼声高涨，在生育政策即将转型的当口突击开征社会抚养费，的确是考虑欠缺且干扰民众的政策措施，也降低了百姓对政策稳定的信心。更为严重的是，无视社会观感和民众共识的逆势行径极大损害了政府公信力，加重了民众一直以来对社会抚养费“用途不详”的质疑。因此，有专家认为，不排除地方出于经济目的，借当下政策空隙“合法捞钱”的嫌疑。回到政策制定合理性本身，有一个原则需要把握，即政府尤其是拥有政策制定自主权的政府部门，在出台政策时一定要坚持以人民为中心，清醒认识当前社会形势，着眼大局、多一些前瞻性，因为每一个社会政策都涉及民众利益、公共利益和国家利益，甚至民族的未来，恰当的政策可以推进社会发展，不合理的政策则会成为时代进步的障碍。①

九 “高考答题卡调包”与“顶替学籍”考验教育部门公信力

回望我国每年的舆情生态分布，教育行业舆情总是位居其列，教育话题引发的关注度和讨论也最多，因为教育最能触动民众对个体利益的关切，越来越成为影响社会分层与流动的主导因素，甚至能够改变命运。2018 年就有两起高参与度、泛情绪化的教育舆情，一个是持续发酵的“顶替学籍”事件，另一个是高考答题卡“掉包”事件，它们共同考验了教育部门的公信力。

关于高考答题卡“调包”，2018 年 7 月以来，有考生家长以公职人员身份实名质疑考生高考答题卡被“调包”。8 月，一篇《四家长质疑考生答题卡调包，纪委介入检察官实名举报》的自媒体文章引发热议。② 随后，河南省招生办、河南省纪委监察委相继发布调查结果：不存在人为调包试卷和答题卡现象。而涉事考生又被指涉嫌论文抄袭，受到舆论声讨。③ 对于 25 年前的“顶替学籍”问题，长葛市公安局、教体局曾分别于 2010 年和 2011 年认定：“黄

① 《媒体评河南柘城“征三胎社会抚养费”：要多些前瞻性》，凤凰网，2018 年 8 月 15 日。

② 《河南答题卡调包事件上演频繁反转，究其根本是谁的阴谋?》，搜狐网，2018 年 8 月 10 日。

③ 《河南省纪委监委回应“家长质疑答题卡被调包”事件》，凤凰网，2018 年 8 月 12 日。

风玲存在顶替黄海霞职中学籍问题，不存在顶替许昌师范学籍一事。”① 但从2018年11月份以来，“河南长葛女子十年寒窗，疑被堂姐顶学籍上师范”一事广泛传播于网络，并伴随报道的展开，舆论风向也多次出现反转。目前，官方给出的结论是：黄风玲冒用学籍参加中招考试属实，成绩系本人取得。教育部门已对黄风玲作停职处理。②

单从两起事件的最后认定结果看，政府部门都做出了较为有力的客观调查，厘清了来龙去脉，结果并不是教育部门出了直接的问题。从这个意义上讲，教育部门的公信力仿佛得到了保全或彰显。但就现实的民意反应、舆论过程中教育部门的社会印象而言，我们还是应当看到民众对教育部门“公信力”的下意识质疑。这源于教育领域中不时曝出的有人因被冒名顶替就学而人生急转直下的新闻，源于“掉包”“走后门”“暗箱操作”等事情在过去的大量发生。透过教育行业问题的每次被曝出后的汹涌民意，我们不难发现，广大群众对教育部门似乎有一种天然的不信任。所以，在监管日益严密、规则不断强化的当下，当高考答题卡被曝“调包”、25年前的“顶替学籍”问题被翻出时，民众仍会选择相信此类事情在发生，从而加入质疑、声讨教育部门的“大军”，尽管其中的“顶替学籍”问题早在8年前就被教育部门出具过处理意见，但疑虑并未得以消除。这种社会心理现象的持续存在，才是我们应当感到担心的，理当反思教育部门公信力的欠缺以及应该如何恢复。

正如“刻板印象”最难改变、“条件反射”的怀疑最难打消，教育部门在恢复和提升公信力上需要的“补课”还很多，需要作答的“人民考卷”还很多。首先，直面问题本身才是解决之道。其次，政府等公权力部门要清醒认识网络时代的舆论应对，反思面对质疑和负面评价时的思维方式和处理姿态，“捂、盖、堵”不再适用于信息媒体高度发达、公共舆论极易形成的时代，第一时间发声尤其是“有错方”敢于澄清更有利于真相的呈现。否则，在舆情泛起时将更难有效处置，带来的是公权力部门公共信任度、社会认同力的损耗。最后，树立共建共治共享理念，“官民共治”的社会治理定位需要摆正。

---

① 《“疑被堂姐顶替学籍”事件：唯有真相得正义》，光明网，2018年11月27日。

② 《官方：继续查顶替学籍事件　重点查清“谁参与”并追责》，环球网，2018年11月30日。

一方面，许多突发事件、重大问题的解决，都离不开公权力部门的权威介入，切实履行好社会治理职能，引导好社会舆情，就是提升公信力的最直接途径。另一方面，公权力部门要充分相信广大群众，看清主流舆论态势，对网民辨识道义和公正的能力有足够的信任。

十　“未成年强奸案冰释前嫌”显露涉未成年人司法的不足

2018 年 9 月 21 日，“冰释前嫌”一词突然上了热搜，原因在于，有网友发微博称，鲁山县检察院通过官方微信发文《鲁山一初中生一时冲动犯错　检察官介入下双方冰释前嫌》，宣传报道其处理的一起未成年强奸案。文章称，办案检察官将双方的父母叫到一起，联系当地调解委员会对双方进行调解，“一切都以有利于孩子的成长为先”，双方父母“冰释前嫌”，引发了人们的广泛关注和极度不适，舆情在网络上迅速聚集。[①] 从事件的后续进展看，河南省人民检察院表示，10 月 9 日，鲁山县人民检察院依法就被告人赵某强奸一案向鲁山县人民法院提起公诉。同时，审查起诉期间，鲁山县人民检察院宣称其官微对该案进行公开报道是错误的，并且出现多处表述错误、用语明显不当，造成了十分不良的社会影响。[②] 从整个事件的演化过程看，其发生、后续处理都受到民众、法律界的密切关注，其原因有案件性质、案件对象为“未成年人”的特殊性，但最主要的因素还是宣传时“冰释前嫌”的不当表述，此案件的宣传不仅没有让大众感受到“冰释前嫌”的温暖初衷，反而引起了人们对法律不公正的惶恐。

舆论疑惑的焦点在于，强奸未成年少女案件能否调解，调解是否意味着结案。法律界人士普遍认为，检察机关在办理未成年人案件时有灵活度，但刑事和解不适用于强奸这种罪行，何况是涉及未成年人的案例。从此案的处理来看，调解也只能是量刑上的考虑，性质不能改变，而且也不能不警惕，宽恕犯罪对于同样属于未成年人的被害人是不是又变相构成了一种非正义。此案也揭

① 《检察院回应“调解未成年强奸案冰释前嫌”：正调查》，大河网，2018 年 9 月 22 日。

② 《河南鲁山县“未成年强奸案冰释前嫌”嫌疑人被提起公诉》，人民网，2018 年 10 月 9 日。

示了目前我国法律建设中的一个难点问题：面对未成年人违法犯罪，应该秉持怎样的法律精神？社会究竟应该保持怎样的应对态度？目前我国在未成年人犯罪方面只有《刑法》和《未成年人保护法》有所规定，且后者只是倡导性的。因此，母爱主义的挽救教育成为主流处理方式，并因其群体特殊性，容易出现思维上的缩手缩脚式“一刀切”，不能全面看待未成年犯罪的处罚问题，甚至忽略有些未成年犯罪的恶劣境况，对被害人的权益保障不足，释放了不好的社会信号。为此，有专家建议，我国急需建立独立的未成年人司法制度，加强对未成年人犯罪的矫正和处罚。

B.19 河南省城市社区治理创新模式及问题研究*

潘艳艳**

摘　要： 社区治理是国家治理现代化在基层的探索和实践。在新型城镇化进程中，城市社区在社会治理体系中的地位日益凸显。近年来，河南省开展了城市社区治理创新的实践探索，并形成了一些具有地方特色的创新模式如焦作模式、许昌模式、洛阳模式等，取得了良好的成效，但仍面临社区治理主体结构失衡、自治基础薄弱、社区资金投入不足、社区服务水平不高等发展瓶颈。创新社区治理应坚持“共治共建共享”的治理理念，构建“一核多元”的社区治理结构，增强社区治理能力和服务能力，提高社区治理社会化、智能化、专业化水平。

关键词： 城市社区　社区治理　基层社会

社区是城市居民生产生活的重要空间，也是国家治理现代化在基层的实践场域。随着我国社会经济结构的加速转型和城市化进程的加快推进，城市社区日益成为社会群体的交汇点、社会矛盾的积聚点和社会治理的着力点，在城市治理体系中的作用日益凸显。当前，河南省已经跨越城镇化率过半的历史拐点，新型城镇化步入新的发展阶段，城市社会治理将面临更多的机遇和挑战。

* 本文系2016年河南省社会科学规划项目“河南城中村安置社区治理困境及对策研究”（项目号：2016CSH018）阶段性成果。

** 潘艳艳，河南省社会科学院社会发展研究所实习研究员。

加强城市社区治理创新不仅关乎整个社会治理格局的运作，还是满足居民群众现实需求、维护城市社会和谐稳定、提升城市社会治理服务水平的必然要求。本文旨在归纳总结河南省在城市社区治理领域的实践探索和创新模式，在此基础上指出河南省城市社区治理面临的主要问题，为进一步推进城市社区治理创新实践，完善基层社会治理体系提供对策和建议。

一　城市社区治理创新的河南实践

十八届三中全会以来，河南省坚持从实际出发，紧紧围绕群众需求，积极开展城市社区治理创新探索，推动了社区治理体系的逐步完善和社区治理水平的不断提高，城市社区建设发展呈现崭新面貌，共建共享共治的基层社会治理格局初步形成。

（一）坚持党建引领社区治理，推动各项制度的完善

一是强化规划引领，完善顶层设计。近年来，河南将城乡社区治理作为加强社会治理创新的出发点和落脚点，将其纳入全省社会治理的大局，先后出台了《关于加强新形势下城市社区建设的意见》《河南省社区治理创新专项行动方案》等十余个文件，为全省城乡社区建设工作开展奠定了制度基础。二是整合多方力量，统筹治理资源。2015 年，河南省建立社区建设工作联席会议制度，着重加强社区建设的组织领导，强调部门间的协作配合，促进了全省社区建设工作的深入开展。上行下效，同频共振，河南各地也组建工作机构，出台实施方案，突出社区治理创新，努力把社会治理触角向基层延伸、向社区延伸。[①] 三是加强基层党建工作，探索推进区域化党建。河南省不断加强和改进新形势下的基层党组织建设，以党建创新推动基层社会治理创新。如郑州、平顶山、洛阳等地在街道一级探索开展区域化党建工作，构建覆盖辖区所有单位党组织的党建联合体，推进各类组织和居民群众共同参与社区治理，打造了党组织领导下“区域统筹、资源整合、优势互补、共建共享”的工作格局，巩固了党的执政根基，创新了社区治理机制。

① 《社区治理创新的河南实践　解决一批群众“急难愁”问题》，大河网，2018 年 4 月 8 日。

（二）推动社会治理重心下移，实现精细化治理

党的十九大提出，“加强社区治理体系建设，推动社会治理重心向基层下移”。十九届三中全会也明确指出，“加强基层政权建设，夯实国家治理体系和治理能力的基础”，“推动治理重心下移，尽可能把资源、服务、管理放到基层”。近年来，河南省不断优化完善“两级政府、三级管理、四级网络”体制，建立有利于重心下移的城市“层级职责体系”，尤其是“网格化管理”的应用，实现了社会治理的“无缝隙、全覆盖”。河南省于2012年3月在郑州市率先试行网格化管理工作，重点构建网格化管理的长效机制，通过划分“街道—社区—楼院”三级网格，搭建市、区、街道、社区四级联网的公共管理信息平台，推动条块融合、协同治理，形成市、区、街道、社区、楼院五级联动的工作格局。网格化管理以信息化为手段，推动了社会治理“从自上而下向自下而上”“从突击式到常态化”的转变，实现了人、财、物、权、责在基层社区全面下沉，促进了社区管理、社区服务与群众自治的衔接和融合。在借鉴郑州市网格化管理实践经验的基础上，网格化管理模式在全省范围内推广，已经成为夯实社会治理基础，提高社会治理水平的城市治理新模式。

（三）开展政府购买社会服务，丰富社区公共服务供给

政府购买服务是当前我国转变政府职能、构建服务型政府的有效手段，也是加强社会治理创新、提高社会治理水平的重要举措。2013年以来，河南省立足省情，开展探索政府购买社会服务的新路子，陆续出台了《河南省政府购买社会工作服务实施办法》《关于推进政府向社会力量购买服务工作的实施意见》《河南省政府购买养老服务实施办法（试行）》等文件，推动政府行政职能改革，激发社会组织发展活力，完善社会公共服务供给。2014年，河南省政府采购规模突破1000亿元，达到1067亿元，服务类采购规模达93亿元，占全省政府采购规模的8.7%。[①] 同年7月，河南省民政厅首次开展政府购买社会工作服务，针对留守老人、假释罪犯、视障青少年、散居孤儿等弱势群体

① 高芙蓉：《河南省政府购买社会服务研究》，载刘道兴、牛苏林主编《2016年河南社会形势分析与预测》，社会科学文献出版社，2016。

设置社会工作服务项目 14 个，服务岗位 6 类，由省内 17 家民办社会工作机构承接，并开展为期 1 年的服务。2015 年，省民政厅又出资 220 万元，以公开招标的方式，在失独老人、优抚对象、流浪乞讨人员等领域开展社会工作服务。当前，以郑州市金水区为代表的区级、街道级基层政府开展购买社会服务的实践逐年增多，政府购买服务的政策体系、运行机制日渐成熟，这表示河南省政府购买社会服务探索开始步入“深水区”。

（四）扶持培育社区社会组织，提高社区自治水平

社区社会组织是由社区居民发起成立，在城乡社区开展为民服务、公益慈善、邻里互助、文体娱乐和农村生产技术服务等活动的社会组织。社区社会组织是社会组织的重要组成部分，在协同社区治理、满足居民需求、化解社区矛盾、促进社区融合等方面都发挥着积极的作用。2018 年，民政部发布《关于大力培育发展社区社会组织的意见》，提出“到 2020 年，社区社会组织培育发展初见成效，实现城市社区平均拥有不少于 10 个社区社会组织，农村社区平均拥有不少于 5 个社区社会组织”，为我国社区社会组织培育和发展确定了总体目标。近年来，河南省加快社会组织管理体制改革的步伐，坚持引导发展与监督管理并重，重点扶持以服务社区、服务基层、服务群众为主的各类社区社会组织发展，全省的社区社会组织呈现蓬勃发展、百花齐放的良好态势。一方面，省民政厅曾出台政策规定“城乡社区服务类社会组织可取消主管部门审批，直接登记”，对社区社会组织实施“宽进严管”，降低了社区社会组织的准入门槛，促进了社区社会组织数量和规模的快速提升；另一方面，全省各地都逐渐加大对社区社会组织的投入力度，以购买社区服务项目、开展社区服务活动、组织专题培训等方式支持社区社会组织发展。例如郑州市财政每年列支 500 万元用于支持社区社会组织发展，金水区建设社会组织孵化基地，加强对社区服务类社会组织的孵化培育，社区社会组织正日益成为基层社会治理创新的有力支撑。

（五）顺应互联网发展形势，推进智慧化社区建设

随着互联网技术在现代生活各个领域的应用和普及，社区治理也不可避免地被卷入信息化的浪潮中来。如何利用网络技术助力社区的智慧化治理是新形

势下社区治理创新改革的重要内容。2014 年，河南省住建厅转发了城乡建设部发布的《智慧社区建设指南（试行）》，要求各智慧城市试点城市结合实际实施智慧社区项目。2016 年，省民政厅出台了《关于深入推进社区公共服务综合信息平台建设的指导意见》，提出“到 2020 年，全省社区公共服务综合信息平台在城市（含县城）的覆盖率不低于 70%、在农村的覆盖率不低于 30%”。在政策的指导下，河南省多地开展智慧社区建设的实践探索，以信息技术为依托，搭建社区公共服务综合信息平台，整合社区公共服务资源，促进社区公共服务均等化供给和社区治理智能化水平的提高。例如郑州管城区银莺社区打造了“智慧银莺”掌上社区，居民只需下载智能终端或手机 App，就可以足不出户咨询各类政务服务办理流程，向物业提出报修申请、管理建议，寻求各类生活服务的资源信息。[①] 洛阳市针对社区居家养老群体大、需求广的特点，引入社会资本建设“一个网站，五个子平台”（即 12349 居家养老服务网站、24 小时呼叫平台、养老服务调度平台、远程物联医疗平台、服务支付平台、服务监管平台），打造了具有洛阳特色的“互联网+”智慧养老服务模式，满足了老年人的多种养老服务需求。[②] 智慧社区建设不仅有效拓展了互联网时代群众自治的实现形式，而且为居民提供了更加实惠便民的社区服务。

二　河南省城市社区治理创新的典型模式

在河南省城市社区治理创新实践中，有些地方率先试行，寻求突破，社区治理创新取得了一定的成果，积累了一定的经验，形成了独具特色的社区治理模式，对全省其他地区的城市社区治理创新有一定的示范意义。

（一）焦作市解放区的“334”楼院协商治理模式

2014 年，为了改善城市社区人居环境，推进居民自治，焦作市解放区全面启动了“美丽楼院”创建工作，以辖区 428 个楼院为对象，以居民需求为导向，通过建立组织体系、创新工作机制、完善社区服务，打造以居民自治为

① 《河南疏通社区治理“毛细血管”》，新浪网，2018 年 4 月 28 日。

② 河南省财政厅：《洛阳市创新发展打造居家社区智慧养老新模式》，2018 年 6 月 11 日。

基础的美丽楼院。在工作推进中解放区逐步形成了“三依靠、三步法、四机制”的“334”楼院协商治理模式，探索出了社区治理与服务创新的新路径。经过三年的实践，解放区的“美丽楼院”创建工作取得良好成效，辖区楼院日常管理长效有序，平安法治共筑共融，环境面貌焕然一新，文明和谐氛围浓厚，居民生活品质稳步提升。

“334”楼院协商治理模式中，第一个“3”指的是发挥好党政主导、居民主体、社会协同三个作用，充分整合社会资源，实现协商治理多元化。第二个“3”是实施“三上三下”工作法，即把居民意见收集上来、把初步方案公布下去；把方案建议收集上来、把最终方案公布下去；把反馈意见收集上来、把整改情况公布下去。通过这一工作法，推进协商程序规范化，实现居民的自我决策、自我管理、自我监督、自我服务。“4”指的是“自治管理好、平安法治好、环境卫生好、文明和谐好”的“四好”创建目标，增强协商成果的实效化，促进居民共建共享。总的来说，“334”楼院协商治理模式就是以“美丽楼院”创建工作为载体，搭建社会协商治理平台，推进政府治理和居民自治的有效衔接，促进社会治理的多元参与，实现城市社区治理的创新和突破。2016年6月，民政部将解放区“334”楼院协商治理模式评定为“2015年中国社区治理十大创新成果”之一，作为河南省唯一获此殊荣的城区，“344”楼院协商治理模式将在全省乃至全国范围内得到进一步推广。

（二）郑州市金水区“三社联动”模式

“三社联动”是指通过社区建设、社会组织培育和社会工作现代化体制建立的“三社联动”，形成资源共享、优势互补、相互促进的良好局面，加快形成政府与社会之间互联、互动、互补的社会治理新格局。① 2014年，郑州市金水区作为全国和谐社区建设示范城区，率先在辖区内探索“三社联动”工作模式。以社区为平台，以社会组织为载体，以社会工作专业人才为支撑，以群众需求为导向，以公益项目为纽带，促进社区资源整合优化、社区居民参与治理、社区服务水平提升，从而实现社区的有序管理和良性发展。

---

① 叶南客、陈金城：《我国“三社联动”的模式选择与策略研究》，《南京社会科学》2010年第12期。

金水区开展“三社联动”的主要举措有：一是政策先行，营造“三社联动”创设氛围。先后制定出台了《金水区社会工作发展五年规划（2011～2015)》《关于进一步加强社会工作人才队伍建设推进社会工作发展的意见》《金水区政府购买社会工作服务实施办法》等文件，为发展“三社联动”提供政策遵循。二是深化体制改革，推动“三社联动”机制创新。通过政府简政放权，引导社会组织和社会工作服务机构参与社会治理；通过实施社工人才“六个一”工程，加强各类业务培训提高社会工作人才专业化水平；通过成立社会组织孵化基地，扶持培育社区服务类社会组织，激发社会组织发展活力。三是探索政府购买服务，建立“三社联动”长效机制。2014 年，金水区首次以政府购买服务的方式，投入 150 万元在国泰花园、四月天等 6 个社区设立了综合社区服务中心，鼓励和引导社会组织、专业社工围绕社区需求设计服务项目，为居民提供优质的公共服务。2015 年，金水区政府又出资 400 万元购买“三社联动”公益服务项目，进一步巩固和深化“三社联动”的实践成果。四年来，通过不断健全和完善“三社联动”工作机制，金水区“多元主体、各司其职、资源整合、优势互补、良性互动”的“三社联动”社区治理模式已经初步形成，对于推动社区健康发展，提高基层社会治理水平、构建社会主义和谐社会发挥了积极的作用。

（三）许昌市魏都区社区服务优化模式

近年来，许昌市魏都区积极开展基层社会治理创新的实践探索，坚持党建引领、服务为先，通过健全基层治理体系、转变政府治理方式、整合服务资源，拓展服务内容，着力解决影响基层和谐稳定的基础性、关键性问题，着力提升为民服务效能，魏都区呈现了人民安居乐业、社会安定有序的良好局面。2017 年，许昌市魏都区被评选为“河南省社区治理和服务创新实验区”。

魏都区的社区治理创新特色具体表现在以下几方面：一是深化推进网格化治理。魏都区于 2012 年建立网格化管理制度，全区划分为 408 个网格，每个网格配有“一长四员”（网格长、网格治理员、网格警员、网格监督员和网格民情联络员）工作队伍，建成了区、街道、社区、网格四级治理体系，实现了全区治理中心下移。2017 年初，魏都区实施“网格前哨”工程，对网格划分进行了细化调整，把全区社区细化成 620 个网格。同时通过建立网格服务管理台账、推行“三级分类走访”服务、实行“六进三巡查”工作法、加强网格便民服务公示等，创新网格服务模式，确保“网格前哨”工程扎实推进。[①]二是搭建社区信息服务平台。依托网格化管理，魏都区建立了集社会治理、便民服务、应急指挥为一体的区、街道、社区三级社会服务管理信息平台，开通了为民服务热线“3112345”和为民服务网站，全天候、全覆盖收集解决群众反映的问题。2017 年，魏都区在全区推广 360°服务资源整合模式，通过制作便民服务清单、开启百姓点单服务，逐步实现全区所有社区覆盖，满足群众的物质、精神基本生活需求。三是加强社区规范化建设。许昌市按照“一有七中心”标准（即有党组织、自治组织、社会组织，有社区便民服务中心、综治服务中心、文体活动中心、卫生服务中心、老年人日间照料中心、儿童服务中心、志愿服务中心），推进城市社区规范化建设，巩固和强化了社区党组织的领导核心地位，有力推动了社区治理和城市建设。

（四）洛阳市涧西区社区信息化建设模式

洛阳市涧西区是国家“一五”期间重点建设的工业大区、科技强区，综合实力稳居全省城市区前列。改革开放后，伴随我国城市管理体制改革的深化，一大批国有大中型企业原先由企业承担的公共服务逐渐转移到以社区为基层的公共服务机构。[②] 面对社区公共服务供需错位、信息不通、共享不足、居民办事程序烦琐、社区行政化倾向严重等问题，涧西区借民政部“第三批全国社区治理和服务创新实验区”建设为契机，开始社区公共服务改革。

两年多来，涧西区围绕“加强社区信息化建设，提升社区治理服务效能”这一实验主题，首创了以党的建设为引领、公共服务为支撑、“三社联动”为依托、志愿者服务为载体的“四位一体”信息综合服务平台，实现了社区治理和服务供需的精准对接，走出了一条“互联网 + 社区治理 + 社区服务”的新路径，获得了辖区居民群众的广泛好评。一是整合信息资源提高服务精准便捷水平。涧西区的“四位一体”信息系统设立政务通、服务通、活动通、社

---

① 《创新社会治理模式的有益探索》，《许昌日报》2018 年 4 月 18 日。

② 《洛阳涧西区：以信息化开创社区治理新局面　让社区减负增效　增强居民幸福感》，东方今报网，2018 年 12 月 28 日。

区动态等诸多功能板块，可为群众提供家政类、维修类、养老教育类等 12 大类 120 项在线信息查询和便民服务。居民通过电脑、手机 App、社区屏幕可以直接查询或一键下单，也可拨打服务热线接受上门服务。[①] 二是打破部门信息壁垒实现“一窗式受理”。涧西区将分散在组织、民政、计生等部门的 118 个社区公共服务项目清单进行了全面梳理，通过信息平台进行公共服务数据的整理聚集和标准化设置，加强部门间的互联互通、资源共享，变单一服务为综合服务，为居民提供“前台一窗受理，后台协同办理”的一窗式服务，解决了服务群众的“最后一公里”问题。三是强化硬件支撑改善社区治理环境。在打造“四位一体”服务平台的同时，涧西区实施了城市社区服务标准化改造、建设了区、办事处、社区三级社会组织服务中心，创新了“三社联动”运行机制，完善了社区服务体系。目前，该区共有社会组织 200 余家，枢纽型社会组织 10 余家，三级社会组织服务中心已实现全部覆盖、梯次衔接、职能互补、工作联动。[②]

三　当前河南城市社区治理中存在的主要问题

由于历史和现实的原因，河南省在推进城乡社区治理创新过程中，一些根源性的矛盾和问题仍然较为突出，成为制约新型城镇化发展和社区治理深入开展的重要障碍。

（一）社区治理主体发展不平衡，基层政府占有绝对主导地位

城乡社区治理是整个社会治理体系的“终端”，也是社会治理的重点和难点所在。加强社区治理体系建设，就是要推动社会治理重心下移，实现基层党组织领导下政府治理和社会调节、居民自治的良性互动。传统社区的治理主体主要由街道办、居委会组成，随着物业公司、社会组织、居民、驻区单位等对社区治理介入和参与，社区治理的多元共治成为主流趋势。然而，在长期的体

① 《洛阳涧西区：以信息化开创社区治理新局面　让社区减负增效　增强居民幸福感》，东方今报网，2018 年 12 月 28 日。

② 《涧西区：推动转型发展　打造首创之区》，大河网，2018 年 11 月 26 日。

制惯性下，各地基层政府对社区事务的管控思维仍然存在，街道办作为区一级政府的派出机关，承担着政府行政管理和指导社区建设的双重职能，但在“唯上”的运作逻辑中，街道办较多的工作重心放在了上级政策传达、行政任务执行上，并将大部分行政事务转嫁给社区，不可避免地挤压了社区自治空间，干预了社区发展。在基层政府占据主导的社区治理结构中，社区居民和社区内其他主体参与社区治理的意识和动力不强，难以有效地参与到社区治理事务中来，社区治理权力结构的力量失衡对社区主体多元化发展形成了较大阻力。

（二）社区自治基础较薄弱，自治水平有待提升

社区自治是我国政治民主化的必然路径。① 但我国的社区自治改革“改而不变”，陷入了“内卷化”的困境。② 一是社区居委会自治功能弱化。社区居委会是社区居民开展自我管理、自我服务、自我教育的基层群众性自治组织，工作任务主要包括社会治安、环境卫生、人口管理、宣传教育、济贫救困等十几项内容，但在目前基层政府条块不顺、政企不分的体制影响下，社区居委会对街道办自上而下“摊派”的行政事务疲于应付，无暇顾及社区公共服务的供给和居民需求的满足，导致居委会自治功能逐渐让位于行政功能，成为实际上的“准一级”政府。二是居民社区参与机制不完善。尽管居民的社区参与意识已经逐渐觉醒，但居民参与社区治理的渠道和机制并不健全，社区参与的广度和深度仍然不足。一方面，社区参与主体老龄化倾向严重，社区年轻群体几乎不关心社区发展，也很少参与社区活动；另一方面，社区参与内容具有“选择性”，居民参与的主要是在社区开展的各类文体活动或在某些利益受损时采取行动，对居委会换届选举、社区事务决策等事关公民权利的社区事务缺乏积极性。三是社区自治组织参与治理效能较低。现有的社区社会组织以文化娱乐型、志愿服务型居多，慈善救助型、社区维权型社会组织少，且大多为初创型组织，规模较小、资源有限，整体实力较弱，不能在社区治理中发挥作用。

---

① 娄成武、谷民崇：《城市社区自治：我国政治民主化发展的必然路径》，《理论探讨》2014年第3期。

② 张付强：《我国社区自治改革的内卷化分析——一种空间模型的视角》，《公共管理学报》2009年第3期。

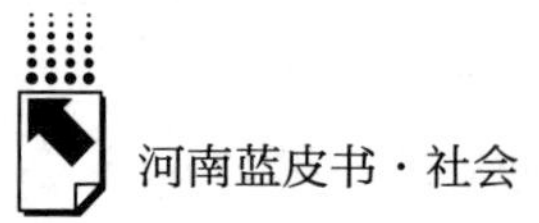

（三）社区资金投入不足，财权事权不匹配

近两年来，虽然河南各地都不同程度地加大了对社区治理资金的投入力度，保障能力不断提高，但现有的资金投入仍然不能满足社区治理工作的需求。一方面，政府对社区的资金投入有限。社区一般不具备自主财权，社区建设、社区办公以及社区工作人员工资等经费支出主要来源于基层政府。基层政府对社区的投入程度决定了社区建设情况。而河南各地街道一级对社区治理的投入参差不齐，相对于社区要承担的大量繁重的工作任务，社区经费往往捉襟见肘。尤其对于经济条件不良的地区，投入的财政经费只能够维持社区基本运转，在社区基础设施更新、社区活动开展等方面经费缺口很大。另一方面，社区自筹资金能力不足。辖区企业、单位“共驻共建”的意识尚未形成，对社区建设缺乏关注和支持，往往会以服务设施有限、资金人员缺乏等理由推卸共治共建的责任，致使社区资金来源渠道狭窄，限制了社区建设发展和社区治理的完善。

（四）社区服务呈现碎片化，体系性不强

一是社区服务内容单一。社区开展的社区服务以政府部门安排的内容为主，许多服务脱离居民需求，在社区居委会应付任务的心态下往往浮于表面、流于形式，不能得到社区居民的认可。二是政府购买社会服务力度不强。目前河南政府购买社会服务制度还处于探索阶段，各地区落实力度不尽如人意，政府购买服务的竞争、监督、考核、评估等长效机制尚不健全。已有的政府购买服务集中在养老、医疗、扶贫、文教等领域，存在服务类型较少、项目设置有限、持久性差的问题。三是社区工作者服务能力欠缺。一方面，社区人员结构不合理，专职工作人员配备不足，有限的人员要应对任务繁重的公共事务，致使社区人员服务创新意识较弱，服务质量不能保证；另一方面，社区工作者薪酬待遇较低，职业发展空间有限，无法吸纳优秀人才加入社区工作队伍中来，进一步影响了社区服务质量的提升。四是社区信息化服务水平滞后。当前河南省社区公共服务综合信息平台建设尚未普及，现有的智慧社区服务平台多依托网格化管理制度而建，对社区数据信息的整合和利用程度不够，“信息孤岛”现象较为普遍。

四 创新和完善城市社区治理的路径和对策

党的十九大提出的“共建共治共享”理念为新时期社区治理指明了前进方向。加强城市社区治理创新，要以现实问题为导向，努力破解社区治理面临的体制机制障碍，提高社区治理的社会化、智慧化、专业化水平，从而为社会治理体系和治理能力现代化奠定基础。

（一）改革完善社区治理结构，构建“一核多元”的治理模式

城乡社区有序治理的前提是社区治理结构的优化设置。只有打破社区治理结构权力失衡的状态，依法赋予基层党组织、政府、社会组织、社区居民、驻区企业单位等主体不同的治理权责，加强各主体在社区治理方面的平等互动、协同合作，才能真正形成共治共建共享的社区治理格局。一是要进一步强化基层党组织的领导核心地位。建立“街道党工委—社区党组织—网格党支部—楼院党小组”党组织四级联动体系，充分发挥街道党工委的区域龙头作用和社区党组织的战斗堡垒作用，以党建带动社区建设，将社区治理和社区服务作为党组织的主抓任务，不断夯实党在社区的执政基础。二是要明确基层政府的权责边界。加快推进政府的“放、管、服”改革，促进政府职能转变，制定街道办（乡镇）政府的权力清单制度和事权下放准入制度，依法厘清政府与居（村）委会的职能范围，最大限度地减少对社区事务的干预，让渡社区自治的空间。三是确定社区居民的主体地位。社区居民都享有参与社区治理的权利和义务，要建立健全居民参与机制和诉求表达渠道，培养居民的共同体意识和社区归属感，实现社区居民的赋权增能；四是充分发挥社区其他主体的协同作用。通过政府购买服务向市场和社会力量转移职能，引导物业公司、驻区企事业单位、社会组织等主体参与社区共建，推动“三社联动”的深入开展。

（二）进一步健全居民自治机制，推动社区自治与共治的有效衔接

城市社区自治能力建设是社区治理创新的重要内容，也是加强基层民主建设，推动社区共治的客观要求。要统筹推进基层政府行政体制改革，

健全社区居民自治机制，扩大社区居民自治范围和自治空间，才能真正实现社区居民自我管理、自我服务、自我监督。一是完善居民自治体系。建立健全社区党组织领导下社区居委会、居民代表大会、社区协商议事会、居务监督委员会共同组成的社区自治组织体系，明确社区党组织、社区居委会、居务监委会的职能范围，充分发挥社区居委会的枢纽作用，构建与其他自治组织的良性互动关系。二是创新居民自治机制。建立居民议事厅、楼院自治小组、业主委员会等自治载体，增强社区民主协商和民主管理能力，促进“民事民议、民事民管、民事民办”。三是培育发展社区内生型自治组织。根据社区特色和居民实际需要，扶持培育功能多样的社区自治组织，引导社区自组织依法登记和开展服务，通过鼓励居民参与社区志愿服务、打造社区服务品牌来激发社区组织发展活力，提高社区自治水平。四是积极塑造社区自治精神。加强社区文化建设，依托社区党建活动及各类文化娱乐活动促进社区居民交流互动；加强居民政治参与，发挥自治章程和居民公约的积极作用，在赋予居民参与社区事务决策的过程中增强社区居民的责任感和认同感。

（三）建立多渠道融资机制，实现社区资源优化整合

充足的资金是开展社区建设，推动社区治理有序的必要条件。面对当前城乡社区发展的资金瓶颈，应建立以基层政府财政投入为主，相关部门筹集为辅，居民和社会力量自愿捐助为补充的多渠道融资机制，为社区发展提供可持续的规范的资金来源。一是健全社区经费保障机制。依据“权随责走、费随事转”工作原则，严格推行社区公共服务准入制度，属于基层政府及职能部门职能范围的事项，不得转嫁给社区居委会承担；依法需要社区居委会协助的事项，应为其提供必要的经费和工作条件。二是加强社区资金的使用效率。基层政府要加大对社区治理、社区建设方面的支持力度，统筹使用各级各部门投入城乡社区的各类资金，建立社区经费的合理增长机制，不断提高社区运转经费的补助标准，发挥财政基金的最大效益。三是拓宽社区治理资金的筹集渠道。可通过慈善捐助、设立社区基金会的方式，鼓励辖区单位、社区社会组织、社区居民参与社区治理项目，引导社会资源向社区倾斜。

（四）完善社区服务体系建设，提高社区服务质量和水平

社区服务是最好的社区治理①，加强社区服务体系建设，促进社区服务水平提升既是满足社区居民美好生活需要的必要途径，也是现阶段社区治理创新的着力点。一是要健全政府购买服务机制，丰富社区服务供给方式。进一步完善政府购买服务的政策体系，合理制定政府购买服务目录，对于需求较大的社区养老、助残、低保等服务项目适当增加购买比例，规范政府购买的采购流程，健全政府购买的竞争机制、监督机制、评价机制等，吸引市场主体、社会力量参与购买政府服务，推动社区公共服务供给主体的多元化。二是开展多层次、多样化社区服务活动，实现社区居民全面覆盖。依托社区工作站、党群服务中心或社会服务机构，既要面向全体居民广泛开展劳动就业、医疗卫生、社会保障、计划生育、社会治安、矛盾调解、政策宣传、文体教育等社区服务，又要围绕老年人、残疾人、未成年人、低保对象、优抚对象等特定群体的需求，开展针对性的服务活动，不断优化社区服务内容，创新社区服务形式，推动社区公共服务的广覆盖。三是加强社区服务人才队伍建设，推进社区工作者的职业化、专业化。建立择优选拔机制，全面推行社区居委会依法直接选举社区干部，拓宽社区工作者选聘渠道，坚持社会招聘和定向招聘相结合，加大对年轻社区工作者的选拔力度；强化社区工作者服务能力培训和职业教育培训，注重提升社区工作者为人民服务水平和职业技能；建立社区工作者薪酬待遇保障机制和激励机制，规范社区工作者薪资结构，稳步提高待遇水平，加大从社区工作者中选聘公务员、事业单位管理人员的力度，畅通社区工作者职业晋升空间。四是打造社区服务信息平台，推动社区智慧化建设。应用互联网、大数据、云计算等信息技术，建立社区公共信息服务平台或打造“社区通”“掌上社区”等智能终端，做好社区治理的数据库建设，通过社区信息资源的整合、共享、应用，促进社区各治理主体间的交流合作，实现社区居民生活的便利化、智能化。

---

① 曹海军：《服务是最好的社区治理》，《人民日报》2018 年 1 月 11 日。

参考文献

《中共中央国务院关于加强和完善城乡社区治理的意见》，中国政府网，2017 年 6 月 12 日。

任雪：《城市社区治理机制创新路径探析——基于制度、组织、模式的三维框架分析》，《石家庄学院学报》2019 年第 1 期。

陈晓春、肖雪：《共建共治共享：中国城乡社区治理的理论逻辑与创新路径》，《湖湘论坛》2018 年第 6 期。

曹海军：《服务是最好的社区治理》，《人民日报》2018 年 1 月 11 日。

朱磊、杨佩、杨家豪、贺宇晗：《河南省城市社区治理发展研究——基于 2010 ~ 2018 年媒体报道城市社区事件的文本分析》，载郑永扣主编《河南社会治理发展报告（2018）》，社会科学文献出版社，2018。

钟海：《治理能力现代化视域下的城市社区治理机制创新探微》，《西安财经学院学报》2016 年第 5 期。

王升平：《我国城市社区治理机制创新的模式、逻辑及趋势——一种中观视角的考察》，《长白学刊》2017 年第 1 期。

娄成武、谷民崇：《城市社区自治：我国政治民主化发展的必然路径》，《理论探讨》2014 年第 3 期。

叶南客、陈金城：《我国“三社联动”的模式选择与策略研究》，《南京社会科学》2010 年第 12 期。

张付强：《我国社区自治改革的内卷化分析——一种空间模型的视角》，《公共管理学报》2009 年第 3 期。

B.20

“阳光权力”与基层社会治理创新

——基于“阳光漯河”建设的实践审视

李三辉*

摘　要： 党的十九大报告指出，要加强对权力运行的制约和监督，让权力在阳光下运行，把权力关进制度的笼子。河南省委十届六次全会也强调要持续转变作风，一刻不停歇地纠正“四风”，营造风清气正的政治生态，赢得人民群众真心拥护。在全面从严治党向纵深发展的新时期，“阳光漯河”建设的地方实践是贯彻以人民为中心发展思想的直观体现，是规范权力运行的新模式，是完善社会治理体系的创新举措，是转变干部作风、优化政治生态的有力抓手。

关键词： 阳光漯河　权力　社会治理

一　引言

从近年来全国范围内不断爆发的腐败案件看，社会治理场域内腐败问题的本质是公权力滥用。具体表现为，在权力运行过程中，各地各级不同程度地存在权力滥用、幅度过宽、绩效低下、程序无章等不规范现象。权力运行不规范，不仅会削弱党和政府的社会公信力，而且损害政策法规的公正权威，打破公平正义、守规诚信的社会秩序。腐败问题是党内最大的“毒瘤”，是政治生态最致命的“污染源”。习近平曾指出，“一个地方要实

* 李三辉，河南省社会科学院社会发展研究所研究实习员。

现政通人和、安定有序，必须有良好政治生态”；“政治生态也要山清水秀”。[①] 只有严厉惩治腐败问题，坚持“打虎”“拍蝇”双管齐下，彻底铲除有可能产生腐败的“土壤”，才能维护政治生态的风清气正。为此，河南省委十届六次全会着重强调，要持续转变作风，一刻不停歇地纠正“四风”，形成风清气正的政治生态，赢得人民群众的真心拥护。

直面河南经济结构的深刻变革、利益格局的深刻调整、社会结构的深刻变动，如何有效深化全面从严治党、强化党风廉政建设、推进社会治理？漯河市近年来积极贯彻中央和省委的决策部署，在加强基层权力监管和民主法治建设方面，形成了一些新机制、新方法、新经验，具有较强的借鉴意义。如2015年以来，漯河市郾城区以“厘权、履权、监权”为主要内容，在所有村（居）率先推进“阳光三权”体系构建，在规范村级公共权力、保障群众参与监督公共事务、延伸党风廉政建设等方面取得了丰富的成果，推动了农村建设，提升了基层社会治理水平。着眼于全面从严治党的新形势，提升基层社会治理现代化、精细化、有效化，2017 年“阳光漯河”建设全面启动，从组织体系、运行体系、制度建设、保障体系等方面完善了基层治理体系，开创了“阳光村务、阳光政务、阳光司法、阳光党务、阳光民生”五大社会治理模块，促进了权力运行的公开化、透明化、规范化，推动了共建共治共享社会治理格局的营造。

从实施效果看，2017 年以来，漯河市乡、村两级新发生信访事项同比下降 30.1%。截至 2018 年 10 月，在“阳光政务”建设中，三级（市、县、乡）政务外网已运行到位，3390 项权力事项已纳入统一政务平台，而且 97% 的事项达到三星级办理标准。“阳光司法”有序推进，市级政法系统已重新梳理权责清单 34 项，已按程序公开 31 项。[②] 同时，围绕“阳光漯河”建设监督中发现的问题，开展了整治基层腐败“六项突出问题”专项行动、脱贫攻坚战中干部作风大督查和大整顿、“四风”问题专项治理、懒政怠政为官不为问题“回头看”专项治理、市县两级同步开展三轮常规巡

① 南方日报评论员：《严肃党内政治生活　形成风清气正良好政治生态》，《南方日报》2017 年 3 月 8 日。

② 郭勇睿：《重整行装再出发　助力漯河更出彩——我市深入推进“阳光漯河”建设综述》，《漯河日报》2018 年 10 月 9 日。

察工作，加强了权力运行监督、惩治了腐败，推动了政治生态修复和党风政风好转。

二　从“阳光三权”到“阳光漯河”

“积沙成塔，集腋成裘”。几年来，漯河市在提升党委政府执政能力和社会治理水平的探索过程中，从郾城区率先开创的对“小微权力”的“阳光三权”规范，到“阳光漯河”建设的全面推进，漯河市社会治理的创新探索由点及面、由浅入深，逐步走出了一条特色鲜明、成效显著的成功之路，构建了完善的权力运行监督机制，对推进河南省基层党风政风问题解决和社会治理体系完善做出了积极探索。

从“阳光三权”到“阳光漯河”，是紧扣时代脉搏的实践探索。2015 年以来，漯河市郾城区以“厘权、履权、监权”为主要内容在所有村（居）率先推进“阳光三权”体系构建，在规范村级公共权力、保障群众参与监督公共事务、延伸党风廉政建设等方面取得了丰富成果，积累了“郾城经验”，提升了基层社会治理水平。① 党的十九大报告指出，要加强对权力运行的制约和监督，加强社会治理制度建设，让权力在阳光下运行。② 随着全面从严治党的纵深发展，2017 年漯河市全面推广“阳光三权”建设，以“明权清单化、用权规范化、监权透明化”为核心，致力构建权力运行监督新模式、净化政治生态、转变干部作风、强化以人民为中心的发展思想，从而提升基层治理能力，打造“阳光漯河”。③

从“阳光三权”到“阳光漯河”，内涵逐步拓宽。作为完善基层治理体系的创新探索，“阳光漯河”在内涵和外延上已不再仅仅聚焦“阳光三权”起步时的村（居）组织权力规范，而是把“阳光三权”作为贯穿全市各板块

---

① 刘国挺、龚砚庆、张凤华：《郾城区“阳光三权”规范村级权力运行》，《河南日报》2015 年 6 月 8 日。

② 习近平：《决胜全面建成小康社会　夺取新时代中国特色社会主义伟大胜利——在中国共产党第十九次全国代表大会上的报告》，《人民日报》2017 年 10 月 18 日。

③ 《我市大力推进“阳光漯河”建设工作综述》，漯河网，http：//www. luohe. com. cn/news/jrgz/2017/09/1444542. html，2017 年 9 月 7 日。

建设、各环节工作的主线，以“权力在阳光下运行、干部在阳光下工作、群众在阳光下监督、地方在阳光下发展”为目标，着力打造阳光村务、阳光政务、阳光司法、阳光党务、阳光民生，全面构建权责清晰、程序规范、科学高效、公开透明、监督有力的权责运行体系，探索市县乡村“四级联动”的“阳光漯河”建设新模式。“阳光漯河”意在基本涵盖全市所有公权力，进一步完善规范权力清单，实现权力公开全覆盖、权力清单全覆盖，让各级监督、内外监督成环结扣，助推全面从严治党深入、基层治理体系完善、惠及民生需要实现。

从“阳光三权”到“阳光漯河”，是先行试点经验的深化推广。2017年以来，得益于“阳光三权”体系建设的前期基础，“阳光漯河”建设被提出、深化和推进，原本着眼于让村（居）“小微权力”在阳光下运行的“郾城经验”正逐步扩展、显现为“漯河模式”，成为在全省率先探索的基层社会治理创新举措，乃至形成可影响全国的宝贵地方经验。“阳光漯河”对“阳光三权”的深化具体体现在这几个方面：一是“阳光用权”全覆盖上的内容极大扩展，二是编制《“阳光漯河”基本设计》上的运行体系更加规范，三是工作机制、保障机制、宣传体系上的制度建设更加完善。

三 “阳光漯河”建设的基本经验要义

2017年以来，漯河市把“阳光漯河”建设作为推进全面从严治党、改进工作作风、净化政治生态、服务群众需求、完善社会治理体系、提升党委政府执政能力和水平的重要抓手，以“明权清单化、用权规范化、监权透明化”为核心，全面开启“阳光漯河”建设新征程。

（一）基本前提：重视制度建设与标准化运作

一是制度建设先行。漯河市委市政府印发了《关于推进“阳光漯河”建设的意见》，“阳光漯河”建设办公室编制了《“阳光漯河”基本设计》，明确了“阳光漯河”建设的工作总体规划。二是统一标准运行。《“阳光漯河”基本设计》从概念、目标、内容、建设标准、运行标准、考核标准等方面对“阳光漯河”“阳光党务建设”“阳光政务建设”“阳光司法建设”“阳光村务建设”做出了明确要求，同时也公布了“互联网＋政务服务”平台建设运行标准、“阳光漯河”线下信息公开建设运行标准，确保“阳光漯河”建设有序规范。

（二）核心抓手：以“阳光三权”为人民用权

严规之下正杂念，强纪之下除私心。要破除“公权不为我所用就不称职”的异化思想，让权力行使不再“任性”，需要建立长效机制，全面构建权责清晰、程序规范、科学高效、公开透明、监督有力的权责运行体系，确保“公权一定姓公”。作为“阳光漯河”建设的核心，“阳光三权”被贯穿到各个板块建设、各个环节工作中以提升党委政府执政能力、推进社会治理。

一是“明权清单化”让权力事项不遮掩。认清拥有什么权力，才能清晰权力公开范围，提高权力监督的精准度。漯河市从权力名称、权力类型、行使主体、承办机构、实施的法律依据等方面，逐级列出权责清单和权力运行流程图。目前，已梳理出10大项32小项村级组织权力清单、15245项依申请行政权力事项、150多项党委权力目录、8大项司法权力目录，实现权力清单全覆盖，让党内外监督有“目标”、有“靶子”、有“准星”。①

二是“用权程序化”让权力行使依规不越界。统一制订权力运行流程图、办事指南，明确权力运行的程序、环节、过程、责任，让干部知道“干什么、怎么干”，群众清楚“找谁办、怎么办”，以权力的阳光运行，给群众一个明白，还干部一个清白，防止不作为、乱作为、胡作为。

三是“监权透明化”让结果公开公正不打折。随着社会主体日益多元化，社会治理社会化已成为一种发展趋势。“监权透明化”坚持既线上公开，又线下公开；既公开权力清单，又公开权力流程，让服务对象网上能够找到、办事地点能够找到，刚性约束公权使用，充分保障群众的知情权、监督权，发挥社会力量和公众的协同治理作用，提高公权为民的服务水平。

---

① 《漯河：“互联网＋”阳光三权　织密“权力之笼”》，河南省纪委监察委网，http：//www. hnsj ct. gov. cn/sitesou rces/hnsjct/page_ pc/gzdt/jcfc/article1c0e36c5542740ac90a8c71732565e2c. html，2018年7月30日。

（三）主要途径：以“阳光作业”共建美好社会

权力阳光运行，工作公正透明。围绕“权力在阳光下运行、干部在阳光下工作、群众在阳光下监督、地方在阳光下发展”的目标，漯河市着力打造阳光村务、阳光政务、阳光司法、阳光党务、阳光民生，基本涵盖所有公权力，实现阳光作业全覆盖。一是抓好“阳光村务”。通过细化村级权力事项，拓展村务公开覆盖面，规范村务公开程序，开好“两道会”，做好“两公开”，确保重大决策、惠民事项等的研究实施“程序合规，过程真实”。同时，强化村监委会建设，与村“两委”同步参与村级工作，实现全程监督。发动群众自主监督，查看公示结果，发现问题及时反馈，实现民主监督。二是推进“阳光政务”。按照进一扇门、办所有事，上一张网、办所有事的要求，加快“互联网+政务服务”平台建设，实现“让数据多跑路、让企业少跑腿、让群众一次办妥”。三是深化“阳光党务”。遵循十九大精神和《中国共产党党务公开条例》，探索党务全面公开，规范公开的内容、范围、程序和方式，衔接党务公开与政务公开。四是铺开“阳光司法”。坚持应公开尽公开，以人民群众的司法需求为导向，依法审判、检察、办案，构建开放、动态、透明、便民的司法新机制。五是拓展“阳光民生”。以群众关注度高的社会公益事业为重点，围绕脱贫攻坚、社会救助、社会福利、教育、医疗卫生等重点领域及民生项目和资金全面梳理公开事项，着力保障和改善民生。

（四）机制保障：优化组织运行架构

一是加强组织领导，高规格设立工作领导小组及办公机构。市级层面成立“阳光漯河”建设工作领导小组，市委书记任组长，市长任常务副组长，组建“阳光漯河”建设办公室，设综合组、建设指导组、宣传组和2个督导组，逐人明确职责。市直各单位、各县区、各乡（镇）、村都成立有“阳光××”建设工作领导小组和“阳光办”，从组织上保证“阳光漯河”建设的顺利推进。二是健全工作机制，夯实基础保障。在工作阵地上，各级都有“阳光办”并分设综合、宣传、督导等工作小组，配足办公设备、车辆、经费等运转保障。在宣传保障上，通过高密度、多形式、分类别的手段来提高群众知晓率，为“阳光漯河”建设营造氛围。在追责督导上，市、县两级督导组不定期对各部门单位、各级地方开展高频次、不间断督导检查，督导结果同评先评优挂钩，下发信息通报，约谈建设落后和不力的单位地区主要负责人。

四 “阳光漯河”对推进社会治理实践的贡献及启示

（一）“阳光漯河”是规范权力运行、密切党群干群关系的有力抓手

“阳光漯河”建设有效规范了党、政等社会治理主体的权力运行，理顺了社会治理事务的基本领域即“五大阳光板块”，促进了全面从严治党的有力落实，有效化解了基层矛盾，改善了党群干群关系，让群众参与、群众监督成为常态，干部更加轻松，群众更加满意。自 2017 年建设“阳光漯河”以来，“明权清单化”使权力事项、使用范围不再神秘遮掩，“用权程序化”让权力行使循规依策不越界，“监权透明化”让结果公正公开不打折。广大党员干部严格按照权力运行流程决策、行事，并接受全社会监督，极大减少了侵害群众利益、腐败事件发生的概率。从“阳光村务”的实施效果看，2017 年 4 月至 2018 年 4 月，全市各级纪检监察机关共受理反映乡、村两级新发生信访举报问题 32 件，其中反映村干部的 26 件，包含 24 件反映村干部贿选问题，这与 2018 年村级组织换届有关。同时，因信息不公开而侵犯群众知情权的只有 2 件，且都发生在 2017 年。

（二）“阳光漯河”是维护社会稳定的强劲利器

随着“阳光漯河”建设的实施，各级各部门尤其是村级职责权力和运行流程被全面公开，老百姓什么事情都清楚了，心中疑虑自然减少，取得了“给群众一个明白，还干部一个清白”的效果，从源头杜绝矛盾纠纷，使许多民生实事、文明新事、发展大事得以落实，极大促进了基层社会的和谐稳定。如面对征地拆迁、“低保”申请、道路修建、“一事一议奖补”等过去的一些急事难事和棘手问题，各村按照“阳光村务”办事流程，通过“四议两公开”的方法，使群众最关心的利益问题得到公开公正解决。同时，各职能部门按照

“阳光政务”工作标准，压缩了办事流程，提高了工作效率，群众对党政干部的信任度、满意感不断提高。据统计，2017年以来，漯河市乡、村两级新发生信访事项同比下降30.1%，涉及村级干部因素信访事项下降36.7%，成效显著。[①]

（三）“阳光漯河”是促进政治生态改善的“净化器”

借助“阳光漯河”建设，漯河市全面推动从严治党向基层延伸、党风廉政建设向纵深发展，而修复净化政治生态，要害在党员领导干部这一“关键少数”。围绕“明权清单化”，梳理各级党组织和领导干部责任清单，修订完善《党风廉政建设责任制共性任务清单》，分部门、分岗位量身打造个性任务清单，全面推行党风廉政建设责任制动态管理考核系统，着力破解管党治党“宽、松、软”问题。“阳光漯河”实施以来，漯河市各级党组织层层压实责任，各单位“第一责任人”负总责、做表率，以实际行动纠“四风”转作风，深化“放、管、服”改革，加速了“不敢腐、不能腐、不想腐”的一体推进。围绕“阳光漯河”建设监督中发现的问题，开展了一系列反腐惩恶斗争，不断扩大监督成效。2017年以来，开展了整治基层腐败“六项突出问题”专项行动，收集问题线索414件，党纪处分150人；开展脱贫攻坚战中干部作风大督查、大整顿，查处问题33起、处理38人；开展隐形变异“四风”问题专项治理，查处违反中央八项规定精神问题47个、处理50人；开展懒政怠政为官不为问题“回头看”专项治理，问责39个单位、95名党员干部；推动市县两级同步开展三轮常规巡察，巡察党组织136个，发展问题及问题线索1992件。权力的阳光“晾晒”让腐败“无处遁形”，反腐惩恶“亮剑”祭出，政治生态环境清朗重现。

（四）“阳光漯河”是优化基层治理结构的支撑点

基层是社会治理的重心、难点和希望所在。加强社会治理制度建设，重点在加强社区治理体系建设，实现政府治理和社会调节、居民自治良性互动。

① 郭海方、王昆鹏、王辉：《“小微”权力有明细　群众利益有保障》，《河南日报》2018年7月9日。

"阳光漯河"是健全社会自治组织体系的突破点。作为村民自治机制创新，"阳光村务"通过明权、规范用权、监权，开好"两道会"，做好"两公开"，使村级重大事务的决策实施透明化，实现"六把钥匙开一把锁"，把村级权力分解给党员和村民代表，"村里开会再也不用捂着盖着了"，"村里大事小情，老百姓都能知道"，最大限度保障了群众的知情权、监督权。另一方面，"阳光漯河"也是优化乡村治理结构的支撑点。"阳光漯河"涵盖了包括村（居）党支部委员会、村（居）民自治委员会、村（居）监委会、党员代表会、村（居）民代表会在内的基层治理主体，以"阳光村务""阳光党务"夯实了基层组织建设、改进了工作作风、规范了权力运行、严格了监督管理、发挥了群众作用，为解决乡村治理结构中的权力集中化、村治行政化、监督虚无化，村民自治机制缺乏，村民参与不足，社会力量吸纳不够等问题提供了新视角，探索了新路径。

（五）"阳光漯河"是理顺基层干事节奏的有益探索

随着"阳光漯河"建设的全面展开和日益深化，广大党员干部和基层工作人员都反映，日趋完善的工作章程、有规依规行事的工作方式、舒心宽明的工作氛围正在形成，干部头上的"紧箍咒"扎紧了，私心杂念也自然打消了，心里反而减少了负担、解开了束缚，尤其是不再为化解矛盾纠纷、阻止群众上访犯愁了，真正可以集中精气神开展工作了。"阳光漯河"建设中不断涌现的局面是：群众明白了、干部收敛了，群众理解了、干部轻松了，群众气顺了、干部心齐了，基层党组织的凝聚力和战斗力增强了。①

（六）"阳光漯河"是提升社会治理"四化"水平的重要途径

一是"监权透明化"有助于提高社会治理的社会化水平。党的十九大强调，要加强和创新社会治理，打造共建共治共享的社会治理格局，而提高社会治理社会化也符合社会治理主体日益多元化的时代现实。线上线下实施"监

① 《公开透明带来新风正气——"阳光漯河"建设工作综述》，漯河市纪委监察委网，http://www.lhlzw.gov.cn/sitesources/lhsjjw/page_pc/lzyw/articlee3f7c4cb8d4b4325b9931de1a881b269.html，2018年4月10日。

权透明化”，探索和延伸了党风廉政建设，有利于充分保障群众的知情权、监督权，发挥社会力量和公众社会治理的协同作用，规范广大党员干部的履职行为，赢得群众的普遍认同和支持。

二是“用权规范化”有利于提升社会治理的法治化水平。社会依法治理的精神内涵就是要依规、守规、用规，规范化权力运行有助于推动政府依法行政，增强党员干部用法治思维方式展开社会治理的能力，推促全社会形成厉行法治的理念，有效维护群众合法权益和社会大局稳定，保障公平正义。

三是搭建网络平台有益于推促公开、提高社会治理智能化水平。一方面，通过建设“阳光漯河网”，实现党务、政务、村务、司法等权力事项流程线上公开以利企便民、服务大众；另一方面，着力建设覆盖全体、整体联动、部门协同、一体化办理、省市互通的“互联网+政务服务”技术和服务体系，提升政府治理体系和治理能力现代化水平。

四是建设人才队伍有利于提高社会治理专业化水平。事靠人为，事在人为，目标的实现最终要靠人去落实，着力建设高素质人才队伍是主体保障。首先，配齐人、稳住人，保障建设运行中所抽调的人员完全脱离原单位开展工作，同时为他们提供必要的车辆、经费等支持。其次，搞好业务人员培训，采取以会代训、重点培训、分批培训等多种形式，使干部和群众对政策做到真正理解。尤其要做好基层培训工作，对所有村组干部、群众代表进行培训和业务知识讲解，重点培训村支书、村主任、村监委会主任，使其明白权力界限、工作流程、纪律要求等。再次，选对人、用好人，着力建设德才兼备的高素质执政骨干队伍，加强对党员干部的教育监督，激励干部担当作为，引导党员干部堂堂正正做人，老老实实干事，清清白白为官。①

参考文献

习近平：《决胜全面建成小康社会　夺取新时代中国特色社会主义伟大胜利——在中国共产党第十九次全国代表大会上的报告》，《人民日报》2017年10月18日。

---

① 河南日报评论员：《靠人为　事在人为——五论学习贯彻习近平总书记在河南考察重要讲话精神》，《河南日报》2014年5月17日。

郭海方、王昆鹏、王辉：《“小微”权力有明细　群众利益有保障》，《河南日报》2018 年 7 月 9 日。

《漯河：“互联网 +”阳光三权　织密“权力之笼”》，河南省纪委监察委网，http：//www. hnsjct. gov. cn/sitesources/hnsjct/page_ pc/gzdt/jcfc/article1c0e36c5542740ac90a8c71732565e2c. html，2018 年 7 月 30 日。

《我市大力推进“阳光漯河”建设工作综述》，漯河网，http：//www. luohe. com. cn/news/jrgz/2017/09/1444542. html，2017 年 9 月 7 日。

刘国挺、龚砚庆、张凤华：《郾城区“阳光三权”规范村级权力运行》，《河南日报》2015 年 6 月 8 日。

河南日报评论员：《事靠人为　事在人为——五论学习贯彻习近平总书记在河南考察重要讲话精神》，《河南日报》2014 年 5 月 17 日。

《公开透明带来新风正气——“阳光漯河”建设工作综述》，漯河市纪委监察委网，http：//www. lhlzw. gov. cn/sitesources/lhsjjw/page_ pc/lzyw/articlee3f7c4cb8d4b4325b9931de1a881b269. html，2018 年 4 月 10 日。

B.21
兰考县改革创新县域社会治理研究报告

杜焕来*

摘　要： 作为习近平总书记指导党的群众路线教育实践活动联系点和焦裕禄精神发源地，兰考县遵循习近平总书记的殷殷嘱托，大力弘扬焦裕禄精神，加强和创新县域社会治理，改革县域社会治理体制，深入推进德治、法治和自治，坚决打赢脱贫攻坚战，优先发展教育事业，提高就业质量和人民收入水平，提升医疗卫生保障和群众健康水平，使人民群众的获得感、幸福感、安全感愈益增强，为县域社会治理提供了可资借鉴的鲜活经验。

关键词： 兰考　改革创新　县域　社会治理

习近平总书记在十九大报告中提出："提高保障和改善民生水平，加强和创新社会治理。"习近平在兰考县指导党的群众路线教育实践活动时，曾专程赶赴东坝头乡张庄村警务室调研农村治安情况，并对基层民警提出"恪尽职守、热情服务，为维护农村社会稳定、保护农民群众利益多做贡献"的要求。作为焦裕禄精神发源地，兰考县认真贯彻落实习近平总书记重要指示精神，紧密结合县域社会治理实际，大力弘扬焦裕禄精神，深入推进德治、法治和自治，着力改善民生，不断增强人民群众的获得感、幸福感、安全感，探索出了一条县域社会治理的新路子。

---

* 杜焕来，中共河南省委政研室社会处处长，博士，主要研究方向为管理科学与工程。

一　着力改革和创新县域社会治理体制

兰考县坚持问题导向，锐意改革创新县域社会治理体制，优化整合资源，完善党委领导、政府负责、社会协同、公众参与、法治保障的社会治理体制，打造共建共治共享的社会治理格局，初步形成了县域社会治理的“四梁八柱”。

一是创新建立社情民意服务平台。整合信访、综治、司法等部门资源，成立县乡两级社情民意服务中心，制定社情民意工作五项要求，实行县级领导干部及各单位一把手轮流值班制度，值班表、领导电话提前在新闻媒体上公开，现场面对群众，解决问题，实现了从被动接访到主动收集社情民意的转变，既有助于群众诉求有效解决，又确保党委政府决策科学有据。2018 年以来，县社情民意服务中心共收集各类社情民意信息 17241 条，其中咨询类信息 10965 条，诉求类信息 4541 条，建议类 1725 条，向县委县政府提出人民建议 129 条，其中 84 条成为县委、县政府制定政策的重要来源和依据。

二是大胆探索乡镇社会治理改革。成立乡镇（街道）社会治理中心，整合各乡镇（街道）的综治、公安、信访、司法等部门职能力量，汇聚社会治理合力，加强社会治安防控体系建设，深入推进德治、法治和自治，组织开展矛盾纠纷排查化解和源头预防工作，有效化解社会矛盾，促进社会和谐。积极推进民族宗教工作，建立县、乡、村、场所四级民族宗教信息网络，对全县民族宗教领域矛盾纠纷调处情况及时督办、限期整改，真正把矛盾纠纷吸附在地方、化解到基层，确保全县民族宗教领域和谐稳定。健全基层矛盾化解机制。充分发挥广大人民调解员作用，深入村庄、社区进行拉网式排查，开展信访积案“百日攻坚”化解活动，在 454 个村全部建立村级矛盾调解室，不断完善教育、卫生、人社、民政、交通、城建等行业性重点领域专业性调解组织建设。共排查出各类矛盾纠纷 3638 起，调处 3542 起，调处率 97.4%。

三是深化改革优化发展软环境。兰考县深化“放管服”改革，着力为企业“松绑”，为群众“解绊”，为市场“腾位”，努力打造一流营商环境。深入推进行政审批制度改革。精简部门内部审批，加强部门联动，创新审批模式，共减少前置审批条件 178 项、减少审批环节 153 个，审批时限比法定时限缩短

2125个工作日，行政审批效能得到全面提升。开展“减证便民”专项行动，取消各类证明208项，取消比率88%；精减、下放行政审批事项161项。取消行政许可事项126项，非行政许可事项全部取消，31个县级部门（单位）权责事项从4898项精简到2991项，精简率达38.9%。创新“互联网+政务服务”和推进“一窗式”改革。县行政服务中心设立34个综合窗口，每个综合窗口都可受理126项办理事项，目前累计办理事项达40余万件，实现数字身份证认证和“一次办妥”证照免费邮寄送达服务，进一步方便群众办事。探索建设项目“三测合一”改革。成立兰考县测绘地理信息服务中心，合并职能，解决分散测量、数据不一的问题，实现成果共享。探索第三方工程监理制度改革。对现场监理进行再监理，有效解决招投标项目建设监理过程存在的种种弊端。深化投资建设项目联合审验制度改革。设立兰考县投资项目联合审验服务中心，对县域投资项目的评估、评审、审图、验收实施集中受理、统一审验，简化流程、压缩时限，解决项目评、审、验过程中多头性、重复性问题。深化督查体制改革。通过建立台账、细化责任、紧盯节点，层层问责，确保各项工作落地见效。探索县域改革与发展研究新模式。成立兰考县县域改革与发展研究中心，为县域又好又快发展提供政策建议和咨询意见。创新电子政务扁平化管理模式，引入小鱼易连-云视讯技术，在全县机关事业单位推广使用钉钉办公，全面提升部门间沟通和协同效率。深化城市执法管理体制改革，成立城市管理局，在各乡镇（街道）设立综合执法分局，提高城乡执法管理效能。坚持绿水青山就是金山银山的发展理念，深化生态公园管理服务体制改革，筹建兰考县生态公园管理服务中心，提高生态资源的管理能力，积极创建国家园林县城、河南省生态县城，推进厕所革命和美丽乡村建设，打造绿色宜居宜业的美丽生态环境。

四是着力防范化解金融风险。探索投融资体制改革，将县属国有投融资公司整合为城投、兴工、农投、文投4家国有独资企业，以市场化为导向，推动投融资公司实体化运作，同时，规范法人治理结构，建立“内部管理人员能上能下、员工能进能出、薪酬收入能增能减”的激励机制，形成政府主导、市场运作、政企分开、风险可控、良性循环的投融资格局。

五是全力维护社会大局稳定。大力推进“平安兰考”建设，以深入开展“打黑恶、反盗诈、破系列”三大攻坚战为抓手，严厉打击各种违法犯罪；坚持对“黄赌毒”零容忍，持续开展“清源”“织网”“护航”三大行动，加大重点单位治安隐患排查力度；建成集警示教育、教育转化、干部培训为一体反邪教教育转化基地，积极开展“敲门行动”，加大对邪教人员的排查力度；截至目前，共排查化解治安隐患2016处，取缔黑加油站63家，打掉了一批涉黑恶团伙。同时，在三义寨乡等8个乡镇（街道）建立社会心理服务工作站，全面加强社会心理服务疏导和危机干预工作，促进社会和谐稳定。

二　着力提高国民素质和教育事业优先发展水平

国民素质是一个地方精神面貌的名片，也是社会进步程度的综合反映。兰考立足焦裕禄精神发源地、习近平总书记联系点的红色教育资源，采取多种形式教育引导干部群众做到信念不移、立场不变、方向不偏，始终听党话、跟党走，立足岗位显身手，并把教育事业放在优先位置。

一是加大宣传教育覆盖。围绕十九大精神、社会主义核心价值观、中国梦、讲文明树新风等加大公益广告宣传，安装各种铁艺造型500块，利用公交站亭、高塔、宣传面板等制作公益广告3万平方米。印制图说核心价值观、讲文明树新风年历6万份。成功打造道德模范主题广场1个，核心价值观主题广场2个，核心价值观主题街2条，诚信一条街1条，传统文化园2个（廉园、孝园），全县文明新风氛围日益浓厚。

二是深入开展志愿服务。积极弘扬“奉献、友爱、互助、进步”的志愿服务精神，在全县大力营造“有时间做志愿者，有困难找志愿者”的良好氛围。在焦裕禄纪念园、文化交流中心、干部学院等人流量密集的地方集中开展“志愿服务月”活动；组织83家文明单位志愿者在每周四上下班高峰期开展“文明交通我先行”志愿服务活动；每年组织开展“邻里守望”“扶贫济困”“义务献血”“义诊义演”“植绿护绿”“爱心送考”“送清凉”等各种志愿服务活动100多次，服务群众30万人次；积极做好志愿者注册登记工作，全县注册志愿者人数达到1.93万人。

三是推进未成年人思想道德建设。以文明校园创建为载体，把培育和践行社会主义核心价值观贯穿学校、社会、家庭教育的全过程。组织学生开展“清明奠英烈”“向国旗敬礼”等活动；开展“美德少年”评选、经典朗诵、

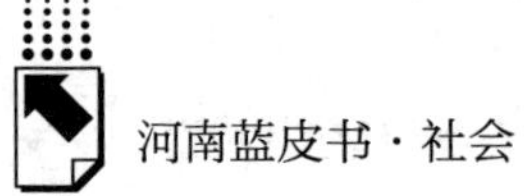

核心价值观歌曲比赛等加强道德培养。对全县 24 所少年宫运转情况及资金使用情况定期检查，鼓励各少年宫开展丰富多彩的社团活动，促进未成年人的健康成长。

四是加大精神文明创建力度。以文明县城创建带动文明单位、文明村镇、文明家庭、文明校园创建活动。目前，兰考已创建全国文明单位 1 个、全国文明村镇 3 个、省级文明村镇 4 个、省级文明单位（标兵）28 家、县级以上文明单位 107 个、文明村 153 个。农村精神文明建设取得成效。开展红白事大操大办问题专项整治，提倡喜事新办、白事简办，引领乡风文明新风尚；东坝头张庄村被命名为全国文明村。先后开展了 13 次“扫黄打非”专项行动，2018 年以来立案调查各类文化场所 39 家，警告、罚款 42 家、停业整顿 25 家；开展了侵权盗版及非法出版物集中销毁活动，销毁了收缴的 2800 册非法盗版图书、300 张盗版光碟。

五是办好人民满意的教育。促进教育资源合理配置，为教师合理交流提供制度保障，加快实现教育公平。2018 年，投入资金 1192 万元，新建幼儿园 4 所，改扩建 3 所；投入资金 4909 万元，完成 52 所中小学校“改薄”项目；投入 714 万元，完成 4 所义务教育标准化学校建设；投入 3174.2 万元，对 45 所学校校舍进行维修；投资近 5 亿元启动兰考二高新建项目。新招聘教师 610 人。持续开展校园文化建设和校园综合提升，深入开展“师德师风建设”主题教育活动，尊师重教、崇智尚学的社会氛围日益浓厚。

三　着力提高就业质量和人民收入水平

就业是民生之本。兰考县坚持“就业优先”战略，确保实现更高质量和更充分就业，2018 年，全县新增城镇就业 1.2 万人，达省定任务的 195%。

一是强化特色产业引领。持续做强家居制造及木制品加工产业。在产业集聚区，围绕发展品牌家居产业集群，加快推进恒大家居联盟产业园项目建设，抢占高端家居产业制高点。在乡镇，突出与家居产业配套、链条延伸，按照“一乡一业”原则，加快推动 6 个乡镇专业园区建设，带动就业近 6000 人。在农村，按照“一村一品”原则，大力发展群创产业，重点培育堌阳镇徐场村等特色专业村 28 个，新发展各类合作社 460 家，农业产业化经营组织达 2644

家。不断做优食品及农副产品深加工产业。坚持以畜牧产业化引领农业现代化，重点发展鸡、鸭、牛、羊、驴5个产业，形成了龙头企业引领、规模养殖支撑、饲草种植配套“三位一体”的畜牧产业化格局。加快发展战略性新兴产业。依托格林美循环经济产业园、光大环保静脉产业园，加快创建国家级循环经济产业园。依托富士康产业园、光大科技产业园，建设兰考科技园。以恒聚新能源、瑞华电力为主体，建设新能源推广示范园。积极推进开放招商。围绕三个主导产业，瞄准行业龙头企业，大力开展招商引资，逐步实现由依靠土地、优惠政策等传统招商模式，向产业链、资本环境招商转变。投资10亿元的大连环嘉、投资3亿元的河南广和慧云云计算数据中心、光大实业、航天信息等一批重大项目相继签约落地，为产业发展拓展了空间。

二是借力“互联网+”实现就业群体实名登记。开发集劳动力统计、培训、招聘于一体，内容涵盖全县75.6万城乡居民个人信息、就业状态及培训需求的兰考县人力资源管理系统，动态掌握城乡居民就业状况、未就业原因及是否有意愿参加就业技能需求。2018年以来，各类网络服务平台点击率超过155万人次，发布招聘信息1250条，提供就业岗位数2.1万个。

三是举办多种形式的就业专项服务活动。先后组织开展“春风行动”“就业困难援助月”“民营企业招聘月”“就业服务月”等就业专项服务活动，进场求职0.8万人。每周二、周五为富士康、恒大等企业开展定期招聘活动，提供就业岗位信息，既缓解了企业的用工压力，又能给劳动者带来求职便利。2018年，共开展招聘会45场，进场企业累计192家，累计提供就业岗位1.3万个，为富士康、恒大、润野食品、天地牧业等产业集聚区企业招聘新员工1.2万人，兰考籍员工在重大项目务工占比高达90%。

四是做好困难群体人员就业。在全省率先成立第一家农村劳务合作社，主要吸收本区域内年龄较大、文化程度较低、技能较差、无法外出务工的就业困难农民、被征地农民等农村闲置劳动力，对外提供劳务，承接绿化、道路养护、环卫清洁、社区物业管理等工作。目前，全县共成立了312家农村劳务合作社，开发环卫绿化协管员、文化协管员、劳动保障协管员等2679个岗位，安置贫困劳动力1256人，年初全县188户零就业家庭全部实现“动态清零”。通过开发公益性岗位安置就业困难人员299人。

五是积极加强创业引导。建立县乡村三级“一站式、保姆式”创业服务体系。在县级，成立了县就业促进局和创业服务中心；在乡级，通过“政府购岗”和“三支一扶”计划，安置116名优秀大学生到乡村两级就业创业服务平台；在村级，按照“一村一人”的标准，在全县454个行政村全部配备了村级就业创业协管员。充分利用“互联网+”发展电子商务。规划实施2.3万平方米的创意园电商大厦及10000平方米的电商物流园项目，以苏宁、农村淘宝、供销e家、乐村淘等电商平台为载体，完成乡镇电商网点建设276家。本土电商注册备案企业达65家以上，形成网销农产品品牌近100多个，带动农村居民就业、创业3500人以上。成功引进了阿里巴巴、恒大微购、云书网等多家电商平台企业，电商销售规模以上企业达到30家以上，其中五农好食品线上销售额1000万元，天中乐器线上销售额达到1600万元。全县454个行政村已经布设“农村淘宝”4.0服务站点47个。到2018年底，全县共计实施电商培训4000多人次，直接带动2000名电子商务各级各类人才实现就业，全县建档立卡贫困户全部实现了应训尽训，实现电商扶贫管理人员和从业人员培训全覆盖。评选表彰创业典型。2018年5月举办了兰考县第二届“桐花杯”创业创新大赛。大赛参赛项目共96个，项目涉及环保科技、人工智能、大数据处理、医疗科技、互联网信息科技等众多领域。经过初赛、复赛和决赛等环节评审，便携式小古筝等14个优秀项目分别被评选为一、二、三等奖。县政府对获奖项目予以表彰和奖励。启动兰考县返乡下乡创业“小镇”和省级基地建设。投资5.1亿元建设创业小镇，投资300万元建设省级创业培训示范基地。2018年以来，新增创业人员7462人，开办互联网+创业培训20期603人，发放农民工等人员创业担保贷款8438万元。全县返乡下乡创业人员3.1万人，创办实体2.3万个，带动就业9.4万人。

四 着力打赢脱贫攻坚战和提高共同富裕水平

兰考县虽已如期脱贫摘帽，但还存在脱贫基础不稳、产业支撑不足等不少问题。兰考县把率先脱贫作为新的起点，坚持以稳定脱贫奔小康统揽经济社会发展全局，把人民对美好生活的向往作为奋斗目标，持续巩固脱贫成果，确保群众收入持续提升。

一是持续抓好政策落实。延续完善脱贫政策是控制返贫稳定脱贫的关键，兰考在原有12项扶贫政策的基础上，新出台教育保障、医疗保障、住房保障“三保障”措施和产业发展、就业创业、金融支持、设施农业保险、标准化厂房补助“五项政策”，为稳定脱贫奔小康提供政策保障。2018年以来发放到户增收资金431.35万元，完成危房改造524户，安装分布式光伏电站6044户，发放教育补贴6120万元，发放医疗救助1537.55万元，发放低保、临时救助4679.71万元。构建了以社会福利中心、老年养护中心、社会救助管理站、未成年人保护中心、惠德颐养院、敬老院、残疾人托养中心和老年公寓为一体的社会保障体系，投资近2亿元，用于已建敬老院的综合改造提升和8所敬老院的新建。

二是健全金融扶贫机制。资金短缺是制约扶贫产业良性发展的瓶颈和障碍。兰考县坚持问题导向，持续实施“三位一体”“四位一体”“产业发展信用贷”等金融扶贫贷款模式，累计发放贷款7.2亿元。设立7575万元信贷风险补偿金和2400万元还贷周转金，支持小微企业、合作社及贫困户发展。积极推进普惠金融工作，打造“基层党建+就业扶贫+普惠金融”三位一体服务平台，已建成标准化村级普惠金融服务站365个；建成惠农支付点620个，数字普惠金融服务站8个，实现了“ATM机到乡、POS机到村”的全覆盖；依托河南省农村中小企业信用信息系统，采集农户172项指标、企业446项指标；录入企业信息5708户，农户信息16.03万户，累计签订普惠授信贷款合同8941户3.8亿元，累计发放贷款5545户2.1亿元。同时，充分利用证监会IPO扶贫政策，扶持瑞华电力、博源电气等企业做优做强，培育各类市场主体5.1万户、农业产业化经营组织2160家、省级农业产业化集群3个、省级农业产业化龙头企业5家，支持发展“公司+农户”“基地+农户”、农业产业链等融资模式，龙头企业带动群众脱贫致富的能力进一步增强。

三是大力开展教育扶贫、健康扶贫等行业扶贫。兰考县注重发挥各行业优势，不断加大统筹力度，集中力量解决行业扶贫中的短板和突出问题，确保项目优先安排、资金优先保障、工作优先对接、措施优先落实。完善先诊疗后付费政策，2018年以来，利用整合涉农资金1400万元，用于贫困人员政府医疗救助项目。享受政府医疗救助5.9万人次，支出资金1537.55万元，其中，政府医疗救助系统住院及重特大疾病门诊救助4.1万人次，支出资金1206.15万元；慢性病患者门诊救助9586人次，支出救助资金179.8万元；资助贫困人员参保8422人，支出资金151.596万元。全民健康保险共补偿10.9398万人次，支出资金2068.95万元。对低保对象实行动态管理，实现了低保、贫困两线合一。修建村内道路31公里，完成全县145户贫困户安全饮水再提升，农村基础设施和公共服务水平得到全面提升。

四是着力推进社会扶贫。打赢脱贫攻坚战，必须动员和凝聚全社会力量广泛参与。兰考探索实施以“爱心美德公益超市”为平台，以人居环境扶贫、“巧媳妇”工程、助学扶贫为支撑的“1+3”社会扶贫新模式。建立“爱心美德公益超市”31家，实现社会捐赠与贫困需求的有效对接；开展人居环境扶贫，动员154家爱心企业帮助1915个贫困家庭改善生活基本面；实施“巧媳妇”工程，截至目前，全县共有“巧媳妇”就业点104个、“巧媳妇”就业基地48个，促进1.34万人实现就业，其中建档立卡贫困户200人，年增收1.26亿元；开展助学扶贫，建立1465个贫困生资源库，动员爱心人士资助学生1196名；“群众干、干部扶、社会帮”的合力攻坚格局业已形成。

五　着力提高医疗卫生保障和群众健康水平

习近平总书记指出“没有全民健康，就没有全面小康”。兰考县把以治病为中心转变为以人民健康为中心，牢固树立“大健康”理念，全面深入推进健康兰考建设，人民健康素养水平明显提升，获得了河南省免疫规划示范县、全省妇幼健康优质服务示范县等荣誉，成功创建了国家卫生县城。

一是实施医疗服务和医疗设施双提升。引入“6S”管理模式（整理、整顿、清扫、清洁、素养、安全），推动乡镇卫生院完善服务功能，提高服务能力，提升群众在基层医疗卫生机构的就诊率和满意度。投资12亿元，实施县中医院、妇幼保健院、中心医院迁建及16所乡镇卫生院服务能力综合提升工程，让群众看得好病。将全县所有乡镇卫生院纳入医联体范围，积极开展县域医共体建设试点，与河南省人民医院、河南省中医药大学等10家上级医疗单位、院校建立帮扶协作关系。通过全方位传帮带教，实现远程会诊、远程诊断、远程教育，提升全县医疗卫生服务能力和水平。

二是推进医疗服务改革。县内27家定点医疗机构全面实施“一站式”结算服务，“让信息多跑路、让群众少跑腿”，“一站式”结算平均每月达9000

余人次。推行诚信就医服务模式改革，对符合条件的住院病人实行“诚信就医　先诊疗后付费”服务模式，使群众享受更加便捷的医疗服务，2018 年以来，已累计为 91189 人次提供结算服务。开展县域综合医改，全面取消药品加成，加大财政补偿力度。持续推进分级诊疗，基层医疗机构共上转病人 2422 人，下转基层 1208 人，形成了基层首诊、双向转诊、急慢分治、上下联动、衔接互补的医疗卫生服务体系。

三是提高城乡居民医疗保障和健康水平。进一步加大政府医疗救助力度，对贫困患者住院自费部分给予 60% 补偿，对慢性病患者门诊费用补偿 90%。在全县推行全民健康保险，建立由惠及建档立卡贫困户向全县群众全覆盖的医疗保障体系，政府出资 3000 万元为所有参加医保的城乡居民购买健康保险，解决因病致贫、返贫问题。2018 年以来，已受理 20846 人次，共补偿金额 2499 万元。全面开展家庭医生签约服务，每签约一名居民县政府补助 5 元，医保支付 50 元体检费、20 元一般诊疗费用于支付家庭医生签约服务团队的人员补助及工作经费。目前，贫困人口签约率 100%，重点人员群签约率 60%，网上在线签约 31.4%。打造“十分钟健身圈”，召开全民运动会，深入开展爱国卫生运动，倡导健康文明生活方式，有效提升了全民健康水平。

B.22
漯河市卷烟打假工作研究报告

河南省社会科学院课题组*

摘　要： 漯河市是全国卷烟制假重灾区之一，屡打不灭的卷烟制假违法活动给漯河市的社会经济发展带来了沉重的负面影响。近年来，漯河市积极整顿烟草市场秩序，强力开展了打击卷烟制假售假系列行动，卷烟打假工作取得了重大战果，形成了卷烟打假的“漯河模式”。

关键词： 漯河市　卷烟打假　漯河模式

打击制售假烟违法活动是规范市场经济秩序、维护国家利益和消费者合法权益的要求，也是当前规范烟草行业市场秩序的一项重要任务。漯河市作为誉满全国的“食品名城”，长期以来却因为“卷烟制假售假”而深受困扰。屡打不灭的违法制售假烟活动不仅严重损害了整个漯河市的良好形象和营商环境，也给漯河的经济发展和社会稳定带来了巨大的消极影响。近年来，漯河市委市政府把整顿烟草市场秩序作为一项重点工作，祭出打假“组合拳”，在卷烟打假工作中取得了辉煌战绩，实现了从假烟“重灾区”向打假“示范区”的根本性转变，形成了卷烟打假的“漯河模式”，公安部、国家烟草专卖局称其“取得重大战果，具有重要的示范意义”。

一　漯河市卷烟打假工作的实践措施

近年来，漯河市委、市政府以维护漯河“中国食品名城”形象为契机，

* 课题组组长：牛苏林，河南省社会科学院社会发展研究所所长，研究员；课题组成员：张侃、潘艳艳、闫慈。

以促进地方经济社会发展为抓手，重拳出击、多措并举，强力开展了一系列打击卷烟制假售假活动，取得了丰硕的战果。

（一）政府主导，合力攻坚

（1）建立健全领导责任机制，强化政府主导。漯河市委市政府把卷烟打假纳入政府绩效考核和社会治安综合治理考评范围，采取通报、约谈、挂牌整治措施，明确卷烟打假责任，营造了群策群力抓打假的强大阵势。全市成立了卷烟打假工作领导小组，各区县建立乡镇（街道）领导分片包干，把卷烟打假工作延伸到全市每一个角落，不留空白。组建卷烟打假驻村工作队，进驻卷烟制假重点村，强化关口前移，开展近距离打假。市委市政府督查室把卷烟打假工作纳入政府综治考核体系，实行一票否决。“主要领导带头抓、分管领导亲自抓、专卖人员时刻抓”的领导机制的建立，理顺了内部沟通渠道，增强了全员的责任意识，为漯河卷烟打假工作的顺利开展奠定了坚实的基础。

（2）建立健全多部门工作联动机制，强化整体联动。漯河依据“政府主导、综治委牵头、部门联动、社会参与”的立体化防控工作思路，大力推进卷烟打假工作的“三大联动”，即坚持职能部门间的联动，在打假整治上下功夫；坚持司法联动，在精准打击上求实效；坚持区域间联动，在高效防控上求共赢。具体从内外两个方面推进实施打假联动，对内建立责任共担、联手破案的侦查模式。由市公安局牵头，各县区分局抽调精干力量成立专案组，将大案要案侦办作为专项行动的主攻方向，针对涉烟犯罪开展全方位、全链条精确打击；对外建立烟草市场综合治理大协作模式。以公安、烟草为打假主力军，协同工商、邮政、商务、质检、海关联合执法，定期通报线索、移交案件、联合调查、联合办案，形成了“地方政府总负责、职能部门相互配合、各方联合行动”的联合打假工作格局。

（二）打假扫黑，同步推进

漯河的卷烟造假由来已久，当地的制假分子与当地黑恶势力相互勾结，已经成为假烟泛滥成灾的罪魁祸首。漯河市审时度势，抢占先机，将卷烟打假与全国扫黑除恶专项斗争紧密结合，把打击锋芒对准涉烟涉黑恶违法犯罪，坚决清除烟草制售假违法犯罪的土壤，确保卷烟打假真正取得实效。

（1）重拳出击，打击重点。漯河在打假扫黑工作推进中，把严惩制假、涉黑、涉恶犯罪分子作为行动的重中之重。2018 年以来，通过近半年的“怒风行动”，将涉烟涉黑恶的四大犯罪集团一网打尽，查明涉案人员 276 人。这四大犯罪集团违法犯罪活动遍及云南、辽宁、河北、湖北、山东等全国 20 多个省市，涉案金额达数十亿元。

（2）深挖幕后保护伞，一查到底。漯河在打假扫黑的同时，始终把深挖幕后保护伞、破除地方保护主义作为重中之重，无论涉及什么人，一概一查到底，绝不姑息。2018 年 6 月 19 日，漯河市公安局城关分局正科级干部闫永欣已被市纪委监察委采取留置措施，接受纪律审查和监察调查，其他公职人员为造假分子通风报信、为制售假烟提供保护的线索，也已移交纪检监察部门进行深入调查。

（三）创新方法，重点打击

随着科技的发展，制售假烟犯罪分子也在不断更新技术，不仅假烟的仿真程度越来越高，而且在利用各种科技手段反侦察、反追踪等方面的能力也越来越强，给打假工作带来了极大的困难。为不断适应卷烟打假工作的新形势、新特点，漯河卷烟打假队伍积极转变观念，不断改进“见物见人、见人见网、以烟找人、以人找网”的查假思路，坚持“有假烟必有网络，有网络必有大要案”的打假理念，重视情报搜集、证据搜集，充分利用最新的科学技术来强化技侦，创新了“靠技能发现线索，靠线索追溯案件，靠科技破获案件”的工作方法，通过转变观念、创新战法、深挖细查、科技办案，大大提升了制售假烟案件的办案效率。

（1）充分利用大数据情报引领侦查。运用互联网技术、大情报等信息资源，借助公安网络平台深入开展“网上作战”，加强网上案件串并、网上摸排和重点人员动态管控。

（2）借助先进侦测技术协助抓捕。在“2.08”案件收网现场和对幕后主谋抓捕过程中，通过无人机进行航拍，制作了重点制假村三维地图，为分析现场环境、安排部署警力、领导科学决策提供了参考依据。在实施抓捕行动中，由无人机全程实时图像传输，确保了行动的万无一失。

（3）利用刑事技术发现固定证据。发现并固定证据是保证案件最终成功告破的关键。在“2.05”专案侦办过程中，警方及时通过技术部门取证鉴定，在手机卡上提取比对出重大嫌疑人的DNA数据，最终将其零口供批捕。目前，漯河市办理的每起假烟案件，全部提取现场指纹、DNA，为案件诉讼提供了充分的证据支撑。

（4）深挖细查各类线索，全面提升打击效果。在“怒风行动”中的涉烟涉黑恶案件中，前期仅仅只有几个涉嫌制售假烟的人员的线索，公安机关围绕有限的线索，认真开展情报研判，运用各项技术深度侦查，发现了运输、销售假烟的犯罪团伙，并进一步围绕假烟的源头循线追踪，挖出了制假窝点和烟机设备，通过深挖彻查抓获主谋。

（四）织密网络，严防死守

利用“网上订购－电子结算－物流寄递配送”，已经成为当前不法分子非法贩售、运输假烟的新途径。为此，漯河一方面在辖区内全面布控，采取跟班作业、驻点监管等形式，定期排查、集中整顿快递站点，拦截违法卷烟向外输送；另一方面积极与省内相关机构进行信息共享，接入河南省的“物流寄递环节涉烟情报智能分析系统”，通过“河南微信情报群”获取辖区内可疑包裹信息，获取的涉烟情报准确率达85%以上。

（1）完善机制促协作，开展行动严打击。2017年，漯河出台了相关方案，建立协作机制，并参与了河南省烟草专卖局组织开展的“利剑－清网截流”专项行动，严厉打击利用物流货运、邮政寄递等渠道运输、储存、贩卖假烟行为。同时，加强日常市场监管，在净市场、腾空间上下功夫。

（2）卷烟打假“一盘棋”，全省范围织密网。漯河积极响应河南卷烟打假“一盘棋”的思想，将漯河卷烟打假工作融入全省打假的工作中去，协助建立起了全省范围内的打假密网。河南建立起了以漯河、许昌、平顶山等为主的“重点地区防线”，以郑州、开封、洛阳、周口、驻马店、南阳等为主的“毗邻地区防线”，以安阳、新乡、三门峡、商丘、信阳等为主的“省际边界防线”，构建源头打假、毗邻防假、边界拦假的围堵格局，形成卷烟打假的“天罗地网”。漯河市积极在辖区内构建起全方位无死角的打假网络，在重点路口、关键路段设卡检查、设防拦截，严查过往嫌疑车辆，斩断制假售假运输通道。

（3）以点带面精准打击，天罗地网严防死守。在打假行动中，漯河各级公安部门全力支持配合，抽调骨干人员，深入到卷烟打假的最基层。将卷烟打假常态化、制度化、频繁化、精准化，一月一大查，一周一小查，并引入无人机高空巡查，稽查队员乔装成收废品、串亲戚的群众入村串户，收集线索，为精准打击做好准备；充分发挥治安检查站、治安卡点、交通查缉点等治安查缉网点的作用，以点带面，大力封堵拦截非法卷烟流通渠道。

（五）打防结合，综合治理

漯河市卷烟打假斗争之所以能取得突出战绩，重点是“打”，关键在“防”。漯河市坚持“打假永远在路上”，将打假工作重心前移，开展卷烟打假网格化管理，并通过加强基层社会治理巩固打假成效。

（1）保持高压态势，根除制假土壤。漯河市委市政府在取得阶段性重大胜利之后，毫不放松，依然时刻保持高压态势，做到三个“紧盯”，严防制假活动反弹：一是紧盯重点地区、重点村镇，落实属地责任，重点布控制假售假分子的落脚点，让他们无处可去、无路可逃。二是紧盯重点人员，防止死灰复燃。省公安厅专门建立了烟草制售假分子信息库，重点监控2319名曾经涉案的在册人员，对当地比较活跃的制售假分子制有“黑名单”，予以重点监控。三是紧盯重点时段。每逢重大节假日，特别是春节前后、农闲时期，都是制售假活动的高发时期。在这些重点时段漯河都会组织相关部门开展一系列专项行动进行强化打击，将制售假消灭在最初阶段。

（2）加强基层党组织建设，发挥出基层组织战斗堡垒作用。全面加强基层组织建设，是漯河实施打防结合、强化综合治理的重要内容。漯河在卷烟制假重点村，持续加强党的领导，对制售假严重的重点村领导班子进行了全面更换，形成了比较坚强有力的基层领导班子。通过抓基层党建，充分发挥基层组织和党员的模范作用，极大增强了基层组织做群众工作的能力，为“重点村”和“问题村”的长治久安奠定了坚实的组织基础。

（3）大力实施产业扶持，促进村民合法经营、勤劳致富。漯河市一手大力打假，一手大力扶持，对卷烟制假重点村的经济产业帮扶，致力于多渠道增加当地老百姓的收入。结合乡村振兴战略，结合脱贫攻坚工作，把资金、政策、项目下到基层，帮助基层招商引资，兴办企业，拓宽就业渠道，积极引导村民通过合法途径致富。同时，结合新一轮的全国文明城市创建，抓文明村的创建，树文明新风，在当地营造出了合法经营、诚实劳动、勤劳致富的积极向上的社会氛围。

二　漯河市卷烟打假工作的主要成效

2017 年下半年以来，漯河市连续开展大规模卷烟打假专项行动，挖窝点、打源头、破网络、净市场，卷烟售假活动得到了全面遏制，为全省卷烟打假工作做出了重大贡献。具体来讲，主要体现在以下几方面。

（一）实现对制售假烟全链条打击

漯河始终坚持“三个不放过”，即卷烟制假源头未追到不放过、网络链条未查清不放过、案件主犯未严惩不放过，紧盯生产、存储、运输、销售等各个环节，先后破获了漯河“1. 23”“2. 08”“3. 29”“4. 28”“5. 28”等一大批大案要案，均做到了追根溯源、破网断链。

（二）实现对制售假烟积案全部清零

漯河公安机关和烟草局紧密配合，对近年来的涉烟犯罪积案进行了全面清理。以十个假烟重点村为清理重点，专案专办，限期侦办，所有积案在半年内全部清理完毕，确保还清旧账，不欠新账，从根本上解决了漯河卷烟打假工作的历史遗留问题。

（三）实现对制售假烟信息全程监控

漯河公安机关建立了涉烟违法犯罪人员信息库，对重点人员实行全面管控。依托一村一警工作机制，全面排查制贩假烟违法犯罪活动，及时获取制贩假烟线索，充分发动群众举报犯罪线索，全面落实举报奖励制度。近年来漯河卷烟打假近千宗案件中，来源于群众举报的占 80% 以上。这充分表明，构建“全民参与”情报网络已是卷烟打假打工作的重要环节。

（四）实现扫黑除恶零容忍

依照省公安厅和烟草专卖局联合下发的《关于在扫黑除恶专项斗争中深

入开展卷烟打假工作的通知》，漯河公安部门和烟草局联合行动，将卷烟打假工作纳入扫黑除恶专项行动，通过借势借力，标本兼治，漯河涉烟刑事案件的立案数、抓获人员数和刑拘数都得到了快速上升，上升幅度创历年最高，对卷烟制售假的打击力度达到历史最大。

（五）实现对卷烟打假整治不留死角

漯河坚持重点治、外围堵、面上查，充分发挥公路公安检查站的作用。以漯河十个集中整治重点村为核心，在主要道路出入口设立治安卡点、层层设卡拦截，斩断贩运通道，取得了突出成效。2017 年以来，共查获假冒卷烟 6907.64 万支，烟丝烟叶 259.6 吨，总实物金额 8000 余万元。拘留 239 人（其中福建籍 44 人，漯河籍 135 人，其他地区 60 人），逮捕 53 人，判刑 32 人。

（六）彻底消除制假售假一夜暴富的负面效应

漯河市一手严厉打击造假，一手积极开展帮助扶持，让当地民众逐步脱离了卷烟造假的老路，通过健全村两委和产业扶持、劳动力培训，让当地的经济社会发展逐步走上了正轨，老百姓也走上了合法勤劳致富的道路。

（七）有效促进少数民族区域的和谐发展

通过严厉打假和大力宣传，让曾经因为制假售假严重而与政府关系恶化的少数民族区域，民族关系得到了持续改善，少数民族群众法律意识得到增强，干群关系不断好转，少数民族村落也逐步走上了良性发展道路。

（八）初步建立风清气正的社会环境

长期的卷烟制假售假严重扰乱了漯河当地的经济社会秩序，污秽了社会风气，侵蚀了公仆队伍。通过重拳出击和社会综合治理，卷烟打假工作的局面焕然一新，打假工作人员不再像以前那样在打假执法过程中经常挨打、提心吊胆，现在可以腰杆直、底气硬地进行打假严查了，士气得到了极大鼓舞。幕后保护势力的削弱遏制了社会不良风气，使风清气正的社会环境和政治生态得以回归。

三　当前卷烟打假工作面临的主要问题

尽管漯河市卷烟打假斗争取得了阶段性胜利，但是不容忽视的是，在暴利的驱动下，制售假烟犯罪复发和反弹的隐患仍然存在。当前卷烟打假面临的形势依旧严峻，打假斗争中还存在许多困难需要攻克，未来一段时间卷烟打假工作仍然任重道远。

（一）违法手段不断翻新，“洼地打假”难度加大

随着福建、广东等地的卷烟制假活动规模逐渐缩小，不法分子开始寻找新的“阵地”，卷烟制假逐步由南向北，由沿海向内陆转移，跨区域特征更加明显。从近年来漯河查处的案件来看，以福建云霄籍不法分子为首的组织向内陆转移扩散制售假烟技术和管理的趋势不断增加。舞阳县因地处“许昌、漯河、平顶山”三市交界，又是烟叶主产区，手工制烟历史悠久，被不法分子视为制售假烟的“理想之地”。外地制假势力和舞阳制假分子相互勾结、合作造假，前者提供先进机器、技术、管理、销售订单、原辅材料、网络销售，后者提供场地、人工和地方保护。南北结合，跨区造假，使舞阳卷烟制假技术大幅提高，规模不断扩大。当前，随着打击卷烟制假贩假的力度加强，犯罪分子又携带制假技术向打假薄弱地区转移扩散，在新的“洼地”开始“重操旧业”。在“洼地效应”下，涉烟违法手段不断翻新，“游击战”“地道战”“网络战”“物流战”层出不穷，导致制售假烟犯罪不断复发和反弹，给案件深挖和跨区跨境追逃工作都带来了较大的困难。

（二）“幕后保护”长期作祟，打假成效事倍功半

长期以来，漯河制售假烟网络关系错综复杂，犯罪团伙在本地积累了深厚的资金、人脉等社会资源，为卷烟制假活动提供了强大的“幕后保护伞”。为了方便给制售假烟行为开启“绿色通道”，制假分子用金钱拉拢、贿赂党政机关、执法部门的部分领导干部，使其直接或间接为卷烟制售假烟提供保护。据基层执法人员反映，在打击制售假烟违法犯罪活动过程中，制假分子对何时组织打击、何时开展行动了如指掌，跑风漏气、通风报信

现象时有发生；多次行动执法人员到达现场后，制假烟机、假冒卷烟及原辅材料已经转移或藏匿，即使抓到了部分制假人员，事后为犯罪分子说情、疏通的大有人在，更有所谓专业“律师团队”为其减刑轻判辩护开脱。诸如此类乱象怪象已成常态，不仅为卷烟制假的生存和发展提供了“空间”和“土壤”，也对正常卷烟打假工作造成了不良干扰，更对政府公信力和权威造成了严重损害。

（三）黑假势力同流合污，打假形势日益恶化

经过多年的摸爬滚打，烟草违法犯罪逐渐呈现向黑势力发展态势，形成“以假养恶、以恶促假”的恶性循环。与黑恶势力同流合污，使卷烟制假分子气焰更加嚣张，他们善于运用现代化科技手段，具备较强的反侦查能力，作案手法更加奸诈狡猾。执法人员及家属时常受到电话、短信等多种形式的骚扰、恐吓，涉黑涉恶的制假分子还会纠集一些社会闲杂人员对执法人员进行围攻、谩骂、威胁甚至暴力袭击。黑恶势力的助纣为虐不仅阻碍了正常执法行为，还严重威胁了执法人员及家人的生命安全，使得卷烟打假环境进一步恶化，打假形势日趋严峻。

（四）团伙作案已成趋势，综合治理难度加大

从漯河市近年来的卷烟打假现状看，制售假烟犯罪正逐步向集团化、专业化方向发展，犯罪分子辐射能力、抗打击能力不断增强。一是制售假烟组织网络越加成熟严密。假烟产、运、销一体化、专业化体系已经成熟，且组织分工精细、各司其职，全程制假单线联系，上线控制下线，加大了打假执法难度。二是制售假烟犯罪手段不断升级。为了避免一网打尽，有的制假分子开始使用小型或微型的制假卷接包装机器以及手工包装；有的为了避免在涉案案值上达到追刑标准，制假窝点一边生产一边转移假冒卷烟，在运输环节上也采用“蚂蚁搬家”“化整为零”式的分散运输；有的为了反侦察，通过设置警报装置、改进通信联络方式等手段尽可能逃避执法追查；有的制假集团还聘有律师团队、侦察专家进行专门培训或出高价让线人“反水”、找人“顶包”，可谓无所不用其极。这些新变化新特点给案件查处和卷烟市场监管带来了很大障碍。

四　加强假烟综合治理工作的思路和对策

烟草打假要走出“打而不死，屡禁不绝”的怪圈，没有捷径可循，只能日日为继、久久为功。我们必须牢固树立“守土有责”的思想，清晰认识当前卷烟打假工作面临的严峻形势，时刻保持高度警惕，坚决标本兼治地打赢漯河卷烟打假攻坚战。

（一）坚持依法治黑治假，增强法律制裁的威慑力

调查发现，一些违法犯罪分子屡屡逃脱法律制裁，其原因除各种利益关系为其一路开放“绿灯”外，也暴露出了我国现行《刑法》《治安管理处罚法》对制假售假违法犯罪活动在量刑、追刑方面的明显缺陷。例如，《刑法》第一百四十条规定，生产、销售伪劣商品货值金额不足 5 万元的，不予追究刑事责任；第二百二十五条规定，非法经营数额在 5 万元以上，或者违法所得数额在 2 万元以上才达到非法经营罪的追诉标准等等。面对猖獗的制售假烟违法犯罪活动，相应法规不能适应形势发展需要，量刑偏轻、追刑不严，不能达到法律制裁的威慑作用；有的法律条文不够详尽，司法实践不易操作，对一些新兴的犯罪手段与形式，法律还没有及时跟上，给依法治假打假带来许多实际困难。为此，我们建议：一是要把卷烟打假与当前扫黑除恶专项斗争紧密结合起来，始终对制售假烟违法犯罪活动保持高压态势，加大打击力度、提高违法犯罪成本，彻底扭转对制假售假者“打不通，打不死”的局面。二是在法律条文上对现有制售假烟违法犯罪罪名进行补充修改，尤其是对具有黑社会性质的制售假烟违法犯罪的刑罚规定，要提高量刑幅度，加大追刑力度，使刑法规定具有适度的超前性。三是进一步完善涉烟刑事案件移送、受理、办理相关机制，加强涉烟行政执法与刑事司法的有效衔接，实现“速捕速判、实刑处理”。四是从实际出发，完善制售假烟违法犯罪证据制度，为一线打假实践提供法律支持。

（二）坚持扫黑打假挖“伞”多管齐下

多年来，制售假烟与腐败相伴生已成常规，各种“保护伞”既是寄生在

烟草行业规范运行的一个“毒瘤”，也是多年来假烟“打而不死，屡禁不绝”的幕后根源，更是当前打假斗争面临的重点和难点。在近几年的打假行动中发现，不仅有某些执法人员为假烟犯罪组织的发展、壮大提供非法保护，制假分子还与当地的黑恶势力合作造假，黑假势力沆瀣一气，共同危害社会。为此，我们必须深刻认识到打击假黑恶势力“保护伞”，坚决防止黑恶势力向政权内部渗透，是打黑除恶专项斗争的重要内容，是斗争能否取得长效的关键。要把扫黑打假挖“伞”结合起来，坚持加强执法队伍的自身建设与加大对黑假犯罪的打击力度同步推进。公检法机关应当把查处“保护伞”与办理涉黑案件有机结合起来，与反腐败工作紧密结合起来，与纪检、监察机关做好衔接配合，加大打击力度。只有既抓涉黑涉假犯罪组织，又挖幕后“保护伞”，斩断利益输送“链条”上的地方保护行为，铲除腐败滋生的“土壤”，才能营造廉洁清正的政治生态，在真正意义上维护烟草市场正常秩序。

（三）加快推进全省假烟信息情报网络体系建设

随着涉烟违法犯罪日趋智能化和网络化的新变化，“互联网+”涉烟违法犯罪活动已成常态。不法分子使用假证件、网名、代号在网络世界联系，渠道多且时间地点不确定，交易分散，单笔金额小，环节多，地域广，小批量、多批次运输，支付方式多样，具备极强的抗打击能力等等。针对这种新变化，烟草市场改进传统稽查打假方式，加快推进全省假烟信息情报网络体系建设就显得尤为迫切。为此，我们建议：一是建立河南省打击涉烟违法犯罪研判中心。建立覆盖全省、功能齐全、动态跟踪、资源共享的烟草市场综合治理信息系统，开创新形势下烟草智能化打假新局面。如建设省级中心暂不具备条件，可在漯河、许昌、平顶山等重点地区先搞试点。二是建立省、市、县、乡（镇）、村（社区）五级综合信息网格化管理平台。实现“上下联动、区域协调、信息共享、多警合一”的一体化网络管理模式，强化信息指挥中心统一指挥、调度各方的职能，集中信息资源，制定应急方案，迅速处置各类突发事件。三是建立情报信息共享机制。烟草部门与公安、工商等相关职能部门实现情报交流、信息共享，加强互动，整合各类行政资源。充分利用各行政管理机关在长期的情报工作实践中积累的经验和数据，转化为烟草情报资源，提高联合执法效能。

B.23

河南省基层心理服务体系建设的调查与建议*

中共河南省委党校课题组**

摘　要： 社会心理服务作为新时代社会治理体制的一大创新，通过对群众自尊自信、理性平和、积极向上社会心态的主动培育，可以及时化解矛盾纠纷，防范社会冲突，降低激情及偏激情绪犯罪风险。本课题采取结构化访谈和问卷调查等方法对基层心理服务体系建设进行调研，结果显示，完善社会心理服务体系不仅需要政府高度重视并予以政策性支持，还需要社会多元主体参与，创新服务机制，实现公共服务供给方的多样化，从而更充分、公平地为人民群众提供服务。

关键词： 社会心理服务体系　社会心态　社会组织

社会心理服务是以习近平同志为核心的党中央提出的社会治理新理念、新举措。党的十八届五中全会通过的“十三五”规划建议，在部署加强和创新社会治理的任务时提出，“健全社会心理服务体系和疏导机制、危机干预机制”。党的十九大又紧系人民对美好生活的新期待，紧扣平安中国建设、健康中国大战略，再次强调“加强社会心理服务体系建设，培育自尊自信、理性

* 本文是河南省哲学社会科学规划项目《中华传统美德创造性转化的机理机制研究》(2016BKS021)，2018年度全国党校(行政学院)系统重点调研课题《河南构建共建共治共享的社会治理格局研究》，河南省社会科学规划决策咨询项目《家风家训家规融入社会主义核心价值观研究》(2018JC44)的阶段性成果。

** 课题组成员：李文姣、于咏华、祁海军、郑会霞、郭晓莉。

平和、积极向上的社会心态”。自党的十八届五中全会创造性地提出“健全社会心理服务体系”以来，河南省就开始了实践探索。这些实践探索既有成功的经验，也出现了一些问题。为了建立健全河南省基础心理服务体系提供咨询服务，摸清河南省社会心理服务体系建设的情况，课题组以基层心理服务体系建设为调研重点，制定了调研计划，选择了研究样本，以座谈、走访、问卷等方法展开了较为广泛的调查研究。在调查研究中，我们发现了具有借鉴价值的经验和需要重点解决的问题，追溯了存在问题的原因，提出了相应的对策性建议。

一　河南省基层心理服务体系建设情况调查

加强心理健康服务建设与广大人民群众的幸福安康紧密相关，是实现国家长治久安的一项源头性和普惠性工程。本课题分别从供给侧和需求侧两方面进行调查，一方面从领导干部层面了解其对心理健康知识的了解情况，对心理服务体系的重视程度，以及在工作中应用心理学知识的情况。另一方面，我们也从普通民众的角度，了解其对心理健康知识、对心理服务体系提供服务的需求与满足情况。课题组选择郑州市郑东新区、航空港区、金水区的部分办事处以及驻马店西平县、周口淮阳县、濮阳市部分单位为研究样本，以座谈、访问、问卷等方式进行了抽样调查。并设计了两套问卷（基层干部问卷、居民问卷）进行了随机调查。发放问卷共700份，干部问卷和居民问卷各350份。其中干部问卷回收328份（有效卷），回收率93.7%。居民问卷回收311份（有效卷），回收率88.9%。调查对象能够反映不同人群对基层心理服务的了解及需求情况，具有较强的代表性和信效度。

（一）领导干部问卷情况分析

1. 调查对象基本情况分析

（1）性别分布情况。在此次调查的领导干部样本中，男性占77.1%，女性占22.9%。反映了当前基层领导干部的性别比例，具有一定的代表性。（2）年龄分布情况。调查样本以35～50岁为主，占总数的64.6%。35岁以下占21.6%，50岁以上占13.7%。（3）职业分布情况。以乡镇（街道办事处）干部为主，占62.3%。县（区）干部占22.7%，村（社区）干部占15%。样本涵盖了基层各级领导干部，其对心理服务的认知和态度能够代表当前基层领导干部的普遍认识。

2. 对基层心理服务的认知和接受情况分析

目前，基层领导干部对心理服务了解得较多，在我们的调查中，41.8%的领导干部知道心理服务，还有35.4%的领导干部虽然不是很了解但是听说过心理服务，不知道的只有22.9%。有96.6%的领导干部认为，在当前的基层社会治理中，有必要开展社会心理服务，认为其对于化解基层社会矛盾、维护社会稳定有很好的促进作用。

3. 开展心理服务情况分析

根据我们的调查，在328名被调查的领导干部中，只有78位（占23.8%）被调查者知道所在的社区有心理服务或者心理服务设施，206位（占62.8%）被调查者表示社区里没有开展心理服务，还有44位（占13.4%）被调查者不清楚社区内是否有相关的设施和服务。通过对所在社区有心理服务或心理服务设施的领导干部进一步调查，我们发现，认为心理服务发挥很好作用的被调查者只占21.9%，44.6%的被调查者认为完全没有发挥作用，还有33.5%的被调查者认为有作用但作用不大。

4. 基层各项工作对心理服务的需求分析

我们对当前扶贫攻坚工作、基层矛盾化解工作、群众思想政治教育工作中，是否需要心理服务做了分析，通过表1我们可以看到，在上述几项工作中，基层领导干部对心理服务的需求比较迫切，急需心理服务工作帮助他们破解工作中碰到的难题。

表1　基层各项工作对心理服务的需求状况

单位：%

需求情况＼问题	扶贫攻坚是否需要心理服务	矛盾化解是否需要心理服务	群众思想政治教育是否需要心理服务
迫切需要	50	57.1	48.8
需　要	47	41.6	49.4
可有可无	3	1.3	1.8

5. 领导干部在基层心理服务工作中承担的角色分析

当前，基层心理服务体系建设还不健全，心理服务设施和人员还不到位。

为推广基层心理服务工作，了解广大领导干部应该在其中担当何种角色，是我们此次调查的一个目的。根据调查结果分析，45.1%的被调查对象认为领导干部应该担当主角，推动、引导、鼓励心理服务工作的开展。还有47.9%的被调查者认为领导干部应该担当配角，由专业心理工作者开展心理服务工作，领导干部做好政策支持以及相关保障工作。还有7%的被调查者认为，在基层心理服务工作中，领导干部既是主角也是配角，既是工作主体也是被服务对象，应该在专业心理服务工作者和群众之间发挥着桥梁纽带的作用。

6. 开展基层心理服务工作的难点和重点分析

针对“您认为建立基层心理服务体系，普遍开展心理服务的难点是什么”这一问题，我们从不同的角度设计了答案，分别是：第一，基层干部缺乏心理服务知识和能力；第二，基层专业心理服务人才短缺；第三，群众对心理服务认识不足、接受程度低；第四，其他（开放性问题，可自填）。此题是多选题。通过对问卷的分析，我们发现，64.6%的被调查者认为，以上三个方面的工作难点普遍存在，要推广基层心理服务工作，这些难点都需要克服。当然，对于开展基层心理服务的工作难点问题，还有一些其他观点，如：有些被调查者认为是领导不重视，宣传、引导不够；还有认为是当前心理服务平台建设缺乏，在编专业心理服务人才少；还有一些认为基层领导干部工作压力大，本身就有心理问题需要疏导和排解。（见表2）

表2　开展基层心理服务的工作难点

单位：%

工作难点	所占比例
基层干部缺乏心理服务知识和能力	62.5
基层专业心理服务人才短缺	74.7
群众对心理服务认识不足、接受程度低	67.9
其他	5.8
缺失	7.9

针对“您认为基层心理服务的工作重点是什么”这一问题，我们也设计了几个答案：第一，搭建社会心理服务工作平台，设立心理服务工作室；第二，对重点人员排查摸底，进行有的放矢的服务；第三，开展心理健康教育，消解心理问题，进行心理援助和危机干预；第四，其他（开放性问题，可自填）。此题也是

多选题。64.7%的被调查者认为以上三个方面都是以后开展基层心理服务工作的重点。还有一些被调查者认为，对基层领导干部的培训和教育也是重点。(见表3)

表3　基层心理服务的工作重点

单位：%

工作重点	所占比例
搭建社会心理服务工作平台,设立心理服务工作室	80.3
对重点人员排查摸底,进行有的放矢的服务	74.8
开展心理健康教育,消解心理问题,进行心理援助和危机干预	86.3
其他	5.8
缺失	0.6

(二)居民问卷情况分析

1. 调查对象基本情况分析

(1) 性别分布情况。此次调查对象中，男性占63.7%，女性占36.3%，样本在性别分布上具有一定的代表性，能够反映不同性别人群对基层心理服务的了解情况。(2) 年龄分布情况。样本集中在20～60岁之间的人群，占75.6%，19岁及以下占18.3%，60岁以上占6.1%。(3) 学历分布情况。大专学历的占41.5%，高中及中专占28.3%，本科及以上学历的占17.7%，初中以下的占0.3%。(4) 婚姻状况。未婚占25.7%，已婚占70.1%，离异和丧偶占4.2%。(5) 职业分布情况。职业分布较广，涉及各行各业(见表4)。通过对职业的分析，我们可以看到，样本涵盖了农村和城市、体制内和体制外、在职和自由职业者等多个层面，样本的代表性较强。

表4　职业分布情况

单位：%

职　业	所占比例	职　业	所占比例
学　生	19.6	农　民	29.9
教　师	8.7	自由职业者	16.1
医　生	7.7	企业职工	9.6
行政事业单位工作人员	4.2	其　他	4.2

2. 对心理服务的了解情况分析

在问及您是否了解心理服务这一问题时，52.4%的被调查者选择了解，还有46.3%的被调查者选择不了解，甚至有些人表示没有听说过。可见大家对于心理服务的认知度还有待加强。在选择了解心理服务的样本中，手机网络是了解的主要方式，这为我们以后推广心理服务、普及心理健康知识提供了一个较好的选择。（见图1）

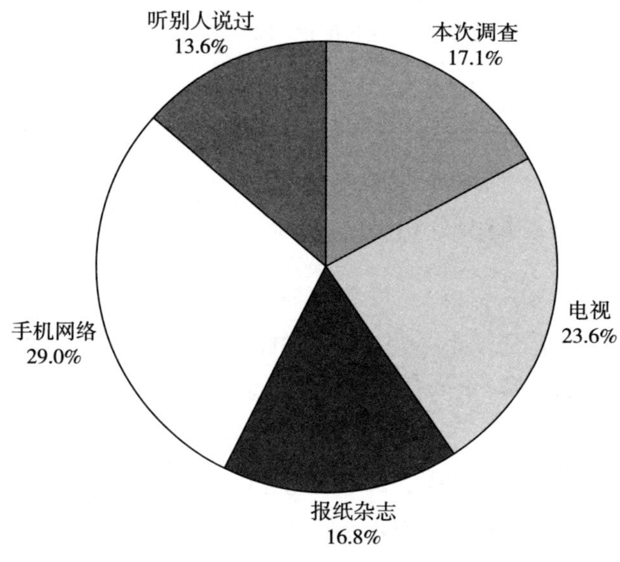

图1　了解心理服务的渠道

3. 容易引发心理问题的因素分析

在“您认为哪些因素容易引发心理问题”的调查中，35.4%的被调查者选择了生活压力，其次分别是工作压力（17.4%）、子女/婆媳/亲戚关系（13.6%）、婚姻关系（10.9%）、邻里/同事关系（9.2%）。从这里我们可以看出，对于基层群众来讲，婚姻家庭关系是引发心理问题的一个重要的因素，我们的基层心理服务应该多关注这方面的问题。另外，在自填选项中，很多人认为引发心理问题的因素是孤独感、焦虑感以及害怕等负面情绪，心理服务应该加强对个人情绪的疏导和排解。

在碰到心理问题时，62.8%的居民选择接受心理服务，这说明大家对心理服务的接受度还是比较高的。还有28.4%的居民视碰到的心理问题再定是否接受心理服务，另有8.7%的居民不愿意接受心理服务。

4. 愿意接受哪些人、哪些方式的心理调解

"当您心情不好时，希望采取哪些方式进行调解?"对于这一问题，将近一半（45.3%）的被调查对象选择自我调解，愿意接受一对一的心理服务的只占17.6%。还有22.5%的被调查对象愿意参与团体活动释放不良情绪，5.7%的被调查者愿意热线电话倾诉。还有一部分被调查者希望通过向家人朋友倾诉解决心理问题，另一部分被调查者则通过听音乐以及参加宗教活动来进行心理调解。

在选择接受一对一心理服务的人群中，很多人选择心理学专业人士（占46.4%）和阅历丰富的年长者（占41.9%）来进行心理服务。（见图2）

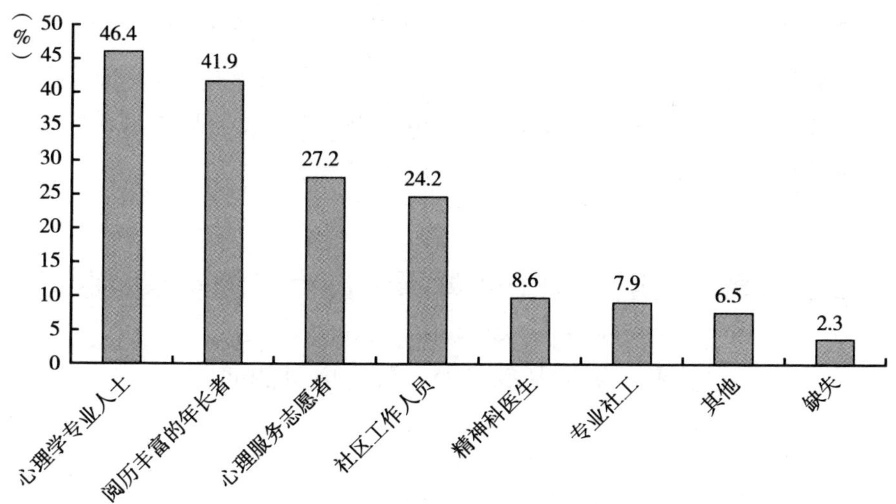

图2　愿意接受哪些人提供的心理服务

5. 您认为所在辖区围绕心理服务应该怎么做

绝大部分被调查对象对于所在辖区开展心理服务持欢迎态度，认为社区应该通过多方面的举措来促进心理服务工作的发展（见表5）。

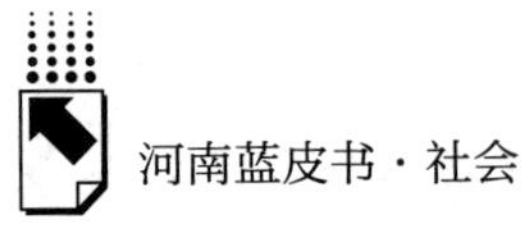

表5　您认为所在辖区围绕心理服务应该怎么做

单位：%

措　施	比　例
定期举办心理讲座，进行心理健康知识宣传和教育	39.3
设立心理服务室，配备心理服务人员，进行心理服务	35.2
开通心理健康热线，进行电话、网络咨询	20.6
其他	4.9

（三）调查结论

建构基层心理服务体系，已经成为迫切需要。首先，基层工作强烈呼唤心理服务。社会心理服务工作不仅关系到人民的幸福安康，也关系基层各项工作的顺利开展、社会稳定风险的规避、全面小康社会的实现。课题组在访谈部分村党支部书记、社区主任以及召开乡镇（街道办事处）书记座谈会中发现，大多数干部都认为建立基层社会心理服务体系已经成为迫切需要。其次，百姓幸福安康迫切需要心理服务。由于工作和生活压力日渐增大，民众的心理压力也渐渐突出，不少民众深受心理健康问题的困扰，提高心理服务水平和完善社会心理服务体系已经成为百姓幸福安康的迫切需要。

二　河南省基层心理服务体系建设存在的问题及原因

（一）重视不够，存在虚多实少、敷衍应付的问题

社会心理服务，就是运用社会心理学理论和方法，了解服务对象的情感、情绪状态，及时进行心理疏导和干预，消解其负能量，培育其自尊自信、理性平和、积极向上的社会心态，使其获得感、幸福感、安全感更加充实。然而，不少地方的社会心理服务建设仅仅停留在口号上，重口号而轻落实，多务虚而少实功。

究其原因，关键在于各级干部对社会心理服务的认识不高、重视不够。据调查，大多数基层党员干部对什么是社会心理服务，谁来服务、为谁服务、怎么服务，社会心理服务的主体、客体是谁、方法路径何在等问题，认知不清，

分辨不明。根据课题组的调查，基层干部中知道和听说过心理服务，虽然分别占41.8%、35.4%，但是，对社会心理服务内涵、外延，基本流程和实现途径等都不了解。另外还有22.8%基层干部根本就不知道何谓心理服务，对社会心理服务的重要性认识不足。思想认识引领行为行动，基层干部对社会心理服务的认知不够，必然导致其行动上的轻视、工作中的敷衍应付。

（二）认知度不高，对心理服务存在着需求不明问题

从社会心理服务的需求侧看，人们对心理服务的需求并不明朗。其原因在于政府对开展社会心理服务的宣传不够，群众对社会心理服务认识还不到位、接受程度还不高。调查显示，社会公众对心理健康知识以及政府开展的心理服务知之甚少。据调查，居民对心理健康知识的知晓率不足五成，对精神疾病的知晓率不足三成。由于群众对心理健康知识的知晓率低，对心理服务的认知度不高，单亲母亲、空巢老人、留守儿童、失独父母等特殊人群很少主动接受心理疏导、不良情绪排解等心理服务，最终发展成为严重心理问题，有的甚至发展为严重的心理疾病。因此，社会心理服务宣传还不到位，群众对社会心理服务认识还不到位、接受程度还不高是建立基层心理服务体系必须首先关注的问题。

（三）人才短缺，存在心理服务识别不精不准问题

社会心理服务体系建设首先需要对社会心理需求进行全面的精准识别，对社会心理需求进行细化分类，根据识别情况来开展相应的心理服务。社会心理服务需求的精准识别可以扩大心理服务的范围，构建与民众之间的信任关系，消除民众对社会心理服务的误解，引导广大人民群众主动寻求心理帮扶，提升社会心理服务的知晓率、认知度和接受度，扩展传统心理服务的方式方法，丰富传统心理服务的内容，提高心理服务的效果和社会影响。

然而，实际的心理服务往往比较重视对失意失衡失常人群心理疾病和心理问题的治疗，而忽视对潜在的心理情绪不稳定人群和普通民众的关注，忽视与病人家属亲人的沟通交流。这一方面在无形之中大大限制了心理服务的范围，使社会心理服务日益成为专业的治疗行为，取消了其政策宣传、心理抚慰、思想教育和情感交流的功能，虽有助于减少心理问题和疾病的存量，但不利于减

少心理问题和心理疾病的增量；另一方面，狭隘的心理服务理念则可能使心理服务人员与特定服务对象一起被“标签化”和“污名化”，不利于民众及其亲属克服心理障碍主动寻求心理帮扶，也不利于心理服务的推广普及。如果不能精准识别群众心理需求，就无法把握群众心理和情绪的动态变化情况，以及群众心理需求的不同层次、类别和结构，无法提供有效的社会心理服务供给，更无法打开服务局面、提升服务效果。

究其原因，虽然有成本方面的考虑，但主要还是基层干部缺乏心理服务能力以及基层专业心理服务人才短缺。其一，基层干部作为基层社会治理的组织者和领导者，是基层心理服务的主体力量之一，在心理服务识别中具有举足轻重的作用。然而，基层干部缺乏心理学知识和服务能力，严重制约着心理服务识别的精准性。其二，心理咨询师作为基层心理服务的主体力量之一，在基层量少质不优，同样制约着心理服务识别的精准性。心理咨询业在河南尚处于起步阶段，心理健康知识的普及率不高，拥有专业心理服务资质且有实操能力的人员过少，远远不能满足当前社会需求。目前持有医学从业资格证的医生较少，而且他们主要就职于医院精神科，不提供心理疏导、咨询等服务。从事心理服务的人员素质和专业能力参差不齐。从目前已经建立起社会心理服务体系的县市来看，县市级层面，通过政府购买专业心理服务，人才数量还能得到保证，到乡（镇）一级，尤其是到村这一级，专业心理服务人才极度缺乏，即使有些乡（镇）村配有专业心理服务人才，但是由于农村特殊的情况，心理服务很难入户。由于心理服务特殊的行业特点，在农村开展心理服务面临很多实际困难，多数农村老百姓知识文化水平有限，对心理健康知识闻所未闻，对专业心理咨询师提出的问题根本听不懂，专业心理服务人才如何适应农村情况是一个大问题。因此，各地在心理服务体系建设中只能根据实际情况，发挥驻村民警（辅警）、治安主任、妇联主席、残联委员、村医等熟知社情民意的优势，开展心理咨询和心理服务工作。专职工作人员中，接受过系统心理知识培训的也比较少，人员素质和专业能力参差不齐，缺乏专业心理健康知识，提供的心理服务缺乏专业性、针对性和实效性。

（四）服务供给机制不健全，存在心理服务供给不足问题

首先，存在从事心理服务的人员供给不足问题。许多城乡社区开设了心理

咨询和心理干预的场所，但是，要么是“空心化”，根本就没有从业人员，要么安排了工作人员，但从业人员专业化水平不高，社会认可度和自我认同感比较低，工作缺乏积极性和主动性，没有长远的人才储备和培养规划。其次，存在专项经费供给保障缺失问题。许多城乡社区根本就没有心理服务专项资金，更没钱购买社会心理服务组织的心理咨询、心理干预等服务，有些地方尽管有经费投入，但也是应急式、短期化行为。对于引导社会心理服务进入社会治理体系，缺乏整体规划。再次，存在心理服务信息供给低效问题。包括信息服务意识不强、信息内容缺乏吸引力、信息传播手段单一、信息受众覆盖狭窄等等。这就导致群众对心理服务不感兴趣、不太关注、不愿参与，实际心理服务遇冷。其四，存在服务政策供给不足问题。各地普遍缺乏心理服务的导向、激励和约束性政策，心理服务的标准、评估的规范化、制度化政策，以及心理服务的产业化、市场化、社会化和本土化的政策供给。总的来说，各地的心理服务供给思路没有打开。从供给偏向来看，偏重基础设施和场所经费等硬件供给，忽略人才、制度、政策、文化、价值观念等软件供给。从供给驱动力来看，主要是出于维稳考核目标的政绩驱动，而不是以人民为中心的服务理念和机制创新驱动。从供给主体来说，国家主体层面的供给较多，社会化主体和市场主体参与不足。从供给的方式来说，缺乏本土化策略、多元化方法、互动性交流、亲和力理念，导致对群众心理动员能力有限、心理服务水平不高。从供给的效率来看，现有心理服务比较粗放、低效，效果不明显。从社会治理创新框架和路径来看，心理服务仍然没有获得足够重视。

究其原因，在于社会心理服务供给机制不健全，包括服务运行机制、保障机制、评估考核机制，相关社会组织数量稀少，专业人才缺乏，专业心理服务水土不服，低效无效服务供给以及资源闲置浪费等。在心理服务体系建设过程中，河南省先后下发了《关于加强心理健康服务的实施意见》《河南省精神卫生工作规划（2016～2020年）》等文件，对心理服务工作进行安排部署，各地也出台一系列实施方案。但是，基层社会心理服务体系建设基本处在探索阶段，仍然存在许多缺陷。其一，缺乏心理服务的运作机制。不少地方政府购买心理服务没有纳入财政预算，心理服务岗位设置也是应急式的。对开展宣传教育的源头不够重视，导致部分地区的心理服务体系没有真正发挥实效。由于相关社会组织数量稀少，缺乏必要的竞争机制，党委政府在购买服务中就缺乏比较和选择，大多采取委托的形式来签订服务合同，同时服务效果评估也往往由这些社会组织来实施，缺乏外部的控制和监督，对服务对象和民众的意见不够重视，效果难以保障。其二，缺乏心理服务的保障机制。由于心理服务类社会组织缺乏，服务供给数量不足，此类服务的缺口较大，对心理服务对象的动态化监测、筛选、排查机制不健全，缺乏常态化的跟踪服务。党委政府招募临时人员充任心理服务人员，进一步加大了基层的工作压力。临时人员的专业能力、风险和责任承担能力有限，大大拉低了心理服务的质量和效果。其三，缺乏心理服务的评估考核机制。就总体而言，河南省的心理服务管理体系、心理健康服务行业管理体系和行业立法都尚未健全，制度政策不够完善，行业标准和服务标准不统一，没有行之有效的干预管理体系，缺乏对各类健康服务人员和团体的统一管理、指导和考核，而具体到工作标准、定价、心理咨询师的绩效评估、服务者和被服务者之间的权利义务体系，就更难以落实确立。因此，心理服务工作的体制、机制的不健全，制约着河南省心理服务优质供给。

三　加强河南省基层心理服务体系建设的对策建议

加强社会心理服务体系建设，对于培育健康心态，提升民众的幸福感，满足人民日益增长的美好生活需要具有重大的价值和意义。因此，构建基层心理服务体系，可以从以下三个方面着手。

（一）构建社会心理服务工作平台，提供基础硬件支持

心理服务平台是基层开展社会心理服务的载体和基础，它包括心理测评系统、心理咨询室、心理服务热线和移动网络 App 等，通常依托城乡社区综合服务中心，建立社会心理服务工作站，为社会心理服务工作者开展心理咨询、心理调适、心理干预和矛盾调解等工作提供硬件支持。心理测评系统对个体和团体进行心理测评和筛查，并将结果作为档案进行保管；心理咨询室包括接待咨询者进行咨询前信息资料收集的接待室，用于个体心理辅导的咨询室和沙盘游戏室，用于身心放松、情绪调适的音乐放松室，用于团体心理辅导、心理训练、心理健康讲座、心理沙龙活动的团体活动室。心理服务热线是指通过电话进行心理咨询预约、电话心理咨询、心理问题答疑等服务。需要说明的是，心

理服务平台的硬件设施应根据基层实际工作需要进行选择，而不是所有的心理服务站都必须将上述平台设施全部配备完整，在实际工作中应避免心理服务平台设施重复建设和花架子。

（二）完善心理服务分类指导标准，提高基层心理服务的针对性

个体心理首先分为正常心理和异常心理，异常心理通常包括神经症、人格障碍和重性精神病；正常心理可以进一步分为健康心理和不健康心理。因此，对于排查出来的有心理问题的人员，应该根据不同情况采取相应的措施。

异常心理人员中，如果是神经症患者应引导其积极寻求专业的心理疾病诊疗，提高其承受挫折、适应环境的能力，防止其病情的进一步恶化；如果是人格障碍患者，应以完善其人格为目标，及时进行心理疏导，解决其思想困扰，消除负面心理；如果是重性精神病患者，应及时组织就医，并加强监控，通过危机干预化解潜在风险，预防违法犯罪。对于其正常心理范畴下的不健康心理人员，应主动提供相应的健康型心理咨询服务，以减轻服务对象的心理压力为目标，以助人自助为原则，激发他们自我成长的潜能，帮助他们顺利摆脱困境，克服危机。属于正常心理范畴下的心理健康人群也会需要心理服务，他们面临的婚姻情感问题、青少年厌学与社会适应问题、择业择偶、老年社会角色再适应、生命中的丧失（离婚或家人去世）、更年期综合征等，可以通过发展型心理咨询调整其内心世界，提高自我认识的能力，强化健康心态，提高生活品质。

（三）把心理服务纳入基层党建，创新“党建＋”心理服务模式

首先，把心理风险防控纳入基层党建工作。通过基层党建工作精准把握各类群体的利益诉求和心理需要，排查、化解容易产生负面情绪的因素，疏导群众的不公平感，从源头减少社会心理矛盾的发生；通过基层党建工作聚焦特殊群体，对多发易发问题的群体进行及时有效干预，防控心理风险。其次，把全民健心纳入基层党建工作，通过基层党建工作整合社区资源，调动退休老党员的积极性，组成红色志愿者，把那些有威望、有能力的贤人仁人组织起来，经常对辖区内生活失意、情绪焦虑、抑郁、心态失衡者开展交流谈心、生活照料活动，在谈心中改变其认知，培育其自尊自信、理性平和、积极向上的社会心

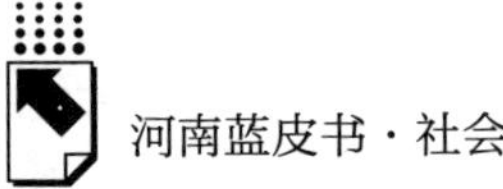

态。再次，通过基层党建把“四社协同”运用于基层心理服务，构建社区、社会组织、社工、社区志愿者联动的“心理危机”干预机制。应增加心理健康服务的有效供给，通过情绪疏导和认知调整对个体心理和生理系统的全方位干预，重建支持网络，促进其社会交往，提升服务对象自我心理调节能力和抗逆能力。

总之，基层心理服务的从业人员，要树立融合思维，自觉把传统的群众工作方式方法融入基层心理服务。比如在心理健康知识宣传教育、健身健心的宣传教育中，要注重提高群众对心理服务的知晓率和认同度；在团队心理辅导、团队“健心”服务中要学会以点带面、典型引路等群众工作的方式方法；在进行个体心理减压、情绪疏导、危机干预等心理服务中学会开导说服、转变认知、转变态度等群众工作方式方法。通过方法的融合创新，使被服务群众理顺情绪、平和心态，有效预防和减少极端案事件的发生。其次，群众工作的主力军——基层干部要树立辩证思维，自觉把心理服务融入群众工作中去。在开展群众工作中加上心理测评、心理疏导等服务，以知心、暖心、平心的群众工作，达到培育理性平和、积极向上的社会心态之目的。

Abstract

This book, compiled by Henan Academy of Social Sciences, systematically sums up the achievements received in the social-construction field in Henan Province during the recent years and especially in 2018, comprehensively combs the characteristics of the social development at present, analyzes the hot、difficult and focused problems faced with nowadays, makes a scientific analysis of the trend of social development in the future in Henan, and puts forward some proposals for social development in 2019 in Henan.

Based on the spirit of 19th National Congress of the Chinese Communist Party and the 6th Plenary Session of the 10th Provincial Committee of Henan, the 《Blue Book of Henan (2019)》 is in order to thoroughly implement the new development concept and comprehensively promote the high-quality development of the society, the paper comprehensively and systematically interprets major issues such as people's livelihood construction, shared development, poverty alleviation, social security, social governance and public safety in Henan Province.

This book is composed of the main report, evaluation report, reports on improving people's livelihood and mutual-share development, reports on poverty governance and social security, reports on social governance and public security. The main report written by the group of Analysis and Forecast of Social Situation from the Henan Academy of Social Sciences represents the basic ideas of analysis and forecast of social situation of Henan in this book. In the opinion of the main report, 2018 is the opening year after the 19th National Congress of the Communist Party of China. It is also a crucial year for deciding to build a well-off society in an all-round way and to start a new journey of building a socialist modernized country.

In 2018, Henan's economy and society has maintained a steady and steady development trend. New progress has been made in economic and social structural reforms. Social undertakings and public services have developed in an all-round way. In addition to the vicious war, the social security is increasing and the people's livelihood is high. The quality advancement, the remarkable poverty alleviation effect is remarkable, the people's living standards are continuously improved, and a solid step has been taken in the in-depth practice of the new development concept and the promotion of high-quality social development. At the same time, Henan's social development is also faced with a series of challenges and problems that cannot be ignored: the task of comprehensive poverty alleviation is arduous; the development opportunities and social risks brought about by the urbanization rate are more than half; the employment situation is more severe; the task of environmental pollution prevention is heavy; The burden of pension is increasing; rural revitalization faces many obstacles. The year of 2019 marks the 70th anniversary of the founding of the People's Republic of China, and is also the key year to determine the first centennial goal of building a moderately prosperous society in all respects. The major tasks facing Henan in its efforts to promote high-quality development and make the central plains more outstanding are to make up for the shortcomings of high-quality development, effectively guarantee and improve people's livelihood, vigorously improve the level of public services, continuously strengthen the integration of urban and rural development, and deepen the reform of innovative talent development mechanism.

The evaluation report and the reports on improving people's livelihood, poverty governance and social security, social governance and public security analyze thoroughly the significant items in the social field in Henan from different fields and points of view by some invited experts and scholars in Henan province, objectively reflect the basic situation of the social development、contradictions and problems in Henan, put forward the countermeasures and suggestions for comprehensively promoting the high-quality development of the society and making the Central Plains more colorful, and also look into social development of Henan in 2019.

Keywords: Henan; Social Situation; High-quality Development

Contents

I General Report

Abstract: The year of 2018 is the opening year after the 19th National Congress of the Communist Party of China. It is the 40th anniversary of reform and opening up. It is a crucial year for deciding to build a well-off society in all respects and embarking on the new journey of building a socialist modernized country. Over the past year, Henan's economy and society has maintained a steady and steady development trend. New progress has been made in economic and social structural reforms. Social undertakings and public services have developed in an all-round way. In addition to the vicious war, the social security is increasing and the people's livelihood is high. The quality advancement, the remarkable poverty alleviation effect is remarkable, the people's living standards is continuously improved, and a solid step has been taken in the in-depth practice of the new development concept and the promotion of high-quality social development. But at the same time, the social development of Henan is also facing with a series of challenges and problems that cannot be ignored. More than half of the urbanization rate will bring development opportunities and social risks; Employment situation is more serious; The task of environmental pollution prevention is heavy; The burden of pension is increasing; Rural revitalization faces many obstacles. The year of 2019 marks the 70th anniversary of the founding of the People's Republic of China, and is also the key year to determine the first centennial goal of building a moderately prosperous society in all respects. The major tasks facing Henan in its efforts to promote high-quality development and make the central plains more outstanding are to make up for the shortcomings of high-quality development, effectively guarantee and improve people's livelihood, vigorously improve the level of public services, continuously strengthen the integration of urban and rural development, and deepen the reform of innovative talent development mechanism.

Keywords: New Development Concept; High-quality Social Construction; Improvement of People's Livelihood

Ⅱ Evaluation Report

B.2 Assessment Report on the Openness of Government Affairs from County and Municipal Government of Henan in 2018

Fu Guangwei / 036

Abstract: Based on the principle of result oriented, Public view and Policy oriented, the index system of assessing online openness of government affairs was constructed. The quantitative evaluation on the online openness of government affairs from 104 county governments was made according to the index system. Results show that in 2018, the average score of online openness of government affairs from 104 county governments in Henan Province was 62.6 points which is slightly more than last year, top five scores are Ruzhou, Dengfeng, Tangyin, Neihuang, Zhongmu, Yongcheng and Huaibin, bottom five scores are Wenxian, Fanxian, Yucheng, Xihua and Huaiyang. Compared with 2017, Minquan, Neihuang and Taikang counties saw the most improvement in their rankings in 2018, while Fan, Luanchuan and Puyang counties saw the most declines. The same index system was used to 18 Municipal Governments of Henan, the results showed that in 2018, the average score of the online openness of government affairs in Henan's 18 Municipal Governments was 80. 8 points, which is slightly more than last year, the top five scores are Zhengzhou, Luoyang, Zhumadian, Xuchang and Nanyang, the bottom five scores are Zhoukou, Jiaozuo, Anyang, Sanmenxia and Xinxiang. In 2018, Zhengzhou continued to rank first in terms of public administration scores, with a relatively stable position. Jiaozuo City retreated from the seventh in 2017 to the seventeenth this year, with the most obvious retreat.

Keywords: Online Openness of Government Affairs; Index System; County Government; Municipal Government

Abstract: With the establishment of Ministry of Emergency Management and the popularity of the concept of comprehensive emergency response, the emergency capacity must be constructed more multifariously and perfectly, and it has been urgent to evaluate and cultivate the regional comprehensive emergency capacity. Firstly, the connotation of comprehensive emergency response capability is defined. Secondly, the basic data of emergencies in Henan Province in 2018 is understood entirely. Thirdly, according to the comprehensive emergency response capacity evaluation index system, the 2018 provincial cities in Henan are evaluated in terms of their comprehensive emergency response capacity by referring to socio-economic environmental variables. And the evaluation results show that the comprehensive emergency response ability is strong in Xinyang and Puyang, but weak in Kaifeng and Nanyang.

Keywords: Henan; Emergency; Comprehensive Emergency Capacity

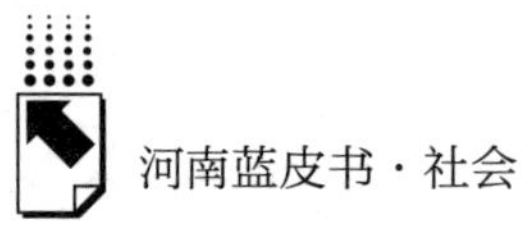

Ⅲ Report on Improve People's Livelihood and Share Development

Abstract: The fundamental tenet of high-quality development is to better meet the people's growing needs for a better life, attach great importance to improving people's livelihood, and effectively improve the income level of the province's residents. This is an important part of Henan's decision to build a well-off society in an all-round way. In recent years, the income of urban and rural residents in Henan Province has grown steadily, the quality of life of urban and rural residents has improved significantly, and the income structure has been continuously improved. Some gratifying trends have emerged. In the future, we must continue to pay attention to the problems and shortcomings in income growth, recognize the situation and trends in development, adopt comprehensive measures and countermeasures, narrow the income gap between urban and rural residents, raise the income level of residents, and improve the quality of life of residents.

Keywords: Henan; High Quality Development; Resident Income

Abstract: Old people who move with their children, they move from place to place with their children because they care for their children or grandchildren. In a strange city, how to adapt to the new life of the elderly, how to integrate into the city life, how to get along with children, how to deal with family conflicts, are important problems to be solved in the city life. The old people who move with them belong to the marginal group in a strange city and they are faced with many difficulties. Based on the questionnaire survey of the accompanying elderly in 8 communities in zhengzhou, this study divided the accompanying elderly into different types from the aspects of migration mode, migration intention, migration distance and reasons. This paper analyzes the social adaptation dilemma of the old people who move with the city from the aspects of life status, interpersonal relationship, mental health, community participation and identity. Finally, the paper puts forward the integration path of collaborative cooperation among government, community and family.

Keywords: Old People Who Move with Their Children; City Life; Henan

Abstract: The quality of life of residents in resettlement communities is an essential issue in the process of new urbanization. By establishing the evaluation index system of living quality of the resettlement community from three dimensions, which are physical environment, social environment and value significance of the living world, by means of questionnaire, survey and observation to collect data, and refer to the quality of life of the neighbor community residents to evaluate the quality of life of residents in the resettlement community in the western suburbs of Zhengzhou City. The study found that the quality of life of residents in the resettlement community is approaching the goal of new urbanization. However, residents in resettlement communities are obviously dissatisfaction in terms of income and consumption, medical infrastructure and services, relations with property workers and community cadres, and recreational activities. Based on this reason, the improvement of the quality of life of residents in resettlement communities needs to concentrate on the sustainable development of residents' livelihoods, the improvement of management and service capabilities of property staff and community worker, and completion of fundamental public service.

Keywords: Henan; New Urbanization; Resettlement Community; Urban Residents; Quality of Life

B.7 Report of the Reform and Development of Compulsory Education in Henan Province *Zhang Kan* / 110

Abstract: Education plays the role of cornerstone in national rejuvenation and social progress, and compulsory education, which serves as the foundation of the whole national education series, is regarded as the top priority among all kinds of education at all levels. After 40 years' development, Henan has accomplished remarkable achievement in compulsory education, and has achieved comprehensive popularization and initial balanced development. Moving steadily towards a high level of equilibrium, Henan has also realized the transformation from a province with a large population of illiterates to a province with strong compulsory education. However, many problems are available in the development of compulsory education in Henan. The development of urban and rural compulsory education is still unbalanced; the situation of "crowded cities and towns" and "weak development in villages" has not been changed; the problem of Latinization is still serious. Therefore, promoting the integration and balanced development of urban and rural compulsory education is deemed as the only way for the development of compulsory education in Henan in the future. In terms of specific measures, the actual situation in Henan should be referred to. In urban area, it is necessary to vigorously promote school standardization and eliminate school differences so as to promote balanced development. In rural areas, it is practical to carry out the urbanization development and the small-scale or small-class development of rural compulsory education respectively according to different situations and characteristics of different regions.

Keywords: Henan; Compulsory Education; Balanced Development

Abstract: With the wide application of information technology in the field of economic and social development, data information has increasingly become a basic strategic resource. Therefore, the acquisition, collation, verification and analysis of data information become more important. At present, the employment and entrepreneurship of migrant workers in Henan is facing a more complicated external macro situation. It is more difficult for migrant workers to obtain employment and entrepreneurship information, and it is more difficult to guarantee the reliability and accuracy of information sources. This project is based on the basic conditions of Henan province, which is a big province for migrant workers. By using modern information technology, it explores the construction of an information service platform for migrant workers' employment and entrepreneurship, promotes the convenience of migrant workers' information collection and the accuracy of information push, and provides basic reference and data support for the employment and entrepreneurship of migrant workers in Henan.

Keywords: Henan; Migrant Workers; Employment and Entrepreneurship; Information Platform

Abstract: on the basis of explaining the concept of talent and talent introduction, this paper analyzes the present situation and problems of talent introduction in Henan Province, and puts forward some countermeasures and suggestions. The current talent introduction in Henan Province is characterized by high-level talent introduction, enterprises and institutions are the main body of talent introduction, and the results of talent introduction in different cities are quite different. Private enterprises are encouraged to increase the intensity of talent introduction. There are some problems in the introduction of talents in Henan Province, such as the shortage of the number of talents, the unreasonable structure of the introduction of talents, the incomplete implementation of preferential policies for the introduction of talents, the low efficiency of the use of talents, etc. For this reason, the author puts forward some countermeasures and suggestions for formulating and implementing more favorable policies for the introduction of talents, improving the efficiency of the introduction of talents, carrying out the preferential policies for the introduction of talents, rationally using talents and creating a good atmosphere for the development of talents.

Keywords: Talents; Talent Introduction; Talent Use

B. 10 The Present Situation and Prospect of Private Education in Henan Province

Hu Dabai / 151

Abstract: On September 1, 2017, the newly revised *Private Education Promotion Law* was implemented. There are concerns, hesitations and observation about the impact of the new law on private education. The first concern is the 2018 enrollment situation. Faced with the new problems faced by private education in the new era, the government, society and private schools have all taken positive measures, and private education has achieved better and faster development. Enrollment situation is good, showing strong growth; Steady growth in size; The quality keeps improving. In the number of schools, growth rate and the ratio of students to the population of the province are ranked first in China. The contribution of henan private education to henan's economic and social development and its influence in the whole country have been further increased.

Keywords: Henan Education; Private Education; The Newly Revised *Private Education Promotion Law*

Abstract: The employment of migrant workers is not only the core problem in the weak position of migrant workers, but also the core problem related to the realization of the new urbanization strategy. This paper makes use of the data of "National Survey of migrant Workers in 100 villages-Henan Province", carried out jointly by Xi'an Jiaotong University "New urbanization and Sustainable Development Task Force" and the Sociology Department of the Grammar College of Henan Agricultural University, Henan Province, China. Based on the perspective of generation, migrant workers are divided into three generations, and the employment problems of migrant workers in Henan Province and their generational differences are analyzed respectively. It is found that economic factors are the main reasons to promote the employment of migrant workers. With the succession of generations, the survival economic motivation of migrant workers decreases. Weak, individual development type of non-economic motivation to strengthen, migrant workers have a strong tendency of irregular employment channels, social networks play a leading role, but the second, the third generation of migrant workers to their degree of dependence has weakened; There is obvious occupational segmentation in employment, most migrant workers are isolated in non- (low-end) technical and low-end service industries, with the change of generations, migrant workers have gradually got rid of the label of industrial workers to diversify into occupational types; Most migrant workers have the desire to return, the older they are, the easier to make the decision of return; the lower the overall income level of migrant workers, the second generation migrant workers have a comparative advantage in income; the signing of labor contracts The signing rate of the first generation of migrant workers is the lowest, the migrant workers generally have higher working intensity, and more than half of the first generation of migrant workers have even reached the full time of seven days. Migrant workers pay arrears or deduction is serious, this problem is particularly prominent in the first generation of migrant workers; The social insurance coverage of migrant workers is in a low level and the second generation of migrant workers have a comparative advantage in other social insurance except urban health insurance and commercial medical insurance.

Keywords: New-type Urbanization; Migrant Worker; Problem of Employment; Generation

Ⅳ Report on Poverty Governance and Social Security

Abstract: Chinese President Xi Jinping pointed out in the report of the 19th National Congress the "Health China 2020 Strategic Planning." As an important part of the planning, Critical illness Insurance System of the urban and rural not only effectively alleviate the medical burden of patients with major illnesses, but also alleviate the phenomenon of "poorness due to illness and returning to poverty due to illness" in a certain extent, reducing the incidence of poverty. In this study, four hospitals in Zhengzhou City were selected as research sites, and questionnaires were randomly distributed to understand the status of, Critical illness Insurance System of the urban and rural in Henan Province. On this basis to evaluate the implementation effect of major illness insurance. The study found that residents are satisfied with the overall implementation of the major illness insurance system, but the system still has the problem of low reimbursement rate, high proportion of non-reimbursable expenses, inadequate policy propaganda, and unsatisfactory reimbursement system in different places. In response to these problems, this paper puts forward opinions. It is hoped that under the background of the "Health China 2020 Strategic Planning", we will explore and improve the measures for Critical illness Insurance System of the urban and rural and give full play to the effectiveness of major illness insurance.

Keywords: Health China 2020 Strategic Planning; Critical Illness Insurance System; Social Security

Abstract: This paper analyzes the poverty situation in the " Three Mountains and One Beach " area, evaluates the practices and effects of precise poverty alleviation in recent years, analyzes the current outstanding problems and influencing factors, and proposes the " three mountains and one beach " area to help the poor and increase farmers' income. Some suggestions need to strengthen the construction of rural grassroots organizations; stimulate the endogenous motivation of the poor; develop poverty alleviation industries that continue to participate; strengthen social cooperation, build a large poverty alleviation pattern; strengthen supervision and management, and improve the poverty alleviation supervision system.

Keywords: " Three Mountains and One Beach "; Poverty Alleviation; Farmers' Income

Abstract: The research based on the 2017 dynamic monitoring data, use floating population as study object, use documentary analysis and SPSS to do the research. This research is aimed to understand the status of the floating population in Henan Province, the current situation of personal details, their employment, their living status and social walfare, social integration. First of all, the floating people in Henan Province are mostly 1980s agricultural floating population. Since the proportion of fertile woman is relatively high, the government should be alert the subsequent related service supply. Second, the coverage of social security among floating people, including medical care and health documentation is relatively low. Third, the willingness of insurgents and reintegrate them into local society. But, there exist the lack of Information acquisition channel. Therefore, broaden their social milieu is

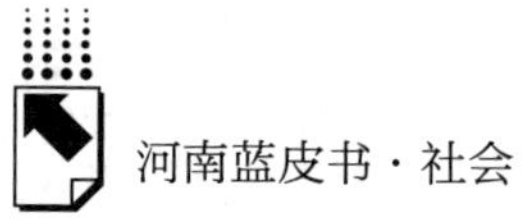

especially necessary.

Keywords: Floating People; Employment; Living Status; Social Walfare; Social Integration.

B. 15 A Probe into the Involvement of Social Work in Education Poverty Alleviation under the Background of Rural Revitalization Strategy

—Taking Henan Province as an Example

Abstract: Under the background of promoting rural revitalization, China's task of getting rid of poverty has also entered a crucial period of in-depth and accurate poverty alleviation and accurate poverty alleviation. Up to now, Henan Province has made outstanding achievements in poverty alleviation work. In order to overcome the problem of poverty alleviation, education poverty alleviation is particularly important. The advancement of social work specialization and professionalism in the new era, the accumulation of localization experience and the opportunities provided by the rural revitalization strategy have made social work involved in education and poverty alleviation have certain feasibility. Under the guidance of the rural revitalization strategy, Henan Province actively promoted social work to participate in education and poverty alleviation. So far, it has achieved important achievements. Including the diversification of supply subjects, the broadening of service targets, the diversification of supply resources, and the specialization and normalization of social work intervention education poverty alleviation. At the same time, when social work is involved in education and poverty alleviation, it will inevitably face a series of problems, including the lack of linkage between the various actors in education and poverty alleviation, the lack of effective implementation for the construction of a talent team for education and poverty alleviation, and the lack of the operation of relevant advocacy policies for education and poverty alleviation, the lack of recognition of rural social work that education poverty alleviation relies on. In response to such problems, Henan Province can work hard in the following aspects when carrying out social work intervention education and poverty alleviation work: increase the training of social work professionals, build a good platform for social work to intervene in education and poverty alleviation; increase government procurement of social work serve the service, improve the social work service guarantee mechanism; give full play to the professional advantages of social work, enhance the endogenous motivation of poverty-stricken people to get rid of poverty; increase publicity and training of social work, improve thc recognition of rural social work; and promote multi-party education and poverty alleviation mode, give full play to the professional advantages of social work in colleges and universities.

Keywords: Rural Revitalization; Education Poverty Alleviation; Social Work

Abstract: Using multi-dimensional poverty index to measure the poverty situation of low-income families in rural areas highly agrees with the requirements of the precise poverty alleviation policy being implemented at the present stage. Based on the verification data of 5898 low-income poor households in 233 poverty-stricken villages in 31 poverty-stricken counties of Henan Province, this paper uses A – F multi-dimensional poverty index method to test the poverty situation of low-income households from five dimensions: economic income, education level, health status, living standards and social assistance, and makes a comparative study on the multi-dimensional poverty situation of non-low-income households. The results show that educational poverty is the main reason why low-income families are difficult to get rid of poverty, and it is also the reason why non-low-income families are economically vulnerable. The low level of education has brought about problems such as inadequate access to resources and the weak ability of families to withstand risks. For low-income families, with the increasing of poverty dimension, the impact of health status on poor families exceeds that of education. According to the results of the study, it is suggested that it is an effective choice to solve the problem of low-income families in poverty-stricken areas appropriately from three aspects: continuing to pay attention to the education of adolescents of the right age, strengthening the skills training for poor families with low-income insurance, and guaranteeing the health of families with low-income insurance in an all-round way.

Keywords: Poor Households with Low Social Security; Multidimensional Poverty; A – F Multidimensional Poverty Index

V Report on Social Governance and Public Security

Abstract: Students in primary and secondary schools are at an age of immature and irrational minds, which can easily lead to campus safety incidents. Among them, school bullying and school violence have become important factors affecting school safety. In order to understand the current situation of school bullying in primary and secondary schools in Henan Province, this paper conducts field research on students and teachers of primary and secondary schools in 17 cities in Henan Province. Based on 21311 questionnaires' data processing, this paper analyzed the basic situation and behavior characteristics of school bullying in Henan Province, and obtained the ranking of risk degree of school bullying in various cities, and gave corresponding suggestions.

Keywords: Primary and Secondary School; Campus Bullying; Compus Safety

Abstract: Public concern and enthusiasm and public opinion reflection have always been the internal reason of the generation and expansion of social hot events. Focusing on social grievances and analyzing the hotspots of people's livelihoods has increasingly become an important way for the government to correctly grasp the public sentiment, to guide public opinion, and to prevent and control social risks. It is also an effective way to guide social forces to promote social governance. In 2018, many social hotspots emerged in Henan's economy and society. After careful combing, the research team screened the special actions to eliminate evils, "urban management ladders", Wang Fengya's "fraud", "city management and public security conflicts", Didi hitchhiking "air hostess killed", Li Fang's deeds, High price bride price problem, the collection of "three-child" social maintenance, the "high school entrance examination card transfer package" and "replacement of school membership", and "prejudgement of underage rape cases". We hope that through a brief evaluation of this, we can provide useful lessons for promoting the high-quality development of society.

Keywords: Henan Province; Social Hot Issues; Risk Prevention and Control

Abstract: Community governance is the exploration and practice of national governance modernization at the grassroots level. In the process of new urbanization, the status of urban communities in the community governance system has become increasingly prominent. In recent years, Henan Province has carried out practical explorations of urban community governance innovation, and formed some innovative models with local characteristics, such as Jiaozuo mode, Xuchang mode and Luoyang mode, which have achieved good results. However, they still face development problems such as imbalance in the main structure of community governance, weak self-government foundation, insufficient investment in community funds, and low level of community service. Innovating community governance should adhere to the concept of "co-governing, building, and sharing", construct a "one-core and pluralistic" community governance structure, enhance community governance and service capabilities, and improve the level of socialization, intelligence, and professionalism of community governance.

Keywords: Urban Community; Community Governance; Grassroots Society

B. 20 "Sunshine Power" and Grassroots Social Governance Innovation

—*Based on the practice of "Sunshine Luohe"* *Li Sanhui* / 305

Abstract: The report of the 19th National Congress of the Communist Party of China pointed out that it is necessary to strengthen the restriction and supervision of the operation of power, let power run in the sun, and put power into the cage of the system. The Sixth Plenary Session of the 10th Henan Provincial Committee also stressed that it is necessary to continuously change the style of work, correct the "four winds", create a politically clear and positive political ecology, and win the true support of people. In the new era, the practice of "Sunshine Luohe" is a reflection of the development of the people as the center, a new model for regulating the operation of power, an innovative measure to improve the social governance system, and a powerful way to transform the cadre style and optimize the political ecology.

Keywords: Sunshine Luohe; Power; Social Governance

B. 21 Research Report on County-wide Social Governance Reform and Innovation in Lankao County *Du Huanlai* / 316

Abstract: As the birthplace of the party's mass line education practice activities and the birthplace of Jiao Yulu's spirit, Lankao follows the slogan of General Secretary Xi, vigorously promotes the spirit of Jiao Yulu, strengthens and innovates county social governance, reforms the county social governance system, and further promotes Rule by virtue, rule of law and autonomy, resolutely win the fight against poverty, prioritize the development of education, improve the quality of employment and the income level of the people, improve the health care and public health, and enhance the sense of well-being, happiness and security of the people. It provides a fresh experience for county social governance.

Keywords: Lankao; Reform and Innovation; County Area; Social Governance

B. 22 A Research Report on Cigarette Counterfeiting Work of Luohe City

Research Group of Henan Academy of Social Sciences / 326

Abstract: Luohe city is one of the three hardest hit areas for cigarette counterfeiting in China. The long-standing and persistent illegal cigarette counterfeiting activities have brought a heavy negative impact on the social and economic development of Luohe. In recent years, Luohe city has been actively rectifying the tobacco market order, carrying out a series of actions to crack down on cigarette manufacturing and selling, and has made great achievements in the fight against cigarette counterfeiting, thus forming the "luohe model" of cigarette counterfeiting.

Keywords: Luohe City; Cigarette Counterfeiting Work; Luohe Model

B. 23 Investigation and Suggestions on the Construction of Basic-level Psychological Service System in Henan Province

CPC Henan Provincial Party School Task Force / 337

Abstract: As a great innovation of the social governance system since the 18th National Congress of the Communist Party of China, psychosocial services helps to resolve contradictions and disputes, prevent social conflicts, and avoid the risk of crimes committed by passionate and partial emotions. The main purpose is to cultivate people's self-esteem, self-confidence, rational peace and positive social mentality. In this paper, interviews, questionnaires and other methods are used to investigate the construction of grass-roots psychological service system. The results show that improving the social psychological service system not only requires the government to attach great importance to and give policy support, but also requires the participation of multiple social subjects, innovation of service mechanism, and diversification of public service providers, so as to provide services to the people more fully and fairly.

Keywords: Social Psychological Service System; Social Mentality; Social Organization

中国社会发展数据库（下设 12 个子库）

全面整合国内外中国社会发展研究成果，汇聚独家统计数据、深度分析报告，涉及社会、人口、政治、教育、法律等 12 个领域，为了解中国社会发展动态、跟踪社会核心热点、分析社会发展趋势提供一站式资源搜索和数据分析与挖掘服务。

中国经济发展数据库（下设 12 个子库）

基于“皮书系列”中涉及中国经济发展的研究资料构建，内容涵盖宏观经济、农业经济、工业经济、产业经济等 12 个重点经济领域，为实时掌控经济运行态势、把握经济发展规律、洞察经济形势、进行经济决策提供参考和依据。

中国行业发展数据库（下设 17 个子库）

以中国国民经济行业分类为依据，覆盖金融业、旅游、医疗卫生、交通运输、能源矿产等 100 多个行业，跟踪分析国民经济相关行业市场运行状况和政策导向，汇集行业发展前沿资讯，为投资、从业及各种经济决策提供理论基础和实践指导。

中国区域发展数据库（下设 6 个子库）

对中国特定区域内的经济、社会、文化等领域现状与发展情况进行深度分析和预测，研究层级至县及县以下行政区，涉及地区、区域经济体、城市、农村等不同维度。为地方经济社会宏观态势研究、发展经验研究、案例分析提供数据服务。

中国文化传媒数据库（下设 18 个子库）

汇聚文化传媒领域专家观点、热点资讯，梳理国内外中国文化发展相关学术研究成果、一手统计数据，涵盖文化产业、新闻传播、电影娱乐、文学艺术、群众文化等 18 个重点研究领域。为文化传媒研究提供相关数据、研究报告和综合分析服务。

世界经济与国际关系数据库（下设 6 个子库）

立足“皮书系列”世界经济、国际关系相关学术资源，整合世界经济、国际政治、世界文化与科技、全球性问题、国际组织与国际法、区域研究 6 大领域研究成果，为世界经济与国际关系研究提供全方位数据分析，为决策和形势研判提供参考。

法律声明

“皮书系列”（含蓝皮书、绿皮书、黄皮书）之品牌由社会科学文献出版社最早使用并持续至今，现已被中国图书市场所熟知。“皮书系列”的相关商标已在中华人民共和国国家工商行政管理总局商标局注册，如LOGO（ ）、皮书、Pishu、经济蓝皮书、社会蓝皮书等。“皮书系列”图书的注册商标专用权及封面设计、版式设计的著作权均为社会科学文献出版社所有。未经社会科学文献出版社书面授权许可，任何使用与“皮书系列”图书注册商标、封面设计、版式设计相同或者近似的文字、图形或其组合的行为均系侵权行为。

经作者授权，本书的专有出版权及信息网络传播权等为社会科学文献出版社享有。未经社会科学文献出版社书面授权许可，任何就本书内容的复制、发行或以数字形式进行网络传播的行为均系侵权行为。

社会科学文献出版社将通过法律途径追究上述侵权行为的法律责任，维护自身合法权益。

欢迎社会各界人士对侵犯社会科学文献出版社上述权利的侵权行为进行举报。电话：010-59367121，电子邮箱：fawubu@ssap.cn。

社会科学文献出版社